KB240071

동서 철학
심신수양론

동서 철학 심신수양론

손병석(연구책임자)
한명숙
김재숙
김경호
김미영
김철운
이승환
최준호
김종국
임홍빈
장문정
양운덕

한국학술정보

서문

　심신(心身) 문제는 세계의 매듭이란 말이 있다. 그만큼 철학사의 주된 아포리아(aporia) 중의 하나라고 말할 수 있다. 심신 문제는 단순히 이론(theoria)적인 탐구대상일 뿐만 아니라 우리 인간의 삶(vita)과 실천(praxis)에 중요한 관심거리가 되는 탐구주제이다. 그러나 오래전부터 진행해온 심신 문제에 대한 동・서양 철학자들의 관심과 연구는 아직까지 분명한 답을 제시하지 못하고 있다. 아니 어쩌면 심신 문제 역시, 철학이란 학문 자체가 답이 없는 질문만이 답이 될 수 있는 것처럼, 애초 해명 자체가 불가능한 것일 수 있다.

　그럼에도 '심신관계론의 가치론적 조명: 동・서 철학 비교 연구'를 수행하고자 하는 본 연구단(이하, 심신 가치론 연구단)은 철학사에서 뿌리 깊은 도전으로 간주되어 온 심신 문제를 새로운 접근법을 통해 해명하고자 하였다. 그것은 기존의 전통적인 철학이 심신 문제를 주로 인식론적 맥락에서 접근하였다면, 우리 연구단은 '가치론적(axiological)' 관점에서 접근을 시도한 것이다. 이것은 심신 문제 역시 단순히 인식론적 차원의 인과적 메커니즘의 해명에서만 끝나서는 안 되고, 그것이 인간들 사이의 관계 또는 사회적인 맥락 속에서 어떤 영향력을 갖고 있는지 분명하게 드러낼 필요가 있기 때문이다.

이것은 서양 철학을 주도해 온 형상과 질료의 이분법(고대), 영혼과 육체의 대립(중세), 그리고 정신과 물질의 이분법적 대립 구도(근대)가 인간 정체성의 이해를 가로막았을 뿐만 아니라, 주체의 객체에 대한 기술적 조작과 지배 그리고 인간에 대한 억압적 통제를 정당화하는 논리를 조장해 왔기 때문이다. 동양의 경우 서양철학에서처럼 심신관계의 존재론적 이분법이나 실체적 이원론은 존재하지 않았지만, 가치론적 측면에서는 명백하게 정신이 육체보다 우선시됨으로써, 육체적 욕구와 감정의 분출을 통제하고 관리하는 사회철학이 우세하다는 점에서 본질적으로 같은 문제를 보여준다. 결국 이러한 이분법적이며 위계적인 심신론에 대한 사유의 틀은 정도의 차이는 있을지 몰라도 동·서양 철학 공히 가치론적 관점에서 소위 '심신의 조화로운 관계(ASICS: Anima Sana In Corpore Sano)'를 부정함으로써 '추상적인 정신주의'와 '육체 지상주의'라는 두 극단을 조장하는 다양한 메커니즘을 재생산해 온 것으로 보인다. 본 '심신가치론 연구단'은 바로 이러한 문제 상황을 진단하고 그 해결책을 모색하기 위하여, 심신관계를 가치론적 관점에서 새롭게 조명하고, 나아가 바람직한 실천적 대안을 제시하고자 하는 목적을 갖고 출발하였다.

본 연구단은, '심신관계론의 가치론적 조명: 동·서 철학 비교 연구'라는 연구과제명이 말해 주듯이, 기본적으로 동·서양 철학 각자의 전문 분야에서 탄탄한 연구업적을 축적해 온 12명(1차 연도 13명) 연구자들을 통해 지난 3년에 걸쳐 '심신가치론'에 관한 공동 연구를 진행하였다. 동양철학은 유가철학, 불교철학, 그리고 도가철학의 전문 연구자들이 망라되어 있으며, 서양철학은 희랍철학,

독일 근·현대철학, 프랑스 현대철학, 실천윤리학, 현대 페미니즘 전문 연구자가 각각 참여하였다. 특히 다수의 연구자들이 이미 과거 '공적합리성단'과 같은 공동연구 프로젝트에 참가한 경험이 있어 공동연구에서 요구되는 유기적이며 체계적인 상호 협력 방식 그리고 기존의 축적된 연구방법을 바탕으로 본 연구를 효율적이면서도 원활하게 진행시킬 수 있었다. 또한 매달 워크숍(workshop)을 통한 연구자들의 연구 성과 공유는 '심신가치론'이라는 공동주제가 각자의 논문 속에 융해되어 보다 생산적이며, 완성도 높은 작품으로 결실을 맺도록 하는 데 밑거름으로 작용하였다. 이 밖에도 '심신가치론 연구단'과 독일 브레멘(Bremen) 대학 철학과 그리고 대만대 철학과와의 공동 학술 심포지엄 개최 역시 우리 연구단의 연구가 대자적인 차원에서 양적으로 확장되고 질적으로 심화될 수 있는 좋은 기회가 되었다. '그리스 국제학술회의' 참가를 통한 발표 역시 연구자 각자의 역량을 한층 강화하는 유익한 경험이 되었다.

여기 3권의 책들에 실린 37편의 글은 철학사에 나타난 다양한 동·서양 철학자들의 심신론에 대한 견해를 단순히 나열한 것이 아니다. 그동안 동·서 비교철학적 접근에서 드러났던 대부분의 시행착오들이 단순히 개념들의 표면적 유사성에 집착한 데서 비롯된 점을 감안하여, 본 연구에서는 이러한 개념들을 단순 비교·고찰하는 방식을 넘어서고자 하였다. 그렇기 때문에 여기에 실린 논문들은 연구자 자신의 관심과 전공분야라는 상대적인 자율성을 갖고 있으면서도, 기본적으로 심신론에 대한 '가치론적' 접근이라는 하나의 공통된 원리에 수렴되어 논증이 이루어지고자 한 분명한 목표를 갖고 시도된 글들이다. 연구자들은 각자의 영역이나 시대 또는 주제가 다름에도 심신론에 대한 가치론적 전회라는 사색적 원리를 날실로 삼고, 원전 텍스트에 대한 면밀한 분석을 씨실로 삼아 학문적 기여도(academic contribution)를 충족시킬 수 있는 하나의 작품을 도출해 내고자 하였다. 이것은 아리스토텔레스가 말하는 것처럼 본 연구단원들이 '함께 살며 서로 말과 생각을 나누는(syzēn kai koinōnein logōn kai dianoias)' 공동의 철학함(philosophein)의 즐거움을 느낄 수 있는 소중한 경험을 공유할 수 있었기 때문에 가능한 일이었다.

본 연구단이 3년간에 걸쳐 추진한 연구내용과 목표를 간략하게 소개하면 다음과 같다. 1차 연도 연구 작업에서는 동·서양 철학사에 등장하는 심신관계론의 주요 유형들을 발생론적 관점에서 그 가치론적 의미를 검토하였다. 이러한 검토를 통해 사회의 다양한 문제들이 심신관계에 어떻게 집약되고 있으며, 전통적인 심신론에서는 그 양자의 관계가 어떻게 은폐되어 왔는지를 드러냄으로써, 본 연구단이 궁극적으로 지향하는 심신가치론을 구축하기 위한 토대를 마련하고자 하였다. 먼저 동양철학 부문에서는 유, 불, 도(儒·佛·道)로 대표되는 동양 전통에 등장하는 심신관계론의 가치론적 함의를 발생론적 관점에 따라 계통적으로 분석하고 정리하는 데 중점을 두었다. 무엇보다 동양의 심신관계론이 함의하는 사회 철학적 의미에 주목하여, 마음과 육체 사이에 가치론적 우열 관계가 가로놓여 있음을 도출하고, 이러한 우열 관계에 의해 빚어진 사회적 인식이 천리(天理)와 인욕(人欲)의 구별을 정당화하고 존(尊)과 비(卑)의 차별을 고착화시킴으로써 자연스러운 육체적 본능의 표출과 평등을 향한 지향을 억압하는 기제로 작용하게 되었음을 고찰하였다. 서양 철학 부문에서는 심(영혼, psyche)·신(육체, soma) 관계의 가치론적 분화가 철학사적 맥락에서 어떻게 진행되었는지를 아리스토텔레스와 데카르트, 로크 그리고 홉스와 루소의 견해를 통해 살펴보았다. 더 나아가 서구 근대의 심신이원론을 비판하면서 인간에 대한 총체적이며 탈형이상학적인 접근을 시도하는 근대이후의 철학자로서 멘느드 비랑에서 베르그송, 마르셀, 사르트르, 메를로-퐁티로 이어지는 현대 프랑스 철학의 심신관계론을 살펴보았다. 이를 통해 통제의 대상으로서의 육체의 의미가 아니라, 능동적 활동성으로서의 육체의 의미를 조명해 보았다. 마지막으로 심신관계에 대한 니체의 철학사적 의의와 위상을 확인함과 아울러, 인간학적 자기이해의 새로운 가능성을 타진하였다.

2차 연도 작업에서는 1차 연도에서 수행된 심신가치론에 대한 이론적 탐구를 구체적이고 실천적인 각도에서 재구성하고자 '심신수양론'의 측면에서 재조명하였다. 동양철학 분야에서는 '동양적 수양론의 관점과 유형'에 주안점을 두고, 몸과 마음의 상호 관련성에 주목하면서 양자의 대립과 긴장을 넘어선 조화와 균형을 모색하는 동양적 수양론의 전통을 해명하는 데 중점을 두었다. 송대 신유학의 정좌수행, 성리학의 誠敬에 대한 논의, 조선조의 여성훈육의 위상, 근대의 수신교과서의 목적, 기수련의 실천적 함의, 그리고 길장의 수행론을 살펴보았다. 서양철학분과에서는 스토아 철학의 현인의 '무 정념', 스피노자의 몸과 마음 능력증대, 칸트에 이르기까지의 금욕의 문제, 쉴러의 심미적 경험, 포스트-기호학적 관점에서 글쓰기 행위, 그리고 헤겔에서의 이성/욕망이 거부 극복되는 과정을 살펴보았다.

　3차 연도에는 몸에 대한 가치론적 성찰을 통해 현대사회의 제 문제를 진단하고 처방하는 것을 목표로 하였다. 사회는 확장된 몸이고 몸은 응축된 사회이다. 이런 의미에서 사회의 제반 문제는 몸에 대한 관점과 태도의 문제로 드러나고, 몸을 바라보는 관점에 대한 진단과 분석은 사회 문제의 해결을 위한 이론적 기초로 작용한다. 이를 위해 정치·사회, 문화·예술, 환경·여성, 종교·교육 등 네 주제 영역을 설정하여, 각 영역에서 발생하는 사회 문제들이 심신관계에 대한 어떠한 관점에 기반을 두고 있는지를 집중적으로 분석하고 검토하였다.

　무엇보다 이 책들이 나올 수 있도록 지난 3년간 학문의 우정(philia) 공동체에서 동고동락했던 '심신가치론 연구단' 선생님들 모두에게 진심으로 감사드린다. 그리고 이 책이 나올 수 있도록 연구책임자에게 격려와 지원을 아끼지 않은 전 '공적합리성 연구단' 연구 책임자 임홍빈 선생님과 철학연구소 소장 이승환 선생님께도 감사드린다. 또한 이 책을 출판해 주신 한국학술정보(주)의 여러분께도 감사드린다. 끝으로 이 책은 2005년도 한국학술진흥재단 지원사업(KRF-2005-079-AM0016)의 도움을 받아 지난 3년간 개별연구자들의 연구성과를 집성한 것임을 밝힌다.

2012년 10월

심신가치론 연구단을 대표하여

연구책임자 손병석

| 목차 |

吉藏의 觀法이 갖는 修行論的 의미에 대한 고찰*

한명숙

* 이 논문은 2005년 한국학술진흥재단의 지원에 의해 연구되었음(KRF-2005-079-AM0016).

1. 들어가는 말

필자는 선행연구에서 불교에서 몸과 마음의 관계에 대한 가치론적 조망을 통해, 몸과 마음이라는 대립구도 속에서는 가치론이 성립될 수 없고, 오직 마음과 마음의 관계 속에서만 가치론이 성립될 수 있음을 밝혔다. 곧 마음은 본래적인 청정성과 현상적 오염성의 이중적 의미를 갖는데, 오염된 마음은 해탈을 장애하기 때문에 가치론적으로 악이고, 청정한 마음은 모든 번뇌로부터 자유를 얻은 상태를 의미하기 때문에 가치론적으로 선이라는 것이다.[1] 이 때문에 불교의 수행목표는 오염된 마음을 벗어나 청정한 마음을 얻는 것에 있게 되는데, 이러한 불교의 수행체계를 중국의 불교학자인 길장(吉藏)의 사상을 통해 고찰하는 것이 본 논문의 목적이다.

본 연구를 진행하기에 앞서, 불교에서 '수행'의 보편적 의미를 도출해 보기로 한다.[2] 불교에서는 임시방편으로 세계를 '마음에 의

---

[1] 한명숙, 「初期佛敎의 自我觀에 대한 심신가치론적 고찰—몸과 마음의 성격 및 지위에 대한 논의—」, 『불교학연구』 13호(서울: 불교학연구회, 2006), 181~210쪽.

[2] 그 이유는, 길장에게 수행론이 없다고 하는 점이 자주 지적되고 있는데, 먼저 수행의 보편적 의미를 되짚어 봄으로써, 3장에서 그에 상응하는 길장의 수행체계를 찾아내 보려 하기 때문이다.

해 있는 그대로 인식된 세계(眞如門)'와 '마음에 의해 왜곡되게 인
식된 세계(生滅門)'의 둘로 분류한다. 여기서 세계를 바르게 인식
하거나, 왜곡되게 인식하도록 하는 주체는 마음이다. 마음이 오염
된 인간의 지적 상태를 무명(無明: 迷)이라 하고, 심리적 상태를 고
통(苦: 煩惱・繫縛・執着)이라고 한다. 마음이 청정한 인간의 지적
인 상태를 지혜(悟, 般若)라고 하고, 이때의 심리적 상태를 즐거움
(樂, 涅槃, 解脫, 自由)이라 한다. 이 때문에 불교의 근본목표는 전
미개오(轉迷開悟: 지적인 전환), 이고득락(離苦得樂: 심리적 전환)
이라는 개념으로 집약된다. 결국 불교의 궁극적 목표인 열반에 도
달하기 위해서, '있는 그대로의 세계'를 바라보는 지혜를 얻어 마
음의 오염을 제거하지 않으면 안 된다. 그러므로 포괄적인 의미에
서는, 궁극적 지혜를 얻어 마음의 오염을 제거할 수 있도록 하는
데 도움이 되는 실천법을 모두 불교수행이라고 할 수 있다.

　본 논문은 인도 중관학파(中觀學派)의 입장을 가장 철저하게 계
승한 것으로 인정되는 중국삼론학의 대표학자인 길장의 수행론에
대한 비판론을 비판적으로 검토하고, 길장의 수행론을 불교의 보편
적 수행론의 틀에 맞추어 재구성해 보려고 한다.

2. 吉藏의 修行論에 대한 기존 연구결과의 비판적 검토

1) 길장은 이론가일 뿐이다

여러 학자들이 길장의 사상을 이론적인 면에 치우쳤다고 지적한다. Richard Robinson은 길장은 선자(禪者)가 아니었기 때문에, 용수(龍樹)가 『중론(中論)』에서 매우 간단하게 언급했던 이제(二諦)에 대해 좀 더 구체적인 설명을 가한 것을 제외하고는, 깨달음을 얻기 위한 어떤 방법론도 제시하지는 못했다[3]고 한다.

안정광제(安井廣濟)는 삼론학의 정혜쌍수(定慧雙修)라는 전통이 행도(行道)보다는 공(空)이론의 설정에 경도된 길장에 의해 사라지면서, 삼론학은 공이론연구에 몰두한 학파로 마치게 된다[4]고 하였다.

김정희는 공에 대한 길장의 이해는 이론적인 면에 치우쳐 있었고, 천태지의(天台智顗)의 원돈지관(圓頓止觀)에 이르러 비로소 중

---

3) Richard Robinson, 『Buddhist Religion』(Belmont, California; Dickenson, 1970), 84쪽.
4) 壬生台舜 編, 『龍樹敎學の硏究』(東京: 大藏出版, 1983), 110쪽.

국의 대승불교도들이 의지하여 실천할 만한 대승관법(大乘觀法)이 정립되었다[5]고 한다.

우정백수(宇井伯壽)는 삼론학이 관법을 시설하였기에 실천적인 측면이 보이기는 하지만, 교즉관(敎卽觀)의 입장에 있었기 때문에 별도의 실천관을 시설하지 않았다[6]고 하여, 관법이 갖는 수행론적 의미를 인정하지 않았다.

2) 길장에게도 실천적인 측면이 있다

근년에 들어 몇몇 학자들이 삼론학의 실천적 측면을 부각시키는 글들을 발표하고 있다. 우선 평정준영(平井俊榮)은 대승의 대표적 선법(禪法)인 반야경의 일행삼매(一行三昧)가 지의보다는 길장에게 서 더욱 철저하게 구현되었음을 증명함으로써, 달마선이 천태종이 아닌 삼론학의 영향을 받은 것임을 밝히려고 하였다.[7] 이 밖에 다 양한 형태로 삼론학의 관법을 보여주기는 하지만 이것을 수행체계 라는 문제의식을 가지고 접근하지는 않기 때문에 그 서술에 있어 서 삼론학의 수행체계를 드러내는 데는 한계가 있다.

아론 코세키[8]는 R. Robinson의 주장을 인정할 수 없다고 하고,

---

5) 김정희, 『天台智顗의 佛敎修行論 硏究』(서울: 서울대학교 박사학위논문 2002), 54쪽.

6) 宇井伯壽, 『佛敎汎論』(東京: 岩波書店, 1970 4쇄), 525쪽.

7) 平井俊榮은 반야공관의 대표적 실천법인 일행삼매는 관찰할 대상을 설정하지 않는 것인데, 이것이 지의 의 지관론에서는 변형되어 관찰할 대상이 설정되고, 길장에게서는 이러한 변형이 일어나지 않기에, 달마 선의 관법에 더욱 가까운 것은 길장이라고 한다[『中國般若思想史硏究』「一行三昧と空觀思想」(東 京: 春秋社, 1976), 653쪽]. 길장과 달마선의 공통점은 점차지관과 같은 수단을 인정하지 않는다는 점 에 있다. 또한 유전성산(柳田聖山)도 달마가 『능가경』을 선양할 때 무득정관(無得正觀)을 종(宗)으로 삼았는데, 이것은 삼론학의 기본교의이기에, 능가종은 그 발전과정에서 삼론학과 긴밀한 관계를 가졌을 것이라고 한다[안영길, 추만호 譯, 『禪의 思想과 歷史』(서울: 민족사, 1989), 173쪽].

길장의 저술은 실천적인 것을 대가로 지불하고 이론적인 것을 더 선호하는 것처럼 보이지만, 그가 진정 관심을 가진 것은 실천적인 성과라고 하면서, 길장의 대표사상 중 하나인 이제병관설(二諦並觀說)의 실천적 측면을 고찰함으로써 자신의 주장에 대한 논리적 근거를 제시하였다. 그 논지를 간략히 정리해 보면, 이제병관에 의해 반야와 방편의 두 가지 지혜가 발생하는데, 이 두 가지 지혜를 길장은 보살의 실천도인 십지(十地)와 관련하여 해명하고 있기에, 실천도에 대한 관심을 버리지 않았음을 알 수 있다고 한다. 그러나 이 또한 길장이 선자가 아니라는 관점을 벗어나지 못함으로써, 그가 실천적인 것과의 유관성을 배제하지 않았음을 주장할 뿐이고, 그의 사상 자체가 전부 수행체계와 연관된 것이라는 점을 보여주지는 못하고 있다.

3) 비판론과 옹호론에 대한 비판적 검토

길장이 이론가에 지나지 않는다는 비판은 크게 세 가지로 요약할 수 있다. 첫째, 길장에게는 선정에 대한 체계적 이론이 없고, 그 자신이 선자가 아니다. 둘째, 불교수행에서 중요한 것은 선정이고, 관법은 수행적 의미가 미약하다. 셋째, 더 나아가 관법의 내용이 붓다의 가르침[敎]에 한정되어 있기 때문에, 진정한 의미에서의 실천도라고 할 수는 없다. 또한 옹호론이 빛을 발하지 못하는 것도, 길

---

8) Aaron K. Koseki, 「The concept of practice in San－lun thought: Chi－tsang and the "concurrent insight" of the two truths」, 『Philosophy East and West』 31, no.4(Honolulu: The University Press of Hawaii, 1981), 441쪽.

장에게서 관법의 발달에 초점을 둘 뿐이고, 선정에 대한 길장의 입장을 명쾌하게 밝히지 않았기 때문인 것으로 보인다.

따라서 첫째, 길장론이 선수행을 배제하지 않았다는 점과 그럼에도 불구하고 선정에 대한 특별한 이론을 내세우지 않은 이유를 밝히고, 둘째, 불교수행에서 관법이 갖는 의미를 밝힘으로써 길장이 관법에 초점을 맞춘 이유를 해명하며, 셋째, 교법에 대한 길장의 관법이 다른 모든 대상경계로 확장될 수 있는 보편적 수행론이라는 점을 밝힌다면, 길장에 대한 옹호론이 가진 한계를 극복할 수 있을 것이다. 이하에서 앞의 두 가지를 해명하고, 마지막 한 가지는 논지의 전개상 다음 장에서 해명하기로 한다.

(1) 길장은 선수행을 배제했는가?

길장은 지관의 수행법 중 지법(止法: 禪定의 實修)에 대한 견해는 거의 피력하지 않고 있는데, 앞에서와 같은 관견이 작용할 때, 길장은 선정을 배제하고 관법만을 제시하였으니, 이론가일 뿐 수행가는 아니라는 판단이 성립될 수 있다. 그러나 길장이 선수행의 다양한 방법을 제시하지 않았다는 것이 선정을 배제하였음을 의미하지는 않는다. 선자로서의 길장의 모습을 찾을 수 있는 근거는 얼마든지 존재하기 때문이다.

첫째, 길장에 이르기까지 삼론학의 계보는 제2조인 승전(僧詮)이 반야에 대한 이해(般若中觀: 講經)와 선정의 실수(習禪: 坐禪三昧)를 모두 중요시한 이후 이것이 이 학파의 전통으로 계승되었다. 이 부분에 대해서는 평정준영이 첨언이 불필요할 정도로 이미 상세하게 연구하였고[9] A. Koseki도 또한 앞의 논문[10]에서 이것을 길장의 사상이 실천도와 무관하다고 할 수 없는 근거로 제시하였지만 이전의 연구를 넘어서지는 않는다.

평정준영의 연구결과를 간략히 보면, "① 삼론학파의 학문적 경향은 정혜쌍수를 특성으로 하는데, 한 제자 밑에 습선(習禪)과 강경(講經)의 두 가지에 모두 능통한 부류의 사람들이 나타났을 때, 이 가운데 습선의 경향이 강한 이들이 적자로서 인정받는다. ② 제2조 승전의 제자 중 혜포(慧布)는 선종의 제2조인 혜가(慧可)와 교류하였고, 이 밖에 천태종의 혜사선사를 만나 자신의 식견을 인정받았다. ③ 제3조 법랑의 제자이자 길장의 동문으로 습선에 치중한 것으로 알려진 대명(大明)은 선종의 일파인 우두종(牛頭宗)을 창시한 법융(法融)의 스승이다" 등으로 정리할 수 있다.

평정준영은 습선과 강경으로 계보를 분류하고 있는데, 이것이 잘못 받아들여지면, 길장이 붓다의 가르침(경전)을 매우 중시 여기는 측면과 결부되어, 길장을 이론가계열에 분류하게 하는 원인(遠因)일 수도 있다고 생각된다. 그러나 이러한 분류는 그 강조의 차이를 일컫는 말이지, 결코 어느 하나가 다른 하나를 배제하는 의미로 쓴 것은 아니라고 본다. 그리고 강경이라고 하였지만, 이 말을 경전을 강의한다는 의미로만 보아서는 안 된다. 뒤에서 밝혀지겠지만 삼론학에서의 강경이란 경전을 이론적으로 접근하는 것이 아니라, 경전 자체를 깨달음의 수단으로 삼는 것이다. 이 때문에 경전을 설하는 이는, 그 자신이 마음에 집착이 없을 것, 붓다의 교설(경전)을 통해

---

9) 平井俊榮, 앞의 책, 第一篇 第四章 「攝山三論學派の成立」, 第五章 「興皇相承の系譜」, 243~341쪽.
10) Aaron K. Koseki, 앞의 논문, 450~453쪽.

마음을 정화시키고, 마음에 의해 붓다의 교설이 더럽혀지도록 하지 말 것[11] 등이 강조되고, 이와 같은 조건이 성립되지 않으면 강경은 이루어질 수 없다고 단언한다.

이 때문에 길장의 스승인 법랑(法朗)이나 길장이 강경의 대표자로 분류된다고 해서 그것이 깨달음을 위한 실천의 측면을 결여한 것으로 평가되어서는 안 된다. 사실 법랑은 그 자신 승전의 문하에서는 강경의 대표자로 분류되지만, 그의 제자들 가운데에는 유능한 습선자가 많이 배출되고 있다. 이상과 같은 삼론학의 계보에 나타난 특성을 고찰할 때 길장에게서도 선자로서의 모습을 기대하는 것은 무리가 아니라는 것을 알 수 있다. 자신의 계보에서 이미 전해져 오던 전통을 어떤 논쟁적 해명이나 전환적 계기도 없이 변화시키는 일은 흔치 않기 때문이다.

둘째, 길장 자신의 말 속에서 그가 자신을 선자로 자리매김하는 것을 발견할 수 있다. 천태지의의 유집(遺集)인 『국청백록』에 따르면, 길장이 597년(49세) 당대 『법화경』의 권위자인 지의에게, 법화경을 강의해 줄 것을 요청하는 글을 보냈는데, 이때 자신이 지도하던 회계산 가상사의 승중(僧衆)을 '선중인 일백여 명의 승려'라고 칭하고 있다.[12]

이상을 통해서 볼 때 길장은 선수행을 배제하지 않았음을 알 수 있다. 그럼에도 불구하고 그의 저술에 지법에 대한 설명이 없는 것

---

11) 『法華玄論』(『大正藏』 34, p.361c), "夫說法人 必具三事 一入講堂 二著法服 三登高座 外形旣 爾 內心亦然 若無慈悲 不入講堂 不修和忍 便無法服 心若滯有 不登高座 闕此三德 安可弘經". 같은 책(『大正藏』 34, p.363a), "又佛說敎者 令心同敎 不令敎同心 心以存相爲根 敎以無得爲主 若心同敎 敎旣無得 卽心無所得 乃名說敎 若敎同心 心旣存相 卽敎成住著 但迷倒心 終不弘敎".

12) 『國淸百錄』, 「吉藏法師請講法華經疏」(『大正藏』 46, p.822a), "吳州 會稽縣 嘉祥寺 吉藏 稽首 和南…敢緣前迹 諦想崇誠 謹共禪衆一百餘僧 奉請智者大師 演暢法華一部".

은, 그의 저술이 갖는 특성에서 연유한 것으로 생각된다. 삼론학의 중요한 특성 중 하나로 거론되는 것이 파사현정(破邪卽顯正)인데, 이는 실상(實相)은 불가언설(不可言說)이라는 인식 속에서 실상을 제대로 알지 못하는 사람을 교화하려는 설교자가 행할 수 있는 최상의 설교방식이다. 잘못된 견해를 타파하는 것이 바로 실상을 드러내는 길이 된다는 것이다. 실상은 이러이러하다(是)고 한다면 그것은 이미 고착된 언어가 되어서 말에 얽매이는 결과(是是)를 낳지만, 누군가 이러이러하다(是)고 한 것에 대해서, 그것이 옳지 않음을 드러낸다면(非是) 이때 설교자의 언어는 자신의 입장을 시설하는 것과 같은 어떤 군더더기를 붙임이 없이 실상을 온전히 드러내는 결과를 낳는다. 길장의 모든 저술이 특정 사상에 대한 서술이 아니라, 기존의 사상에 대한 뒤흔들기의 형식을 띠는 이유는 바로 여기에 있다. 그렇다면 길장이 지법을 설명하지 않은 이유는 지법에 대해서는 별다른 차별성을 느끼지 않았던 것에 있지 않을까 한다. 이에 비해 관법이란 실상을 관찰하는 것인데, 실상에 대한 관찰의 내용에 있어서 학자들과 이견(邪)이 있었으므로, 이에 대한 비판적 형태의 관법이 시설된 것이다.

(2) 불교수행에서 觀法의 지위: 길장 관법의 수행론적 의미 이해를 위해

불교의 수행법은 지관(止觀) 혹은 정혜(定慧)라는 용어로 대표된다. '지'에 의해 '정'이 실현되고, '관'에 의해 '혜'가 실현된다는 점에서, 양자는 서로 분리되지 않은 개념으로 쓰인다. 선정 없는 지혜는 정확성이 떨어지고, 지혜가 없는 선정은 무용하다. 이 밖에 선관(禪觀)을 정혜의 동의어라고 보고 이 용어를 쓰는 학자도 있다.[13] 곧 양자는 오염된 마음을 정화하기 위한 수행에 있어서 양 날개와 같다. 어느 하나가 더 중요하고 덜 중요하다고 말할 수 없다. 그런데 일반적으로 수행이라고 하면, 선정의 측면만을 일컫는 것으로 보는 경우가 많다. 지관이 불교의 대표적 수행법이라고 소개하고, 다음 단락에서는 지관을 선정수행이라는 용어로 묶어 버리는 어법이 종종 발견되는데, 이것은 은연중에 선정만이 불교의 수행법이라는 관견이 작용한 것이라고 생각된다.

불교수행에 있어서 '관'을 중시하는 측면은 초기불교에 나타난 붓다의 수행과정에서 그 연원을 찾을 수 있다. 붓다가 당대 최고의 수정자(修定者)인 두 스승과 결별한 이유는, 첫째, 선정의 상태에 들면 마음이 평화로웠지만 깨어났을 때 다시 마음이 흔들린다는 점, 둘째, 선정의 최고상태는 모든 지각이 사라져 적멸한 상태에 지나지 않는다는 점, 곧 '지'만 있고 '관'이 없다는 점 때문이었다.[14]

또한 붓다는 진리를 인식하기 위한 수단으로 선정의 단계에서 달성되는 초감각적 지각을 인정하였다.[15] 이것은 요가라든가 선정

---

13) 김호성, 「禪觀의 大乘的 淵源 硏究」(서울: 동국대학교 박사학위논문, 1996), 5∼6쪽 선관이라는 용어를 첫째, 선과 관을 동일한 것으로 보는 경우, 곧 선인 관이라는 의미, 둘째, 선으로부터 일어난 관이라는 의미, 선과 관이라는 의미의 셋으로 풀고, 세 번째의 뜻을 채용할 것을 주장한다. 선종도 또한 사실상 선정만이 아닌 지혜에도 관여하고 있기 때문에, 선불교라는 말보다는 선관이 더욱 그 실체에 가까운 개념이라는 것이다.

14) 최봉수, 「바라문교의 修定과 원시불교 禪定의 차이점에 대하여」, 『한국불교학』 제20집(서울: 한국불교학회, 1995), 488쪽.

15) David J. Kalupahana, 『Buddhist Philosophy: A Historical Analysis』(Honolulu, The University of Hawaii Press, 1976), 16∼24쪽. 물론 초감각적 지각이라고 하여 신비주의적 감각을 말하는 것은 아니다. 번뇌에 물들지 않은 상태에서의 지각을 초감각적 지각이라 해야 하지 않을까 한다. 곧 우리

을 통해 얻은 지적인 경지를 일컫는 말로, 이 경지에서 비로소 세계의 실상을 바르게 볼 수 있다고 하였다. 그런데 Kalupahana가 지적했듯이 Upanisad의 수행자들 또한 요가수행을 통해 얻은 초감각적 지각을 통해 세계의 실상을 바라보았지만, 붓다가 본 것과는 다른 세계, 더 나아가 붓다에 의해 거짓으로 판명된 세계를 보았다.[16] 이것은 무엇을 의미하는 것일까? 궁극적 실재에 대한 믿음은 바라문교의 기본적 사고방식인데, 이들 또한 그 전통 속에 있었기 때문에, 초감각적 지각의 상태에서 성취되는 자아의 상태(모든 고통에서 벗어나 기쁨으로 가득한 자아)를 영원불변의 궁극적 실재라고 본 것이다. 결국 선정이 아무리 완전히 성취되었다고 해도, 그 고요한 마음에 비추는 대상세계를 올바르게 보는 방식(正觀)이 없다면, 불교에서 추구하는 것과 같은 형태의 완전한 자유는 이루어지지 않는다. 이 때문에 붓다는 초감각적 지각을 수단으로만 인정했을 뿐 그 자체 목적으로 보지 않았다.[17]

붓다의 시대부터 불교는 '관'을 위한 선정을 수용했을 뿐, 선을 위한 선은 인정하지 않았다. 물론 선정이 깊어지면 '관'이 스스로 이루어지고 '관'이 깊어지면 선정이 스스로 이루어진다고 하지만, 선정이 깊어져도 '관'의 조건이 완성될 뿐, '관'의 내용이 완전해지는 것은 아니다. 그러나 '관'이 이루어진다는 것은 이미 '지'가 이

는 어떤 온도에 대해 '뜨겁다'는 감각을 갖고, 그 감각의 노예로 살아가지만, 그 감각의 실체를 제대로 파악한다면, '뜨겁다'고 느끼는 감각은 본래적 감각이 아니라, 나 자신에 의해 만들어진 것(幻)임을 알 수 있다. 이러한 자각을 부단히 인지해 나가는 가운데 드러나는 감각을 초감각적 지각이라고 할 수 있겠다.

16) 이것은 왜 거짓인가 하면, 동일한 실천방법을 수행을 했을 경우에, 누구나 볼 수 있는 것이 아니기 때문이다. 붓다의 가르침은 철저히 경험에 의존하기 때문에 일정한 실천법을 따르면 누구나 볼 수 있다.

17) David J. Kalupahana, 앞의 책, 18~19쪽.

루어졌음을 의미한다. 관법이 중요한 이유가 여기에 드러난다. 고요한 마음의 상태에서 드러나는 세계를 어떻게 바라볼 것인가? 그것을 제시하는 것이 바로 관법이다.

더 나아가 부파불교와 대승불교의 선정법 속에서도 이러한 점은 발견된다. 대승불교는 그 진리관의 변화에도 불구하고 원시불교 및 부파불교의 선수행법을 그대로 채용하고 있으며, 다만 삼삼매해탈문(三三昧解脫門)에서 선수행자가 관찰해야 할 진리의 내용에 있어서 차이를 두는 시도가 나타날 뿐이다.[18] 곧 부파불교에서는 삼삼매해탈문이 아법공유(我空法有)의 진리관에 근거하여 해석되고 있는 반면에, 대승불교에서는 아공법공(我空法空)의 개념에 의해 재해석되고 있다.[19] 여기에서 주목할 것은 대승불교가 원시불교나 부파불교의 선정수행의 방법을 그대로 채용하고, 차이점은 오직 선정수행을 통해 관찰할 진리의 내용에 있을 뿐이라는 점이다.

불교 외부의 사상과의 관련 속에서건 불교 내부의 사상과의 관련 속에서건 상호간에 가장 중요한 차이성은 지법이 아니라 관법에 의해서 드러나는데,[20] 길장이 관법에 초점을 둔 결정적 이유는 바로 이런 점에서 비롯된 것이라고 생각된다. 사실 대승의 대표학자인 용수는 선정바라밀을 선정을 통한 '관'의 실현까지도 포괄시킨다.[21] 선정은 '지'에 그치지만 선정바라밀이기 위해서는 반야지

---

18) 崔鳳守, 「『大品般若經』에 나타난 原始佛敎의 修行道」, 불교학보 33집(서울: 불교문화연구원, 1996), 187~207쪽. 이현옥, 「『般若經』에 나타난 禪定의 개념」, 보조사상 20집(서울: 보조사상연구원, 2003), 255~285쪽.

19) 이현옥, 앞의 논문, 282쪽.

20) 尾山雄一, 권오민 譯, 『인도불교철학』(서울: 민족사, 1994), 128쪽.

21) 木村泰賢은 붓다는 수행법에 있어서 수도자의 근기에 따라 의지를 단련시키는 지법에 비중을 두는 경우, 지적인 사변 곧 관법에 비중을 두는 경우 등을 모두 허락하였는데, 대승불교에서 전자의 경향을 계승한 대표적 학파는 선종이고, 후자를 계승한 대표적 학파는 법상종, 천태종, 화엄종 등이라고 하였다

(般若智)에 의한 관조의 실현이 함께 이루어지지 않으면 안 된다. 앞에서 살펴본 선자로서의 길장의 모습, 그리고 그 저술에 나타난 용수의 충실한 계승자로서의 모습 등을 감안할 때, 길장의 관법은 이미 '지'를 전제로 한 것이라고 보아도 무방할 것이다.

[박경준 譯, 『原始佛敎思想論』(서울: 경서원, 1992, 315쪽)]. 삼론학을 수행과 무관한 학파로 보는 전통을 그대로 답습하여, 삼론학은 거론되지 않지만 논의의 취지에 입각할 때 삼론학은 후자에 속할 수 있다.

3. 吉藏의 修行論에 대한 체계적 이해

앞에서 불교수행론의 요체는, 오염된 마음을 제거하여 본래의 마음으로 돌아감으로써, 있는 그대로의 세계를 조망하는 것으로 요약할 수 있다고 하였다. 이 장에서는 길장의 사상을 이러한 틀 속에서 재구성함으로써, 길장의 수행론을 밝혀 보려고 한다.

1) 마음의 구조

(1) 현실적인 마음: 心以存相爲主

길장은 현존재로서의 인간의 마음은 온갖 종류의 상(相)에 물들어 있다고 본다. 길장은 마음의 본래적인 청정성을 강조하고 오염의 비본래성을 주장하여, 마음의 본래적인 청성성을 깨닫는 것을 수행의 요체로 보는 선종의 입장과 달리, 이 세상에 태어나 살아가는 인간의 현존이란 오염된 마음을 본질로 한다는 점을 강조한다.

부처님께서 가르침을 설한 것은 마음으로 하여금 가르침에 동화되게 하기 위해
서이지, 가르침으로 하여금 마음에 동화되게 하려고 한 것은 아니다. 마음은 相
을 지니는 것을 본질로 하고, 가르침은 집착을 없애는 것을 본질로 한다.[22]

중생은 본래 취착하는 마음을 지니고 있으니, 이러한 인연으로 마구니에 묶여 생
사윤회하는 삶을 끊어 없애지 못한다. 고통의 수레바퀴가 항상 굴러 中道佛性과
正觀般若를 깨우치지 못한다.[23]

마음에 대한 길장의 입장은 후대에 주로 마음의 본래적 청정성
을 깨닫는 뜻으로 사용된, 간심(看心: 看自心), 관심(觀心), 견성(見
性) 등과 같은 용어가, 그의 저술에서 어떤 의미로 쓰였는지를 살
펴봄으로써 보다 명백히 알 수 있다. 관심은 여러 차례 쓰이는데
대부분, '진리를 관조한 마음'이라는 뜻으로 쓰이고, 마음의 본래적
청정성을 관조하는 것과 같은 의미로 쓰인 것은 없다.[24] 간심은 한
곳에서만 쓰이는데, 이 경우에 마음이란 현재 대상에 부딪혀 작용
하는 마음이다. 따라서 마음을 잘 관찰한다는 것은 마음에 삿된 견
해가 일어나는 것을 살펴서 그때마다 쳐내는 것을 의미한다.[25] 견
성이라는 용어도 그렇게 자주 쓰이지 않는데, 성품을 본다는 의미
로 쓰였을 경우에도, 그것은 자신의 본래적 성품을 저절로 회복하
는 것이 아니라, 계율을 수지하고 지켜 나감으로써 그 성품을 인출

---

22) 『法華玄論』 卷1(『大正藏』 34, p.363a), "又佛說敎者 令心同敎 不令敎同心 心以存相爲根 敎
以無得爲主".

23) 『金剛般若疏』 卷1(『大正藏』 33, p.90a), "以衆生本來 有取著之心 以是因緣 繫屬於魔 生死不
絶 若[苦]輪常轉 不悟中道佛性正觀般若".

24) 『中觀論疏』 卷2(『大正藏』 42, p.27b), "以觀心發言 卽言不動觀 言不動觀 竟何嘗言'(진리를 관
조한 마음을 바탕으로 말을 하면, 말은 관조한 마음을 벗어나지 않는다. 말이 관조한 마음을 벗어나지
않는다면, 끝내 그 말을 어찌 일찍이 말이라고 하겠는가?).

25) 같은 책 卷2(『大正藏』 42, p.31c), "問 常看自心者 大師何故 斥外道 折毘曇 排成實 呵大乘耶
答 若自心起外道見 墮在外道 名爲外道 乃至自心起大乘見 卽名大乘執 故遍呵衆人 卽是遍呵自
心也".

해 내는 것을 의미한다.

> 『열반경』에 말하기를 "일체중생이 모두 불성을 지니고 있다"고 했으니, 마땅히
> 성불할 것이지만, 요컨대 계율을 수지하게 해야만 그러한 연후에 불성을 볼 수
> 있으니, 계란 불성을 인출하게 하는 요체이다. 그러므로 계율을 수지한다.[26]

규봉종밀은 『도서』에서 삼론학을 파상현성교(破相顯性教)라고
하는 반면, 마조(馬祖)의 선을 직현심성종(直顯心性宗)이라 부르고
있는데, 이는 삼론학은 파사에 중점을 두고, 선종은 현정에 중점을
두는 두 학파의 입장을 잘 대변하는 것이다.[27] 필자는 한 걸음 더
나아가 파사와 현정의 이러한 입장이 바로 마음에 대한 앞에서 서
술한 것과 같은 입장의 차이에서 비롯된 것이라고 생각한다.

(2) 이상적인 마음: 心無所依

이상적인 마음이란 집착이 모두 사라진 상태를 의미한다. 길장의
저술에 "마음은 무득을 주인으로 삼는다(心以無得爲主)"라는 말이
두 곳에 나오는데, 이 말을 잘못 이해하면 현상적 마음의 청정성을
가리키는 것으로 볼 수도 있지만, 전후 맥락을 살펴보면, 여기에서
의 마음이란 깨달음을 성취한 성인의 마음이다.

우리 스승 법랑화상은 매번 고좌에 올라 그 문인을 가르칠 때마다, 항상 말하였

---

26) 『勝鬘寶窟』(『大正藏』 37, p.20b), "涅槃經云 一切衆生 皆有佛性 悉當成佛 要令持戒 然後見性
　　戒卽是引出佛性 是故受戒也". 『大乘玄論』 卷3 「佛性義」의 열 가지 문 중 제8이 見性門인데, 여
　　기(『大正藏』 45, p.41b)에서도 역시 동일한 구조를 갖는다.
27) 김태완, 「선과 언어」, 『철학논총』 27집(새한철학회, 2002), 322쪽.

다. '말은 머물지 않음을 단서로 삼고, 마음은 집착이 없음을 본질로 삼는다. 그러므로 경전의 이치를 깊이 깨달은 거장(巨匠)은 뭇 중생을 깨우치게 하여 마음에 집착하는 것이 없도록 한다.'[28]

집착이 없는 마음의 주체는 경전을 설할 자격을 갖춘 법사이다. 길장의 스승인 법랑은 법사가 갖추어야 할 자격요건으로 마음에 집착이 없을 것을 요구했다. 그러할 때만이 토로된 언어는 진리를 향해 열린 구조를 갖기 때문이다.

붓다의 마음은 의지하는 것이 없는데 그대들의 마음에는 의지하는 것이 있어, 붓다와 더불어 간격이 생겨났으니, 무엇으로 말미암아 붓다를 볼 것인가?[29]

성불(成佛)이 불교의 목적일 때 붓다의 마음은 중생이 성취해야 할 이상적인 마음이고, 그것은 마음에 집착이 없을 것을 그 특성으로 한다. 그리고 이러한 마음이 성취되었을 때 이것을 해탈이라 한다.

2) 이상적인 마음을 얻기 위한 수행법

(1) 理·敎·觀: 구조적 연계성

이미 마음에 형성된 집착[30]을 어떻게 없앨 것인가? 그것은 바른

---

28) 『勝鬘寶窟』卷1(『大正藏』37, p.5c), "家師朗和上 每登高座 誨彼門人 常云 言以不住為端 心以無得為主 故深經高匠 啟悟群生 令心無所著". 『中觀論疏』卷1(『大正藏』42, p.12a7)에 동일한 문장이 나온다.

29) 『中觀論疏』권2(『大正藏』42, p.27b), "佛心無所依 汝心有所寄 乃與佛隔 何由見佛."

30) 집착(執着)과 희론(戲論)과 사견(邪見)은 연계구조를 갖는다. 진리에 대한 바른 이해의 결여에서 사견이 생겨나고, 사견에 의해 생겨나는 온갖 종류의 언설을 희론이라 한다. 예를 들어 크고 작음이라는 언

이치(正理)에 대한 바른 통찰(正觀)에 의해 가능해진다. 길장은 삼론의 종지를 진리에 대한 통찰로 말미암아 마음에 형성된 집착을 없애는 것이라고 규정한다. 곧 마음에 분별심이 있어 어느 하나에 집착하면, 삿된 견해에 떨어져 바른 이치를 잃는다. 바른 이치를 잃으면 정관은 발생하지 않고, 정관이 생겨나지 않으면 분별심은 사라지지 않는다. 분별심이 없어지지 않으면 집착이 생겨나니 고통의 수레바퀴에서 벗어날 수 없다. 모든 분별심이 고요하지는 것을 바른 이치라고 하는데, 바른 이치를 깨달으면 정관이 생겨나고, 정관이 생겨나면 희론이 사라지며, 희론이 사라지면 고통의 수레바퀴에서 벗어난다.[31]

그렇다면 정리(正理: 一道)란 무엇인가? 정관해야 할 정리란 무엇인가? 길장은 진리의 내용을 논할 때, 종종 정관이라는 용어를 함께 사용하여, 무득정관, 중도정관, 무득정관불이(無得正觀不二), 불이정관(不二正觀)[32]이라고 한다. 정관이란 정리를 관찰하는 것이므로, 정관의 내용인 무득, 중도, 불이는 동일한 의미로 볼 수 있다. 정리란 무득이고 중도이며 불이인 것이다.

정리는 왜 관찰을 매개로 해서만 인식되는가? 관찰이란 무슨 의미인가? 정리란 억지로 중도, 무득, 불이라고 이름 붙이기는 했지

설이 희론이 되는 것은, 크고 작음이라는 개념에 실체가 있다는 사견에서 비롯되고, 이 사견으로 인해 우리는 크고 작음이라는 개념의 노예가 된다. 이 개념이 공간에 적용될 때 우리는 공간의 노예가 되고, 사물에 적용될 때 사물의 노예가 된다. 큰 것에 집착하고 그것을 얻지 못하면 괴로워하게 된다.

31) 『三論玄義』(『大正藏』 45, p.6c), "若心存內外 情寄大小 則墮在偏邪 失於正理 旣失正理 則正觀不生 若正觀不生 則斷常不滅 若斷常不滅 則苦輪常運…則苦輪便壞 三論大宗 其意若此".

32) 그 용례는 차례대로 다음과 같다. 앞의 책(『大正藏』 45, p.10c), "通論大小乘經 同明一道 故以無得正觀爲宗". 『中觀論疏』 권7(『大正藏』42, p.113c), "又若起有無見 名之爲縛 離有無 是中道正觀 稱之爲解". 『仁王般若經疏』(『大正藏』 33, p.315c), "大乘滿字敎者 若明其理 至極平等 無得正觀不二爲宗". 『觀無量壽經義疏』(『大正藏』 37, p.234a), "觀實相者 體無二相 是不二正觀".

만, 그러한 이름에 의해 한정되지 않는 특성을 갖는다. 명칭에 해당하는 실체란 어디에도 없다는 것이 대승불교의 공통적 견해이다. 길장 또한 어떤 언어를 통해 자신의 입장을 설명한 후에는 항상 그 언어가 갖는 연기적 구조를 해명함으로써 이러한 실상관을 따르고 있다. 그러므로 정리란 관찰이라는 수행적 사유를 통해 깨우칠 수 있을 뿐이지, 이론적 접근이라는 지적인 사유를 통해서 깨우쳐질 수는 없다.33)

여기에서 '관'이 깨달음의 중요한 근거가 된다. '관'이란 단순히 물리적인 형태의 봄도 아니고, 지적인 사유에 의한 관찰도 아니다. 그것은 우리의 마음이 직접 진리에 계합하기 위한 행위이고, 동시에 그러한 행위의 완성을 의미한다. 그러므로 길장에게서 관이란 무엇보다 중요한 것으로 다루어진다. 『중론』이라는 저술에 대해, 범본의 원제에 일치하지 않음에도 불구하고 『중관론』이라는 명칭을 붙인 것은 고삼론(古三論)의 대표자인 승조(僧肇)이지만, 그 명칭의 의미를 진정으로 실현한 것을 신삼론(新三論)의 대표자인 길장이다. '중'을 논하는 것이 아니라, '중'을 '관'한 것을 '논'한 것이며, 그러므로 '중'을 '관'하기 위한 '논'인 것이다.

> '중'은 모든 붓다와 보살이 행한 도리이고, 관은 모든 붓다와 보살이 능히 관찰한 마음이다. 모든 붓다가 '중'의 도리를 관찰하여 마음에서 분명하게 인식하고, 이것을 입으로 설하여 중생에게 베풀었으니, 이를 경이라 한다. 보살이 '중'의 도리를 관찰하여 마음에서 분명하게 인식하고 이것을 입으로 설하여 중생에게 베풀었으니, 이를 논이라 한다. 이 세 가지(중, 관, 논 또는 경)를 갖추어야만 뜻이 원만하게 구족된다.34)

---

33) 『中觀論疏』 卷4(『大正藏』 42, p.53c), "諸法未曾生死 亦非涅槃 言忘慮絕也". 『三論玄義』(『大正藏』 45, p.1b), "諸法實相 言忘慮絕 實無可破 亦無可收 泯上三門 歸乎一相 照斯四句 破立皎然".

이(理: 中道)와 교(敎: 經과 論)는 '관'을 매개로 해서만 소통할 수 있다. 길장이 제시하는 다양한 관법은 바로 우리를 진리로 이끄는 수행적 사유의 길이라고 할 수 있다.

(2) 敎(경, 논)의 이중적 의미: 진리 그 자체는 아니지만 진리에 도달하기 위한 유일한 수단이다

길장의 저술에 나타나는 독특한 점은 교설(敎說: 언어)의 중요성을 매우 강조한다는 점이다. 길장 전후의 수행자들에게 나타난 언어(교설)에 대한 불신의 풍조와 대조되는 모습이다.[35] 그는 "언어가 곧 해탈이고, 해탈이 곧 언어이다"[36]라고 선언하기도 한다. 또한 어떤 사상이나 주장의 타당성에 대한 근거로서 경론이 매우 중시된다. 예를 들면 중국불교 교상판석의 하나인 이장설(二藏說: 성문장과 보살장으로 분류하는 것)을 경전과 논서에 모두 수록된 내용이므로 배척할 수 없다고 한다.[37]

다른 한편에서 진리는 언망려절(言忘慮絶)이어서 언어에 의해 표현될 수 없다는 것이 강조된다. 이 경우 교설은 그 자체가 진리가 아니라는 점이 부각된다. 교설은 달 그 자체가 아니라 달을 가

---

34) 『中論序疏』(『大正藏』 42, p.2a), "中 諸佛菩薩所行道 觀 謂諸佛菩薩能觀之心 諸佛 觀辨於心 宣之於口 秤之爲經 菩薩 觀辨於心 宣之於口 目之爲論 要具斯三 義乃圓足".

35) 이것도 그를 이론가에 지나지 않는다고 보게 된 배경이라고 생각되는데, 역설적이게도 바로 이것이 그를 실천가라고 볼 수 있는 이유가 된다는 것이 앞으로 밝혀진다.

36) 『勝鬘寶窟』 卷上(『大正藏』 37, p.5b), "汝乃知解脫無言 而未悟言卽解脫 旣云言卽解脫 亦應解脫卽言 言卽解脫 雖言無言 解脫卽言…名心無所依 乃識理敎意也". 『二諦義』 卷下(『大正藏』 45, p.112c), "只言說文字卽解脫…文字卽解脫".

37) 『勝鬘寶窟』(『大正藏』 37, p.6a), "從菩提留支 度後至於卽世 大分佛敎 爲半滿兩宗 云聲聞菩薩 二藏 此旣有經論 誠文 不可排斥".

리키는 손가락이다. 그러므로 교설에 집착하면 손가락만 쳐다보는 것이고 달은 결코 보지 못한다.

그렇다면 언어는 왜 그렇게 중요한 것일까? 달로써 달을 가리키지는 못하기 때문이다. "달로서 달을 가리킬 수 없으니, 응당 손가락으로 달을 가리켜야 한다."[38] 이것은 "이심전심(以心傳心)"이라는 선종의 원리와 전적으로 달리하는 입장이다. 선종에서도 또한 교설은 손가락이고 이치는 달이라고 보지만, 이러한 비유를 사용하는 의미는 사뭇 다르다. 길장은 인용문의 후반을 강조하여, 이 말을 손가락이 아니고는 달을 볼 수 없음, 곧 손가락의 기능을 강조하는 의미에 비중을 두어 해석한다. 이에 비해 선종에서는 인용문의 전반을 강조하여, 손가락을 떠나 오직 달에 전념할 것을 가르치니, 이것이 교외별전(敎外別傳)의 성립근거가 된다. 그러나 길장은 이미 달을 알고 있는 사람이라면 타인의 손가락을 빌리지 않고 달을 볼 수 있겠지만, 그렇지 않은 사람이라면, 불도를 닦아 가는 과정에 있는 수행자라면 손가락에 의지하지 않을 수 없다고 한다.[39] 교설에 대한 길장의 이중적 입장은 다음과 같이 정리된다.

> 이치를 얻으면 가르침을 잊고, 달을 얻으면 손가락을 버리기 때문에, 『금강경』에서는 '법을 취하지 말아야 한다'고 한다. 그러나 가르침으로 인해 이치를 깨닫고, 손가락으로 인해 달을 얻기 때문에, 『금강경』에서는 이어서 '법을 취하지 않는 것도 아니다'라고 한다. 마치 강의 건너편 언덕에 도달하고 나면 뗏목을 버려야 하므로, 뗏목을 취하지 말아야 하지만, 강을 건너고자 하기 때문에 뗏목을 취하지 않으면 안 되는 것과 같다.[40]

---

38) 『大乘玄論』(『大正藏』 45, p.15c), "不可以月指月 應以指指月".
39) 『二諦義』 卷1(『大正藏』 45, p.90b), "今明 二諦如指 為小兒不識月 此為小兒 不為大老子 大老子知月 何須為 為小兒不識月故 擧指令識月 凡夫眾生 亦爾 不識理故 須二諦教".

이렇게 손가락을 통해서 달을 보지만, 모든 손가락이 달을 가리키고 있는 것은 아니다. 붓다의 교설은 달을 가리키는 손가락임이 분명한 것이라는 점에서 그 중요성이 부여된다.

마음은 상(相)을 갖는 것을 뿌리로 삼고, 가르침은 무득을 주된 특성으로 삼는다.[41]

여기에서 교설은 무득이라는 실상을 깨우치도록 하는 중요한 근거로 여겨진다. 따라서 교설에 마음을 일치시키도록 해야지 자신의 마음에 교설을 끌어들이려고 해서는 안 된다. 교설을 교설이 가진 근본입장, 무득을 정관하고 무집착을 실현하도록 하는 목적에 일치시키도록 해야 한다.[42]

길장은 교설에 대한 이러한 무한한 신뢰 속에서 붓다의 교설을 어떻게 이해해야 그 속에서 진리를 깨우칠 것인가를 탐구하는 데 전력한다. 그의 글을 읽으면, "붓다는 왜 이러한 가르침을 설했는가?" 하는 문제의식이 끊임없이 흐르고 있음을 알 수 있다. 붓다가 그러한 가르침을 설한 이유를 알면, 그 순간 그 가르침을 통해 진리에 도달하는 길이 열린다.

---

40)『金剛般若疏』卷3(『大正藏』33, p.107a20), "以得理忘教 得月捨指故 故云不應取法 而藉教悟理 因指得月 故非不取法 如到岸捨栰故 不應取栰 為欲度河故 非不取栰也".

41)『法華玄論』卷1(『大正藏』34, p.363a), "心以存相為根 教以無得為主".

42) 앞의 책 卷2(『大正藏』34, p.363a), "若心同教 教既無得 即心無所得 乃名說教 若教同心 心既存相 即教成住著 但迷倒心 終不弘教".

(3) 敎를 어떻게 觀해야 理가 드러나는가: 마음의 정화방식으로 서의 觀法

　이상에서 길장의 사상에서 '교'와 '관'이 갖는 의미를 고찰해 보았다. 가르침은 그 자체 진리가 아니지만, 그것은 진리로 가는 유일한 통로이다. 가르침은 그 자체가 진리가 아니기 때문에, 가르침의 내용을 문자 그대로 이해해서는, 이론적 사유에 의해서는 절대 진리에 도달할 수 없다. 이것이 교설의 부정적 기능을 길장이 경계한 이유였다. 길장은 이러한 부류의 사람들을 '언교에 집착하는 무리'[43]라고 하여 강하게 비판한다. 그렇다면 가르침이 진리를 드러내기 위해서는 어떻게 해야 하는가? 그것은 가르침이 드러내고자 하는 세계를 관조할 수 있어야 한다.

　길장의 사상에서 관법이란 바로 '교'와 '리'를 잇는 매개체이다. 길장이 붓다의 교설에 대한 관법을 제시하는 이유가 여기에서 있다. 교설은 달을 가리키는 손가락이고, 관법은 그 손가락을 달로 이끄는 계기로 작용한다. 사실 길장 자신이 관법이라고 칭한 것도 있고 그렇지 않은 것도 있지만, 필자는 길장의 모든 글은 교설을 어떻게 이해해야 그것을 통해 깨달음을 얻을 수 있을 것인가를 탐색하는 방식으로 서술되는데, 이 또한 진리에 도달하기 위한 관찰방식을 알려 준다는 의미에서 관법이라고 해도 무방하다고 생각한다.

　필자는 이하에서 길장이 제시한 수많은 관법 중 붓다의 가르침을 해석하는 네 가지 방식, 곧 사종석의(四種釋義)의 내용을 고찰

---

43) 『法華玄論』 卷1(『大正藏』 34, p.362c: p.371a), 『中觀論疏』 卷4(『大正藏』 42, p.66b), 『三論玄義』(『大正藏』 45, p.7b) 등에 "封敎之流(徒), 封言之徒"라고 하여 비판하고 있다.

함으로써, 길장의 수행론과 앞에서 설정한 세 번째 해명, 곧 '교즉
관(敎卽觀)'의 실천적 의미를 함께 드러내 보려고 한다.

사종석의는 길장 저술의 곳곳에서 서술되고 있는데, 이 중 특히
『이제의』에서 진(眞)·속(俗)이라는 교설을 해명하는 부분을 중심
으로 하여 설명해 보기로 한다.

첫 번째, 수명석((隨名釋)은 일반인의 언어관습을 그대로 이용하
여 문자를 풀이하는 방법이다. 진속(眞俗)이라는 가르침에 대해서,
'진'은 보다 진실한 것이고 '속'은 세속적인 것이라고 보는 것이
다.[44] 언어는 구별 짓는 것을 특성으로 한다. 어떤 대상이 다른 것
과 구별되는 것을 보일 수 없다면 그 언어는 무용하다. 예를 들어
자동차라는 명칭은 그것을 자동차가 아닌 모든 것과 구별하기 위
해서 지어진 것이고, 그러한 역할을 할 때만 자동차라는 명칭은 의
미를 갖는다. 만일 우리가 자동차라고 부르는 어떤 것을 제외한 다
른 모든 것도 자동차라고 부른다면 자동차라는 명칭을 사용하는
것은 의미가 없다. 따라서 언어의 구별기능에 입각해서 언어를 이
해하는 것은 일반적인 생활을 영위하기 위해 없어서는 안 될 필수
적인 사항이다. 다만 여기서 문제가 되는 것은 이러한 일상적인 언
어의 구별적 기능을 제거하지 않으면서도, 이 언어로 하여금 실상
을 드러내는 기능을 동시에 지닐 수 있도록 할 수 있는가, 없는가
하는 점이다. 길장은 수명석 그 자체를 부정하지 않는다. 그것은 길
장이 일상적인 언어를 긍정하고 있다는 점을 보여준다. 수명석을
통해서 언어의 구별기능과 실상의 현현가능성을 동시에 인식할 수

---

44) 『二諦義』 卷中(『大正藏』 45, p.95a), "隨名釋者 如俗以浮虛為義 又俗以風俗為義 然此具出內
　　外故 律有國土毘尼 隨國土處所 風俗不同也…此則就經律釋異 由來亦不知也"

있다면 나머지 세 단계는 불필요하다. 다만 보통 사람들은 이미 살펴본 것과 같이, 진과 속 등의 대립된 개념에 대해서 일상적 언어관습에 의거한 해석을 하게 되면, 전자와 후자가 각각 별개의 것이라고 오해한다. 만일 이것들이 기능적인 의미에서의 구별 지음이고, 그 구별 지음이 자성적 실체를 가진 것이 아님을 안다면, 이러한 오해는 생겨나지 않지만, 미혹된 범부들은 여기에 매몰되어 버리는 것이다.

두 번째 단계인 인연석(因緣釋)은 바로 자성적 실체로서의 언어에 대해 집착하는 사람들에게 그 언어들이 각각 대립하는 개념과 인연하여 성립되는 것임을 보여주어, 그들이 지니고 있는 유자성견(有自性見)을 조복시키는 것이다. 즉 진과 속, 대와 소, 권과 실 등은 상호의존적으로 성립하는 것임을 보여주는 것이다. '진'은 그것과 상대되는 의미인 '속'이라는 언어가 없다면 그 뜻이 드러나지 않는다.45) '대'도 또한 그것과 상대되는 의미인 '소'라는 언어가 없다면 그 뜻이 드러나지 않는다. 어떤 것이 절대적으로 크거나, 절대적으로 작을 수는 없는 것이다. 큰 것은 작은 것에 비해 큰 것이고 작은 것은 큰 것에 비해 작은 것이다. 자동차는 자전거에 비교할 때 큰 것이고, 기차에 비교할 때는 작은 것이다. 이렇게 대립된 개념이 상호의존성을 가진 것으로 인연에 의해 가설(假說)된 것임을 인식할 때, 각각에 대해서 지녔던 자성적 실체라고 하는 집착은 누그러진다. 큰 것과 작은 것에 대해서, '대'의 '소'이고 '소'의 '대'임

---

45) 앞의 책(『大正藏』 45, p.95a), "次第二就因緣釋義者 明俗眞義 眞俗義 何者 俗非眞則不俗 眞非俗則不眞 非眞則不俗 俗不礙眞 非俗則不眞 眞不礙俗 俗不礙眞 俗以眞爲義 眞不礙俗 眞以俗爲義也".

을 인식함으로써 영원불변의 개념이라고 하는 집착이 어느 정도 가라앉는다는 것이다.

세 번째 단계인 현도석(顯道釋)은 앞에서 가의(假義)에 의해 유자성견을 조복시킨 다음에 다시 중의(中義)를 드러내어 그 집착을 영원히 끊어 버리는 것이다. 진실은 언어를 떠나 있으나, 중생을 위하여 억지로 명상(名相)으로 설한 것임을 밝힘으로써 궁극적인 도(道)를 드러내는 것이다. '속'은 '진'의 '속'이기에 사실상 속이 아닌 것(不俗)이고, '진'은 '속'의 '진'이기 때문에 사실상 진이 아닌 것(不眞)임을 깨닫는다. 이렇게 할 때, '진'이라 하든, '속'이라하든, 그 속에서 비진비속(非眞非俗)의 중도의(中道義)를 현시할 수 있게 된다.[46]

네 번째 단계인 무방석(無方釋)은 부정(不定)이라는 뜻이다. 따라서 무방석은 제2, 제3의 단계를 통하여 일체법의 공성을 깨달은 사람에게는 세간의 일체법이 어떤 분별도 없이 그대로 긍정되는 것을 말한다.[47] 곧 인연석과 현도석의 내용을 보다 확충해 나갈 때 무방석에 도달한다.

인연석과 현도석은 대립된 두 개의 쌍에 대한 집착을 여의는 방식을 제시하는 것이라면, 무방석은 이러한 가르침이 내재하고 있는 근본적인 의의를 보다 폭넓게 실현하는 것이다. 전자가 연기를 눈에 보이는 형태로 설명하는 것이라면, 후자는 연기를 보다 확충하

---

46) 앞의 책(『大正藏』 45, p.95b), "次第三就顯道釋義者 明俗是不俗義 真是不真義 真俗不真俗義 真俗不真俗 即名義 不真俗真俗 即義名 真俗不真俗 教理 不真俗真俗 理教 斯則名義理教中 假橫竪也".

47) 앞의 책(『大正藏』 45, p.95c), "次第四節無方釋義者 明俗以一切法為義 人是俗義 柱是俗義 生死是俗義 涅槃是俗 義 無方無礙故 一切法 皆是俗義也".

여 심화시킨다는 것이다. 예를 들어서 '진'과 '속'이라는 용어를 풀이함에 있어서, 인연석은 이 두 가지 대립된 개념이 서로 인연에 의해 비로소 존재하는 것임을 보이는 것이고, 현도석은 이러한 인연의 실상을 관찰함으로써 '진'과 '속'에 대한 집착으로부터 벗어난 상태를 보여준다. 따라서 인연석은 인연연기의 실상을 대립된 두 개의 쌍을 중심으로 하여 관찰하는 것이라면 현도석은 연기의 범위를 보다 확대하여 우주 전체 속에 드러나는 인연연기의 구조를 보여주는 것이다. 우리가 '진'과 '속', '대'와 '소'의 연기적 구조를 깊이 이해하게 되면, '진'은 '속'에 의해서만 존재하는 것이 아니라, 우주의 모든 것에 관계를 맺고 있다는 것을 알 수 있다. 연기란 쉬운 이해를 위해 우선 대립된 두 쌍의 상호의존성을 말하지만, 그 대립된 두 쌍 각각을 있게 하는 여러 가지 조건들을 고찰하면, 우리는 대립된 두 쌍 각각에 우주가 내재되어 있음을 알 수 있게 된다. 이것이 연기사상이 궁극적으로 지향하는 세계이다. 예를 들어 내 앞에 놓인 한 장의 종이는 그 범주를 한정해 보면 나무, 기계, 기계공 등에 의지하는 것처럼 보인다. 그러나 보다 깊이 관찰하면 그 나무는 빗물, 흙, 거름, 그 나무가 있게 한 나무 등에 의지하며, 다시 거름은 재료인 분뇨, 볏단, 농부의 손길, 적당한 온도와 습도 등에 의지한다. 이렇게 거듭해서 연기적 사유를 펼쳐 갈 때 내 앞에 있는 한 장의 종이는 그 속에 우주를 내포한다는 사실을 알게 된다. 인연석, 현도석이 궁극적으로 무방석으로까지 펼쳐지는 것은 바로 이러한 의미에서이다.

이렇게 해서 모든 것이 상호의존하므로 자성적 실체가 없고, 따라서 온 우주의 모든 존재는 상호중층적인 구조로써 연결되어 있음을 깨닫는다면, 그 다음에 다시 내 앞에 드러나는 세상, 그 세상에 대한 긍정은 분명히 그 이전에 아무런 자각적 계기를 갖지 않은 긍정과는 달라진다. 그리고 이러한 의미에서 모든 언어, 언어에 의한 사상의 전개가 이루어진다면 그 모든 것은 타당하다는 것이 길장의 주장이다. 수명석이 그 의의를 갖는 것은 바로 인연연기를 관조하고 그러한 기반 속에서 드러나는 일체의 세계에 대한 긍정일 때이다. 그리고 이러한 언어는 무득(無得)의 언어라고 할 수 있다.

어떤 사물, 언어, 사상을 마주하였을 때 그 속에서 사종석의가 지향하는 실상의 세계를 동시에 관조할 수 있다면, 그 사물, 언어, 사상은 연기적 구조 속에 놓인 것이고, 따라서 전적으로 실상의 세계를 드러내고 있는 것이며, 그런 의미에서 모두가 긍정될 수 있다. 그러므로 사종석의는 단순히 언어에 대한 해석법이 아니라 우리가 마주 한 모든 경계에 대해 우리를 깨달음으로 이끌어 가는 방법을 제시하는 것이며, 이것이 바로 '교즉관'의 완성된 모습이라고 하겠다.

4. 맺음말

몇몇 학자의 노력에도 불구하고 아직까지 삼론학을 수행체계와 관련지어 이해하려는 노력은 충분한 빛을 발하지 못하고 있다. 이들 논문이 발표된 이후에도 여전히 삼론학은 이론에 치우쳤다고 하면서, 어떤 근거도 제시하지 않는 것은 바로 이러한 현실을 반증하는 것이다. 이러한 사정 때문에 길장은 불교수행법과는 무관한 인물이고, 중국불교에서 선관의 체계화에 기여한 이는 지의이며 그가 중국인 최초로 용수의 공사상에 근거한 올바른 실천법을 제시한 사람이라는 것이 일반적 견해가 되었다.

평정준영은 삼론학의 계보를 습선과 강경의 둘로 분류함으로써, 습선의 측면을 강조하려고 하였지만, 이러한 시도가 오히려 길장을 강경의 계보에 넣음으로써, 그가 서술한 모든 관법을 이론적인 것으로 돌리게 만드는 원인(遠因)을 제공하기도 하였다. 본 논문에서 선자로서의 길장의 모습, 그가 선정에 대한 특별한 이론을 세우지 않은 이유, 그의 저술에서 관법이 특히 발달한 이유 등을 밝힘으로써, 강경이 습선을 배제한 것이 아니라는 점이 드러났다. 그리고 사종석의는 관법이 갖는 수행론적 의미를 충분히 지니고 있는 점도 살펴보았다.

이 때문에 삼론학이 소멸되고, 지의의 수행법이 후대까지 영향을 미쳤다고 하는 역사적 사실에 대한 원인의 탐구가, 길장에게 수행론이 없어서였다는 결론으로 이어지는 것은 문제가 있는 것으로 보인다. 천태종의 득세와 삼론학의 소멸이라는 사실은, 시대적 정황이나, 수행론이 갖는 구체적인 내용의 차이에서 찾아야지, 수행론 자체가 없기 때문이라거나 용수 공이론의 올바른 실천법을 제시하지 못했다거나 하는 것은 문제의 본질을 왜곡시키는 것이다. 이에 대한 고찰은 훗날의 과제로 남겨 둔다.

성명쌍수
: 도교의 수련과 진인의 경지

김재숙

1. 들어가는 말

일반적으로 도교는 장생불사를 목표로 하는 사상이다. 살아서 신선이 된다는 육체성선(肉體成仙)의 전설적 이야기를 실제로 현실화시키려 한 바람에서 나온 방법이 도교의 각종 수련법이다. 살아 있는 동안 불사의 신체로 바꾸는 것, 불사성이 부여된 일종의 배아를 자기 안에서 만들고 길러감으로써 죽을 수밖에 없는 인간의 몸을 조금씩 불사의 신체기관으로 대체해 나갈 수 있다는 것이다. 얼핏 보기에 '신선이 된다'는 것은 죽지 않고 살아서 영원히 부귀와 권력을 누리겠다는 지극히 세속적인 욕망으로 가득찬 것으로 보인다. 그러나 여기에는 세속 초월적인, 또 다른 바람이 내재되어 있다.

단지 불로장생한 사람을 이르는 신선이라는 말 대신 도교가 목표로 한 초월적 경지에 이른 사람을 '진인(眞人)'이라 부르는데, 사실 진인이라 불리는 도교의 신선들에 대한 묘사를 보면 외모와 형체에 대한 묘사가 많다.[1] 그리고 벽곡과 호흡술, 명상 등이 공통적

---

[1] "옛날의 진인은 그 마음이 모든 것을 잊고, 그 모습이 잔잔하며 그 이마가 널찍하다. 시원하기가 가을 같고, 아늑하기는 봄날 같다. …그 모습이 우뚝 높이 솟아 무너지지 않고…환히 밝게 기뻐하는 듯하

으로 보인다. 그러나 그 외적 이미지보다 진인에게 공통적으로 발견되는 특징은 심신이 지극히 맑고 깨끗한 에너지의 상태를 보존하고 있다는 점이다. 진인의 진정한 의미는 『장자』에 보이듯 道의 화신으로서 진지(眞知)를 가지고 있는 자이다. 진인은 자연(天)과 다투지 않고 조화되어 있는 사람으로서,[2] 인간의 심층부에 있는 대자연과 합치되는 에너지를 회복한 사람을 의미한다. 자신의 몸에서 자연을 실현한 사람은 대자연의 신묘한 모습을 남기게 마련이다.[3] 이렇게 인간과 우주자연 사이에 서로 감응하는 관계를 인식하려면 일상적 경험을 넘어선 상태에 이르지 않으면 안 된다. 수행은 그 목적을 위한 심신 훈련법이다.

흔히 알고 있듯이 도교 수련법에는 식이법과 호흡법을 중심으로 도인체조, 방중술, 화학연금술, 부적, 주술, 제의 등이 있다. 그러나 그것만이라면 도교는 의학과 체육학, 건강 테크닉에 지나지 않을 것이다. 거기에는 깊은 사색과 명상이 있고, 심신 훈련의 기술이 철학의 바탕 위에 놓여 있다. 이러한 각종 수련법은 당말 오대 이후 송원 시대에 가장 흥성했던 내단가들에 의해 좀 더 체계적인 이론 위에 세워지게 되었다. 이들 내단가들은 전통적으로 초기 도교에서부터 전승되어 온 각종 수련법을 이단으로 여기고 좀 더 확실한 방법은 성명쌍수라고 주장하며 이전과 다른 수양 방술을 체계화시켰다.

다."(『장자』「대종사」, 古之眞人, 其心志, 其容寂 其額頯, 悽然似秋, 煖然似春, …古之眞人, 其狀義而不朋－邴邴乎其似喜乎). / "얼굴색이 기쁨에 차서 빛나게 되고, 흰 머리털이 모두 검게 변하고, 빠졌던 이빨이 다시 옛 장소에 돌아온다…"(『주역참동계』, 顔色悅澤好, 髮白改變黑, 齒落還舊所, 老翁復壯丁, 耆嫗成姹女, 改形免世厄, 號之曰眞人).

2) 『장자』, 「대종사」, 此眞人而後有眞知…其息深深, 眞人之息以踵, 衆人之息以喉, …是之謂不以心捐道, 不以人助天, 是之謂眞人… 天與人不相勝也, 是之謂眞人.

3) 장정일, 「장자의 반이성주의와 수양론」(고대석사학위논문, 2004), 100~109쪽.

본 글에서는 성명쌍수 수양론의 이론근거와 그 실천방법을 살펴보려고 한다. 불사라는 것이 과연 가능한가 아닌가가 중요한 문제가 아니다. 그것을 목표로 한 도교의 각종 수련법은 현대사회에까지 지속적으로 영향력을 발휘하면서 이어지고 있다. 이를 통해 우리는 몸과 마음의 수양이라는 것이 어떤 가치를 지니게 되는지를 탐색하게 된다. 본 글에서는 방대한 도교사에서, 특히 다종다기한 종파 가운데 어느 특정 종파의 이론을 탐색하기보다는 내단 성명쌍수의 가장 일반적인 특징을 연구하려 한다. 이를 위해 여러 종파에서 내단 성명쌍수의 공통적 이론기반으로 인정하고 있는 내단 경전인 한대(漢代) 위백양(魏伯陽: 147~165 활동추정)의 『주역참동계(周易參同契)』와 북송대 도사 장백단(張伯端: 984~1082)의 『오진편(悟眞篇)』과 『청화비문(靑華秘文)』을 그 중심 근거로 삼으면서 글을 전개하려 한다.

2. 성명쌍수의 이론 근거

1) 내단의 등장

성명쌍수를 종지로 삼는 내단(內丹)은 중국의 도교사에서 이전의
도교와는 다른 위상을 가지고 있다. 심신 훈련의 기술이 좀 더 철
학적 이론의 바탕에 놓이게 된 것이다. 수나라 이전에는 내단법이
아직 형성되지 않았었고, 당말 오대 종려도(鍾呂道)를 시작으로, 이
후 북송 장백단에 의해 기초가 다져지면서 내단은 도교 중 가장 정
통의 수양 방술로 여겨지게 되었다.

내단 수련법의 중심은 성명쌍수(性命雙修)에 있다. 즉 성과 명을
함께 닦아 이루어지는 것이 내단이다. 여기서 '성'은 마음의 본성
으로, 선종의 본래면목이나 자성(自性) 등의 개념과 기본적으로 일
치하며 신(神)과 상통하는 개념이다. '명'은 형체, 신체 방면의 정
기, 원기로 형(形) 개념과 상통한다. 그러므로 성명 개념은 형신(形
神) 개념과 서로 통하는 개념이다.[4] 초기 도교에서부터 도교의 수

련은 이미 육체 수련 뿐 아니라 선을 행하고 마음을 닦을 것을 소박하나마 다 주장하고 있었다. 그런 면에서 한당(漢唐) 시기의 양생가들은 형신공양(形神共養), 형신쌍수(形神雙修)란 용어를 사용하였다. 그러나 당 이후 내단가들은 성명쌍수라는 말을 쓰게 되었다.

엄격히 도교사의 입장에서 말하자면 형신공양과 성명쌍수라는 용어의 함의는 다른 것이다. 내단 이전 고대 신선술에서부터 도교에서는 벽곡(辟穀), 토고납신(吐古納新), 도인(導引), 복식(服食), 금단(金丹), 양기(養氣), 연기(煉氣) 등[5] 양형(養形)의 방술도 있었고, 존사(存思), 수일(守一), 주정(主靜), 좌망(坐忘) 등 양신(養神)의 방법도 있었다. 그러나 당 초기에 불교 심성론의 영향을 받아 도성(道性), 인성(人性) 등 수양에 관한 토론이 상당히 깊어지면서 유불도 삼교의 교섭이 시대풍조가 되어 갔다. 도교 내에서도 불교의 영향을 받아 동시에 심성 수양면도 중점을 두게 되었으며, 당말 북송 내단가에 와서는 성리학과 선종의 영향이 득세하게 되면서 더욱더 이론적 정비를 해야 할 필요성이 절박하였다. 당시에 성을 닦고 명

---

4) 김낙필, 『조선시대의 내단사상』(대원출판사, 2005), 178~179쪽. "도교에서 말하는 성명이란 개념은 중용과 주역에 바탕을 둔 성명 개념과는 그 성격을 달리한다. 중용의 天命之謂性이나 역전의 窮理盡性以至於命에서 보듯 하늘에서는 명으로, 인간에 내재한 경우는 성으로 불린다. 그런데 명에는 인간에 내재하여 성으로 파악된 경우 외에 인간외부에서 길흉화복을 좌우하는 초월적 주재자로서의 의미, 즉 운명론적 의미가 포함되었다. 이런 운명론적 명의 개념에는 인간의 수명을 비롯한 길흉화복의 전반이 포함되었다. 포괄적 운명이라는 넓은 의미에서 육체적 수명이라는 좁은 의미로 좁혀진 현저한 예는 갈홍의 포박자에서 발견된다. 포박자에서는 명을 주로 수명으로 간주하고, 인간이 어떻게 하면 주어진 명을 늘여 장생불사에 이를 것인가에 주된 관심을 둔다. 이때 명은 단지 객관적 조건일 뿐 불가피한 운명은 아니라고 보는 점에서 포박자의 특징이 나타난다. 명의 짧음과 장구함은 氣에 관련된 문제로 귀착된다." 이석명 역, 『노자도덕경 하상공장구』(소명출판사, 2005), 128쪽. "도교에서 성명의 개념을 살펴보면 『노자 하상공주』에서 총 5회 출현하는데, 그 용례에 나타난 성명 개념은 본성 또는 생명, 좀 더 나아가 하늘로부터 부여 받은 본바탕으로 해석될 수 있다. 한편 『하상공주』에 나타나는 성명의 의미는 이전의 장자나 순자 등의 고대문헌들에 쓰인 의미들과 대체로 일치한다. 그러나 이 성명 개념은 이후 도교에 포섭되면서 도교의 양생과 수련에서 자주 등장하는 중요 용어로 발전된다. 특히 도교 내단술에서는 이른바 성명쌍수를 주장하게 되는데, 修性은 마음을 닦는 것을 가리키고, 修命은 몸을 닦는 것을 가리킨다."

5) 마스페로, 『도교』(까치출판사, 1999), 360~366쪽, 374쪽 참조.

을 닦지 않는 것은 불교 수행의 경로로 간주되었으며, 명을 닦고 성을 닦지 않는 것은 전통 도교수련법으로 간주되었다. 명(命)만을 기르면 불로장생에만 치우친 세속주의가 되고, 성만을 기르면 관념적 깨달음에 이르게 된다. 여기서 내단은 선불교와 교섭할 필요성이 증대된 당시의 사상적 분위기 속에서, 북송 시기에는 성과 명을 연칭하여 성명쌍수를 주창하게 되었다. 그리하여 성명쌍수의 이론은 보다 체계적이고 정미한 수준에 이르게 된다. 그리하여 북송 후에는 '형신' 문제를 논의하기보다는 '성명쌍수'가 기본 신념이 되었고, 이후 성명쌍수가 형신쌍수의 관념을 대체하게 되었다.[6]

'내단'이란 말은 화학연금술인 외단과 대조되는 신체 내부의 연금술을 의미한다. 내단가들은 초기 신선술에서부터 전해 내려오는 다양한 도인체조와 호흡술, 기수련법을 경시하고 있다. "단이 만들어지면 금이 저절로 대청에 가득 찰 것인데, 무엇 때문에 약초를 캐고 띠풀을 태우는 복식 따위를 하겠는가"[7]라고 하면서 불사의 가장 확실한 방법은 내단 수련법임을 천명하고 있다. 내단사상은 "인체 내에 있는 내적 원기를 회복하자는 것으로, 그 대상이 결국 자기 자신의 신체로 귀착되었다는 데 특징이 있다. 그런데 내적 원기는 인간의 심적 상태와 깊은 관련이 있다는 데서 자연 진지한 내적 성찰을 요청하게 되었다. 그 결과 마음을 정화시키는 데 방해되는 여러 방술을 거부하게 된 것"으로 보인다.[8] 이 같은 면은 내단이 "사실 원초적이고 독특한 형태의 지적 명상을 강화한다는 점에

---

6) 盧國龍, 王志遠 編, 『道敎智識百問』(宗敎文化叢書, 1989), 41~42쪽.

7) 『오진편』, 율시6번, 丹熟自然金滿屋, 何須尋草學燒茅.

8) 김낙필, 『조선시대 내단사상』(대원출판, 2005), 121쪽.

서 다른 것과 아주 확실히 구별되며, 육체만큼이나 마음을 훈련하는 데 관심이 있고 보통은 정신적 측면이 더 우세한" 점에서[9] 여타 전통의 기수련과 대비되는 특징이 있다.

내단가들이 '외단'에 대칭하여 '내단'이란 이름을 지었듯이 외단의 방법은 이들 사상을 이해하는 데 매우 중요한 역할을 한다. 내단의 이론적 바탕을 알기 위해서는 적어도 세 가지 기본원리를 이해해야 한다. "첫째, 전통적 다양한 기 수련법, 둘째, 역경에 나타나 있는 우주론적 성찰, 셋째, 화학연금술이다. 여기서 화학연금술 즉 외단이 중요한 것은 모든 내단 텍스트는 외단에서 사용되는 용어를 사용하기 때문이다. 적어도 그들은 '납과 수은', '화로와 솥'을 이야기하고, 그것을 역경의 괘와 관계시켜 놓았다. 만약 이런 특별한 특징이 부족하다면 내단 자료의 범위에 결코 들 수 없다. 이것이 없다면 그 텍스트는 단지 호흡운동과 체육학과 관계될 뿐이다. 이런 방식으로 주제를 제한하지 않는다면 믿을 수 없는 대량의 재료와 대면하게 되기"[10] 때문이다.

2) 도의 근원으로 역행하기

도교의 기본원리에서 보자면 인간은 타고난 몸을 수련하면 그 존재근거인 도와 합일할 수 있고, 불사의 신선 경지에 도달할 수

---

9) Robinet, "Original Contribution of Neidan to Taoism and Chinese Thought", *Taoist Meditation and Longevity Techniques*(edited by Livia Kohn, The Univ. of Michigan Center for Chinese Studies, 1989), 299쪽.
10) Robinet, 앞의 글, 300~301쪽.

있다고 본다. 그런데 인간이 사람의 몸을 가지고 태어나는 것은 우주의 근원에서부터 시작된다.

도는 허무로부터 일기를 낳고, 또 일기로부터 음양을 생산한다. 음양은 다시 합하여 삼체를 낳고, 삼체가 거듭 낳아서 만물이 번창한다.[11]

이는 『노자』 42장의 우주발생론에 근본하는 말이다.[12] 여기서 보면 세계는 일자에서 다자로 분화되는 것에서 나오는 것이 아니라 二로 분화되어 다시 三으로 재통합되는 것으로부터 나온다. 그런데 내단 수련의 오묘함은 거꾸로 역방향으로 진행하여 근원인 도로 가는 데 있다. 노자의 도 →一→二→三→ 만물의 구조를 거꾸로 되돌리면 三→二→一→道로 가는 것이다. 바로 내단의 도는 만물이 순행하는 도를 거꾸로 돌리는 데 있다. 그래서 내단에서는 『노자』 귀근복명(歸根復命)의 사상을[13] 운용하여 역방향으로 수련하는 근거로 삼고 있다.

만물은 무성하게 자라는데, 각기 그 뿌리로 돌아간다. 뿌리로 되돌아가 명을 회복하면 도가 늘 함께한다.[14]
역방향으로 하여 몸 내부에서 근원이 생산되면 장생구시의 도가 함께하게 된다.[15]

이같이 수련을 통해서 역방향으로 근원으로 되돌아가면 생로병

---

11) 『오진편』, 절구12번, 道自虛無生一氣, 又從一氣産陰陽, 陰陽再合生三體, 三體重生萬物昌.
12) 『노자』, 42장, 道生一, 一生二, 二生三, 三生萬物, 萬物負陰而抱陽, 冲氣以爲和.
13) 『노자』 16장, 夫物芸芸, 各復歸其根, 歸根曰靜, 靜曰復命, 復命曰常.
14) 『오진편』, 절구 51번, 萬物芸芸各返根, 返根復命卽常存.
15) 『청화비문』, 「神室圖論」, 逆之而産于內 則長生久視之道存矣.

사로 순행하는 규칙을 돌릴 수 있고, 불로장생할 수 있다고 생각했다. 이를 구체적으로 내단 수련법에 적용하면 三이란 인체의 삼보라 불리는 精, 氣, 神이고, 二는 氣와 神이고, 一은 神을 의미한다. 정·기·신 셋을 변화시켜 둘(기와 신)이 되게 하며, 둘을 다시 하나(신)로 복귀시키고, 하나를 도로 돌아가게 하는 것이다. 이 원리는 내단 수련법의 핵심인 연정화기(煉精化氣)→연기화신(煉氣化神)→연신환허(煉神還虛)의 단계로 구체적으로 나타나고 있다. '역행'이란 인간의 몸과 마음의 에너지를 내부로 돌려서 불사약을 생산하여 내부에서 불사를 창조하는 것을 의미한다.

『노자』에 기반을 둔 이러한 역수(逆修)의 논리는 『주역』에 기반을 둔 태극도에도 그대로 적용된다. 원래 주렴계(周廉溪)의 태극도설은 송대 도사 진단(陳摶)의 무극도에서 영향받은 것이듯이 무극도가 역수환원의 논리를 말한 것을 주렴계는 순행으로 보고 성리학의 우주발생론으로 삼았다. 무극도는 위백양의 연단도(煉丹圖)와도 관계된다. 무극도와 연단도는 바로 이 역행의 논리를 주역의 태극과 음양오행으로 말하고 있는 것이다. 『주역』「계사전」에서는 태극→양의→사상→팔괘→만물로의 과정을 말하는데, 이는 一에서 二로, 二에서 四로, 四에서 八로 되는 이원체계를 갖고 있다.[16] 이것이 오행론과 결합되어 태극도에서는 태극→음양→오행→만물로 나타나고 있다. 이러한 구조가 도가의 기본적 구조와 결합되었다.

우선 역경의 이원체계는 오행과 통합하였다. (이원체계의) 四가 아니라 (오행의) 五이다. 왜냐하면 다섯 번째 요소인 '중앙'은 전체

---

16) 『주역』, 「繫辭傳」, 易有太極, 是生兩儀, 兩儀生四象, 四象生八卦, 八卦定吉凶, 吉凶生大業.

에서 없어서는 안 될 부분이고, 일(一)과 함께하는 것이기 때문이다. 내단은 오행 중 토행 요소의 중요성을 강조한다. 중앙에 위치한 토는 수화목금의 반대 행을 통합하는 곳이다. 여기서 반대 행의 민감한 결합이 발생한다. 이 역수의 논리를 신체 수련에 응용하면 오장육부에 연결되어 있는 경맥에 퍼져 있는 오행을 수련하여 중앙의 토행에서 음양 2기(내단용어로 水火坎離)로 만들고, 다시 감리 2기를 교류시킨다. 이때 감괘 속의 양효를 취해서 리괘 속의 음효를 메워 주는 취감전리(取坎塡離)를 하여 하나의 순양(純陽)의 건체(乾體)를 만드는 것이 환원 과정이다. 여기서 음양 양극은 반대 방향으로 움직이며 교체가 있게 되는데, 그 과정에서 단순히 음과 양이 섞이는 것이 아니라 한 운동에서 다른 운동으로 관계성을 가지며 역동적으로 변화하며 섞인다.[17]

이 같은 이론적 근거는 정·기·신을 단련하는 구체적 기수련법에서 역류의 방향으로 진행되는 것과 관계된다. 즉 기의 몸 안 순환의 흐름을 역행시키는 훈련으로써 기에너지의 흐름을 순화해 나가는 수행방법을 가리킨다. 내단수련에서는 독맥(督脈)과 임맥(任脈)이라는 두 개의 경락을 중시하는데, 보통 상태에서는 독맥을 흐르는 기는 위에서 아래로 향하고, 임맥을 흐르는 기는 아래에서 위로 흐른다고 한다. 그러나 내단 명상법의 기본은 이 기의 흐름을 역류시키는 것이다. 독맥으로 상승하고 임맥으로 하강하는 것이다.[18]

---

17) Robinet, 앞의 글, 309~312쪽. "이러한 이원체계는(binary system)은 이원론(dualism)이 아니다. 결코 사라지지 않는 양극(polarity)이다. 오히려 그 양극은 통합되어야 한다... 한순간에 서로를 낳고, 다음 순간 서로를 파괴시킨다. 확립되었다가 역전된다... 그러므로 오행론은 이원적 반대 조항 위에 기초하여 조직된 시스템이 아니라 상호소통과 공명, 그리고 밀접한 관계성 위에 기초한 체계라는 것을 새겨 두어야 한다."

18) 독맥은 꼬리뼈부터 시작해 척추를 거처 정수리까지이고, 임맥은 얼굴에서 복부의 정중앙선을 지나 항

거꾸로 흐르는 것처럼 마음속으로 생각하고, 기의 흐름이 몸의 앞 뒤를 회전하는 것처럼 생각하고 느낀다. 그래서 호흡이 "순행하면 사람이 되지만 역행하면 신선이 된다(順則成人 逆則成仙)"고 하는 것이다.

3) 신체의 연금술과 마음의 조절력

신체 내부에서 단을 제련하는 과정은 천지법칙에 따라야 한다. 내단에서는 천지법칙을 말하고 있는 주역의 괘상으로 연단(練丹)의 이치와 제련과정을 설명하고 있다. 『주역참동계』는 주역의 괘와 효의 상을 여러 측면에서 응용원리를 찾아내 연단의 원리 및 과정 에 대입하여 설명하고 있다. 2세기에 쓰인 『주역참동계』가 11세기 내단 시대에 와서야 단학의 경전으로 추숭된 것은 『주역참동계』가 내단에서 하는 것과 같은 방식으로 역경을 사용한다는 점 때문이 다. 그런데 『참동계』에서 말하는 역이란 구체적으로 바로 한대 상 수역(象數易)을 말한다. 상수역학의 이론들은 연월일시와 방위를 설명하는 데 활용할 수 있었고, 나아가서 시간적 설명과 공간적 설 명이 연결을 이룰 수 있게 되었다.[19] 특히 『참동계』에서 12소식괘 (消息卦)로 내련(內煉)의 화후(火候: 불조절)를 자세하게 나눈 것에 대해서 내단가들은 "위백양이 우주가 변화하고 발전하는 외재적 법칙을 인체 내부의 정·기·신 수련에 성공적으로 활용하고, 사

문 사이의 회음부까지의 경락을 의미한다.

19) 朱元育, 이윤희 역해. 『참동계천유』, 44쪽. 155쪽.

람들에게 인체 내기의 운행과 변화를 전면적이면서도 체계적으로 파악할 수 있는 정확한 계산기의 모형을 제시한 것은 역사적 업적이다"[20]라고 여기고 있다. 위백양은 역위(易緯) 안에 들어 있는 고대 과학사상과 상수역학을 받아들여[21] 단 수련이론으로 삼고, 유가역과 구별되는 도가역을 형성하였다. 그리하여 내단가들은 역경의 표준체계와는 다른 그들만의 괘의 질서를 수립했다.

> 역이라는 것은 어떤 모습이다. 이런 모습이 허공에 드러나서 뚜렷이 밝은 것으로는 해와 달보다 큰 것이 없다. 해는 오행의 精을 품고 있으며, 달은 육률의 질서를 받았다. 그래서 5와 6이 30도수를 만드는데, 도수가 다하면 다시 처음으로 돌아가 거듭된다. 그 신비함을 깊이 연구하여 운행변화를 알아볼 것 같으면 양이 가면 음이 오는 것이고, 바큇살이 바퀴통에 모여야 바퀴가 굴러가게 되는 것이며, 들어가면 나가게 되는 것이며 또한 모이면 흩어지게 되는 것임을 알게 된다.[22]

해와 달의 운행원리(=음양의 원리)와 인간 性命의 질서원리는 같기 때문에 사람의 성명을 해와 달의 운행변화처럼 잘 다스려서 질서를 잡자는 것이다. 달의 영허(盈虛)는 태양의 빛을 받는 방법에서 발생하기에 그 모습은 음과 양의 소장(消長)을 표시한다. 易이라는 문자도 日＋月 두 글자가 결합한 것이다. 역경 위서는 해와 달의 운동과 그 다양한 주기적 사인(sign)을 주역의 64괘와 연관시켰다. 달의 변화를 역의 괘상에 의해 설명하는 것은 자연의 변화가

---

20) 이원국, 『내단』, 김낙필·이석명·김용수·나우권 역(성균관대학, 2006), 333쪽.

21) 유아사 아스오(湯淺泰雄), 이정배 이한영 역, 『몸과 우주』(지식산업사, 2004), 68~69쪽. 초기유가에는 자연현상에 대한 관심이 비교적 없었다. 그러나 한대에 오면 태양흑점에 관한 기록, 지도 제작, 나침반, 자석, 의학, 천문, 曆學 등의 기록이 대폭 쏟아져 나온다. 한대에 왕성하게 쓰인 緯書들은 비록 자연운행의 변이와 정치세계를 비합리적으로 연관시키는 미신적 요소가 있지만 많은 자연과학사상의 단초를 볼 수 있다.

22) 『주역참동계』「日月合符」, 易者象也, 懸象著明, 莫大乎日月, 日含五行精, 月受六律紀, 五六三十度, 度竟復更始, 窮神以知化, 陽往則陰來, 輻輳而輪轉, 出入更卷舒.

일월의 운행에 의해 이루어지듯 인체 내의 음양인 水火 2氣도 그렇게 조화롭게 작용되면서 내단 수련이 이루어진다고 보기 때문이다. 이런 이해 속에서 수련과정도 초승달에서 보름달로 달이 차는 과정(陽化)과 그 역의 과정(陰化)을 괘에 대입시켜 설명한다. 그리하여 내단가들은 괘를 양화와 음화의 두 개의 주요 그룹으로 정리했다. 復卦에서부터 6괘(復卦→臨卦→泰卦→大壯卦→夬卦→乾卦)는 떠오르는 양의 과정을 상징한다. 이는 초승달에서 보름달로 달이 차는 과정과 같다. 건괘가 도달되면 이 작업은 잠시 멈춘다. 그런 후 과정은 거꾸로 진행된다. 다시 구(姤)괘로부터 시작된다(姤卦→遯卦→否卦→觀卦→剝卦→坤卦).[23] 음과 양은 커졌다 작아졌다 하고, 상승했다 하강하며, 위아래로 왔다 갔다 하여 끝없이 순환한다. 천지도 이와 같고 사람의 몸도 이와 같다.

내단은 상수학의 괘효를 부호로 삼고, 해(양)와 달(음)의 운행 법칙을 이론틀로 삼고, 외단의 화로와 연홍(鉛汞: 납과 수은) 반응을 모형으로 삼아 음양교감의 비술을 고도의 상징적 사유와 은유로 기록해 내고 있다. 건곤 배합의 이치, 해와 달의 영허의 이미지, 화로가 구워 내는 연홍의 실험 등은 모두 우주 중의 음양교감의 근본 법칙을 감추고 있다고 보았다.

---

23) 小柳司氣太, 김낙필 역, 『노장사상과 도교』(시인사, 1994), 245~248쪽. 이런 질서를 이론화한 것이 한대 상수역의(경방과 우번, 맹희 등) 납갑설(納甲說)과 12벽괘(辟卦)설이다. 납갑설은 64괘 중 기본 8괘에 10天干을 배치하고, 다시 그 각 괘의 각 효에 12地支를 배열함으로써 결국 역학에 60갑자를 결합시킨 학설이다. 그리고 이를 다시 오행에 배당시켰다. 참동계는 다시 月體를 여기에 부가하여 음양이 없어지고 길어지는 것을 달의 차오르고 없어지는 것에 의해 보여주는 월체납갑으로 설명하고 있다. 즉 달이 뜨거나 지는 방위와 그때의 달 모습을 8괘와 10천간이 배합되는 모습에 맞추어 놓았다. 한편 12벽괘설은 괘의 효에서 양이 자라면서 음을 녹여 나가는 모습과 음이 성해지면서 양을 밀어내는 모습에 의거하여 64괘 가운데서 12괘만을 뽑아내어 1년 12달에 배합시켜 놓은 것이다. 『참동계』는 이것을 연단과정의 화후를 설명하는 데 이용하고 있다.

건과 곤이라는 것은 역의 세계를 출입하는 門戶가 되는 것으로서 모든 괘의 부모가 된다. 감괘와 이괘는 이지러지지 않은 둘레를 갖고 있어서, 굴러가는 수레바퀴의 바퀴통이 되고 바른 굴대가 된다. 암컷과 수컷이 짝을 이룬 4괘가 풀무의 역할을 하는 것이 음양 이치의 전부에 해당한다.[24]

내단에서 주역의 64괘 중 중요한 것은 건곤 2괘와 감리 2괘이다. 역에 64괘가 있지만 단법의 명상법에는 건곤 2개의 괘를 정기(鼎器: 약물을 달이는 그릇)로 삼고, 감리의 2괘를 약물로 삼고, 그 나머지 60괘를 화후(火候: 불조절, 내단에서 기를 돌리는 방법)로 한다.[25] 리괘와 감괘에서의 중심효는 원래의 건괘와 곤괘의 교차로부터 파생된다. 즉 리괘와 감괘는 음과 양이 재통합된 것으로부터 나온 것이다. 감과 리가 사귀어 만들어 가는 건체(乾體)가 바로 단이 되는 것이다. 좀 더 쉽게 비유하자면 하복부의 약탕기에서 끓여진 약물을 감리라고 부르는데, 이것은 물과 불을 상징하는 말이다. 즉 하복부의 약탕기에 있는 물에 풀어놓은 약초 등이 끓어오르고 있는 모습으로 명상의 훈련을 설명하고 있는 것이다.[26] 음과 양의 차고 기움 사이의 관계는 또한 불의 활성화와 물의 사용의 견지에서 표현된다. 불의 조절은 이 작업의 영원한 신비한 요소를 상징한다.

이상과 같은 도덕경의 역수의 논리, 주역의 음양오행론, 그리고 외단의 술어 등을 기본으로 한 내단의 논리는 상징적 언어로 표현되고 있다. 내단의 저술들은 많은 인체 그림과 등 여러 도형 등과

---

24) 『주역참동계』「乾坤門戶」, 乾坤者, 易之門戶, 衆卦之父母, 坎離匡廓, 運轂正軸, 牝牡四卦, 以爲橐籥, 覆冒陰陽之道.
25) 건곤은 음양의 순체, 즉 순음과 순양이기에 정로(鼎爐)를 상징하고, 감리는 음양이 서로 교합하여 나왔기에 약물이라는 뜻이고, 60괘 효의 음양의 상호작용은 화후의 질서와 흡사하므로 화후를 비유한다.
26) 유아사 아스오, 앞의 책, 122쪽.

역설, 선의 공안, 변증법으로 가득 찬 철학적 에세이, 절구와 율시의 시 등으로 표현되고 있는 만큼 모든 단어와 이미지에 다의(多義)가 포함되어 있다.27)

참된 흙이 참된 납을 사로잡고
참된 납은 참된 수은을 조절하니
납과 수은은 참된 흙으로 돌아가고
몸과 마음은 고요해지고 평정해지네28)

흙(토)은 만물의 어머니로서 중앙에 위치한다. 중앙은 다른 모든 것을 통합시키는 관계에 있다. 흙은 기본적으로 여러 힘들을 섞을 수 있고, 만물을 낳고 기를 수 있다. 이러한 흙과 비슷한 기능을 가지고 있기에 참된 흙이라 불리는 진토는 수행자가 무위자연으로 일을 성사시킬 수 있는 참된 의지라는 뜻이다(眞土卽眞意). 진의는 만 가지 일의 지도자이며, 생동하는 정과 기를 조절하고 유지시킨다. 이 진의가 화로의 솥에 있는 납과 수은을 굳게 한결같이 지키고 있어야 하며, 화로에서 타고 있는 불을 알맞게 조절해야 한다. 진의가 중요한 것은 심성공부가 수련자의 화후조절에 직접적으로 영향을 미치기 때문이다.29)

---

27) 기본괘는 내단의 저자들에게 이미지와 상징의 풍부한 근원을 제공하는 기본자료들이다. 태양 속의 두 꺼비, 달 속의 토끼, 초승달 형태의 화로와 솥(鼎爐), 노란 싹(黃芽), 강 속의 수레(河車), 황금 꽃(金華), 용과 호랑이(龍虎) 등등. 그러나 결국은 주자가 말했듯이 "참동계에서 말하는 감리, 수화, 용호, 연홍 각각의 것은 모두 똑같은 것에 대한 표현법이다. 즉 정과 기를 말하는 것에 지나지 않는다. 그 방법은 자신의 신(집중된 마음)에 따라 몸 안의 정과 기를 돌려 그것을 응결시켜 단을 만든다. 양기가 하복부에서 물로 변할 때 불로 연단하면 단이 완성된다는 것"(『주자어류』 권 125, 157)이다. 유아사 아스오, 앞의 책, 122쪽.

28) 『청화비문』, 「金丹四百字解」, 眞土擒眞鉛, 眞鉛制眞汞, 鉛汞歸眞土, 身心寂不動.

29) Chang Po-Tuan, *The Inner Teachings of Taoism*, Commentary by Liu-I-Ming, Translated by Thomas Cleary(Shambhla Publications, Boston, 2001), 3~4쪽. 솥에 있는 약물에 해당하는 납(鉛)은 조밀하고 강해서 단절되지 않으며 오래 지속된다. 이것은 밖으로는 어둡지만 안으로는 밝고

　먼저 사람 몸에 감춰져 있는 진연과 진홍을 적취하여 약물로 삼
는다. 진연은 하단전에 감춰져 있는 진양지기(眞陽之氣)이고, 이는
감괘에 있는 음중의 양효에 해당되므로 물속의 금에 비유되며, 진
홍은 상단전에 감춰진 진음지정(眞陰之精)이고, 이는 리괘의 음효
에 해당되므로 불속의 물에 비유된다. 무위자연의 의지로 양에 해
당되는 기를 채집한다. 이 양의 기는 음에 해당되는 精과 감응하며
서로 작용하여 통합된다. 감괘와 리괘가 서로 사귀는 이 과정에서
역동적 통합이 이루어지면서 한 차원 높은 경지로 나아가, 일원이
내재되어 있는 중앙의 진토로 다시 돌아간다. 이 모든 과정은 진의
에 의한 불 조절이 알맞아야 한다. 그래야 단이 잘 구워질 수 있다.
그래서 "금단도에서는 처음부터 끝까지 의지의 작용이 사라져서는
안 된다"30)고 하였다. 즉 단을 구워 내는 상황은 수양자의 마음 수
양에 따라 매우 달라지는 것이기 때문이다. 최종적으로 납과 수은
의 연홍상투(鉛汞相投)가 일어나는 것은 우리 몸에서 단이 잘 구워
졌음을 의미하며, 몸과 마음이 적연부동의 경지에 이르렀음을 나타
내는 것이다.

강하고 굽히지 않는다. 그것은 납으로 상징되므로 참된 납(진연)이라 불린다. 수은[汞]은 생생하고 밝
고 부드럽고 유연하고 빠르게 흐른다. 밖으로는 견고하지만 안으로는 유연하다. 텅 비고 형이상학적이
고 깊이를 잴 수 없이 심오하다. 그것은 수은으로 상징되므로 진홍이라 한다. Cleary는 이 구절을 다
음과 같이 영역하고 있다. True earth arrests true lead / True lead controls true mercury /
Lead and mercury return to true earth / Body and mind are tranquil and still.

30) 『청화비문』, 「意爲媒說」, 意者 豈特爲媒而已, 金丹之道自始之終, 作用不可離也.

3. 성명쌍수의 수련법

1) 내단의 명상법

내단 이전 주로 행해지던 도교의 정통적 수련법 중 호흡 수련법은 당나라 이전 도교에서도 가장 유행했던 불사의 기술이었다. 그 종류도 상당히 다원화되어 수천 종이라지만 존사와 내단 양대 계통으로 구분될 수 있다. 당시의 호흡술에서 중요한 것은 폐기(閉氣)시키는 것이다. 폐기란 기를 밖으로 내보내지 않고 몸 안에 머무르게 하는 것이다. 폐기가 되면 머리와 발이 뜨겁고, 호흡관을 통하지 않고 음식이 내려가는 식도로 기를 보내므로 호흡이 아니라 자양에 도움이 된다고 보았다. 보통인은 곡식을 먹음으로써 조잡한 재질로 대체되지만 도교도는 기를 섭취함으로써 순수한 재질로 대체된다고 보았다.[31]

수당시대 내단 명상이 있기 이전에 도교의 대표적 명상법은 존

---

[31] 마스페로, 앞의 책, 370~372쪽 참조.

사법(存思法)이었다. 존사는 사념(思念: 의식)을 집중하여 계속 지탱해 나간다는 뜻이다. 특히 상청파의 명상법으로 유명한 존사는 내관으로 불리기도 한다. 상청파의 존사법은 체내신(체내신) 관념에 바탕을 둔 기수련법이라는 점에서 내단 명상법과 구별된다. 오장육부에 모두 신의 주재가 있다고 여겨, 이런 신들이 밖으로 나갔다 다시 체내로 돌아오지 못해 병이 생겼다고 보기에 존사는 정좌명상을 거쳐 체내에 신을 머물게 하는 것이 관건이다. 이런 신들을 존사(마음으로 생각)하면 건강 장수할 수 있다고 믿었다. 이렇게 명상할 때 사념을 집중하는 부위가 바로 단전이다.[32] 그런데 이때 중요한 것은 아무것도 상상해서는 안 되고, 의식은 오로지 기를 사념해야 한다.

수당시대에 오면 명상법은 내단으로 불리는 방법이 더 중시된다. 내단 명상법의 핵심은 바로 정·기·신 삼보의 단련에 있고 이것이 성명쌍수의 요체이기도 하다. 정·기·신을 중요시하는 도교적 전통은 동한시대부터 이미 분명히 나타나고 있었으며, 내단이 형성되기 이전에도 비록 소박하고 비교적 쉬운 수련법으로 정·기·신 수련을 말하고 있다.[33] 그러나 전문적으로 이론적 체계를 가지고

---

32) 마스페로, 앞의 책, 309~310쪽; 유아사 아스오, 앞의 책, 125~129쪽 참조. 후한 이후부터 유행한 이 존사법에 의하면 신은 먼 산이 아니라 바로 우리 몸 안 사지, 관절, 내장, 신체 각 부위에 3만 6,000개의 신이 있다고 한다. 명상을 하면서 자신이 붙들어 두고자 하는 신을 주시하여 생각을 온통 그 신에게 집중하는 것이다. 공상의 상상이 아니라 실제로 몸 안에 살고 있는 신의 모습(각각의 신은 이름이 있고, 인간적인 키와 의상과 소유물을 갖춘 신의 이미지를 가지고 있다)을 보는 것이다. 수행이 쌓임에 따라 신을 그림처럼 잘 보게 된다고 한다. 두 눈을 체내로 향하여 비춰(내관) 자신의 체내를 보고 머리끝부터 발끝까지 기를 보내는 모습을 이미지화하며, 기를 끌고 다니며(행기) 안 좋은 부분으로 기를 안내하기도 한다. 그래서 조용한 실내에 오장신(五臟神)의 색채 화상을 걸어 두고 그 앞에서 명상을 했다고 전한다. 더 나아가 체내신 중 그 우두머리인 태일신(太一神)을 인격화시켜 수일(守一)을 주장하기도 하였다. '하나를 지키다'의 '하나'는 만물을 생성하는 근원인 도를 가리키며, 그 움직임과 일체화하는 것이 수일의 수행법이다. 그 방법은 몸 안(상중단전)에 신의 거처인 명당(明堂)이나 강궁(降宮)의 이미지를 떠올려 그것으로 북극에 사는 태일신의 명당이나 강궁에 마음을 결부시키는 훈련을 했다. 이러한 존사는 신화시대의 이미지 체험을 바탕으로 만들어진 명상법일 것이다.

논한 것은 아니었다. 精이란 인체를 구성하고 생명활동을 유지시키는 정미한 물질로서 형(形), 정액, 진액 등을 포괄한다. 氣란 극히 미세하고 동태적인 물질로서 인체의 생명활동을 구성하고 유지시키는 것이며, 神이란 인체 생명활동의 총칭으로 사상감정과 의식활동을 포괄한다. 간단히 말하면 정은 기초, 기는 활동동력, 신은 주재자가 된다. 정·기·신을 응결시켜 흩어지지 않게 하여 내단을 완성해 간다. 여기서 정과 기는 命에 해당되고, 신은 性에 해당된다. 성을 닦는 것을 성공(性功)이라 하고, 명을 닦는 것을 명공(命功)이라 한다. 그러나 확연히 구분되는 것은 아니고, 명공 속에 성공이 있고, 성공은 명공과 함께 한다. 내단술은 다음과 같은 단계를 밟아 점진적으로 수행해 나간다.

우선, 정식 수련에 들어가기 전 기초를 좋게 하는 과정으로 축기(築基)의 과정이 있다. 연공 전에 병을 제거하는 것이지만 그 목표는 득정(得靜), 즉 생각을 끊어 고요함에 들어가는 것이다. 명공 수련에서 득정을 착수처로 삼는 것은 정·기·신을 제대로 움직이기 위해서이다.

> 한마디로 요약하면 고요해야 정·기·신을 비로소 사용할 수 있다는 것이다. 정·기·신이 심에 의해 사용되는 것은 심이 매우 고요하면 (정·기·신)이 생동하기 때문이다. 이것은 일반적으로 말하는 그런 움직임이 아니라 몸 안에서 정·기·신이 움직이는 것을 말한다.[34]

---

33) 『태평경』에서도 정·기·신을 수련 대상으로 삼고, 愛氣 尊神 重精의 원칙을 제출하면서 소박한 기법을 소개하고 있다. 또한 『노자상이주』에서도 結精, 煉氣, 守神을 요법으로 삼고 있다. 『포박자』 내편에서도 愛氣, 重精(호흡과 방중술 의미)을 말하고 있다.

34) 『청화비문』, 「心爲君論」, 一言以蔽之曰, 靜, 精氣神始得而用矣, 精氣神之所以爲心用者, 心靜極則生動也, 非平日之所謂動也, 用精氣神於內之動也.

득정이란 제멋대로 일어나는 온갖 잡념을 끊는 것이다. "한 생각이 제멋대로 생겨날 때 평상시에 마음이 고요해지지 못하는 것을 걱정거리로 여겨, 재빨리 없애야 한다. 오랫동안 이렇게 수행하여 순일해지고 익숙해지면 저절로 고요한 상태에 이르게"35) 되므로, "역시 고요함이 근본이다. 이 고요한 마음으로 사물에 응대하면 누가 일을 잘못하겠는가. 실제 저절로 신령할 뿐이다."36) 득정은 곧 존심양성(存心養性)이다. "마음을 보존하는 것이 성을 기르는 것이다. 성이 처음 발현될 때 심을 보존하지 못하면 성이 길러지지 못한다. 성이 길러지지 못하면 끝내 성을 볼 수 없게 된다"37)고 강조되며 비록 수명(修命) 단계이지만 여기서 강조되는 바는 이른바 정좌 공부와 유사한 수성(修性)의 공부와 밀접히 연결되어 있음을 볼 수 있다.

축기가 끝나면 정식으로 성명쌍수의 첫 단계로 진입한다. 이 단계는 '정을 단련하여 기로 변화시키는' 연정화기(煉精化氣)의 단계이다. 내단은 거친 호흡의 운동이 끝나는 곳에서 시작되며, 일상적 숨쉬기와 다르다. 처음으로 '영원한 빛(陽光)'을 입수하는 최초의 순간이다. 수행자는 이 지점에서 정·기·신이라는 3보의 존재를 의식하게 되며, 이 양광의 빛을 원형의 호흡으로 되돌리는 수련을 한다. 곤괘의 음효를 건괘로 들어가게 해서 리괘를 형성하는 방식으로 음과 양을 교차시킨다. 기는 초월적 차원과 경험적 차원을 연결하고 형체가 있는 것의 뒤에서 움직이면서 새로운 더 높은 단계로 확장된다. 이런 과정은 화학원소와 같이 이론적 관찰로 객관적으로 인식되

---

35) 『청화비문』, 「心爲君論」, 但於一念妄生之祭, 思平日心不得靜者, 此爲梗耳, 急捨之, 久久純熟, 則自然靜矣.

36) 『청화비문』, 「心爲君論」, 亦可爲靜之本, 以此靜心應事接物, 誰云誤事. 實自靈耳.

37) 『청화비문』, 「下手工夫」, 存心養性也, 性之始見, 不存心則無所養. 無所養則平乎不見矣.

는 작용이 아니라 수행자 주체의 실천적 체험을 통하여 직관적으로 감지되는 일종의 보이지 않는 생명적 에너지로 파악되고 있다.[38]

둘째, 다시 기를 단련시켜 신으로 변화시키는 연기화신(煉氣化神) 단계이다. 먼저 연정화기의 精의 액체를 기체로 바꾸어 몸 전체에 돌리는 氣化, 즉 환단을 이루는 과정(小周天)을 거치면 연기화신의 기의 단계로 접어든 것인데, 이때의 기는 氣化된 정기로, 이 진짜 정기가 모여 단을 이루면서 양신(陽神)의 몸을 이루는 것이다. 곧 순양이 파괴된 몸을 원래의 몸으로 회복하는 과정이다.[39] 이 단계의 명상으로 경락을 흐르는 기가 차츰 순화되어 신으로 변하는 과정이 보인다. 이 둘째 단계가 엄격한 의미에서 내단을 나타내는 것으로 자주 서술된다. 陽化의 단계로서 복괘에서 건괘로 움직이는 때이다. 이전 단계에서 발견한 다양한 힘들을 활성화시키는 것이다. 이때의 상태에 대해 "호랑이가 뛰고 용이 날아오르며 바람이 거칠게 일렁거리는데, 중앙의 바른 자리에서 현주가 나오네. 과일은 나뭇가지에서 때가 되면 익으니, 자식이 어미 배 속에 있는 것과 무엇이 다르겠는가"라고 표현하고 있다.[40]

셋째, 다시 이 신을 단련시켜 虛의 단계로 나아가는 연신환허(煉神還虛) 단계이다. 최종적으로 도와 합치하는(煉虛合道) 과정을 거친다. 무위와 음화(陰化)의 과정에 해당된다. 이 단계는 진주를 보호하는 용, 달걀을 품고 있는 어미 닭에 비유된다. 정·기·신은 계속해서 더 순수하고 더 고양된 차원으로 변화해 가며, 상승과 확

---

38) 이 단계에 해당되는 용어로 小周天, 百日關, 採藥, 鎖住, 封固, 烹煉, 止火 등이 있다.

39) 김도영, 「여동빈극의 '몸'에 대한 철학적 이해」(『동양철학연구』, 29집), 377~81쪽.

40) 『오진편』, 율시 5번, 虎躍龍騰風浪粗, 中央正位産玄珠, 果生枝上終期熟, 子在胸中豈有殊.

장의 경향을 띠면서 궁극적으로는 진리와 보편성의 최고점에 도달한다. 불사약의 기본은 평정, 고요, 무위이다. 이 단계에서 "한 알의 금단을 삼켜 배에 들어가면 비로소 나의 목숨이 하늘에 달려 있지 않다는 것을 알게 되며" 드디어는 "수명이 영원하여 천지와 같다는 사실을 알게 되어 번뇌가 다시는 마음에서 일어나지 않게"[41] 된다.

명상 수행이란 몸에 바탕을 두면서 마음의 내적 영역으로 향함으로써 그 심층에서 열리는 세계를 체험적으로 알고자 하는 노력이다. 그곳에서 나타나는 이미지를 우주로 투영할 때 우주는 신적인 움직임으로 가득 찬 살아 있는 범신론적 자연으로 파악된다. 대우주 – 소우주의 대응, 달리 말하면 몸의 우주성에 관계한 주체적 사고는 여기서 정점에 이른다. 주체의 심층부는 우주와 통한다. 여기서 연정화기는 명공에 해당되고, 연기화신은 성공에 더 가깝고, 연신환허는 성공에 해당되는 단계이다. 그러나 그 내부적으로는 각 단계마다 득정, 불조절의 의지, 무위와 평정 유지 등 명공과 성공이 어우러져 있다.

2) 수성(修性)과 수명(修命)의 쌍수

내단가들은 정·기·신 내단의 수련을 다시 성과 명으로 개괄해 냄으로써 性과 命 수련을 내단 단법의 기본내용으로 삼았다. 그리하여 유불도 삼교를 회통시키려 하였다. 특히 내단 성명쌍수는 불

---

41) 『오진편』, 절구 54번, 一粒金丹呑入腹, 始知我命不由天./『오진편』, 10번율시, 已知壽永齊天地, 煩惱無由更上心.

교의 영향에 대한 도교의 새로운 반응이라고 할 수 있다. 원래 불교는 도교와의 유사성 때문에 쉽게 중국에 전파되었다. 도교도들에게 불교의 열반과 도교의 불사는 같은 것으로 생각되었다. 게다가 불교는 연금술을 연구하지도 않고 순수하게 도덕적 명상만으로 불사를 탐구한다는 데 이점이 있었다. 그들에게 부처는 연금술 없이 도덕과 약간의 식사 제한, 호흡 명상에 의해 불사에 이르는 종파의 신이었다. 도교도 사이에서는 도불 융합이 계속되었다.[42] 이는 시대조류에 대한 순응이기도 하면서 도교 전통의 정·기·신 개념에 대한 계승과 발전이었다.

도교 자체의 입장에서 보자면 단지 수성만 말하고 신체 수련이나 장생을 말하지 않는다면 이는 견성성불을 주장하는 불교와 어떤 구별도 없게 되어 버린다. 장백단은 당시의 많은 사람들이 불교의 유행으로 수명을 홀시하는 경향에 대해서 불교는 性 외에는 아무것도 모른다고 비판하면서, "처음 유위의 공부를 할 때 알아보는 사람을 보기 어렵더니, 무위에 이르러서야 사람들은 비로소 알아본다. 무위가 요체임만 알았지, 유위가 도의 기초임을 어찌 알랴"고 말하고 있다.[43] 반드시 '유위'의 명공 수련으로써 근기(根基)를 삼아야 비로소 무위의 성공 수련을 행할 수 있고 진공본성(眞空本性)을 깨달아 곧바로 최상의 일승지묘도(一乘之妙道)로 초월할 수 있다고 보았다. 선불교도들은 직관적이고 즉각적 비전에서 성 본래의

---

42) 마스페로, 앞의 책, 438쪽. 한대 148년 안세고의 불경 번역은 흥미를 끌 만한 것부터 번역하기 시작하였다. 예로 불교의 호흡법 실천에 관한 안반경이 그것인데, 안반이란 anapana(호흡)의 음역이다. 도교의 호흡법이 오랜 시간 들이마시고 또 가능한 한 오래 숨을 멈추는 폐기 동안 수를 세는 훈련을 한다면 불교의 호흡법은 공기를 폐 가운데 머물러 두려고 하지 않고, 흡기와 호기를 가능한 한 같은 길이로 매우 길게 하는 차이가 있다.

43) 『오진편』, 절구 42번, 始于有作人難見, 及至無爲衆始知, 但見無爲爲要妙, 豈知有作是根基.

순수성 속에 도달하길 원할 뿐 命을 무시한다. 命이 없다며 性은 비활동적 공허함 속에 영원히 고착될 것이고, 性이 없다면 命은 완전한 무위에 결코 도달하지 못할 것이다.[44] 이렇듯 불교의 가르침은 '성을 말하는 것은 상세하나 명을 말하는 것은 간략하여' 편파를 면하지 못한다. 반면에 초기 신선도교는 연단과 양생을 의무로 삼아서 장생불사 육체성선을 도모하였지만 '명을 말하는 것은 상세하나 성을 말한 것은 간략하여' 역시 취하기 부족하였다. 유가의 경우, 비록 "窮理盡性而至於命"의 설이 있지만 그 학설은 인륜 교화에 있지, 생명 수련에 대해서는 상세하지 않다. 이 때문에 내단만이 성명쌍수를 제창하였으니 비로소 유일하게 삼교가 진실로 전하는 최상승법(最上乘法)에 도달했다고 자임하였다.[45]

성명쌍수에서는 우선, 정·기·신 중 神을 성 개념과 연결시키고 있다. "금단의 도는 처음부터 신으로 정과 기를 움직이기 때문에 신이 가장 중요하다"고 하였듯이[46] 신은 정·기의 주재자, 통솔자이기 때문에 가장 중요하며, '성의 다른 이름'이라고 보았다.[47] 성이란 인간의 선천원신(先天元神)을 가리키는데, 장백단은 그것을 '선천지성' 혹은 '원(元性)'으로 칭하고 있다.[48] 그는 이어 신을 원신(元神)과 욕신(欲神)으로 구분하고, 나아가 이런 대비관계를 선천지성과 후천지성, 원신지성과 욕념지성, 본원지성과 기질지성, 천지지성과 기질지성 등으로 대응시키고 있다. 혹은 간단히 진성(眞

---

44) Robinet, 앞의 글, 323쪽.

45) 世界宗敎硏究所 道敎硏究室 編, 『中國道敎基礎智識』(宗敎文化出版社, 2004), 122~24쪽.

46) 『청화비문』, 「總論金丹之要」, 金丹之道, 始然以神而用精氣也, 故曰神爲重.

47) 『청화비문』, 「凝神論」, 神者精氣之主./「總論金丹之要」, 神者性之別名也.

48) 『청화비문』, 「凝神論」, 神者元性也./「神爲主論」, 元神者先天之性也.

性), 기성(氣性)이라고도 한다.

욕신이란 기질지성이고, 원신이란 선천지성이다. 형이후에 기질지성이 있게 된다. 이것을 잘 돌리면 천지지성이 보존된다. …백성의 일상에서는 기질지성이 본원지성을 이기지만, 잘 되돌리면 본원지성이 기질지성을 이기게 된다.[49]

여기서 '되돌린다(返)'는 것은 후천에서 품부받은 성을 제거하여 선천의 참된 본성을 회복하는 것을 말한다. 심성수련을 통해야만 욕신의 기질지성을 제거할 수 있고, 선천지성인 천지지성을 드러낼 수 있다. 내단가들은 도가와 불교, 성리학의 용어를 자유자재로 발휘하면서 그들의 종지를 서술해 내고 있다.[50] 그러면 원신지성과 욕념지성은 어떻게 작동되는가. "무위로서 임하면 그 움직이는 바는 원신지성일 뿐이고, 유위로 임하면 그 움직이게 되는 것은 욕념지성일 뿐이다"[51]라고 하였다. '유위'란 일상적 마음 씀이고, 무위는 금단지심이다. 금단지심으로 임하여야 원신지성을 현현할 수 있다. 그리고 나서 사람들은 성의 안전한 위치로부터 다시 명으로 되돌아가야 한다. 내단작업에서 이 국면은 음화의 과정에 해당된다.[52] 자기 신체에 대한 의식을 없앨 수 있는 사람도 명성과 자의식에 대한 의식을 없애는 것은 어렵다. 모든 세속적 영향을 몰아내

---

49) 『청화비문』, 「神爲主論」, 欲神者, 氣質之性也, 元神者, 先天之性也, 形而後有氣質之性, 善返之, 則天地之性存焉. …百姓日用, 乃氣質之性勝本元之性. 善返之, 則本元之性勝氣質之性.

50) 胡孚琛, 呂錫琛, 『道學通論』(社會科學文獻出版社, 北京, 2004), 228쪽, 여기서 우리는 용어상에서 장재의 성리학사상을 떠올리게 된다. 사람들은 일반적으로 장재가 처음으로 天地之性과 氣質之性의 개념을 제출하여, 논리적으로 선악 생산의 근원을 설명하였다고 알고 있다. 그러나 시기상 신유가 이전인 장백단 등 도교내단사상으로부터 영향받았음을 추정해 볼 수 있다.

51) 『청화비문』, 「神爲主論」, 以無爲臨之 則其所以動者, 元神之性耳, 以有爲臨之, 則其所以動者, 欲念之性耳.

52) Robinet, 앞의 글, 319쪽.

야 한다. 정신을 의도적으로 집중하지 않고도 망아의 경지에 이르러 마음이 완전 공허하여 외부 사물이 들어오지 못한다.

그러므로 수명과 수성은 확연히 구분되는 두 가지 공부가 아니며, 명 가운데 성이 있고, 성 가운데 명이 있기에 함께 닦아야 한다고 보았다.54) "대도의 수련에는 어려움과 쉬움이 있다. '나로부터 오는 것'과 '하늘로부터 오는 것'을 알아야 한다. 만약 음덕을 행함을 쌓지 않으면 움직임에 마귀들이 장애의 인연을 만듦이 있을 것이다"55)라고 하여 '由我'로 비롯되는 수행자의 적극적 적덕행선을 강조한다. 음덕을 쌓는 것은 대도 수련의 필수조건이다. "덕행의 닦음은 팔백을 넘어야 하고, 음공을 쌓음은 삼천에 차야 한다. 외물과 나, 친구와 원수를 균등히 아울러야 비로소 신선의 본래 바람에 합치된다"56)고 하여, 자신의 몸만을 돌보는 이기적 보신주의가 아니라 윤리적 공동선의 실행과 함께 함을 강조하고 있다.

---

53) 『청화비문』, 「瞻光圖論」, 方其始也, 以命而取性, 性全矣, 又以性安命, 此是性命之天機括處, 所謂性命雙修者, 此之謂也.

54) 엄밀히 말하면 장백단의 성명쌍수는 先修命 後修性에 가깝다. 그는 하나의 완전한 命體가 있어서 기초를 삼을 수 있어야 비로소 나아가 性을 구할 수 있다고 보았다(오진편. 자서 "命之不存, 性將焉存"). 장백단과 상대되는 내단파 북종(전진도)은 불교의 영향을 받아 先修性 後修命을 주장하였다.

55) 『오진편』, 절구 56번, 大藥修之有易難, 也知由我也由天, 若非積行修陰德, 動有群魔作障緣.

56) 『오진편』, 「西江月詞」11수, 德行修逾八百, 陰功積滿三千, 均齊物我與親冤, 始合神仙本願.

4. 나가는 말

도교의 수련은 불사라는 지극히 세속적이고도 유아적인 바람을 높은 정신의 추구라는 기반 위에 세웠다. 불교가 성에 주로 편파되어 있고, 초기도교는 명만 말하고, 유가는 성명수련에 상세하지 않다는 점에서 내단가들은 도교 내에서 오래 전승된 다양한 기수련법을 노장사상과 불교 심성수양론, 그리고 유가의 역학 사상으로 체계화시켜 성명쌍수의 종지를 세웠다. 역사적으로 이러한 내단의 수양법은 성리학의 수양론에 크게 영향을 미쳤으며, 한편으로는 의학이론과 결합함으로써 중국의 신체론과 몸의 우주성에 대한 이론적 반성에 있어 매우 중요한 구실을 하였다. 그러나 이러한 도교 수련법은 복잡하고 지루한 실천이 많고, 게다가 일생 동안 그런 불사의 탐구에 몸을 바칠 수 있을 만큼 시간과 돈을 가지고 있는 사람은 있을 수 없기에 결국은 사람들을 도교수련에서 멀어지게 했다. 좀 더 실천적인 사람들은 유교로, 좀 더 종교적인 사람들은 불교로 가 버리면서, 성공은 불교에 포섭되었고, 명공은 무술(武術)과

의술로 포섭되어 성명쌍수의 진의가 사라져 버렸다.

그러나 오늘날 성명쌍수의 진정한 정신을 보자면 성명쌍수를 주장하게 된 것은 곧 도교의 수련법이 단지 수명만이 아님을 내세우기 위함이었다. 위에서 살펴보았듯이 명공은 성공 없이는 이를 수 없다. 몸수련은 심성수양의 영향에 따라 성패가 좌우된다고 할 수 있기 때문이다. 화후의 조절은 의지와 의식의 조절능력에 달려 있으며, 정·기·신의 단련은 득정(得靜)의 성취가 주요 관건이며, 내적 원기의 회복은 세속 욕망이 없는 순수한 집중에서 얻어지는 것이기 때문이다. 이렇듯 수명은 수성과 긴밀하게 결합되어 있다. 기의 수련법에 조금이라도 집착하여 과도하게 마음으로 기를 부리려 하면 몸을 상하게 되듯이 수성 없이 수명만 하면 탈이 난다.

사람의 몸은 형이상의 도로부터 나오는 기에너지의 그릇이며, 그런 관점에서 인간은 대우주와의 사이에 몸을 두고 일어나는 공시적 기 에너지의 동시동조 관계하에 놓여 있다. 이런 천인상관적 사고방식 속에서 명상자 자신이 이 원리를 자각하면서 선천 상태의 고요함과 순수성을 회복해야 한다. 호흡 명상법은 깊은 생각을 동반하며, 호흡이 가지런해짐으로써 마음에 일어나는 무한 잠재적 활동력이 발동될 수 있다. 그 과정에서 명상 수행자는 마음의 심층 영역에 잠재하는 자율적 과정을 발견하고 자기실현을 해 나가는 것이다. 명상이란 의식이 자기의 좀 더 깊은 차원으로부터 움직이는 힘과 통합하려는 몸의 움직임이다. 인간의 몸은 수련 여하에 따라 무한한 잠재력으로 온축되어 있다는 믿음이다. 몸의 우주성과 주체성에 관한 사고는 결과적으로 자기의 마음과 정신을 도체(Taoist Body)로 변화시키는 것이다.

　도교 내단가들의 성명쌍수의 원리는 개인의 몸이 사회가 조장하는 욕망의 도구가 되어 버려 진정한 몸의 주체성을 상실하고 있는 현대사회에서 나 개인의 몸 주체성을 어떻게 확보하고 왜 몸을 길러야 하는가에 대한 반성과 숙고를 제공해 준다.

참고문헌

張伯端 著, 董德寧 註釋, 『悟眞篇正義』, 道藏精華第一集之四, 自由出版社, 臺北, 民國62年.
張伯端 著, 張振國 解, 『悟眞篇導讀』, 宗敎文化出版社, 2002.
張伯端 著, 王沐淺 解, 『悟眞篇淺解』, 中華書局, 1997.
朱元育, 『參同契闡幽』, 이윤희 역, 여강출판사, 2000.
Chang Po-Tuan, *The Inner Teachings of Taoism*, Translated by Thomas Cleary, Shambhala Publications, Inc, Boston, 1986.

김낙필, 『조선시대 내단사상』, 대원출판, 2005.
마스페로, 『도교』, 신하령, 김태완 역, 까치출판사, 1999.
小柳司氣太, 김낙필 역, 『노장사상과 도교』, 시인사, 1994.
유아사 아스오(湯淺泰雄), 이정배, 이한영 역, 『몸과 우주』, 지식산업사, 2004.
이원국, 『내단』, 김낙필, 이석명, 김용수, 나우권 역, 성균관대학교 출판부, 2006.
이석명 역주, 『노자하상공장구』, 소명출판사, 2005.
김도영, 「여동빈극의 ‘몸’에 대한 철학적 이해」, 『동양철학연구』, 19집.
장정일, 「장자의 반이성주의와 수양론」, 고대석사학위논문, 2004.

盧國龍, 王志遠 編, 『道敎智識百問』, 1989.
世界宗敎文化硏究所 道敎硏究室 編, 『中國道敎基礎知識』, 北京, 2004.
戰國龍, 『道敎內丹學溯源』, 宗敎文化出版社, 北京, 2004.
鄭志明, 『以人體爲媒介的道敎』, 南華大學宗敎文化硏究所中心 出版, 臺北, 民國 89年.
胡孚琛, 呂錫琛, 『道學通論』, 社會科學文獻出版社, 北京, 2004.

孫亦平, 「論早期全眞道心性論的理論指歸」, 『南京大學學報』(哲學人文社會科學), 1997年 第4期.

Taoist Meditation and Longevity Techniques, edited by Livia Kohn, Center for Studies The Univ. of Michigan, 1989.

Kristofer Schipper, *The Taoist Body*, translated by Karen C. Duval, Univ. of California Press, 1993.

Taoist Meditation, translated by Thomas Cleary, Shambhala Publications, Inc, Boston, 2000.

誠・敬
: 성리학적 수양론과 군자의 이상*

김경호

* 이 논문은 한국학술진흥재단의 기초학문연구지원(KRF2005－079－AM0016)에 의해 작성된 논문임.

1. 성·경 개념과 수양공부

　誠과 敬은 성리학에서 어떤 의미와 위상을 갖고 있는 개념일까? 誠과 敬 두 개념이 실천적으로 지시하는 내용은 무엇일까? 이 질문을 좀 더 확장한다면, 誠과 敬 두 개념은 한국인을 포함한 동아시아인의 정신문화적 세계를 구성하는 데 어떻게 기여하였고, 또 이 두 개념은 학술용어가 아닌 일상어로 전환되어 실제적인 삶의 세계에 어떠한 영향을 주었을까? 이 물음이 본 논문의 출발점이다.

　본 논문은 먼저 誠과 敬 개념이 형성된 연원과 전개 과정을 경학적 측면에서 고찰하고, 다음으로 이 두 개념을 통해 형성된 誠·敬의 공부 방법론이 어떻게 성리학적 수양의 방법으로 정착하였는지 통시적인 관점에서 고찰할 것이다. 나아가 성리학자들이 천인합일의 군자적 이상을 지향하면서 현실의 모순을 극복하기 위하여 제시하였던 誠敬의 실천적 수양론이 갖는 의미를 분석하고자 한다. 이와 같이 誠·敬 개념의 연원을 고찰하고 그 공부방법론을 탐색하는 과정은 현실의 나와 세계를 재정위하려 한 성리학자들의 지향의식을 확인하려는 시도이기도 하다.

정주성리학에서는 誠과 敬 공부를 중심으로 심신의 수양 문제에 접근하는데, 마음의 변화뿐만 아니라 육체의 변화까지 유도하고 있다는 점이 특징으로 발견된다. 그렇다면 수양공부(도덕실천)의 근본 원리는 어디에서 비롯하는가? 성리학적 수양론에 있어 행위의 주재자는 마음이다. 이때 마음(心)은 내재하는 이치(理)로서의 본성(性)을 드러낼 뿐만 아니라, 성인들의 경전에 기술되어 있는 지혜를 행위의 준거로 삼는다. 이런 측면에서 성리학적 수양의 철학적 근거는 지극히 표준적인 가치 규범(理－天理)에 있으며, 이를 통해 대다수가 받아들일 수 있는 공동의 선을 추구한다.

주희를 비롯한 정주성리학의 철학적 입장은 性卽理를 근본 명제로 하여 인간의 본성과 마음을 구분하려는 점에서 특징적으로 나타난다. 마음을 정의함에 있어 마음이 일신을 주재할 수 있는 주재적 특성과 아울러 마음이 실재로 작동하게 되는 작용적 특성을 동시에 고려하고 있지만, 분명한 것은 마음과 본성을 혼동하지 않겠다는 명백한 입장이다. 따라서 리로서의 본성은 인간이 인간다움을 실현해 나가는 근본적 기반이지만, 그 성숙한 인격 성취를 위해 실천적인 활동성은 마음에 있다는 의미가 된다.

이렇게 본다면 인간의 주체적 행위의 근거인 마음의 역할에 대한 강조와 그 마음을 일관되게 유지하기 위한 노력은 당연한 귀결이고, 이 점에서 성리학은 내면주의적인 특징을 보여준다. 이를 보다 정형화된 형태로 구체화하기 위한 노력이 居敬·涵養·尊德性 등의 공부이다. 그러나 이것으로 그치는 것이 아니라, 성리학에서는 본성으로 자리 잡고 있는 이치가 구체적인 사사물물과 일치하는 경지를 추구한다. 이는 곧 가치의 객관성을 담보하고자 하는 노력인데, 그러한 것은 구체적으로 도덕실천을 위한 이치의 탐색인 格物致知와 같은 省察·窮理·道問學, 禮의 준행과 같은 力行 혹은 객관적인 규범의식 등으로 나타나고 있다.

성리학의 수양공부는 내-외, 심-신의 상호 작용을 통해서 합일된 통일적 상태를 지향하다. 그러나 한편으로 수양공부를 통해 합리적인 사고·행동 모델을 수립함으로써 다양한 가치와 욕구가 충돌하는 사회의 현실을 안정시키려는 목적 지향적 의식을 보여준다. 따라서 성리학자들은 인간의 본성으로부터 추동되는 자율적 인간 의지를 통한 도덕적 행위의 정당성을 확보하고, 공공의 가치와 규범의 실현에 이바지하고자 한다. 이 과정에서 도덕심성의 문제와 윤리적 실천의 문제를 핵심 내용으로 다루면서 성리학적 가치체계를 극명하게 보여주는 수양론은 성숙한 인격의 성취가 가능하다고 이해하며, 성리학적인 이상적 인간형의 구현을 꿈꾸게 된다. 그러한 이상적인 인간의 표준이 聖人이며, 성인을 실현하기 위한 현실 세계의 가능 존재가 바로 君子로서의 선비(士)이기도 하다. 이것이 성리학적 수양론의 지향점이다.

본고는 기존의 성리학적 수양론에 관한 연구 성과를 토대로 도덕적 심성의 함양과 본래적인 마음의 발현을 위한 노력을 誠과 敬의 공부론을 중심으로 검토하겠다. 기존의 誠과 敬 수양공부에 관한 연구는 誠에 치중하거나 아니면 敬에 치우쳐 수양공부에 접근하고, 誠과 敬을 다룬다 하더라도 誠과 敬 개념의 유학사적 연변 과정과 그 의미 맥락은 간과하고 있음이 발견된다.[1] 몇몇 연구를 제외하고 대부분의 논의들은 誠과 敬의 개념이 정착되고 의미 맥락이 확장되는 과정은 생략한 채 주희에 의해서 확정된 개념을 통해 분석하고 있다는 점이다. 이런 점은 誠敬에 대한 다양한 연구가 수행되었음에도 불구하고 별반 차별성이 없어 보이는 주요한 요인이다. 덧붙여 이러한 점은 대부분의 성리학 연구자로 하여금 誠敬 수양론에 대해 다 잘 알고 있다는 선입견을 갖게 하는 요인이기도 하다. 논자는 기존의 선입견을 배제하고 誠과 敬 개념의 착근 과정을 경학사적인 측면과 철학사적인 측면을 통해 고찰하고자 한다.

이 연구를 통해 誠과 敬 개념은 역사적 전개과정에서 역동적으로 변모하고 있음이 밝혀질 것이다. 아울러 誠과 敬의 의미 맥락은 인식론적 범주에서 파악될 뿐만 아니라 도덕적·윤리적 행위의 보편성을 모색하는 실천철학적 성격을 띠고 있다는 점에서 성리학적 수양론의 이상을 보여줄 것이다. 논자는 본고를 통해 산견된 誠과 敬에 대한 논의를 집약하여 그 연변 과정을 고찰함으로써 차후 誠敬을 중심으로 '삶으로서의 체험적 성찰'을 중시하는 한국유학의 수양공부를 재조명하는 기반으로 삼고자 한다.

---

1) 본 연구를 진행하면서 성리학적 수양론에 관한 다양하고 심도 있는 선행 연구를 참고하였으나, 연구물이 매우 많기 때문에 일일이 거론하지는 않겠다. 다만 誠과 敬에 관한 연구 목록을 부기해 둔다. 김병환, 「중용이전의 성 개념 연구」, 『중국학보』 54, 2006; 김태영, 「한국유학에서의 성경사상-이율곡의 성사상」, 『호서문화연구』 9, 1987; 김태영, 「중용에서의 성사상」, 『호서문화연구』 9, 1990; 강희복, 「퇴계 심학에서의 경과 즐거움」, 『한국철학논집』 21, 2007; 고교진, 「동아시아에 있어서의 경 철학의 성립과 전개」, 『퇴계학보』 44, 1984; 김기현, 「퇴계의 경사상: 외경의 삶의 정신」, 『퇴계학보』 122, 2007; 김태영, 「한국유학에서의 성경사상-이퇴계의 경과 성경사상」, 『호서문화연구』 3, 1983; 이상은, 「가치의 ★설(실)현으로 본 퇴계의 경 사상」, 『퇴계학보』 8, 1976; 엄연석, 「성리학의 수양론에서 경과 정의 상관적 의미」, 『한국문화』 43, 2008; 이승환, 「주자는 왜 미발체인에 실패하였나」, 『철학연구』 35, 2008; 연재흠, 「주희철학에 있어 경에 대한 연구」, 『한국철학논집』 19, 2006; 홍성민, 「주자 미발론의 특징-일상의 수양을 위한 마음 이론」, 『동양철학』 29, 2008; 배종호, 「성경의 문제」, 『퇴계학보』 42집, 1984; 이희평, 「여헌 장현광의 심과 도덕성경수양론」, 『유교사상연구』 22, 2005; 황금중, 「율곡의 경과 성의 공부론적 성격 및 관계」, 『동서철학연구』 26, 2002.

2. 성·경 개념의 연원과 전개 과정

1) 선진유학 이전의 성·경 개념

유학은 기본적으로 타자와의 관계성을 전제로 성립한다. 너와 내가 살아가고 있는 '이 세계'는 나의 존재만이 아니라 타자로서의 '너'가 함께 공존하는 세계이기 때문이다. 나를 주장하기 이전에 너를 인정하는 태도는 그렇기 때문에 단순한 공존의식이 아니라 상호 존립과 서로의 생명성에 대한 존중을 의미한다. 이렇듯 타자를 인정하고 더불어 상생을 모색하는 인간의 과정은 인문적 삶의 세계를 구축하고 문화를 구성하는 과정이다. 따라서 유가 철학적 세계에서 인간은 과거로부터 온축된 기억의 산물을 현재화하는 존재이고, 미래로 전달하는 확장된 존재이기도 하다. 그 중심에 '마음'이 존재한다.

유가철학에서는 마음을 중시한다. 마음은 육체를 벗어나지 않으면서 육체를 주재하고, 또한 자기를 실현할 수 있게 하는 세계의 매듭이자 경계이기 때문이다. 자신의 마음이 무엇을 향하고 있는지, 어떤 상태에 있는지를 아는 것은 그래서 다른 어떤 공부보다 근본적이다. 자신의 마음에 대한 경계는 선진유학에서도 매우 중시되었던 문제이다. 이 경계의 과정에서 誠과 敬 개념이 도출된다.

『설문해자주』에 따르면, 誠은 '信'과 같은 의미이고[2] 敬은 '肅'[3]으로 해석한다.[4] 誠을 信과 같은 의미로 해석하는 것은 '誠하려는 마음의 태도(誠之)'는 '자신의 말(言)'을 '이루어 가는 가는 것(成)'과 다르지 않다고 보기 때문이다. 스스로 자신의 말에 대해 책임질 수 있다는 것은, 그 말이 거짓됨이 없다는 것이고, 거짓됨이 없으므로 믿음을 가지고 그 말을 성취해 나가는 데 부끄러움이나 주저함 또한 없게 되는 것이다.

敬을 肅이라 하는 것은 공손하고 가지런한 몸가짐으로 삼가는 태도를 말한다. 여기서 敬은 그 글자의 형태가 苟에서 苟으로, 그리고 驚·警 등으로 변형되었다고 본다.[5] 敬의 의미는 외계의 대상으로부터 받게 되는 놀라움과 그에 따른 심리적 충격을 막기 위해 대비하는 심리적인 마음의 태도가 점차 자기 자신의 잘못에서 비롯하는 일을 스스로 경계하는 도덕적인 태도로 발전하여, 스스로 몸가짐을 嚴肅整齊하여 주체적이고 능동적인 도덕존재로 거듭나게 됨을 의미한다. 따라서 敬의 의미발전 과정은 驚→警→敬으로 진행되어 외제적인 두려움이 점차 인간의 내면적인 각성의식으로

---

2) 『說文解字注』(段玉裁). "誠字條: 誠信也, 從言成聲."

3) 『說文解字注』. "敬字條: 敬肅也, 攴苟."

4) 주희는 誠과 信에 대해서 다음과 같이 구별하고 있다. 『朱子語類』 6:35. "問誠信之別. 曰 誠是自然底實, 信是人做底實."

5) 김충렬, 「남명학의 요체: 경의―그 연원맥락」, 『남명학연구논총』 1집, 1988. 각주 11 참조.

전화되었다고 본다.[6]

許愼의 『설문해자』가 後漢 시기에 저술된 것을 감안한다면, 誠과 敬을 信과 肅으로 파악하는 것은 유가 경전이 성립된 이후의 해석이다. 따라서 공맹 이전의 전적에서 용례를 좀 더 확인할 필요가 있다.

『역경』의 경우, 문왕의 卦辭나 주공의 爻辭에는 誠이나 敬이 나타나지 않고, 공자의 十翼에 誠은 2회,[7] 敬은 7회[8] 보인다. 『시경』에 誠은 1회[9]만 보이는 반면 敬은 다수 사용되고 있다.[10] 『시경』에서 단 1회 보이는 誠은 "사땅으로 돌아가시니[謝于誠歸]"라고 하여 실질적인 의미가 없는 조사와 같은 형태로 쓰이고 있고, 敬은 단독으로 사용될 경우 자신의 마음과 행동을 삼가는 경계의 의미를 갖는 용법으로 쓰이고, '恭敬', '敬愼', '敬天' 등으로 연용하여 사용된 사례도 찾을 수 있다.

『상서』에 誠은 2회[11] 보이고, 敬은 다양하게 사용되고 있다.[12] 誠은 '지극한 정성스러움'의 의미로 내면적 덕성을 나타내는 개념으로 사용되고, 敬은 의미가 없는 조사와 같은 용법으로부터 향내

---

6) 위의 글.

7) 『易經』, 「乾卦」. "閑邪存其誠." "脩辭立其誠."

8) 『易經』, 「坤卦」 "君子敬以直內, 義以方外, 敬義立而德不孤.": 「需卦」. "敬愼不敗也." "敬之, 終吉." "敬之終吉.": 〈訟卦」. "亦不足敬也.": 「離卦」. "敬之, 无咎." "履錯之敬."

9) 『詩經』, 「大雅」, 〈崧高〉. "謝于誠歸."

10) 『詩經』, 「小雅」, 〈沔水〉. "我友敬矣": 〈雨無正〉. "各敬爾身": 〈小宛〉. "各敬爾儀": 〈小弁〉. "必恭敬止": 〈巷伯〉. "敬而聽之"; 「大雅」, 〈文王〉. "於緝熙敬止": 〈民勞〉. "敬愼威儀": 〈板〉. "敬天之怒… 敬天之渝": 〈抑〉. "敬爾威儀… 敬愼威儀": 〈雲漢〉. "敬恭明神": 〈常武〉. "旣敬旣戒"; 「周頌」, 〈臣工〉. "敬爾在公": 〈閔予小子〉. "夙夜敬止": 「周頌」, 〈敬之〉. "敬之敬之… 不聰敬止": 「魯頌」, 〈泮水〉. "敬明其德… 敬愼威儀": 「商頌」, 〈長發〉. "聖敬日躋."

11) 『書經』, 『虞書』, 「大禹謀」. "至誠感神": 『商書』, 「太甲下」7. "享于克誠".

12) 『書經』, 『虞書』, 「堯典」. "敬授人時… 敬致": 「舜典」. "敬敷五敎": 「大禹謀」. "敬修其可願" 등 敬은 총 65회 보인다.

적인 경계의 의미를 갖는 형태로 다수 사용되고 있음이 발견된다. 그러나 『상서』는 김병환의 연구에 따르면, 『고문상서』를 僞書로 인정하는 현재의 연구 성과로 볼 때 『상서』의 誠 자를 『시경』과 같은 반열에서 논의할 수 없다고 지적한다.[13]

이처럼 敬은 공맹 이전의 전적에서 이미 외면적 상황에 대한 경계로부터 내면적 경계의 의미로 자리하고 있음이 확인된다. 敬에 비하여 誠은 내면적 덕성을 지칭하는 개념으로 자리 잡지 못하고, 아직은 의미가 없거나 동사나 술어를 부연 설명해 주는 부사로 사용되고 있다.

2) 선진유학의 성·경 개념

선진유학에 이르러 誠은 내면적 덕성과 형이상학적 원리를 지칭하는 개념어로 사용되기 시작한다. 그러나 『논어』에는 그러한 용례를 찾아볼 수 없고 『맹자』에서 제한적으로 나타난다. 『논어』에는 誠이 2회 보이는데, 「안연」에 "실로 부유하게 하지도 못함[誠不以富]"이라는 표현이 보이고, 「자로」에 "참으로 옳은 말이다[誠哉是言也]"라는 표현이 보인다. 두 경우 모두 부사로 사용되고 있다. 반면 『논어』에서 敬의 용례는 매우 다양하게 나타난다. 「학이」의 "일을 경건하게 처리하고 미덥게 함[敬事而信]", 「위정」의 "공경하지 않으면 무엇으로 구별할 수 있겠는가[不敬, 何以別乎]" "백성들

---

13) 김병환은 『周禮』, 『儀禮』, 『春秋』經의 본문과 『左氏傳』, 『穀梁傳』에는 誠이 보이지 않고, 『公洋傳』에 2회 보이는 誠은 모두 단순 어조사로 사용되고 있다고 분석하고 있다. 「중용이전의 성 개념 연구」, 『중국학보』 54, 한국중국학회, 2006.

로 하여금 공경하고 충성함[使民敬忠]” “백성에게 정중한 태도로 임하면 공경할 것임[臨之以莊則敬]”, 「팔일」의 “예의를 차리되 공경하지 않음[爲禮不敬]”, 「이인」의 “또한 공경하여 어기지 않음[又敬不違]”, 「옹야」의 “자신을 엄격하게 단속하면서도 남에게는 관대하게 대함[居敬而行簡]” “귀신을 공경하되 가까지 하지 않음[敬鬼神而遠之]”, 「자로」의 “평소 거처할 때는 공손히 하며, 일을 맡아 처리할 때는 경건히 함[居處恭, 執事敬]”, 「헌문」의 “자기를 닦아서 공경스럽게 함[脩己以敬]”, 「위령공」의 “행실이 돈독하고 경건함[行篤敬]” 등으로 나타난다.

『맹자』에서는 『중용』과 유사한 '내면적 덕성'을 의미하는 誠 개념이 나타난다.

어버이를 기쁘게 하는 데는 방도가 있으니 자신을 반성하는 데 정성스럽지 못하면 어버이를 기쁘게 할 수 없다. 자신을 정성스럽게 하는 데는 방도가 있으니 선에 대해여 분명하지 않으면 자신을 정성스럽게 할 수 없다. 그러므로 성은 하늘의 도이고 성하려고 하는 것은 사람의 도이다. 지극히 정성스러우면서 다른 사람을 감동시키지 못하는 것은 있지 않고, 정성스럽지 못하면 다른 사람을 감동시킬 수 없다.[14]

위 문장에서는 誠을 두 가지 측면에서 사용하고 있다. 첫째, 不誠·誠身·至誠으로 誠을 사용하여 '진실함·정성스러움·성실함' 등의 마음의 덕성을 나타내는 윤리적 의미로 쓰고 있다. 둘째, 誠을 '하늘의 도[天之道]'라 하고, 誠하려는 것[誠之]을 '사람의 도[人之道]'라고 표현하여 형이상학적 원리와 윤리적 실천 덕목을 담

---

14) 『孟子』, 「離婁」上 12. “悅親有道, 反身不誠, 不悅於親矣. 誠身有道, 不明乎善, 不誠其身矣. 是故誠者, 天之道也. 思誠者, 人之道也. 至誠而不動者, 未之有也, 不誠, 未有能動者也.”

고 있는 개념으로 사용하고 있다. 따라서 형이상학적 원리로서의 誠은 인간의 삶 속에서 '성실하게', '진실하게', '정성스럽게' 구현되어야 할 당위의 것이라는 점에서 誠을 실현하기 위한 실천적 태도로서 誠之의 노력이 필요하다는 것이다. 『맹자』의 誠에 대한 이 논의는 『중용』에서 거의 유사하게 보인다.[15]

이 외에도 「진심」상에서는 "자신을 반성하여 진실하면[反身而誠]"이라 하여 誠을 '實'의 의미로 말하고 있고, 「만장」상에서는 "그러므로 진실로 믿고서 기뻐하였으니 어찌 거짓이었겠는가[故誠信而喜之, 奚偽焉]"라고 하여 誠을 信과 병렬하여 사용하고 있다. 그러나 『맹자』에서 사용되는 대부분의 誠 개념은 「공손추」하의 "나(윤사)는 참으로 소인이다[士誠小人也]", 「등문공」상의 "참으로 나에게 달려 있다[是誠在我]" 등과 같이 단순 부사로 사용되는 것이 대부분이다.

『맹자』에서 敬의 용례는 『논어』보다 상대적으로 적게 나타난다. 「공손추」하에서는 "군신 사이에는 경을 위주로 한다[君臣主敬]"고 하여 '主敬'을 말하고, 「이루」상에서는 "어려운 일을 군주에게 책하는 것을 공이라 하고, 선한 것을 말하여 사심을 막는 것을 경이라 한다[責難於君謂之恭, 陳善閉邪謂之敬]"라고 하여 恭과 대비하여 敬을 정의하기도 한다. 그리고 「고자」상의 "공경의 마음[恭敬之心]", 「진심」상의 "공경하되 실제가 없음[恭敬而無實]"과 같이 恭과 敬을 병렬하여 사용하기도 한다.

한편 『맹자』에서 보이는 敬의 용례에서 주목할 만한 점은 「이루」

---

15) 『中庸』20. "順乎親有道, 反諸身不誠, 不順乎親矣. 誠身有道, 不明乎善, 不誠乎身矣. 誠者, 天之道也. 誠之者, 人之道也."

하의 "예가 있는 자는 남을 공경한다[有禮者敬人]", 「진심」상의 "연장자를 공경하는 것이 의이다[敬長義也]"와 같이 敬의 태도를 禮・義와 연결하고 있다는 점이다. 또한 「진심」상에서는 "사랑하기만 하고 공경하지 않으면 짐승으로 기르는 것[愛而不敬, 獸畜之也]"이라 하여 敬을 愛와 연결하기도 한다.

『순자』에서 誠 개념은『중용』의 誠 개념과 거의 유사하게 사용되면서 70회 이상 보이고 있다. 특히 「不苟」편에 12회 등장할 정도로 집중되어 나타나는데, 그 대표적인 것을 보면 다음과 같다.

> 군자가 마음을 기르는 데는 성보다 더 좋은 것이 없다. 정성을 다하면 다른 일을 억지로 할 필요가 없다. 정성된 마음으로 인을 지키면 그것이 겉으로 드러나고, 겉으로 드러나면 신묘해지고, 신묘해지면 사람들을 교화시킬 수가 있다. 정성된 마음으로 의를 행하면 이치가 서고, 이치가 서면 분명해지고, 분명해지면 변화시킬 수 있다. 천지는 위대하지만 정성되지 않으면 만물을 화육할 수 없다… 정성스러움이란 군자가 지켜야 할 바이니, 정치의 근본이다.16)

위 문장에서는『중용』에서 보이는 誠 개념처럼 내면적 덕성의 의미와 존재의 원리로 사용되고 있다. 내면적 덕성과 관련해서는 誠이 養心의 근본이고 致誠, 誠心 등의 태도에 적용되어 마음을 지키는 근본적인 태도로서 요청되는 내면적 도덕감으로 구사되고 있다. 그리고 誠은 만물을 화육하는 원리를 의미하는데, 곧 誠은 천지만물을 존재케 하는 근원적 원리로 설명된다. 결국 군자는 誠을 지켜서 誠心을 다하는 존재라는 것이다.『순자』에 나타나는 誠

---

16) 『荀子』, 「不苟」9. "君子養心莫善於誠, 致誠則無他事矣… 誠心守仁則形, 形則神, 神則能化矣. 誠心行義則理, 理則明, 明則能變矣… 天地爲大矣, 不誠則不能化萬物… 夫誠者, 君子之所守也, 而政事之本也."

개념은 이렇게 본다면, 『중용』의 誠과 다르지 않다는 점이 발견된다. 그러나 『순자』는 誠의 가능성을 하늘에 두고 있지 않다는 점[17]에서 『중용』의 입장과는 구분된다.

『순자』가 사용하는 誠의 용례에서 주목되는 점은 誠心이라는 표현이 나타난다는 점이며, 誠을 端慤과 병용하여 많이 사용한다는 점이다. 이 端慤은 '단정하고 바름'이란 의미로 성실함을 나타내는데, 誠信과 연용되어 사용되며,[18] "바르고 성실은 형통함을 낳고… 정성되고 신의가 있으면 신묘함을 낳는다"[19]고 한다. 또한 忠信과 연용해서는 그것이 어진 사람의 바탕이라고 정의하기도 한다.[20]

논자는 『순자』에서 誠의 용례가 「불구」 편에 집중(12회)되어 있다는 점에 주목한다.

> 군자는 행위 함에 구차히 어렵기만 한 것을 귀하게 여기지 않고, 군자가 도리를 말함에는 구차히 살펴서 아는 것만을 귀하게 여기지 않고, 군자는 이름에 대하여 구차히 전해지는 것만을 귀하게 여기지 않으니, 오직 그 합당한 것을 귀하게 여긴다… 군자가 귀하게 여기지 않는 것은 예의에 맞는 것이 아니기 때문이다.[21]

'不苟'는 바로 '구차하게 여기지 않는 바'로서 순자가 지향하는 군자의 품격을 나타낸다. 군자는 고매하게 자신을 지키는 것만을

---

17) 『荀子』, 「天論」17. "天行有常, 不爲堯存, 不爲桀亡… 故明於天人之分, 則可謂至人矣." 순자는 하늘의 법칙은 하늘의 법칙이고, 인간세계는 하늘의 의지에 의해서 좌우되는 것이 아니라고 하여 하늘과 인간을 분리한다. 그러나 인간은 하늘의 도리를 파악할 수 있는 인식능력인 천군으로서의 마음을 갖고 있으므로, 이 마음에 의해서 사람의 도리를 다해갈 뿐이라고 한다. 순자에 있어 사람의 도리를 이룬 최상위에 선 인간이 성인이고, 이를 모범으로 하는 현실의 인물이 군자이다.

18) 『荀子』, 「修身」2. "端慤誠信."

19) 『荀子』, 「不苟」3. "端慤生通… 誠信生神."

20) 『荀子』, 「臣道」13. "忠信端慤… 是仁人之質也."

21) 『荀子』, 「不苟」3. "君子行不貴苟難, 說不貴苟察, 名不貴苟傳, 唯其當之爲貴… 然而君子不貴者, 非禮義之中也."

소중히 여기는 것이 아니요, 이치를 잘 파악하는 영민한 재능만을 뽐내는 존재도 아니고, 헛되이 명성을 날리는 것을 중요하게 여기는 존재가 아니라는 것이다. 곧 군자란 귀한 것을 귀히 여길 줄 알아야 하는데, 그 기준은 바로 예의이며, 따라서 예의에 합당하지 않는 것을 구차하게 여기고 귀중하게 여기지 않는다는 점을 보여준다.

또한 『순자』에서 보이는 마음의 상태로서의 정성스러움은 『대학』에서 "스스로의 마음(내면)에 정성스러우면 외면에 나타난다고 하는 것이다. 그러므로 군자는 반드시 그 홀로 있을 때를 삼가는 것이다"[22]라고 하여 愼獨과 연결되고 있다. 이러한 점에서 『순자』에는 다른 어떤 서책보다 敬이 빈번하게 사용되고 있다. 敬의 용례를 보면 篤敬·愛敬·敬愛·敬義 등처럼 두 글자를 연용하여 사용하는 경우가 많으며, 특히 "능력이 없으면 공경스럽게 움츠리고서 두려워하며 사람을 섬긴다"[23]와 같이 恭敬이 많이 사용되고 있음이 특징적이다.

恭敬은 순자에 있어서 군자가 지켜야 할 태도로 중요하게 요청되는 몸가짐이다. 순자는 恭敬을 謹愼과 연용하여 사용하기도 하는데, 근신은 몸가짐과 연결되고 있다.[24] 이렇기 때문에 순자는 "몸가짐은 공경스러워야 하고, 마음가짐은 충실하고 신의가 있어야 한다"[25]고 말한다. 즉 恭敬을 행위로 드러나는 태도라고 한다면, 信은 내면적 덕성으로 이해한다는 점을 보여준다.[26] 순자에게서 恭

---

22) 『大學』. "此謂誠於中, 形於外. 故君子必愼其獨也."

23) 『荀子』, 「不苟」3. "不能則恭敬, 縟絀以畏事人."

24) 상동. "堅彊而不暴, 柔從而不流, 恭敬謹愼.": 「勸學」1. "謹愼其身."

25) 『荀子』, 「修身」2. "體恭敬而心忠信."

26) 『荀子』, 「仲尼」7. "恭敬而僔.": 「榮辱」4. "信而不見敬者, 好剸行也."

敬은 바로 禮를 의미하며,[27] 이러한 점에서 순자는 마음가짐에 앞서 먼저 행위의 바름을 요구한다.

『순자』는 "공경으로써 앞세우고, 충성과 신의로써 전체를 통괄하고, 삼가 신중히 행하고, 바르고 성실하게 그것을 지킨다"[28]고 하여 먼저 '恭敬－謹愼'하고, 뒤이어 '忠信－端愨'의 모델을 세우고 있다. 여기서 '공경－근신'을 敬의 몸가짐으로 파악한다면, '忠信－端愨'은 誠의 마음가짐이라고 할 수 있는데, 순자는 敬을 통한 행위의 단속을 誠이라는 인간의 마음가짐보다 앞에 두고 있음을 확인할 수 있다. 이 점은 순자가 인간 본성의 근거를 하늘에 두고 있는 맹자의 성선론적 입장을 부정하고, '僞'와 같이 성인으로부터 전래된 문화적 교화 의식인 '禮'를 강조하는 입장과도 연결된다.[29] 순자는 공경을 통하여 몸가짐을 바르게 하면, 마음도 바르고 성실하게 된다는 입장이며, 이렇게 형성된 도덕의식을 견지함으로써 인문적 가치질서가 유지될 수 있다고 보는 것이다. 이러한 인문세계를 이끌어 가는 인물이 순자에게는 바로 군자이다.

『대학』 경문에서 誠의 용례는 주로 誠意와 병렬하여 사용된다. 그렇다면 뜻을 성실히 한다는 것은 어떤 의미인가? 그것은 "스스로 속이지 않는 것이니, 악을 미워하기를 악취를 미워하는 것과 같이 하며, 선을 좋아하기를 호색을 좋아하는 것과 같이 하여야 하니… 군자는 반드시 그 홀로를 삼가는 것이다"[30]라 하여 誠意를 毋自欺

---

27) 『荀子』, 「臣道」13. "恭敬, 禮也."

28) 『荀子』, 「仲尼」7. "恭敬以先之, 忠信以統之, 愼謹以行之, 端愨以守之."

29) 순자가 유학사의 흐름에서 정통으로 인정되지 않고 송대 성리학에서 조명되지 못하는 이유는 그가 왕도정치를 인정하면서도 패도정치를 용인하고 있으며, 무엇보다도 인간 덕성의 내원을 하늘에 두지 않고 있기 때문이다(「天論」). 곧 북송도학의 근거라고 할 수 있는 '天人合一'과 '性善論'을 부정하기 때문에 순자는 인정될 수 없는 것이다.

로 해석하면서, 이러한 태도는 愼獨과 연결된다. 敬의 경우에는 3회 언급되는데, 『시경』의 "아! 계속하여 밝혀서 공경하여 그쳤다[於緝熙敬止]"는 구절을 제외하면 '공경하지 않음이 없기 때문에 그침에서도 편함[敬止]'과 '두려워하고 존경함[畏敬]' 등 2회 언급된다.

『중용』에서는 敬이 6차례 언급되지만 주로 誠을 구현한 성인의 태도를 표현할 때 사용되고 있다. 『중용』에서 언급되고 있는 誠은 유가철학에서 말하는 형이상학적인 근거와 그 원리성에서 비롯한 인간의 도덕적 품덕으로 제시된다. 誠은 '하늘의 도'이고, 誠하려는 것은 '사람의 도'[31]라는 것이 그것이다. 이 誠은 우주만물의 존립 근거로서 誠하지 않으면 사물은 존재 이유를 상실하게 된다.[32] 誠은 자기 존립의 근거일 뿐만 아니라 이 誠을 통해서 타자의 존립도 가능하게 된다.[33] 곧 형이상학적 원리로서의 誠은 바로 인간의 근거임을 말하는 것이다.

따라서 이 '하늘의 도'가 인간적인 범주에 적용되어 인간의 본성을 이루고,[34] 誠과 같은 '하늘의 도'는 그 자체의 완정함으로 인하여 힘쓰지 않고도 이치에 맞고, 생각하지 않고도 알아서 도리에 들어맞는 성인의 본질을 이룬다. 이렇듯 '정성스러움'과 '진실함' 그리고 '성실함'은 인간이 완전한 인격을 성취하려는 과정에 요구되는 태도이고, 이는 '誠하려는 것'이며, '선을 택하여 굳게 잡는 것'

---

30) 『大學』. "所謂誠其意者, 毋自欺也. 如惡惡臭, 如好好色... 君子必愼其獨也."

31) 『中庸』. "誠者天之道也, 誠之者人之道也."

32) 『中庸』. "誠者物之終始, 不誠無物."

33) 『中庸』. "誠者非自成己而已也, 所以成物也."

34) 『中庸』. "自誠明, 謂之性."

에 의해 성취될 수 있다.[35] 결국 허위와 가식이 없는 至誠[36]의 존재인 성인은 인간에게 본구된 본래성을 다 실현하기 때문에 천지의 조화로운 성장을 도울 수 있게 된다.[37]

이렇게 본다면『중용』에서 제시하는 誠은 인간의 性으로 자리하고 있음을 깨닫게 해 주는 준거이고, 그러한 점에서 인간은 性의 존재로서 원리로 본구된 誠을 誠之의 과정을 통해 성취해야 할 도덕 사업의 주체로 정립된다. 곧 생물학적 시간존재인 인간(性)은 誠을 완수함으로써 聖의 존재로 거듭나게 된다는 것이다.[38] 이와 같은 실천적인 도덕 사업을 통해 전인적 인격 성취가 가능할 때, 인간은 우주적 생명성을 공유할 수 있게 된다. 그것이 바로『중용』에서 제시하는 誠이며, 천인합일의 이상이다.

---

35)『中庸』. "誠者, 不勉而中, 不思而得, 從容中道, 聖人也. 誠之者, 擇善而固執之者也."
36)『中庸』. "至誠無息."
37)『中庸』. "惟天下至誠, 爲能盡其性… 可以贊天地之化育, 則可, 以與天地參矣."
38) 김경호,「영적인 몸: 체험을 통한 세속적 삶의 성화」,『철학연구』36, 고대철학연구소, 2008, 349쪽.

3. 북송 유학에서 성의 재발견

한대 이후 수당을 거치면서 유학의 가장 큰 과제는 경학을 통해서 유가철학의 경전을 정비하는 일이었다. 유가 경전에 대한 정비 작업은 유학의 외연적인 규모와 체계를 구축하는 데 크게 기여하게 된다. 그러나 한편으로 훈고학적인 주석 작업에 의한 경전의 표준화는 유학 본래의 현실적 시의성에 대한 고민과 도덕적 책무로부터 비롯한 의리 실천이라는 비판정신의 약화를 초래하기도 한다. 이 시기에 불교와 도교의 성행은 유학의 본래성을 다시금 되묻게 한다.

북송 초기에는 그러한 반성으로부터 佛教, 道教, 注疏, 당의 시풍을 계승한 西崑體에 대한 비판이 일어나고,[39] 일단의 사대부들은 특히 과거제도에 강한 불만을 제기하면서, 불교에 대항할 수 있는 天人論과 性論을 모색한다.[40] 이들 새로운 사대부 가운데 '철저한 천인합일설과 성선설'에 기반을 두어 학문운동으로 등장하는

---

39) 쓰치다 겐지로, 성현창 역, 『북송도학사』, 예문서원, 2006, 61쪽.
40) 『북송도학사』, 65쪽.

것이 북송 道學이다.[41]

북송 도학의 유학에 대한 새로운 이해는 유가 경전에 대한 재해석을 통해 나타난다. 북송 초기에 나타나는 注疏에 대한 비판의 과정은 표면적으로는 과거제 폐단에 대한 대안적 방법론의 모색이라고 할 수 있다. 그러나 그 이면에는 정형화된 경전의 관찬 해석의 틀[42]을 넘어서 유학의 道統을 세우고, 불교나 도교와는 다른 유가적 가치질서를 정립하고자 한 의도가 내포되어 있다. 즉 간과되었던 유가적 인간 본성에 대한 실천적이고 형이상학적인 논리를 개발하고, 그것을 현실에 이식할 수 있는 방법론을 모색하고자 한 '새로운 운동'의 전개이다. 도학이라는 새로운 학문·사상 경향이 그것이다. 이 지난한 학술·사상의 전개 과정에서 나타나는 것이 성현 도통과 의리 정신을 고취하면서 마음의 본래성을 논의하는 『맹자』에 대한 복권이고, 인간과 자연에 대한 총론적 이상을 담고 있는 『역경』에 대한 강조이며, 유가의 형이상학적 원리와 윤리적 행위의 정당성을 담고 있는 「중용」[43]의 재발견이다.

『예기』의 한 편명에 불과했던 「중용」의 재발견과 『역경』에 대한 주목은 특히 북송 초기 도학자인 周敦頤(1017~1073)에게 나타난다. 그 선하를 이루는 사람은 韓愈(768~824)와 李翶(770~846)이다. 한유에서 비롯한 유가 경전에 대한 재해석의 시도는 그가 요순과 『예기』의 한 편명인 「대학」을 언급하면서 성인 도통론을 세우고 있음에서도 확인된다.[44] 한유와 師友 관계였던 이고의 경우에

---

41) 『북송도학사』, 67쪽.

42) 孔穎達(574~648) 등에 의하여 편찬된 관찬 주석서인 五經正義를 포함 13경주소본을 말한다.

43) '중용'을 「중용」으로 표기한 것은 이 시기까지 '중용'은 『예기』의 한 편명에 머물고 있기 때문이다. 『중용』, 『대학』으로 표장되기에는 주희를 기다려야 하는 학술사적 시간 간극이 있다.

는 『역경』과 「중용」에 대한 재해석을 통해 「복성서」를 저술하면서 聖人과 誠의 철학적 단초를 제공하고 있다.

이고는 「복성서」를 저술한 이유를, "성명서가 비록 있지만, 학자들은 제대로 밝히지 못하여 대체로 장자·열자·노자·석가의 학술에 빠져들었다. 제대로 알지 못하는 자들은 유가는 성명의 도리를 궁구할 수 없다고 하니 대개 이와 같이 믿었다… 이제 책을 써서 성명의 근원과 오랫동안 빠지고 끊어지고, 버려져 드러내지 못하였던 도를 개진해 보이고자 한다"[45)]라고 하여 자신의 입장을 분명히 한다. 「복성서」를 통하여 오랫동안 散失되었던 공맹이 밝힌 유가의 性命의 도를 전함으로써 마음을 다스리는 방법론을 세워서 후세 사람들에게 전하고자 함이라는 것이다.

이러한 취지에 따라 이고는 性命의 근원을 제시하고 있는 「중용」을 재발견하고,[46)] 이와 더불어 『역경』을 통하여 유가적 성인을 찾아낸다.[47)] 그리고 이 성인의 본성은 곧 誠임을 제시한다.[48)] 그렇다면 이러한 誠으로서의 聖人은 어떤 존재를 말하는가? 이고는 「중용」을 인용하면서[49)] 至誠의 존재, 곧 성인은 천지의 화육에 동참할 수 있는 존재임을 역설한다. 결국 인간과 우주자연이 합일될 수 있

---

44) 「原道」. "堯以是傳之舜… 古之欲明明德於天下者… 先誠其意."

45) 「復性書」. "性命之書雖存, 學者莫能明, 是故皆入於莊列老釋. 不知者, 謂夫子之道, 不足以窮性命之道, 信者皆是也… 遂書于書, 以開誠明之源, 而缺絶廢棄不揚之道."

46) 「復性書」. "子思, 仲尼之孫, 得其祖之道述中庸四十七篇, 以傳于孟軻…"

47) 「復性書」. "易曰 夫聖人者, 與天地合其德, 日月合其明…" *「乾卦」에는 '大人'으로 되어 있는데 이고는 '聖人'으로 바꾸고 있다.

48) 「復性書」. "是故誠者, 聖人之性也. 寂然不動, 廣大淸明, 照乎天地, 感而遂通天下之故." *「繫辭」上. "寂然不動, 感而遂通天下之故."

49) 「復性書」. "子思曰 唯天下至誠…唯天下至誠, 爲能化." *이고가 인용하고 있는 자사의 말은 『中庸』 22장과 23장이다.

음은 하늘의 이치이자 인간의 품덕인 誠을 실현할 때 가능한 것임을 『역경』과 「중용」에 기초하여 말하고 있다.

이고에 의해 재발견된 『역경』의 유가적 성인은 「중용」의 誠을 근간으로 하는데, 이러한 사상적 기조는 북송초기 도학자들의 학문정신으로 이어진다.[50] 주돈이는 「중용」의 誠의 철학과 『역경』의 우주론, 성인론을 병용하여 자신의 철학체계를 구축하고, 이를 『통서』와 「태극도설」을 통해 開陳한다.

주돈이는 「중용」의 誠과 『역경』을 통해 유가적 성인을 자신의 철학적 관점에서 해명하고 있는데, 敬에 대한 언급은 매우 제한적이고[51] 주로 誠과 성인에 대해 말하고 있다. 『통서』를 통해서 주돈이는 "배움을 통해서 성인에 도달할 수 있음[聖可學]"을 천명하고,[52] 인간과 우주가 합일할 수 있는 가능성은 곧 誠에 있다고 한다. 우주적 존재로서 인간이 우주자연과 합일할 수 있는 이상을 도시한 것이 「태극도설」이고 보면, 『통서』는 「태극도설」에 대한 해석서의 의미를 띤다고 하겠다.[53]

주돈이는 『통서』의 첫 문장을 "誠은 성인의 근본이다"로 시작한다.[54] 이 첫 문장으로부터 주돈이의 철학적 관점과 지향이 무엇인지 밝혀진다. 주돈이는 자신의 철학적 관점이 誠에 있다는 것을 밝히고, 이러한 誠을 실현하려는 인간의 지향은 궁극적으로 '성숙한

---

50) 쓰치다 겐지로는 주돈이와 동시대인이었던 陳襄(1017~1080)을 새롭게 발굴하여 소개하고 있는데, 진양은 『역경』과 「중용」을 강조하면서 유가적 성인은 곧 誠을 실현한 존재라고 이해한다. 『북송도학사』, 104~121쪽.

51) 『通書』, 「愛敬」15. "故君子悉有衆善, 無弗愛且敬焉."

52) 주돈이의 '聖可學'의 입장은 정이의 「顔子所好何學論」에서 다시 조명된다.

53) 「周子太極通書後序」. "蓋先生之學, 其妙具於太極一圖, 通書之言, 皆發此圖之蘊."

54) 『通書』, 「誠上」1. "誠者聖人之本."

인격의 완성자'인 '성인'에 있음을 드러낸다. 성인의 근본을 지시하는 誠은 '하늘의 본원'으로 만물은 이 誠으로부터 비롯하며,[55] 이 誠은 순수하고 지극히 선하다.[56] 여기서 주돈이는 誠이 우주만물의 근원적 원리성이며 그와 동시에 그러한 誠은 가치론적으로 지극히 선하며 순수하다는 점을 밝힌다. 따라서 우주적 원리이자 이 법을 '계승하는 것이 곧 선'이요, 그것은 인간의 본성으로 부여되어 있다는 것이다. 결국 우주의 원리를 의도하지도 않으면서 그대로 따르는 존재인 성인은 '誠을 실현한 존재'라는 것이다.[57] 주돈이는 우주적 원리인 誠을 인간의 도리로 끌어와서 그것이 윤리의 근본이며 모든 행위의 근원임을 말한다. 그러나 이 誠은 동정 사이에도 항상 인격적 원리로 작동하는 지극히 바른 것이고 밝게 통하는 것이다. 그렇기 때문에 誠하기만 한다면 별도로 인위적으로 일삼을 바가 없다.[58] 이 誠은 작위 함이 없고[59] 고요하여 움직이지 않는 것이다.[60]

주돈이는 '성인은 학문을 통해서 도달 가능한 인간형'이라고 보고 있다. 그에게는 평범한 학인으로서 성인의 경지에 도달한 인간적 표준이 공자이고, 공자에 근접하는 인물이 顔淵이다. 즉 안연과 같은 인물은 현실세계의 군자이고, 공자와 같은 인물은 성리학적 수양공부를 통해 도달해야 할 군자의 이상인 성인으로 설정된다.

---

55) 상동. "誠者聖人之本. 大哉乾元, 萬物資始, 誠之源也."

56) 상동. "純粹至善者也."

57) 『通書』, 「誠下」2. "聖誠而已矣."

58) 상동. "誠, 五常之本, 百行之源也… 故誠則無事矣."

59) 『通書』, 「誠幾德」3. "誠無爲."

60) 『通書』, 「聖第四」. "寂然不動者誠也."

공자에 있어서 요·순·우·탕·문·무·주공 등의 성인은 도달
할 수 없는 이상형이었지만, 주돈이에게 공자는 이미 배움을 통해
성인의 경지에 도달한 인물이고, 군자로서의 안연은 성인인 공자를
배워 갔다는 점에서 성인은 도달 가능한 존재라고 보는 것이다.

성인의 인격을 성취하고자 하는 이와 같은 지향의식은 성리학적
목적 지향의식을 잘 드러내고 있다. 주돈이는 성인에 도달할 수 있
는 聖學을 논하면서 다음과 같이 공부의 요점을 밝힌다.

성인은 배울 수 있습니까? 배울 수 있다. 요점이 있습니까? 있다. 듣고 싶습니
다. 요점은 하나이니, 그 하나는 바로 욕심이 없는 것이다. 욕심이 없으면 고요하
여 텅 비고 움직임이 바르게 된다. 고요하여 텅 비면 밝아지고, 밝으면 통한다.
움직임이 바르면 치우치지 않고 공평무사하고, 치우치지 않고 공평무사하면 넓어
진다. 밝고 통하고 치우치지 않고 공평무사하고 넓으면, 거의 성인에 가깝다.[61]

여기서 주돈이는 '主靜을 통한 無欲'을 말하고 있다. 주돈이는 「태
극도설」에서도 성인은 "중과 정, 인과 의로 자신을 정립하고,[62] 정
을 위주로 하여 인극을 세운다"고 하여 '主靜'을 말하고, '主靜'은
곧 '無欲'이라고 주해한다.[63] 주돈이가 제시하고 있는 主靜의 공부
론은 動의 측면을 완전히 배제한 것은 아니지만, 공부의 주된 방향
은 '고요한 상태에 머묾(主靜)'에 있다는 것이며, 그러한 상태는 곧
'무욕'을 지향한다. 맹자는 마음을 함양하고 기르는 데는 寡欲만큼
좋은 것이 없다고 말하는데,[64] 주돈이는 맹자의 寡欲을 無欲으로

---

61) 『通書』, 「聖學」 20. "聖可學乎. 曰 可. 曰 有要乎. 曰 有. 請聞焉. 曰 一爲要. 一者無欲也. 無欲
　　 則靜虛, 動直. 靜虛則明, 明則通. 動直則公, 公則溥, 明通公溥, 庶矣乎."

62) 주돈이는 『通書』에서 성인의 도는 "인과 의, 중과 정"뿐이라고 정의한 바 있다. 「道」 6. "聖人之道,
　　 仁義中正而已矣."

63) 「太極圖說」. "聖人定之以中正仁義, 聖人之道, 仁義中正而已矣, 而主靜(無欲故靜)立人極焉."

바꾸어 놓은 것이다.

주돈이의 논리를 따른다면, 성인의 본질은 誠함에 있고, 성인에 다다를 수 있는 공부는 主靜을 통해 무욕의 상태를 유지하는 것이다. 비록 '무욕의 상태'가 곧 성인의 경지는 아니지만, 성인에 근접한 경지임은 인정한다. 이것은 그가 맹자의 과욕을 해석하면서 마음을 함양하고 기르기 위해서는 과욕으로는 부족하고 무욕에 이르러야만 誠이 세워지고 밝아서 통할 수 있음을 말하고 있음에서도 드러난다.[65] 따라서 '誠＝聖人≒無欲'이라는 도식이 성립한다. 유가철학에서 인간의 욕구는 부정되지 않는다.[66] 그렇기 때문에 맹자도 과욕을 말하고 있다. 그런데 주돈이는 主靜의 공부를 통해서 무욕의 상태를 지향함으로써 인간의 욕구를 완전히 무화시킬 것을 요구하고 있다. 주돈이의 무욕에 대한 논의는 차후 정호와 정이에 의해 새로운 공부 방법론이 제시되는 경계가 된다.

---

64) 『孟子』, 「盡心」下. "養心, 莫善於寡欲."

65) 『周敦頤集』卷3, 「養心亭說」. "予謂養心不止於寡焉而存耳. 蓋寡焉以至於無, 無則誠立明通."

66) 『孟子』, 「盡心」下. "養心, 莫善於寡欲"에 대한 주희의 해석은 다음과 같다. "欲如口鼻耳目四支之欲, 雖人之所不能無, 然多而不節, 未有不失其本心者, 學者所當深戒也."

4. 성으로부터 성경으로, 다시 경으로

程顥(1032~1085)와 程頤(1033~1107)는 주돈이로부터 수학한 것으로 알려져 있다.[67] 그러나 二程의 저작에서는 주돈이에 대한 언급이 드물고, 주돈이를 선생 대신 '周茂叔'이라 하면서 '窮禪客'[68]이란 표현도 쓰고 있다. 이와 같은 주돈이에 대한 二程의 태도는 무엇에서 기인한 것일까?

주돈이의 본체로서의 誠에 대한 인식과 主靜을 통한 무욕의 공부론을 반대하는 二程의 입장은 유가의 경전에 대한 재해석과 실천적 방법론의 강구를 통해 새로운 공부론으로 제시된다. 그 방향은 첫째, 「대학」과 『논어』에 대한 경전 해석을 통해서 유학의 단계적 공부방법을 설정하고, 둘째, 「중용」과 『역경』을 통해 천인합일에 기초한 인성론을 정립하여, 『맹자』를 통해 본성의 선함과 의리 실천을 강화하고, 셋째, 유가경전에 나타난 敬의 내용을 재해석하

---

67) 『宋元學案』, 「濂溪學案上」. "濂溪之門, 二程子少嘗游焉."

68) 『宋元學案』, 「濂溪學案下」. "游定夫有周茂叔窮禪客之語." *游定夫는 游酢(1053~1123)으로 二程의 제자이다.

여 主靜에 치우친 공부를 靜뿐만 아니라 動의 측면까지 아우르는 敬을 통해 보완하는 것으로 나타난다.

주돈이가 제시한 공부 방법에 대한 반대의 입장은 「대학」에 대한 재구성에도 찾을 수 있다. 정호는 『예기』의 한 편명에 불과한 「대학」을 편집하는 최초의 인물이고, 이것은 다시 정이에 의해 재편집된다.[69] 二程이 「대학」을 재편집함으로써 환기하고자 한 것은 무엇이었을까?

「대학」은 주희에 의해 『대학장구』로 완결되는데, 논자는 二程의 「대학」에 대한 재발견은 「대학」이 함축하는 공부론과 유가 철학적 지향에 대한 재인식이라고 판단한다. 즉 「대학」을 통하여 수신으로부터 평천하에 이르는 유가의 정치철학에 대한 재조명과 그러한 과정에서 제기되는 격물치지를 통한 하학공부의 강조라는 것을 염두에 두었을 것이라는 점이다. 이들은 「대학」의 삼강령 팔조목을 구체화하는 '공부의 단계'를 주목함으로써 '下學而上達'을 지향하는 자신들의 학문적 입장을 정립하려 했을 것이라는 판단이다.

단계적 과정 중시의 공부론은 주돈이처럼 誠을 위주로 하여 본체로 바로 향하는 공부 방법과는 다른 입장이다. 따라서 "학자는 반드시 멀리서 구할 것이 아니라 가까운 나 자신에서 구할 것이니, 다만 사람의 도리를 밝히고 경하기만 하면 된다. 이것이 곧 요약하는 것이다"[70]라고 한다. 학문한다는 것은 고원한 도리만을 추구하는 것이 아니라 인륜일상의 도리를 파악하는 것에서 공부의 출발

---

69) 장덕린, 박상리 외 역, 『정명도의 철학』, 예문서원, 2004, 50~52쪽.

70) 『河南二程氏遺書』卷2上, 「二先生語」2上. "學者不必遠求, 近取諸身, 只明人理, 敬而已矣, 便是約處." *『二程集』, 漢京文化事業有限公司, 民國72.

점을 삼고,[71] 이러한 공부의 과정에서 敬 공부를 통하여 본성을 함양하게 되면, 그것이 곧 체득하는 공부가 된다는 것이다. 二程은 본체로서의 誠을 파악하는 것은 중요한 것이기는 하나, 고원한 형이상적 원리는 일상적인 삶의 도리로부터 찾아야 함을 간과할 수 없다고 보는 입장이다.

정호와 정이는 이처럼 일상성으로부터 공부의 출발점을 삼고 있다. 따라서 '誠하려는 실천성'을 담보하는 誠之 공부의 필요성을 제기한다. '誠하려는 실천성'은 다름 아닌 動靜 혹은 未發과 已發을 관통하는 敬 공부를 통해 견인된다. 이정은 主靜을 통해서 고원하게 본체로서의 誠을 직관적으로 파악하려 했던 주돈이의 공부방법론을 극복하고자 한 것이다. 이렇기 때문에 주돈이가 主靜을 통하여 '誠의 상태'에 도달하려는 무욕의 방법론에 대하여 理를 파악하기 위한 敬 공부로 전환한다.[72] 誠을 理로 대체하고 主靜의 공부론을 유학의 경전에서 제시되었던 敬 공부로 대체하는 자신들의 수양방법으로 제시하는 것이다.

정호는 "학문은 진실로 알고 진실로 존양하는 데 있다"[73]고 한다. '안다는 것'은 도덕의 근거인 '이치'를 파악한다는 것인데, 이것은 본체를 파악하는 측면이다. 그리고 '존양한다는 것'은 도덕의 원리성을 아는 것에 한정하지 않고, 이를 일상적 삶을 통해서 보다 구체화하는 것이다. 이것은 공부의 측면이다. 이 입장은 「중용」에

---

71) 인륜일상의 공부가 근원적 세계를 찾는 공부와 다르지 않음을 제시하는 것이 장재의 「西銘」을 재해석한 정이의 理一分殊이다. 『河南程氏文集』卷9(伊川先生文5), 「答楊時論西銘書」. "西銘明理一而分殊."

72) 『朱子語類』93:53. "二程不言太極者, 用劉絢記程言, 淸虛一大, 恐人別處走. 今只說敬, 意只在所由, 只一理也."

73) 『河南二程氏遺書』卷11, 「明道先生語」1. "學在誠知誠養."

서 말하는 '天道로서의 誠'을 파악하는 것과 더불어서 '人道로서의 誠之'의 공부, 즉 敬을 통한 함양공부가 요청된다는 것을 의미한다.

정호는 '혼연하여 만물과 한 몸'을 이루는 만물일체의 근거인 '인을 알고[識仁]' '그것을 보존[存之]'하는 공부방법을 제시한다. 그것이 誠과 敬 공부이다.[74]

> 천지가 자리를 잡으면 역은 그 가운데에서 행하여지니, 이것이 경이다. 경하면 간단이 없으니, 물(대상)을 체로 하여 남기지 않는 것은 성경일 뿐이다. 성하지 않으면 물(존재)은 없다.[75]

이것은 誠敬의 공부를 통해서 원리를 파악하고 또한 동시에 파악한 원리를 구체화한다는 의미이다. 즉 誠을 통해서 원리를 파악하는 것이요, 그 파악한 원리는 敬 공부를 통해 체득된다고 하는 것이다. 따라서 정호는 "誠은 하늘의 도이고, 敬은 인사의 근본이다. 敬은 곧 誠이다"[76]라고 하여 誠과 敬에 의한 수양공부론을 제시한다. 정호의 誠敬 공부론은 '誠만을 말하고 敬을 말하지 않으면서 主靜'을 주장했던 주돈이에 대한 수정이다.

정호가 제시하는 敬은 마음의 분요함을 안정시켜 '誠을 구체화하려는 시도'라고 할 수 있다. 여기서 마음을 안정시키는 방법으로 제시되는 것이 유가적 靜坐이다. 정호는 "사람들에게 정좌를 권장하였다"라고 주희가 전할 정도[77]로 정좌법을 특히 강조한다.

---

74) 『河南二程氏遺書』卷2上, 「二先生語」2上. "學者須先識仁. 仁者, 渾然與物同體, 義禮知信皆仁也. 識得此理, 以誠敬存之而已."

75) 『河南二程氏遺書』卷11, 「明道先生語」. "天地設位而易行乎其中, 只是敬也. 敬則無間斷, 體物而不可遺者, 誠敬而已矣, 不誠則無物也."

76) 상동. "誠者天之道, 敬者人事之本, 敬則誠."

主靜의 태도를 반대하고 主敬의 수양법과 격물치지의 窮理를 강조하는 인물은 정이이다. 정이는 천일합일의 인간적 가능성과 性善을 강력하게 확보하고자 하는 도학적 입장에 충실하다. 북송 당시 도학과 비도학은 性善의 인간적 조건을 우주자연의 본래성, 곧 天理의 순연함에서 찾으려 하는가? 아니면 그렇지 않은가에 따라 구분된다. 정이는 당연히 도학적 입장을 강하게 견지하는 인물이었고, 인간의 선한 본성의 내원을 天理로부터 근거 지으려 한다. 그가 제시하는 性卽理의 명제도 이와 같은 당대 철학사상적 분위기에서 도출된 개념이다.

정이는 인간 본성의 순연함은 천리에서 근원한다고 보기 때문에, 인간의 본성과 그 근거를 추론하여 '성즉리'의 명제를 제시한다.[78] 그러한 점에서 張載가 '천지'라는 부모로부터 인간에 이르는 근원적 도리를 설명한 '訂頑'을 자신의 철학적 입장을 개진하여 '西銘'이라 명명한다. 여기서 정이는 '理一'의 본체로부터 '分殊'의 현상을 존재론적이면서 가치론적으로 재해석하게 된다.[79] 즉 '리일'이라는 원리성은 개별적 사물과 현상 속에도 투영되어 있음을 '분수'를 통해 확보하고자 하는 것이다. 이것은 일상적 삶의 세계에 이미 리일의 원리성이 내재되어 있음을 강조하는 것이며, 그렇기 때문에 일상일용을 떠나서 고원한 본체를 직관하는 것에 집중할 것이 아니라 분수의 현상에서 그 원리성을 찾아가는 공부의 필요성을 요구한다. 곧 하학을 통해서 상달에 이르는 공부론이 요청되는 것이다.

---

77) 『朱子語類』12:84. "明道延平, 皆敎人靜坐."

78) 『河南二程氏遺書』卷22上, 「伊川先生語」8上. "性卽理也, 所謂理性是也. 天下之理, 原其所自, 未有不善."

79) 『朱子語類』98:90. "西銘一篇, 始末皆是理一分殊."

이러한 관점에서 정이의 공부는 일용일상을 벗어나지 않고 배움을 통해 공자와 같은 인격을 닮아가려 했던 顔淵을 모델로 삼는다.[80] 따라서 정이의 공부론은 온전히 리를 체득하는 것을 핵심으로 삼게 되고, 이 사업을 위하여 본체에 바로 이르는 主靜의 공부 대신 일상의 매 순간에 집중하는 主敬의 공부로 세우고, 동시에 리를 확보할 수 있는 격물치지의 궁리 공부 제시한다. 정이는 "함양은 모름지기 경으로써 해야 하고, 학문의 진보는 치지에 달려 있다[涵養須用敬, 進學則在致知]"고 한다. 사람은 만물의 이치를 모두 갖추고 있는 존재인데, 일용간에 스스로 자신에게 갖추어진 이치로서의 본성을 잘 보존하고 또한 길러 내는 공부가 바로 함양으로서 敬이고, 자신에게 갖추어진 이치를 통해서 대상 사물의 이치를 궁구하는 공부가 치지라는 것이다.

이러한 점에서 정이의 主敬적 공부론은 선불교와 같이 정좌의 수행법을 사용한다고 하더라도 근본적인 입장 차이를 보여준다. 즉 본체의 공적함을 주장하는 선불교의 主靜적인 정좌법은 無를 추구하는 공부법임에 비하여 리로서의 본체를 인정하는 유가의 主敬적인 정좌법은 有를 추구하는 공부라는 점이다. 정이에게 정좌 수행법은 온전히 敬의 상태를 유지하기 위한 방법론이 되고, 이 敬 공부를 통해 도달해야 할 분명한 지향으로서 리가 설정된다. 곧 리를 확보하기 위한 노력이 敬 공부의 방향이 되는 것이다.

정이는 敬을 '主一無適'이라 정의한다. 마음을 흐트러지지 않게 하여 한 가지 일에만 정신을 쏟고[主一], 어느 것에도 마음이 동요

되지 않게 집중한 상태를 유지하는 것[無適]이 敬이라는 의미이다. 여기서 '한 가지 일에만 정신을 쏟는다는 것'은 단순히 하나의 사태에 집착하고 있음을 의미하는 것이 아니다. 하나에 집중한다는 것은 어떠한 것에 의해서도 마음이 휩쓸리지 않는 평정심을 유지한다는 것이고, 그럼으로써 어떠한 사태에도 가장 적절하게 대응될 수 있음을 말한다. 곧 집중은 집착이 아니라 의식의 평정상태라고 할 수 있다.

그러나 이 마음의 평정상태는 쉽게 주어지는 것이 아니다. 流動하는 마음을 잡아서 의식의 평정을 유지하기 위하여 정이는 '외적인 용모와 태도'를 주목한다. 출입을 알 수 없고 자취를 제대로 파악할 수 없는 마음을 잡기보다는 외부로 드러나는 태도를 엄숙히 하고 용모를 단정하게 함으로써 마음을 집중하는 새로운 敬 공부를 제시한다. 그것이 整齊嚴肅이다. 정제엄숙은 '마음의 외재화된 표현 양식'인 용모와 태도를 단속함으로써 전일한 마음을 확보하고자 하는 것이다. 이 마음의 전일함을 통해서, 즉 主敬의 공부를 통해서 인간은 자신이 본유한 본성으로서의 리를 보존하고 확충할 수 있다고 보는 것이 정이의 입장이다.

이와 같이 主敬과 격물궁리에 의한 공부방법론을 새롭게 제기하면서, 敬을 주일무적과 정제엄숙으로 정의하는 정이의 논의는 정호에 비하여 매우 엄격한 면모를 보여준다. 정호가 誠과 敬 공부를 통해 도달한 인격적 지점이 확연대공한 경지라 한다면, 정이가 미발과 이발을 관통하는 主敬의 공부를 통해서 도달한 지점은 이치의 세계를 명확히 파악하게 되는 활연한 경지이다.

5. 경으로부터 다시 성과 경으로

다양한 학문적 편력 과정을 거치는 주희의 학문적 계보는 程顥·程頤－楊時(1053~1135)－羅從彦(1072~1135)－李侗(1093~1163)으로 이어지는 도남학에 접속된다. 이동은 나종언을 통하여 리를 파악하기 위한 정좌법의 중요성을 전수받고, 정이에게서 강조되었던 분수를 통한 리일에 도달하는 방법을 중시한다. 이동은 朱熹(1130~1200)에게 사상적 전회를 가져다 인물로 평가되는데,[81] 이동은 먼저 미발의 기상을 체득할 것을 주문한다. 그리고 그 체득의 방법으로 미발을 중시한다.

이동은 특별히 정좌법을 미발의 본성을 함양하는 중요한 방법으로 강조한다.[82] 이동을 처음 만난 시기(24세)에 주희는 禪學에 경도되어 있어서 자신의 불교적인 관점을 지속적으로 묻는다.[83] 그러

---

81) 미우라 쿠니오는 주희에게 있어 이동은 "사상적 방향을 결정해줄 스승과의 만남"이라고 평가하고 있다. 이승연 역, 『인간주자』, 예문서원, 1996, 81쪽.

82) 『朱子語類』103:1. "李先生終日危坐, 而神彩精明, 略無隤墮之氣."

83) 상동. 104:38. "後赴同安任, 時年二十四五矣, 始見李先生. 與他說, 李先生只說不是. 某卻倒疑李先生理會此未得, 再三質問."

나 이동은 주희에게 선과 같은 공허하고 허탄한 공부방법[懸空] 대신에 성현의 글을 읽을 것만을 가르치면서, 日用間의 실제적인 공부를 통해서 이치를 터득해 나갈 것을 역설한다.[84] 선학에 경도되어 있던 주희에게 未發의 순간에 理一의 근본이 이미 내 안에 있음을 體認하라는 이동의 가르침은 分殊의 현상에 理一이 편만해 있음을 체득하는 것이었다.

그러나 주희는 이동의 가르침을 완전히 체득하지 못하고 미발 시기의 공부에 대하여 여전한 의문을 갖게 된다. 그러던 중 張栻(1133~1180)을 만나게 되고, 그를 통하여 호상학에서 중시하는 先察識·後涵養의 공부방법, 즉 이발 시기의 공부를 강조하는 견해를 받아들인다. 주희는 선찰식의 방법을 강조하는 호상학의 논의에 경도하지만, 그러나 이 공부에 대해서도 회의하게 된다. 그는 '미발의 함양'을 주문했던 이동의 가르침을 다시금 확인하게 된다. 주희가 이동이 제시했던 '미발의 함양' 공부를 이해했다는 것은 미발과 이발이 서로 다른 차원이 아니라 미발 공부가 이발 공부와 相卽해 있음을 알았다는 것이다.[85] 다른 말로 하면, 이 미발 공부는 이발 공부전제가 되고, 이발 공부는 미발 공부를 확인하는 과정임을 체득하였다는 것을 의미한다. 이는 곧 리일의 본체가 분수의 현상 속에 구체화되고 있음을 이해하였다는 것을 의미한다. 이러한 주희의 깨달음이 이론화되어 나타나는 것이 중화신설이다. 주희의 중화신설은 마음의 작용에 대한 새로운 이해를 의미한다. 그의 이론에서

---

84) 상동. 101:77. "李先生云 汝恁地懸空理會得許多, 而面前事卻又理會不得. 道亦無玄妙, 只在日用間著實做工夫處理會, 便自見得."

85) 이동은 그 경지를 '미발의 기상을 체인'하라고 하여 체험적 성격을 보여준 반면 주희는 그것을 철학적으로 이해하는 차이점을 보인다. 이 점이 주희의 이동에 대한 이해의 한계이자 극복의 경계이기도 하다.

간과되었던 情의 문제를 새롭게 정립하고, 공부론에 있어서도 미발과 이발, 정과 동을 관통하는 敬의 공부론을 체계화한다.

주희는 호상학의 性體心用의 논의를 버리고 마음이 드러나지 않은 '心之未發'을 '본성(性)의 상태'로, 마음이 드러난 '心之已發'을 '情'으로 파악하게 된다. 따라서 근본적인 문제는 마음의 본체로서의 性을 어떻게 현실화 할 수 있는가 하는 공부에 초점이 맞추어진다. 즉 마음이 드러나지 않은 상태에서 '中'을 얻을 수 있는 '함양공부'와 마음이 드러난 상태에서 '和'를 얻을 수 있는 '성찰공부'가 그것이다. 그러나 주희는 이 두 측면의 공부가 단절적인 것이 아니라, 연속적인 관계성을 지닌다고 보아서, '靜과 動', '미발과 이발'의 두 시기를 아우르는 敬의 공부법을 제시한다. 이것이 미발의 기상을 함양하고 체인하라는 스승 이동의 가르침으로부터 이발의 성찰궁리에 관통하는 주희의 거경궁리의 공부론이다.

敬 개념은 주희에 와서 종합된다. 주희가 정리하는 敬 개념은 대체로 다섯 가지 유형으로 나뉘는데, 첫째, 정이에 의해 제시된 主一無適으로서의 敬이다. 정이는 한 가지에 집중하는 것을 일러서 敬이라 하고, 의식이 다른 곳으로 향하지 않는 것을 一이라고 한다. 둘째, 主一의 의미를 더욱 분명히 정의한 것이 정이의 整齊嚴肅으로서의 敬이다. 주희는 정제엄숙은 참으로 절실한 공부라 하여 이 방법으로 중시한다. 셋째, 謝良佐(1050~1103)에 의해 제시된 常惺惺法으로서의 敬이다[敬是常惺惺法]. 그에 의하면 敬은 항상 깨어 있는 것인데, 여기서 惺惺이란 마음이 昏昧하지 않음을 뜻한다.86) 넷째, 尹焞(1071~1142)이 제시한 마음 收斂으로서의 敬이다. 이것은 마음을 수렴하여 어떠한 물건도 용납하지 않는다는 것

이다. 다섯째, 주희가 제시하는 敬畏로서의 敬[87]이다. 이것은 상제가 내 앞에서 나를 바라보고 있듯이 여겨 삼가고 두려워하는 태도를 말한다.

이처럼 주희에 의해 종합된 敬의 수양법은 理를 파악하기 위한 방법론으로 정좌 수행법과도 관련된다. 주희는 정좌법을 도외시하지 않는다. 이 敬의 수양법에 대해서 주희는 聖學의 시작을 이루고 끝을 이루는 것이라고 단언하면서 자신의 공부론을 구축한다. 주희의 敬 개념은 주희 수양론의 주요한 문제인 미발이발론에 관통한다. 이것이 미발과 이발을 아우르는 居敬 공부이다. 敬 공부는 단지 고요하게 앉아서 감각을 단절하고 생각을 하지 않는 것에 있는 것이 아니요 일에 따라 한결같이 집중하는 것이다.[88] 동정을 관통하는 것이 敬 공부이다.

주희는 이전 시기 유가 경전에 敬 개념이 다수 등장하지만 대부분 간과하였는데, 이것을 실천적인 유학의 공부방법론으로 새롭게 정립한 인물이 정이의 공로임을 인정한다.[89] 정이는 敬을 '주일무적'과 '정제엄숙'이라고 정의하면서, 고원하게 본체를 직관하려는 主靜에 치우친 공부론을 비판하고 일용일상의 현상 속에서 올바른 이치를 깨우쳐 나가는 단계적 공부와 主敬의 공부론을 제시하기 때문이다. 이처럼 주희는 정이의 主敬 공부론을 적극 인정하지만, 한편 미묘하게 다른 점도 발견된다. 정이의 主敬 공부론을 그의 리

---

86) 『朱子語類』17:15. "惺惺, 乃心不昏昧之謂, 只此便是敬."

87) 상동. 12:100. "敬, 只是一箇畏字."

88) 상동. 12:99. "敬不是萬事休置之謂, 只是隨事專一."

89) 상동. 12:80. "敬字, 前輩都輕說過了, 唯程子看得重…. 程先生所以有功於後學者, 最是敬之一字有力."

일분수설을 적용해서 말한다면, 리일의 본체는 분수의 현상을 지속적으로 관찰하고 탐구함으로써 파악될 수 있다는 입장이다. 주희의 경우에는 그의 敬 공부가 미발과 이발을 관통하는 공부이지만, 그는 已發보다 未發 공부를, 動時의 공부보다 靜時의 공부를 보다 근원적 공부로 보고 있다는 점이다. 주희는 다음과 같이 말한다.

> 요즘 사람들은 전부 근본적인 것을 이해하려고 하지 않는다. 경자라는 것에 대해서 단지 말로만 떠들 뿐 실천하지 않는다. 근본이 확립되지 않았기 때문에 그 밖의 자잘한 공부도 의지할 곳이 없다. 명도선생과 연평선생은 모두 사람들에게 정좌공부를 가르쳤다. 내가 살펴보니 모름지기 정좌공부를 해야 한다.[90]

주희는 불가나 도가의 공부가 '持敬'의 요소가 있음을 인정한다. 그러나 이들의 공부는 본체를 직관하는 靜 공부에 치우쳐 있어서 일용일상간의 생동하는 動 공부를 간과하고 있다고 비판한다.[91] 그런데 주희 당대 유학의 흐름은 호상학의 공부에서 보이는 것처럼 이발의 현상을 우선하여 미발 공부를 도외시하는 경향으로 나타난다. 이 점에서 주희는 이발에 치우친 당대의 세태를 비판하면서 미발의 본체를 함양하는 공부를 재정립하고자 한다. 그렇기 때문에 주희는 정호와 이동이 정좌를 통해서 '미발의 기상을 체인'하고자 했던 방법을 다시금 주목하면서 근본처에 대한 공부를 강조하는 것이다.[92] 주희의 미발 공부는 리로서의 본성을 함양한다는 목표지

---

90) 상동. 12:84. "今人皆不肯於根本上理會. 如敬字, 只是將來說, 更不做將去. 根本不立, 故其他零碎工夫無湊泊處. 明道延平皆敎人靜坐. 看來須是靜坐."

91) 상동. 12:83. "人之心性, 敬則常存, 不敬則不存. 如釋老等人, 卻是能持敬. 但是他只知得那上面一截事, 卻沒下面一截事."

92) 송대 유학자들의 정좌 공부와 주희의 미발체인에 대한 논의는 이승환, 「주자는 왜 미발체인에 실패하였는가」(『철학연구』35, 2008)를 참고.

향성이 있다(有)는 점에서 불가나 도가의 수행(無)과는 근본적인 차이가 있다.

주희는 誠을 본체의 측면과 공부의 측면에서 다양하게 정의한다. 誠이란 원리적인 측면에서 보면 "實이고 理"[93]이며, "이치가 가득 차 있는 것"[94]이다. 그러한 점에서 實理[95]인데, 이러한 誠은 '太極'이기도 하다.[96] 誠을 윤리적인 측면에서 보면 '정성스러움[誠慤]'[97]이고, '지극히 진실하여 거짓됨이 없는 것'[98]으로 해석된다. 주희는 誠을 '實理'로 파악한 정이의 해석에 더하여 '太極', '實', '理'로 이해하고 있으며, '眞實無妄'의 해석도 덧붙이고 있다.

이렇게 본다면, 주희는 誠을 본체의 측면에서 파악하여 誠＝太極＝理로 이해하는 것뿐만 아니라 공부의 측면에서도 파악하고 있으며, 따라서 敬 공부뿐만 아니라 誠 공부도 함께 제기하는 것으로 볼 수 있다. 이 점은 誠을 본체의 측면에서 파악하고 공부의 측면을 敬에 한정하고 있는 정이[99]와 다른 점이다. 주희는 誠을 공부의 측면에서도 파악하기 때문이다. 誠과 敬을 공부론의 측면에서 비교하여 본다면, 誠은 '진실함'이고 敬은 '두려워함'이며,[100] 誠은 '속이지 않는 것'이고 敬은 '방자하지 않는 것'[101]이라 할 수 있으

---

93) 『朱子語類』6:27. "誠只是實. 又云 誠是理… 一作只是理."

94) 상동. 6:26. "誠者實有此理."

95) 상동. 6:28. "誠實理也."

96) 『通書解』, 「誠上」1. "誠卽所謂太極也."(朱熹 注)

97) 『朱子語類』6:28. "誠實理也, 亦誠慤也." * 誠慤은 『禮記』, 「檀弓」下. "臣誠慤之心"에서 1회 보인다. 이 용법은 『荀子』에 유사하게 보인다.

98) 『通書解』, 「誠上」1. "誠者, 至實而無妄之謂."(朱熹 注)

99) 『河南二程氏遺書』卷24. "主一者謂之敬, 一者謂之誠, 主則有意在."

100) 『朱子語類』6:31. "誠只是一箇實, 敬只是一箇畏."

101) 상동. 6:30. "敬是不放肆底意思, 誠是不欺妄底意思."

며, 또한 誠은 '망령되고 기만하지 않는 것'이고, 敬은 '게으르고 방자하지 않는 것'102)이다. 따라서 誠은 '단지 순박하고 정직하며 진실하고 충실하여 기만하지 않는 것'으로 처음부터 반드시 방종하지 않고 기만하지 않으려 노력하는 것이므로, 誠 공부 또한 충실히 해야 한다. 이렇게 되면 저절로 방종하지 않고 기만하지 않게 되며, 敬의 경우에는 '단지 안으로 거두어들이고 삼가 두려워하여 방종하지 않는 것'이기 때문에 敬 공부를 지속하게 되면 저절로 그렇게 힘쓰지 않아도 敬할 때가 있게 된다. 그러나 이 誠과 敬은 '먼저 敬의 경지에 다다른 후에 誠이 있는 것'은 아니다.103) 주희는 誠과 敬의 두 공부에서 선후의 순서를 정하는 것에 반대한다. 주희는 진정한 성취를 위해서는 誠과 敬의 공부를 함께 행해야 한다고 보는 것이다. 이렇듯 주희는 리를 파악하기 위한 敬 위주의 수양론에 동의하면서도 誠 공부 또한 간과할 수 없다고 보면서 誠敬의 수양론을 전개한다.

---

102) 상동. 6:32. "妄誕欺詐爲不誠, 怠惰放肆爲不敬, 此誠敬之別."
103) 상동. 113:21. "因問 誠敬二字如何看. 廣云 先敬, 然後誠. 曰 且莫理會先後."

6. 성·경과 주정·주경의 공부

논자는 지금까지 誠과 敬 개념의 연원과 전개 과정을 유가의 주
요한 경전을 근거로 고찰하면서 그 의미 맥락의 변천 과정을 살펴
보고, 이 두 개념이 인간의 심리적 태도와 윤리적 행위에 끼친 영향
을 성리학의 수양공부론의 측면에서 조망해 보았다. 인간이 봉착한
원초적인 두려움의 반응에서 비롯한 敬 개념은 내재화된 공포를 통
해 스스로 상황을 극복해 낼 수 있는 자기 경계의 태도를 만들어 내
고, 우주자연의 완전함처럼 인간도 완전한 존재임을 자각함에서 오
는 충만한 기쁨으로서의 誠은 인간다움을 발현할 수 있는 적극적인
생명성의 고양을 요구한다. 엄숙함과 화락함이 동시에 공존하는 敬
과 誠 개념은, 그렇기 때문에 인문적 가치질서를 옹호하면서 문화
를 구축해 온 유가철학의 주요한 공부로 자리할 수 있었다.

결론을 대신해서 논자는 1) 주돈이의 誠에 대한 재인식, 2) 주돈
이에 대한 정이와 정호의 敬을 통한 비판, 3) 정호와 정이의 차이
점, 4) 주희의 誠과 敬의 재조명과 주돈이에 대한 복원 문제를 간

략히 살펴보겠다.

주돈이의 경우에는 천도로서의 誠을 통해 인간의 본질을 정초하고, 이를 통하여 천인합일의 가능성을 모색한다. 공부 방법으로 主靜을 통한 무욕의 상태를 추구하는데, 이 논의는 정호와 정이에 의해 부정된다. 二程은 誠을 理로, 主靜을 敬으로 바꾸고 있다. 논자의 판단으로 이들의 차이점은 주돈이가 제시하고 있는 誠에 대한 인식과 성인에 도달하기 위한 主靜 공부에 대해서 二程은 비판적 입장이었기 때문이라고 본다. 즉 첫째는 主靜을 통한 무욕의 추구는 불교적인 공부와 다르지 않다고 본 것이다. 그렇기 때문에 이정은 주돈이를 '窮禪客'이라 평가한다. 당시 사대부의 일상에 깊이 침윤되어 있던 선 공부를 극복하고 유학의 공부론을 정립하려던 二程의 학문적 지향이 주돈이의 主靜을 통한 무욕의 입론을 비판하게 된 것이라 판단한다. 둘째는 '본체로서의 誠'을 파악하는 주돈이의 방식은 고원한 논의에 머물기 때문에 실제적이지 못하다고 본 것이다. 이것은 일용과 일상을 중시하는 下學의 단계적 공부를 도외시하고 上達에 직입하려는 방법론이기 때문이다. 따라서 '상달'을 배제하지 않으면서도 하학을 통해 상달을 지향하는 유학 본래의 '下學而上達' 공부를 회복하고자 한다.

主靜의 공부를 부정하고 敬 공부를 내세우는 二程의 공부론은 동일한 노선인 듯하지만 미묘한 차이가 발생한다. 정호는 유학의 敬 개념을 誠 개념과 함께 거론하면서 誠敬의 공부를 제시하고, 이를 위한 실천적 방법론으로 정좌의 수행법을 강조한다. 그러나 정이는 정호가 실천했던 유가적 정좌 공부의 중요성을 인정하면서도 그것이 靜을 위주로 한 공부이기 때문에 불교적 색채를 탈각하지 못하는 한계성이 있다고 본다. 따라서 정이는 오히려 敬을 위주로 본성을 함양하고 리일의 전체성을 분수의 현상으로부터 파악해 나가는 격물치지의 공부를 제시한다. 정이의 이러한 공부론은 主敬을 통한 함양과 진학을 위한 궁리의 방법론으로 구체화된다.

정이의 경우 主敬의 공부를 통해 동정에 일관하여 리로서의 본체를 지향하고 있지만, 그의 공부론은 '理一'을 체득하기 위한 현상의 '分殊'를 중시한다는 점에서 未發/靜 상태에서의 공부는 일정한 한계가 발견된다. 따라서 분수의 현상 곧 已發/動 공부는 리일의 본체 곧 未發/靜 공부가 동시에 요청될 수밖에 없다. 주희는 이러한 인식하에 敬 공부를 새로이 정립한다. 그에게 敬은 動/已發과 靜/未發에 일관한 태도로 요청되는 것이지만, 그 敬은 동요되지 않는 안정된 마음의 상태, 곧 靜/未發의 상태를 근본으로 한다는 점에서 본체에 대한 한층 강화된 지향성을 엿보게 한다. 이러한 주희의 면모는 주돈이의 「태극도설」과 『통서』를 재해석하는 과정에서 주돈이의 主靜 공부를 재해석하여 '主靜'을 인정하고 있다는 점에서도 발견된다.

주희는 정이가 주돈이의 主靜을 통한 무욕을 主敬으로 바꾼 것을 긍정하고 있다. 그렇지만 '무욕'을 추구하는 공부를 부정하지는 않는다. 무욕을 추구하는 공부가 비록 고원하여 도달하기 힘든 경지라고 하지만, 무욕에 이른다면 마음은 당연히 전일한 상태가 될 것이고, 그러한 상태에서 마음의 본체는 확연하게 드러날 수 있기 때문이다. 따라서 주희는 '반드시 고요하고 텅 빈 가운데 함양'하는 공부를 인정하면서도 동시에 '고요하여 텅 빔과 밝고 통함'의 경지를 인정하는 것이다. 이렇게 본다면, 정이에 의해 부정되었던

주돈이의 主靜을 통한 무욕의 공부론은 주희에 의해 새롭게 조명
받고 있는 셈이다.

여기에 주희가 주돈이를 재발견하는 이유가 담겨 있다고 논자는
판단한다. 주희는 주돈이의 '主靜'을 통한 '무욕'의 공부가 제시되
어 있는 「태극도설」을 재발견하고 『통서』에 대한 해설서인 『통서
해』를 저술하고 있다. 주희가 주돈이의 誠 철학이 온전히 담겨 있
는 『통서』를 해설하고 있다는 것은 그 해석의 과정에서 자신의 敬
공부의 입장을 전제로 誠과 主靜 공부를 다시금 재정위하려는 시
도라고 논자는 판단한다. 주희는 주돈이의 태극과 誠을 리로 바꾸
고, 主靜은 敬의 의미라고 해석하면서, 그러한 主靜의 상태가 가능
하다면 보다 본질적일 수 있음을 인정한다. 주희에게 존재의 근거
로서 논의되던 본체로서의 誠은 리로 대체되고, 誠은 내면적 덕성
의 측면에서 수양을 위한 한 방법론으로 자리한다.

결국 주희는 정이의 主敬의 공부론을 계승하면서도, 주돈이의 「태
극도설」에 대한 재해석을 통해 확보된 '無極而太極'으로서의 리를
더욱 강화하여 '太極＝理＝誠'이라는 도식을 설정하고 있다. 이것
은 '太極＝誠＝理'이라는 강화된 본체 인식을 통해 정이가 제시한
敬뿐만 아니라 주돈이 · 정호의 誠 공부를 종합하여 誠 · 敬 공부론
을 제기하는 것으로 논자는 이해한다.[104] 이 같은 주희의 공부 과
정은 궁극적으로 활연대공한 인격적 경지와 활연관통한 체득의 세
계를 자기화 함으로써 인간과 인간, 인간과 우주자연과의 소통을
기획하고자 하는 시도라는 점에서 의미를 찾을 수 있다고 하겠다.

---

104) 본 논문은 '성리학의 誠敬 수양론'을 한국과 중국의 성리학을 통해 통시적으로 고찰할 의도로 기획되
　　었으나, 한정된 지면으로 인하여 본고에서는 중국 성리학 부분만 게재한다. 송대에 체계화된 誠과 敬
　　의 공부론은 한국 성리학의 전개과정에서 시대에 따른 변주를 보이고 있는데, 한국 성리학에서 '誠敬
　　수양론의 확산과 심화 과정'은 다음 연구 주제로 남겨 둔다.

참고문헌

『論語』

『大學』

『孟子』

『書經』

『說文解字注』

『宋元學案』

『荀子』

『詩經』

『易經』

『禮記』

『二程集』

『周敦頤集』

『朱子語類』

『中庸』

『通書解』

「復性書」

「原道」

김경호, 「영적인 몸: 체험을 통한 세속적 삶의 성화」, 『철학연구』 36, 고대철학연구소, 2008.

김병환, 「중용이전의 성 개념 연구」, 『중국학보』 54, 한국중국학회, 2006.

김충렬, 「남명학의 요체: 경의-그 연원맥락」, 『남명학연구논총』 1집, 남명학연구원, 1988.

이승환, 「주자는 왜 미발체인에 실패하였는가」, 『철학연구』 35, 고대철학연구
　　　소, 2008.
미우라 쿠니오, 이승연 역, 『인간주자』, 예문서원, 1996.
쓰치다 겐지로, 성현창 역, 『북송도학사』, 2006.
장덕린, 박상리 외 역, 『정명도의 철학』, 예문서원, 2004.

여훈서에 나타난 여성의 몸

: 후쿠자와 유키치의 『여대학평론』을 중심으로

김미영

1. 문제제기

유교문화에서 여성의 지위를 논할 때 자주 등장하는 논의주제 중 하나가 일부종사를 강조하는 정절이데올로기이다. 여성의 덕이라는 이름하에 정절이데올로기가 민간에 널리 유포된 시기는 중국의 명대, 한국의 조선, 일본의 도쿠가와 시대였다. 이 시기에는 국가적인 차원에서 여성의 덕성 함양을 위해 적극적으로 정책[1]을 펼쳐 나가기도 하고, 여성교육 관련 서적을 널리 발간하기도 하였으며, 여성교육을 위한 책을 여성이 직접 저술하기도 하였다. 조선의 소혜왕후는 『내훈』을 저술했으며, 중국에서는 명말청초에 그간 발간되었던 여훈서를 묶어서 『여사서』를 간행하였다. 그리고 일본의 도쿠가와 시대에는 『여대학』이 민간에 널리 유포되었다. 이처럼 이 시기 여훈서가 널리 유포된 것은 당시 가족제도를 유지하기 위해 여성의 덕이 그만큼 중요한 요소로 부각되었기 때문이다. 이들

---

[1] 열녀로 인정된 집안에 정려문을 설치하여 그 가문에 명예를 부여할 뿐만 아니라 여러 세제상의 혜택을 주기도 하였다. 그리고 여성의 덕을 잘 드러낸 자들은 여러 전기물을 통해 그 이름이 후세에 전해질 수 있도록 하였다. 이에 여성행장들이 많이 쓰이게 된다.

여훈서의 내용이나 지향점 등은 유교적인 덕목과 연관되어 있다. 즉 효를 강조한다든지, 음으로서 여성은 남편을 위해 내조를 잘해야 한다는 것 등은 모두 유교적인 덕목으로 포괄할 수 있다.

그러나 이와 같은 유교적인 덕목이 발현되는 것은 당시 한·중·일 각 나라의 가족제도라든지 신분제도 등에 따라 차이가 날 수 있다. 이러한 차이에 대한 통찰은 유교문화권 내 등장했던 다양한 모습의 여성상을 드러나게 해 줄 것이다. 따라서 이는 동아시아 내 유교의 도입 및 변용을 설명하는 주요한 기제가 될 수 있을 것으로 생각된다.

그러나 유교문화에서 여성의 지위를 논할 때면 이러한 차별성은 사상되고, 동아시아 여성억압의 연원을 유교이념에 있다고 하며 유교이념으로부터의 이탈과 근대화를 통한 여성해방을 동일시하는 논의들이 주조를 이루게 된다. 동아시아 삼국에서 여성지위를 논할 때의 차별성을 다루는 것은 이후의 과제로 삼고, 본고에서는 이러한 담론의 기원을 추적하여 그 의미를 재검토해 보고자 한다. 이는 19세기 말 서구열강의 침입에 즈음하여 이에 대항하기 위해 아시아가 조속히 문명화의 길로 나아가야 함을 강조한 후쿠자와 유키치 (1835~1901)의 논의로 거슬러 올라간다.

후쿠자와 유키치의 사상은 당대 중국, 한국의 개화를 지향했던 지성인들에게 심대한 영향을 끼쳤다. 그는 문명세계로 나아가는 길이 동아시아국이 서구열강에 종속되지 않는 길이라며 이를 위해 "일신독립하여 일국독립해야 한다"는 점을 강조하고 있다. 그리고 독립의 의미를 "자기가 자기 자신의 몸을 지배하여 남에게 의지하는 마음이 없는 것"임을 천명하고 있다.[2] 그의 여성관 역시 이 연장선상에 놓여 있다. 그것이 잘 드러난 것이 그의 『여대학평론』이나 『일본부인론』 등이다.

따라서 본고에서는 일본의 대표적인 여훈서로 민간에 광범하게 유포되었던 『여대학』에 반영되어 있는 여성종속의 내용과 후쿠자와 유키치가 이를 비판하면서 제기한 여성독립의 촉구과정에서 여성의 몸이 어떠한 방식으로 다루어지고 있는지 검토해 보고자 한다. 즉 전통시대 여훈서에서는 여성의 덕을 논할 때 항상 여성의 몸에 대한 통제 규율이 중시된다. 또한 근대 문명세계로 나아가야 함을 제창한 후쿠자와 유키치 역시 유교를 비판하며 여성의 몸에 대한 새로운 각성을 강조하고, 이를 통해 문명세계로 나아가야 함을 강조한다. 그는 여훈서에서 제기된 여성의 몸에 대한 통제에 비판적인 시각을 표명하고 있다. 그러나 그가 제시하고 있는 독립적인 여성상에도 근대국가적 의미에서의 여성의 몸에 대한 통제방식이 그대로 드러나고 있다. 따라서 본고에서는 전통과 근대의 변화된 환경 속에서 여성의 몸이 어떠한 방식으로 표현되고 있는지를 후쿠자와 유키치의 여훈서 비판을 통해서 살펴보도록 하겠다.

---

2) 후쿠자와 유키치, 『학문의 권장』(남상영, 사사가와 고이치 옮김), 소화, 49쪽.

2. 여훈서의 성립배경 – 유교화과정과 『여대학』

여훈서란 여성을 훈계하는 책이란 의미이다. 중국역사에서 여성 훈계의 필요성이 적극적으로 제기된 시기는 후한시기 이후로 볼 수 있다. 이는 후한시기에 유향에 의해서 『列女傳』이 편찬된 것이라든지, 중국역사서인 25史 중 인물을 소개하고 있는 傳에 '列女'란 항목이 최초로 삽입된 것이 『후한서』부터였다는 점을 보아도 알 수 있다. 그러나 유교문화에서 여성억압을 이야기할 때 주로 거론되는 여성의 정절강조나, 과부재가금지 등의 논의가 본격적으로 등장한 것은 중국의 명대 이후,[3] 한국의 조선, 일본의 도쿠가와 시기였다.

이는 『후한서』 「열녀전」 도입부에 편찬자가 제시하고 있는 이상적인 여성이 여성의 정절강조나 과부재가금지 등 여성섹슈얼리티 통제에 국한되고 있지 않다는 점에서도 알 수 있다. 여기서 제시하고 있는 여성상은 크게 네 부류로 나뉜다. 그것은 1) 임금의 정치를

---

3) 이에 대한 연구는 Fangqin Du Susan Mann의 'Competing Claims on Womanly Virtue in Late Imperial China' 참조.

도운 賢妃, 2) 집안의 도를 번성하게 한 哲婦, 3) 청순한 기풍을 넓힌 高士, 4) 밝은 절개를 굳건하게 지킨 貞女[4]이다. 여기서 절개를 지킨 여성은 여러 여성상 중에 한 부분에 해당될 뿐 유일하면서도 가장 중요한 여성의 덕목으로 제시되고 있지 않다.

반면 15세기 중엽 이후부터는 여성의 덕에서 가장 중요한 측면으로 정절이 강조되면서 평생수절할 것이 강조되고 과부의 자살이 증가하게 된다. 명대법률과 사회체재는 정절을 지키는 부녀를 양산하도록 하고 있다. 즉 烈女의 집안에 정려문을 내리고 많은 세제상의 혜택을 부여한다든지, 과부가 개가할 경우 과부의 모든 가산이 시댁의 소유로 돌아가게 하는 법조목이 나오게 된 것 등이다.[5] 이는 조선이나 도쿠가와 시대에도 마찬가지였다.

그리고 이 당시에는 여덕을 고취시키기 위해 많은 책들이 발간된다. 그 대표적인 것이 『열녀전』 및 『여사서』이다. 그중 『여사서』는 후한 반소의 『여계』, 당 송약소의 『여논어』, 명대 왕절부의 『여범』, 명대 인효문황후의 『내훈』, 이 네 글을 하나로 묶어서 간행한 것이다. 이는 여성들이 직접 여덕을 규정하고 이의 실현을 위해 역사 속에 등장하는 모범적인 여성상을 제시해 줌으로써 여성의 정숙한 몸가짐을 강조하는 일련의 책들이다. 이러한 책의 발간은 정절을 강조하는 여덕에 대한 담론이 사회에 만연하게 됨에 따라 광범위하게 유통된다.

한국 역시 유교를 통치이념으로 하면서 여성을 훈계하기 위한 일련의 조치들을 하게 된다. 국가이념으로 유교를 채택한 조선의

---

4) 『後漢書』 권84 「列女傳」 74, 2781쪽.
5) 凱瑟琳 伕利兹, 「慾望 危險 身體－中國明末女德故事」 『性別與中國』, 三聯書店.

경우 여성의 덕에 대한 담론은 왕조 초부터 자주 거론되는 문제였다. 또한 여성의 덕을 강조하는 것은 대중교화와 밀접히 연관되어 있으므로 한문으로 쓰인 경전번역의 필요성도 제기된다. 특히 영조는 1736년 친히 『여사서』 서문을 내리고 나서 홍문제학 이덕수에게 명하여 『여사서』를 언문으로 번역하여 간행하라고 명하였다. 그리고 서문을 내리기 몇 해 전에 그 이유를 다음과 같이 언급하고 있다.

> "임금이 말하기를 당판인 『여사서』는 『내훈』과 다름이 없다. 옛날 성왕의 정치는 반드시 가문을 바로잡는 일로써 근본으로 삼았으니 규문의 법은 곧 왕의 교화정치의 근원이 된다. 이 서적을 만약 간행하여 반포한다면 반드시 규범에 도움이 있을 것이나, 다만 언문으로 해석한 후에야 쉽게 이해할 수가 있을 것이다."[6]

　이처럼 『여사서』나 『열녀전』, 『내훈』 등 여훈서류에 의해서 여성들을 교육시키는 것은 집안을 다스리는 도의 핵심으로 간주되고 있다. 따라서 송대 이후 민간에서 사대부들은 집안의 자식들에게 전해 준 가훈류들을 많이 저술하게 된다. 특히 딸이 결혼할 때 아버지가 딸에게 주는 글들이 전해 내려오니 조선성리학계의 태두라 할 수 있는 송시열(1607~1689)도 언문으로 『계녀서』를 작성하여 딸이 결혼할 때 전해 준다. 이러한 글은 민간 여성들에게 광범하게 유포되었으니 당대 사대부 여성들의 혼인 후 자아정체성 형성과정에 중요한 지침이 되었을 것이다.

　본고에서 다룰 『여대학』 역시 일본의 대표적인 여훈서라 할 수 있다. 그러나 이 책의 저자에 대해서는 논란이 많이 있다. 乙竹文

---

6) 『조선왕조실록』 1734년 영조는 여사서를 언문으로 해석하여 교서관으로 하여금 간행하여 올리게 하다.

庫 일본고서자료 중 원고용지에 펜으로 쓴 『여대학』 발문에 의하면 이 책의 저자는 카이바라 엣켄(1630~1714)으로 되어 있다. 카이바라 엣켄은 그의 대중교화서인 「和俗童子訓」의 마지막 장에 '여자를 가르치는 방법'이라는 장을 두고 있는데, 그 내용과 『여대학』의 내용이 유사하므로 후대 학자들은 『여대학』의 저자를 카이바라 엣켄으로 그대로 인정하는 경우도 있다. 그러나 이 외에도 그의 부인이 「和俗童子訓」의 글을 토대로 하여 간략하게 저술한 것일 것이라는 추정과 누군가가 「和俗童子訓」을 토대로 하여 개작한 것이라는 설 등 의견이 분분하다. 그러나 이러한 견해들은 모두 추정일 뿐 아직까지 확정적으로 『여대학』의 저자를 지목하고 있지는 못하다.

이에 우키스 후사(浮須婦妙)는 『여대학』 본문과 카이바라 엣켄의 문장을 비교해 본 후 『여대학』 문장 중 『여대학』 독자적인 문장은 19장 마지막 문장뿐이라고 하면서 이를 근거로 카이바라 엣켄 자신이 「和俗童子訓」을 저술한 후 이것을 간명하게 할 의도로 개작한 것이라고 추정하고 있다.[7] 현재 『여대학』을 저자미상으로 보고 있는 경우에도 대부분 『여대학』과 카이바라 엣켄과의 연관성을 인정하고 있다. 후쿠자와 유키치 역시 당시 『여대학』의 저자를 카이바라 엣켄으로 본 것에 대하여 의심하고 있지 않았다. 따라서 『여대학』은 당대 유학자들 사이에서 여성교육의 전형으로 인정받았으며, 그 중심에 카이바라 엣켄이 있었다는 것은 분명하다 할 것이다. 이에 본고에서는 일본유학에서 카이바라 엣켄이 점했던 위상

---

7) 浮須婦妙, 『「女大學」の著者考』『學苑』 407, 소화48년 11월, 참고.

을 통해서 일본 도쿠가와시대에 『여대학』이 점하고 있던 의미를 살펴보도록 하겠다.

『여대학』이나 「和俗童子訓」은 모두 한문을 잘 모르는 일반 대중들을 교화시키는 것을 목적으로 하여 저술되었으므로 모두 애초부터 일본어로 저술되었다. 카이바라 엣켄은 자신이 대중교화서를 쓰게 된 이유를 「和俗童子訓」 서에서 "영아 때는… 비록 사려가 발현하지는 않았지만 선을 행하고 악을 행하는 분기는 이때 나누어진다"고 하면서, "처음을 신중히 해야 한다"고 하며 아동교육의 중요성을 강조한다. 그리고 "스승과 성인이 없는 궁벽한 향촌의 아이들이 읽기 쉽게 하기 위하여, 그리고 문장의 이치를 알 수 없는 노인들은 아마도 동몽을 일깨우기 부족할 것"이므로 일본글자로 글을 쓴다[8]고 하고 있다. 이로 보건데 『여대학』 역시 당시 민간에서 여성교육의 중요한 교재로 채택되어 널리 유포되었다고 할 수 있다.

『여대학』에서는 여성이 三從之道에 따라 행동해야 하며, 이를 어겼을 경우 받게 될 처벌로서 七去之惡을 제시하고 있으며, 여성행위의 한계로서 여성의 본성론 등을 제시하고 있다. 이러한 내용들을 여러 조목으로 나누어 언급한 후 마지막에 다음과 같은 당부를 하고 있다.

"앞서 언급한 여러 조목들은 어렸을 때 익히고 또 써 보고 낭독하여 잊지 말라. 오늘날 사람들은 여자에게 의복이나 도구 등을 주어서 혼인시키기보다는 이러한 조목들을 가르치는 것이 일생 몸을 보존하는 보배가 될 것이다. 옛말에 사람은

---

8) 「和俗童子訓」 서 『益軒全集』 권3.

능히 백만 전을 내어 딸을 시집보내는 것을 알고 십만 전을 내어 자식을 가르치는 것을 알지 못한다고 하니 참으로 그렇다. 여자의 부모 된 자는 이 이치를 알아야 할 것이다."9)

따라서 이후 일본에서는 전통적인 여성상 즉 정숙한 여성상을 언급할 때 『여대학』의 가르침에 따르는 여성이라는 전형이 형성된다. 이는 동아시아에서 정절을 강조하는 후대의 여덕에 대한 논의 틀에서 크게 벗어나지 않는다. 여성의 덕에 대한 논의는 후대로 갈수록 정절을 중심에 놓고 전개되어 나가게 된다. 그러면서 점차 효녀에 대한 담론보다는 시부모 공양에 중점이 놓여진다. 『여대학』 역시 여성의 덕을 논할 때 시집간 후 시댁에서 여성이 처신해야 하는 방법을 중심으로 하고 있다. 그러므로 삼종지도나 칠거지악이 중요한 내용으로 다루어진 것이다. 전통시대에 여성이 맺는 새로운 인간관계는 시댁식구들과 맺는 관계이므로 여성의 덕을 논할 때도 항상 여성이 시집가서 시댁식구들과 관계를 어떻게 맺을 것인가의 문제가 주된 내용이 된다고 할 수 있다.

이처럼 『여대학』은 전통적인 유교사회에서 여성에게 요구하는 덕목의 내면화를 강조하고 있다. 카이바라 엣켄이 쓴 「和俗童子訓」 역시 마찬가지였다. 따라서 카이바라 엣켄은 전형적으로 주자학적 질서에서 추구하는 이상적 사회상에 기초하여 대중교화에 힘쓴 학자라 할 수 있다. 이에 미나모토 료엔은 그의 『도쿠가와시대의 철학사상』에서 카이바라 엣켄을 민중의 교화자, 사회교육가라고 소개한다. 그는 마쓰다 미치오의 평가를 인용하면서 엣켄은 민중 속

---

9) 貝原益軒, 『女大學』, 乙竹文庫, 18쪽.

에 살아 숨 쉬는 습속과 유교도덕을 접합하고자 했던 이름 없는 민중의 마음속에 살아 있는 고귀한 도덕을 유교도덕에 의해 보편화하고자 했던 인물이라고 한다.[10] 반면 오카다 다케히코는 카이바라 엣켄은 자신의 평생의 사명을 실학의 실천에 두고 있다고 하면서, 그가 말년에 행한 대중교화서 저술이라든지 본초학 연구 등을 실학실천의 결과라고 한다.[11] 또한 마루야마 마사오는 엣켄을 소라이학에 의한 유교의 근본적인 혁신 즉 주자학적 사유방식이 전면적으로 붕괴되는 시점 바로 앞에 있는 인물로 본다. 즉 마루야마 마사오는 일본사상사에서 주자학 붕괴과정을 논할 때 그 과도기 인물로 카이바라 엣켄을 중요한 인물로 거론하고 있다.[12]

그러나 『여대학』에 나타나 있는 여성상이라는 측면에서 본다면, 카이바라 엣켄은 유교가부장제 원리를 충실하게 지킨 인물이라 할 수 있다. 왜냐하면 여성의 덕을 논할 때 삼종지도나 칠거지악 등으로 대표되는 유교가부장제 원리를 철저하게 따르고 있기 때문이다. 일본에서 이를 철저하게 비판한 것은 19세기말 후쿠자와 유키치에 와서라고 할 수 있다. 이러한 유교비판이 조선의 일본유학생 중심으로 형성된 신여성들의 유교비판에도 심대한 영향을 주게 된다.

그러면 다음 절에서는 『여대학』의 내용과 이에 대한 후쿠자와 유키치의 비판을 중심으로 여훈서에 나타난 여성상을 살펴보도록 하겠다.

---

10) 미나모토 료엔, 『도쿠가와시대의 철학사상』(박규태, 이용수 옮김), 예문서원, 49쪽

11) Okada Takehiko, 'Practical Learning in the Chu Hsi School: Yamazaki Ansai and Kaibara Ekken' "Principle and Practicality", NY Columbia University Press, 1979.

12) 마루야마 마사오, 『일본정치사상사연구』(김석근 옮김), 통나무, 178~179.

3. 여훈서에 나타난 여성상 및 그 비판
−후쿠자와 유키치의 『여대학평론』을 중심으로

후쿠자와 유키치는 J. S. 밀의 『여성의 종속』(1869년)을 원저의 출판과 거의 동시에 읽게 된다. 그는 이에서 받은 충격을 초기저작에서부터 기술하고 있으며, 1885년에는 『일본부인론』을 발표하게 된다. 그리고 만년인 1899년에는 『여대학평론』을 쓰게 된다. 마루야마 마사오는 후쿠자와 유키치의 여성관은 당대 정치사상사에서 후쿠자와보다 더 급진적이었던 우에키 에모리나 나카에 조민보다 더 철저했다고 평가하며, 그의 여성관에 밀의 『여성의 종속』이 지속적으로 영향을 미치고 있음을 밝히고 있다.[13]

그러나 후쿠자와 유키치가 여성론을 기술할 때 단지 밀의 사상을 그대로 재연한 것만은 아니었다. 그는 밀의 부인론이 지닌 의의를 당시 오랫동안 내려오던 고정된 관습 즉 남자들은 밖에서 일하고, 여자들은 집안일 하는 것을 당연하게 생각하는 관습의 타파에 있다고 하였다. 문명의 진보는 이처럼 수천 년 동안 젖어 온 관습

---

13) 마루야마 마사오, 『문명론의 개략을 읽는다』(김석근 옮김), 문학동네, 242~243.

에 의문을 품는 것이라 한다. 그러나 당시 일본에서 수천 년 동안 젖어 온 관습에 의문을 품기 시작한 것은 서구문명 때문이라 하면서 옛것을 믿었던 것처럼 새로운 것을 의문 없이 그대로 받아들여서는 안 된다고 한다.[14] 이는 결국 서구의 신사조를 그대로 재연하는 것만으로는 문명의 진보를 이룰 수 없다는 점을 지적한 것이다. 따라서 그의 여성관 역시 당시 일본사회에서 의문 없이 받아들여지고 있던 여성에 대한 편견이나 관습 속에 내재되어 있는 억압받는 여성상을 일일이 해부함으로써 고래로부터 믿어 오던 관습에 의문을 제기하는 방식으로 개진되고 있다. 그 노력의 결실이 만년에 발표한 『여대학평론』이다.

결국 만년에 그가 『여대학평론』을 쓰게 된 것은 상류층뿐만 아니라 민간에도 광범하게 유포되어 있어 도덕이라는 이름으로 회자되고 있던 이상적인 여성상에 내포되어 있는 남녀불평등문제를 가시화하고자 함이었다. 19세기 일본에서 『여대학』은 여성들의 올바른 행위지침서 역할을 하고 있었다. 『여대학』에는 크게 19가지 조목으로 나누어 여자가 반드시 따라야 할 행위원칙들을 기록하고 있다. 이는 여성이 결혼해서 시집에 분란을 일으키지 않고 잘 지내기 위해 필요한 덕목이다.

이에 대하여 후쿠자와 유키치는 "…요즘 세상에는 힘으로 남의 물건을 빼앗는다거나, 또는 남에게 망신을 주는 사람이 있으면, 그 사람은 죄인으로 취급받아 형벌을 받는 경우도 있다. 그러나 집안에서는 공공연히 여성에게 창피를 주며 그것을 아무렇지도 않게

---

14) 『학문의 권장』 15편.

생각하는 사람들이 있는데 무슨 까닭일까? ...『여대학』에는 일방적으로 여자들만 질책하는 말들이 많다...”[15]고 하고 있다. 즉 남녀 모두에게 똑같이 적용되어야 하는 행위원칙임에도 특별히 여성에게만 필요한 교육이라고 강조하는 것 속에 이미 여성억압의 논리가 관통되어 있다는 의미이다.

그는 일방적으로 여성들에게만 강요하는 질책이 지닌 편파성을 다음처럼 비판하고 있다. 『여대학』 첫 부분에서는 “여자가 남의 집에 가서 즉 시집가서 쫓겨나게 되는 것은 여자 부모의 가르침이 없었기 때문이다”고 하고 있으며, “여자는 용모보다 마음이 좋아야 한다”고 하고 있다.[16] 후쿠자와 유키치는 이에 대하여 다음과 같이 비판한다. 남자의 경우도 양자로 갈 경우 남의 집에 가는 것이다. 따라서 교육은 여자에게만 필요한 것이 아니라 남자에게도 필요하다. 즉 남녀차이에 따라 교육이 달라질 수 없다는 의미이다. 행실을 바로 하는 것도 남녀 모두에게 필요하다. 그는 사람을 질타하고 학대하는 것은 남자 쪽이 더 많음에도 불구하고 여성행실만 문제 삼는 것은 남존여비의 유교주의의 편파성에 기인한다는 점을 제기하고 있다.[17]

또한 여성을 내쫓아도 되는 7가지 악덕을 검토하면서 이는 메이지 유신 이래 생긴 법에 어긋나는 발상이라는 점을 들어 비판하고 있다. 즉 “...오늘날 『여대학』은 소설도 아니고, 희곡도 아니다. 여자교육의 보배로운 책으로 도시나 지방의 어떤 지역에서는 아직도

---

15) 『학문의 권장』 제8편 113~114.
16) 貝原益軒, 『女大學』, 乙竹文庫, 2~3쪽.
17) 福澤諭吉, 「女大學評論」 『福澤全集』 제6권, 557~561쪽.

여전히 숭배하고 있다. 그런데 보배로운 책에 기록된 내용은 분명히 현행 법률에 반하는 것이 많다. 그것이 민심에 스며들어 가게 되면 다른 사람을 잘못에 빠뜨리고 법의 죄인이 되게 할 것이다. 교육가는 물론 정부에서도 주의해야 한다"[18]고 하고 있다. 즉 당시 민법친족편에 따르면 이혼의 요건에 배우자가 중혼을 했다든지, 간통죄를 저지른다든지, 상대방에 대한 학대나 모욕 등을 하게 되면 이혼을 할 수 있다[19]고 되어 있었다. 그러나 당시 민간에서는 여성에게는 여성의 덕이란 이름으로 앞의 이혼의 요건에 해당하는 부분이 있게 되면 가차 없이 처벌하지만, 당시 부유한 남성들은 첩을 두거나 제2부인을 두는 일이 그대로 용인되고 있었다. 그는 이러한 현실을 비판하고 있는 것이다.

따라서 그는 "여자는 어려서부터 남자와 여자가 구별되는 것을 알아, 노는 것을 보고 듣게 해서는 안 된다"[20]는 것에 대하여 남녀 교제론에서 중요한 것은 남녀가 어려서부터 함께 자리해서는 안 된다는 외면의식보다 올바른 기품이 중요하며 올바른 기품은 가장의 품행에서 비롯된 것이라 한다. 즉 가장이 안으로는 첩을 두고 밖으로는 매춘을 하는 행위를 하면 자식들 역시 음란해질 수밖에 없다는 것이다. 이런 의미에서 후쿠자와 유키치는 당시 사회에서 공공연하게 행해지던 일부다처제나 축첩제의 폐단을 지적하고 있다.[21]

다음으로는 시집가서 여성이 행해야 하는 몸가짐에 대한 논의에

---

18) 福澤諭吉, 「女大學評論」『福澤全集』 제6권, 570쪽.
19) 福澤諭吉, 「女大學評論」『福澤全集』 제6권, 569쪽.
20) 貝原益軒, 『女大學』, 乙竹文庫, 3~4쪽.
21) 福澤諭吉, 「女大學評論」『福澤全集』 제6권, 561~563쪽.

대하여 비판하고 있다. 즉 "여자는 남편의 집에 가서는 오로지 시부모를 자신의 부모보다 더 사랑하고 공경하여 효행을 다해야 한다[22]"는 것에 대한 것이다. 이에 대하여 후쿠자와 유키치는 애정은 내면에서 우러나오는 것이므로 이는 불가능하다고 한다. 즉 『여대학』에서는 사람에게 무리한 것을 요구함으로써 위선을 행하게 하고 이러한 허례허식은 가족의 단란함을 파괴하게 된다는 점을 지적한다.[23]

또한 여성이 "질투하는 마음을 내서는 안 된다"[24]는 것에 대해서는 칠거지악에서 부인이 음란하면 내쫓는다고 하면서 남자가 음란할 때 여자는 질투해서는 안 된다고 하는 것은 편파적이며 불공평하다고 한다. 즉 여성이 자신의 권리를 주장하면 질투라 규정하고 단지 복종만을 강조하는 것은 오랫동안의 남존여비의 습관 때문이라고 한다. 이 습관은 오래되어 여성들이 자신의 권리를 망각하고 굴욕을 당하고 있다고 하면서 여성이 자신의 권리를 주장함으로써 남자의 난폭함을 제지해야 한다고 한다. 당시 사람들은 여권주장이 사회질서 문란이라고 하나 이는 파란을 일으킬 수밖에 없는 것으로 부인은 지당한 권리를 주장하여 남녀가 대등한 질서를 이루어야 한다는 점을 강조하고 있다.[25]

또한 문명사회로 나아가기 위해서는 여성교육이 절실하다는 점을 강조한다. 따라서 후쿠자와 유키치는 『여대학』에서 여성은 "말

---

22) 貝原益軒, 『女大學』, 乙竹文庫, 6~7쪽.
23) 福澤俞吉, 「女大學評論」 『福澤全集』 제6권, 571~573쪽.
24) 貝原益軒, 『女大學』, 乙竹文庫, 9~10쪽.
25) 福澤俞吉, 「女大學評論」 『福澤全集』 제6권, 577~581쪽.

을 신중하게 하고 많이 하지 않는다"26)는 것에 대하여 비판한다. 과묵한 데 익숙해지면 인생에 필요한 변설능력이 고갈되어 실생활에 지장이 생길 수 있다는 것이다. 그리고 문명이 진보함에 따라 여성교육도 여성지육의 발달에 초점을 맞춰야 한다고 하면서, 물리 지리 역사 등을 배우고, 외국어를 배우며, 내외시세에 능통하도록 하고, 학자들의 학설을 듣고 그 의미를 이해할 수 있어야 한다고 한다. 그러나 『여대학』에서는 여성지육의 발달에 대해 전혀 관심을 기울이고 있지 않다고 하면서, "미신에 빠지지 말라"고 하는 것이나 "집을 잘 지킬 수 있어야 한다"고 하는 『여대학』의 가르침은 여성에게 문명교육을 한다면 해결될 수 있는 문제라 한다.27)

이처럼 그는 문명세계로 나아가기 위해서는 남녀가 모두 지혜가 발달해야 한다는 점을 강조한다. 그리고 지혜의 발달에는 남녀에 차이가 없다는 점을 강조한다. 따라서 『여대학』에서 여성을 음에 비유하며 여성이 가지고 있는 다섯 가지 장애를 거론한 부분에 문제제기 한다. 그 다섯 가지 장애는 "여성은 화순하지 않고, 원망하며, 다른 사람을 비방하고, 다른 사람을 질투하고, 지혜가 천박하다"28)는 것이다. 그중 지혜는 일에 따라 달라지는 것이고 장소에 따라 달라지는 것이지 부인의 천성이 무지하다고 하는 것은 『여대학』의 사견일 뿐임을 강조한다. 그는 당시 사회에서 여성의 지혜가 천박한 이유는 여성에게 책임을 부과해 주지 않기 때문이라고 한다.29) 따라서 당시 사람들이 여성이 배우지 못하고 무식하다는 것

---

26) 貝原益軒, 『女大學』, 乙竹文庫, 10쪽.
27) 福澤俞吉, 「女大學評論」 『福澤全集』 제6권, 581~582쪽.
28) 貝原益軒, 『女大學』, 乙竹文庫, 15~16쪽.

을 걱정하며 여성교육을 강조하나, 여성의 문제는 단지 교육을 통해서만 이루어지는 것은 아님을 강조한다. 그는 다음과 같이 말한다.

> "오늘날 여자에게 독서기예를 가르치고 신체운동의 법을 가르쳐도 그 교육은 오직 학교에서의 일로 본인이 집안에 돌아가면 집안의 딸로 다른 집에 시집가면 한 집안의 부인에 지나지 않게 된다. 대개 인간은 고락으로 생을 이루는 것으로 그 고락의 큰 것 그것을 생의 큰 것이라고 한다. 사람의 고락을 크게 한다면 그 책임도 클 것이다… 그러므로 사람의 고락은 오직 책임에 따라 나오는 것이니 반드시 그 사람의 배움의 여부에서 나오는 것이 아니다…."[30]

이는 그가 메이지 유신 이후 법조항에 여성의 권익을 옹호하는 법조항이 들어가 있더라도, 그리고 여성의식의 개명을 위해 여성교육을 시킨다 하더라도 이것이 곧장 여성해방으로 나아가지 못한다는 점을 목도하면서 나온 지적이라 할 수 있다. 그는 당대 여성이 여성종속의 상황에서 벗어나기 위해서는 사회에서 여성 지위향상이 있어야 한다는 점을 강조한다. 따라서 여성에게 재산권을 부여해 주어야 한다고 주장하게 된다. 그러면서 그는 누구든 책임을 가지고 일을 처리할 수 있는 권한을 부여받고 일을 할 때만이 사람의 능력이 키워질 수 있다는 점을 강조한다.

이처럼 『여대학평론』에 나타난 후쿠자와 유키치의 여성상은 그가 문명의 진보를 위해 개명된 인간이 요청된다고 주장하는 연장선상에 놓여 있다. 따라서 여성 역시 독립적인 개체로서 자기 몫을 해낼 때 사회진보가 이루어질 수 있음을 강조한다. 그리고 이러한 자유로운 기풍은 여성의 심신발달에 중요한 요인이 됨을 강조한다.

---

29) 福澤俞吉, 「女大學評論」『福澤全集』 제6권, 597~603쪽.
30) 福澤俞吉, 「日本婦人論」『福澤全集』 제6권, 4~5쪽.

그리고 여성의 심신발달은 2세에게 직접적인 영향을 주므로 일본이 문명사회로 나아가기 위해서 여성의 심신발달은 전제가 되어야 함을 강조한다. 이는 그의 「일본여성론」이라는 글에 직접적으로 표현되어 있다. 그러면 다음 장에서는 그의 여성관 속에 여성의 몸이 어떠한 위상을 차지하고 있는가를 살펴보도록 하겠다.

4. 후쿠자와 유키치의 근대적 인간상과 여성의 몸

후쿠자와 유키치는 『학문의 권장』 제8편에서 "자기의 몸은 타인과는 분리된 하나의 육체를 가지고 있으므로 스스로 자신의 몸을 움직이고 마음을 이용하여 자신을 지배하며 자신의 일을 열심히 해야 한다는 내용"을 담고 있는 미국인 웨일란드의 『모럴사이언스』를 소개하고 있다. 이에 비추어 당시 상하귀천의 명분을 엄격하게 주장한 일본의 국학자나 한학자들은 다른 사람의 혼을 자신의 몸에 담으려 했던 것에 지나지 않는다고 하면서 비판한다. 타인의 마음에 따라 행동해야 하며, 자신의 생각을 나타내면 안 된다고 한다면, 자기 자신을 다스리는 권리를 잃게 되고, 반대로 다른 사람을 제압하는 권리를 가지게 된다고 한다. 그리고 이것은 사람의 몸과 마음을 각각 분리하여 자신의 몸에 다른 사람의 혼을 불어넣는 것과 같다[31]고 하면서 당시 일본사회의 억압적인 관행들을 비판한다.

이는 그가 『문명론의 개략』에서 "일본의 무인에 독일개인(獨一

---

31) 『학문의 권장』 제8편 108~112쪽.

個人)의 기상(인디비듀얼리티)이 생겨나 저들 게르만의 야인들이 자주 자유의 원소를 남겼던 것처럼 일본국민의 기풍도 일변한 것처럼 생각되지만 사실에 있어서는 결코 그렇지 않았다... 그런 활달하고 얽매이지 않는 기상은 자기 한 몸의 강개함에서 발한 것이 아니며... 자신의 몸 이외에는 아무것도 없다는 자기의 자유를 즐기려는 마음도 아니며, 필시 바깥 사물에 끌려서 발생한 것이거나, 그렇지 않으면 바깥 사물에 의거해 발생을 도움 받은 것이다. 무엇을 바깥이라 하는가? 조상을 위해서, 가문의 명예를 위해서, 주군을 위해, 아버지를 위해, 자신의 신분을 위해 그런 것이다. 대체로 그 시대의 군사가 명분으로 삼았던 것은 필시 그 같은 여러 건에 의거하지 않은 것이 없다"라고 하는 곳에서도 그대로 나타난다.

이에 대하여 마루야마 마사오는 여기서 언급된 "인디비듀얼리티라는 용어는 밀에게서 가져온 것인데, 다만 밀이 『자유론』에서 말하는 개성은 낭만적 자아의 개성이라기보다는 여론의 압력이나 다수 의견에 맹종하지 않는 개인의 사상 언론의 자유가 주선율이며, 후쿠자와가 말하는 인디비듀얼리티는... 개인의 자립성이라는 정도의 의미"[32]라고 하고 있다. 그러나 전절에서도 언급하였듯이 후쿠자와 유키치가 제시한 근대적 인간상에서 가장 중요하게 여긴 것은 인습의 타파였다. 그리고 밀 사상을 평가하는 데서도 그 의의를 인습의 타파라고 하는 데 두고 있다. 따라서 밀이 개인상을 통해 여론의 압력이나 다수의 의견에 맹종하지 않는 개인의 사상 언론의 자유를 강하게 주장하고 있듯이, 후쿠자와 유키치가 일신독립하여 일

---

32) 마루야마 마사오, 『문명론의 개략을 읽는다』(김석근 옮김), 문학동네, 663~665쪽.

국독립한다고 하는 언명을 통해 강조하는 독립적인 인간상 역시 어떠한 의견에도 맹종하지 않는 것, 즉 회의하고 의심하여 자기 자신이 자신의 몸의 주체가 되어야 함을 강조한 것으로 볼 수 있다.

이런 독립자존의 인간상은 그의 여성상에도 그대로 투영되어 있다. 그는 『여대학평론』 마지막에 다음과 같이 말하고 있다.

> "『여대학』이 저술된 이후 200여 년이 지난 지금 사람의 지혜가 진보하였고 시세가 변천한 것을 관찰하여 기왕의 사실을 살펴보고 장래의 행복을 추구하고자 할 때 아무래도 옛사람의 설에 복종할 수 없어서 감히 반대해 보고자 한다. 예전 봉건문벌시대에 정치를 비롯한 인간만사를 압제로 조직한 세상에서는 남녀관계도 저절로 일반풍조를 따라 남자는 군주와 같고, 여자는 신하와 같이 존비를 달리하였으며… 배우자를 학대모욕해도 세간에서는 그를 탓하는 자가 없고, 오히려 학대모욕을 받는 것에 복종하는 자를 보고 현부 정녀라고 칭하며… 질투는 부인의 패덕이라고 가르친다…."33)

후쿠자와 유키치의 『여대학』 비판의 핵심은 세상이 복잡해진 당시 상황에서 『여대학』에 나타난 여성에게 가해진 억압은 문명사회로 나아가는 길에 방해가 된다는 점에 있다. 이와 같은 후쿠자와 유키치의 여성관은 당대 큰 파란을 일으키며 논쟁을 불러일으켰으나, 이것이 '일반사회의 도덕규범으로 사회 통념화되지는 못하였다.' 그 이유에 대하여 니시자와 나오코는 당시 "나라를 뒷받침하는 여성의 역할이 오히려 『여대학』적인 삶의 방식에서 보다 명확히 나타났기 때문"이라고 하고 있다. 즉 "구도덕 측이 요구한 여대학적인 삶은 남편에 예종되어 부자관계를 중심으로 한 유교적인 이에(家)를 유지하고, 나라가 원하는 타자에 예종할 수 있는 차세대

---

33) 福澤俞吉, 「女大學評論」 『福澤全集』 제6권, 604～605쪽.

를 기르는 여성의 삶에 의미가 있다. 이러한 여성론은 국가에 대하여 국민의 역할을 투영한다고 이해되어 갔다"고 하고 있다.[34]

그러나 이 당시의 여성문제를 검토하는 데 있어 니시자와 나오코처럼 후쿠자와 유키치의 『여대학평론』 대 구도덕을 주장하는 『여대학』 양대 진영의 입장을 대립시킨 후, 당대에 결국 『여대학』 적인 삶의 방식이 승리하게 되었다는 방식으로 결론을 내리기는 어렵다고 생각한다. 이러한 결론은 근대적인 공간에서 제기된 모든 여성문제의 원인을 구도덕으로 대표되는 '유교'에 놓음으로써 유교의 폐해를 지적하는 데로 비판이 모이도록 한다. 그러나 19세기말 20세기초 동아시아 근대를 논할 때 비판의 대상이 되는 '국가주의' 와 '문명담론'의 폐해는 여성문제를 논할 때도 그 중심에 있어야 한다고 생각한다.

이는 후쿠자와 유키치가 『여대학평론』을 쓰기 전에 쓴 『일본부인론』을 보면 분명하게 드러난다. 『일본부인론』을 보면 후쿠자와 유키치의 여성론 자체에도 문제점이 있다는 점을 쉽게 알 수 있다. 그리고 이 문제는 일본 근대 여성문제, 더 나아가 문명화를 지향했던 동아시아의 근대 공간에서 제기된 여성문제를 논할 때 염두에 두어야 할 부분이라고 생각하므로 이에 기술해보겠다.

후쿠자와 유키치는 「일본부인론」 입론의 목적은 철두철미 형체개량이라고 하며 인종개량방법을 다루고 있다. 여기서 여성은 출산을 담당하는 여성으로 건강한 이세를 낳는 것이 결국 일본이 문명세계로 나아가는 데 중요한 전제라고 한다. 즉 "여대학풍의 교육을

---

34) 니시자와 나오코, 「복택유길(후쿠자와 유키치)의 근대화구상과 여성론 – 「여대학」비판의 구도를 중심으로」 『여성과 역사』(여성사학회)제2집, 2005년, 83~84쪽.

하면 할수록 여성은 더욱 위축된다. 먼저 정신을 압박하여 결국은 그 형체를 파괴하게 된다는 것이다. 우리들이 지금 일보 더 나아가 문명자류의 교육법에 따라도 아직 이것에 만족할 수 없다. 왜냐하면 오늘날 여자에게 독서기예를 가르쳐도, 신체운동의 법을 가르쳐도, 그 교육은 오직 학교 안에서의 일로써, 본인이 집에 돌아가면 순전히 집안의 딸로, 다른 사람에게 시집가면 한 집안의 부인에 지나지 않게 된다"[35]고 하고 있다.

이처럼 그는 여성이 가족 속에 부속되어 타인의 명령에 복종하는 것이 아니라, 독립된 개체로 자신의 몸을 자신이 컨트롤해야 한다는 점을 강조한다. 그는 삶은 형체의 삶과 지식의 삶과 정감의 삶 세 가지가 갖추어져야 완전한 인간이 된다고 한다. 그는 "음식물이 형체를 배양하듯이 독서하고 이치 탐구하는 것이 지식을 배양하고, 화조풍월의 즐거움이나 시가관현의 흥취, 주색연회의 오락 등의 쾌락으로 정감을 배양한다"고 한다. 그리고 "음식에 과식과 소식해서 굶어 죽는 폐해가 있듯이 이치탐구나 쾌락추구 역시 마찬가지임"을 강조한다. 그러나 '일본의 여성은 이 세 측면 중에서 형체의 측면과 지식의 측면이 가장 뒤처져 있고 정감의 삶은 비교적 발달했다고 할 수 있으나 과도한 쾌락의 제한으로 여성의 심신과민과 형체허약을 초래하게 되었음'을 강조하고 있다. 그리고 '이 화가 대대로 이어져 인종발달을 방해한다는 점을 특별히 지적'하고 있다.[36]

이러한 논의를 통해서 볼 때 후쿠자와 유키치는 문명사회로 나아가기 위하여 여성이 자신의 몸의 주체가 되어야 한다고 주장하

---

35) 福澤諭吉,「日本婦人論」『福澤全集』제6권, 4~5쪽.
36) 福澤諭吉,「日本婦人論」『福澤全集』제6권, 12~15쪽.

지만, 결국 그 이유는 이세의 재생산이라는 측면에서 "나라를 뒷받
침하는 여성의 역할"에 초점을 맞추고 있다. 그리고 이러한 논리로
남성 의식개혁의 중요성을 설파한다. 즉 남성의 의식개혁 없이 여
성의 독립이 불가능하다는 점을 강조하는 것이다. 결국 후쿠자와
유키치의 여성권익옹호론은 여성을 향한 발언이기보다는 남성을
향한 발언이 된다. 그리고 그 설득의 대의명분은 문명사회로 나아
가기 위해서는 건장한 이세가 필요하며, 건장한 이세를 위해서는
여성의 몸이 건강해야 한다는 점이다. 특히 그는 인종개량을 위해
그의 「일본부인론」에서 타력의 개량법과 자력의 개량법을 제시하
고 있다. 이중 타력의 개량법은 외국인과의 결혼허용을 말하고, 자
력의 개량법은 내지의 남녀의 체질을 개량하여 완전한 자손을 얻
는 방법을 말한다. 이 중 내지의 남녀체질을 개량하기 위해서는 먼
저 일본국 부인의 마음을 활발하게 하여 그 신체를 튼튼하게 하여
좋은 자손을 얻어야 한다고 주장한다.[37] 그는 유교식의 덕목훈육이
인간 몸의 발달을 장애한다는 측면에서 유교를 비판하면서 새로운
문명의 필요성을 역설한 것이다.

　이러한 관점은 20세기 초반 일본 여성학자들 사이에서 이루어진
모성보호논쟁 속에도 그대로 투영되어 나타나고 있다. 즉 모성보호
논쟁에서 모성보호론자와 모성보호반대론자는『여대학』등의 구도
덕을 주장하는 측과 문명개화를 주장하는 측의 대립이 아니라, 근
대화 과정 속에서 문명개화를 통한 부강한 국가의 창출이라는 과
제에 충실해야 한다는 이념 안에서 불거져 나온 논쟁이라 할 수 있

---

37) 福澤諭吉, 「日本婦人論」『福澤全集』제6권, 3쪽.

다. 이 논쟁에서 모성보호를 주장한 히라츠카(平塚雷鳥)는 요사노(與謝野晶子)가 모성보호에 반대한 것에 대하여 "자식을 자신의 사유물로 보고 어머니 일을 개인적인 일로만 생각하는 구식 사상에 갇혀 있기 때문이다"고 하면서, "자식의 수나 질은 국가사회 진보발전과 그 장래운명에 지대한 관계가 있다"고 한다.[38] 여기서 모성보호를 강조하는 논리는 기존의 유교이데올로기에 의거한 모성의 중시가 아니라 문명론의 입장에서 주장한 것이다. 따라서 이를 반대한 측에 대하여 구도덕적인 발상이라고 하며 비판하고 있는 것이다.

이러한 히라츠카의 주장은 당시 논쟁 속에서는 구도덕에서 벗어난 새로운 시대에 여권을 강조하는 논의로 제기되었지만, 이후 히라츠카가 전시 중에 우생학적 발언을 하게 되는 것에서도 알 수 있듯이 이러한 논의는 곧장 국가주의적인 사고로 치닫게 된다. 따라서 우에노 치즈코는 히라츠카의 우생학적 발언은 그녀가 모성보호 논쟁에서 취한 모성주의 입장의 필연적 귀결로 볼 수 있다고 한다. 우에노 치즈코는 히라츠카의 "모성을 통한 국가에의 공헌은 당연히 우량한 자손과 불량한 씨의 도태를 포함하고 있으며, 국가에 의한 모성보장을 요구하는 입장은 쉽게 국가에 의한 모성관리를 용인하는 결과를 낳게 된다"[39]는 점을 지적하고 있다.

이처럼 여성의 몸에 대한 통제는 유교가부장제사회에서는 도덕이라는 이름으로, 근대국가주의사회에서는 애국이라는 이름으로 이루어지면서 사회질서유지를 위한 근간에 자리 잡고 있다고 할 수 있다.

---

38) 與謝野 晶子, 「平塚 山川 山田三女史に答ふ」 『資e母性保護論爭』(香内信子 編), ドヌス出版, 1984, 188쪽.
39) 우에노 치즈코, 『내셔널리즘과 젠더』(이선이 옮김), 박종철출판사, 1999, 36쪽.

따라서 후쿠자와 유키치가 여덕을 둘러싸고 이루어진 여성 몸의 통제를 비판하면서 제기한 여성 스스로 자신의 몸의 주체가 되어야 한다는 것은 어느새 국가주의라는 이름으로 대치되며 근대를 맞이하게 되었다고 할 수 있다. 여기서 후쿠자와 유키치가 근대적인 의미에서 독립적 인간의 성취를 통해 문명세계로 나아가야 한다고 했던 주장이 함의하고 있던 한계가 여실히 드러나고 있다고 할 수 있다.

따라서 그의 「여대학」 비판을 통한 유교비판은 「여대학평론」이 쓰이기 이전에 쓴 「일본부인론」의 관점을 통해 읽어야 그 의미가 분명해진다고 생각한다. 그렇게 해야 일본근대화 과정 속에서 여성의 지위를 좀 더 선명하게 드러낼 수 있을 것이다. 만일 후쿠자와 유키치의 문명화논의 속에서 유교비판을 읽지 않는다면, 앞서 언급했듯이 니시자와 나오코처럼 후쿠자와 유키치의 급진적 여성론이 구도덕에 패했다는 방식으로 읽히게 될 것이다. 따라서 현재 일본 여성문제의 연원을 유교적 잔재로 설명하게 되는 잘못을 범할 수 있게 된다.

이처럼 동아시아에서 여성지위를 논하면서 오늘날도 여전히 동아시아 삼국에 공통된 유교와의 연관성만을 내세우게 된다면 동아시아의 근대문제를 설명하는 데 한계로 작용할 수 있을 것이란 생각이 든다. 따라서 현대 일본여성의 지위문제를 논할 때도 일본근대화과정에서 노정된 문제가 무엇인지를 좀 더 선명하게 할 필요가 있을 것이다. 그러한 의미에서 후쿠자와 유키치가 당대 유교비판을 통해 성취한 성과는 인정해야 하지만, 이를 통해 제시한 근대적 여성상에 드리워진 국가주의적인 모습을 해명해 내지 못한다면, 일본에서 유교의 경계와 근대과정에서 나타난 국가주의적 의미에서의 신여성의 탄생과정이 흐릿해질 우려가 있다고 생각한다.

참고문헌

『後漢書』

『조선왕조실록』

『女大學』

「和俗童子訓」『益軒全集』제3권

「日本婦人論」『福澤全集』제6권

「女大學評論」『福澤全集』제6권

후쿠자와 유키치, 『학문의 권장』(남상영, 사사가와 고이치 옮김), 소화, 2003.

J. S. 밀, 『여성의 종속』(남상영 옮김), 책세상, 2006.

우에노 치즈코, 『내셔널리즘과 젠더』(이선이 옮김), 박종철출판사, 1999.

마루야마 마사오, 『문명론의 개략을 읽는다』(김석근 옮김), 문학동네, 2007.

마루야마 마사오, 『일본정치사상사연구』(김석근 옮김), 통나무, 1995.

미나모토 료엔, 『도쿠가와시대의 철학사상』(박규태, 이용수 옮김), 예문서원, 2000.

니시자와 나오코, 「복택유길(후쿠자와 유키치)의 근대화구상과 여성론-「여대학」 비판의

구도를 중심으로」『여성과 역사』(여성사학회)제2집, 2005년.

浮須婦妙, 『「女大學」の著者考』『學苑』407, 소화 48년 11월.

與謝野 晶子, 「平塚 山川 山田三女史に答ふ」『資料母性保護論爭』(香內信子 編), ドヌス出版, 1984.

凱瑟琳 伕利茲, 「慾望 危險 身體-中國明末女德故事」『性別與中國』, 三聯書店, 1994.

Fangqin Du, Susan Mann, 'Competing Claims on Womanly Virtue in Late Imperial China' "Women and Confucian Cultures", UC Press, 2003.

Okada Takehiko, 'Practical Learning in the Chu Hsi School: Yamazaki Ansai and Kaibara Ekken' "Principle and Practicality", NY Columbia University Press, 1979.

'수신(修身)'의 근대적 변용
: 국가에 의해 유폐된 개인

김철운

1. 근대적 수신교육의 등장

본 연구는 근대 한국의 『**수신교과서(修身敎科書)**』[1]에 표현된 '수신방법론'을 정신과 신체·개인과 국가 등과 관련하여 다각도로 분석함으로써 근대적 인간의 한국적 유형과 근대적 의식이 형성되는 과정을 해명하려고 한다. 이러한 연구는 결과적으로 일제의 강점기에 최고의 정신적·실천적 지침으로 작동했던 '애국'의 참된 의미를 밝히는 데에 하나의 중요한 근거를 제공해 줄 것이다.

19세기 말 근대 한국은 일본에 의한 강제적 개국(1870)을 시작으로 힘의 논리를 앞세워 해외로 그 세력을 끊임없이 확장해 나가던 서구 제국주의 국가들의 침탈로까지 이어지는 급변의 현실 상황으로 인하여 국가의 희망찬 미래를 거의 기약할 수 없었다. 이런 속에서 "대한제국은 교육조칙(敎育詔勅)을 공포하여 덕육(德育)·지

---

1) 본 연구는 주로 1906~1909년 사이에 學部와 民間에서 편집·발행된 『수신교과서』와 『윤리교과서』를 기본 텍스트로 삼았다. 즉 徽文義塾編輯部 編纂, 『中等修身敎科書』(徽文館, 光武 10年(1906), 9월); 徽文義塾編輯部 編纂, 『高等小學修身書』(徽文館, 隆熙元年(1907), 8월); 朴晶東, 『初等修身』(漢城: 同文社, 隆熙 3年(1909) 7월); 學部編纂, 『普通學校學徒用-修身書』(東京: 三省堂, 隆熙 2年(1908), 3월); 安鍾和 譯述, 『初等倫理學敎科書』(廣學書舘, 隆熙元年(1907) 9월); 申海永 編述, 『倫理學敎科書』(普成中學校 發行, 隆熙 2年(1908), 1월) 등이 그것이다.

육(智育)·체육(體育)을 강조하면서도 전통에 근거한 덕육(인간교
육)을 우선하는 교육입국(敎育立國)을 향한 절실한 국가적 여망을
드러냈다."[2] 하지만 20세기에 들어와서 일본에 의하여 강제로 맺
어진 을사 늑약(1905년)은 그러한 교육의 기본 방향을 바꾸어 버렸
는데, 즉 오직 '덕육'만을 우선하는 교육으로는 더 이상 국가의 주
권을 회복시킬 수 없다는 것이었다. 비록 역설적이긴 하지만 그러
한 국가적 현실 상황은 근대 한국인에게 새로운 세계에 눈을 뜨게
하였을 뿐만 아니라 근대로의 진입을 알리는 결정적 동기가 되었
다. 아무튼 을사늑약 이후에 근대 한국은 그러한 제국주의를 극복
하고 상실되어 가던 국가의 주권을 회복하기 위한 차원에서 이전
의 유교적 전통에 근거한 교육 방식과는 전혀 다른 새로운 '교육'
방식을 내세웠다. 그것은 궁극적으로 '국민국가'를 목표로 하는 근
대적 '수신교육'이었다. 그 결과 '국민교육론'[3]이 제기되었고, 그
교육의 중심에는 『수신교과서』가 있었다.

그럼 『수신교과서』의 '수신'은 구체적으로 무엇을 의미하는가?
간단하게 말해 이 '수신'이란 말은 '학교 교과'의 하나로 개설되었

---

2) 敎育詔勅은 두 번에 걸쳐서 공포되었다. 즉 1895년 7월 19일 詔勅 第14號로 公布된 「小學校令」과
같은 해 8월 15일 學部令 第三號로 公布된 「小學校 敎則大綱」이 그것이다. 특히 여기서의 교육은
'智育'보다는 '德育'에 집중되었다. 즉 「小學校令」 第二章 八條의 "小學校의 尋常科 敎科目은 修
身 讀書 作文 習學 算術 體操로 함"과 「小學校 敎則大綱」 第二條의 "修身은 敎育에 關한 詔勅
의 旨趣에 基하고 兒童의 良心을 啓導하야 其 德性을 涵養하며 人道를 實踐하는 方法을 授함을 要
旨로 홈. 尋常科에는 孝悌·友愛·禮敬·仁慈·信實·義勇·恭儉 등 實踐하는 方法을 授하고
別로히 尊王愛國하는 士氣를 養함을 務하고 또 臣民으로써 國家에 對하는 責務의 大要를 指示하고
兼하야 廉恥의 重함을 知케하고 兒童을 誘掖하야 風俗과 品位의 純正에 趨함을 注意함이 可홈. 女
學生은 別로히 貞淑한 美德을 養케 함이 可홈" 등이 그것이다. 그런데 學部編纂의 교과서 중에는 그
러한 구체적이고 명확한 교과목과 내용이 제시된 『수신교과서』의 출현은 없었고, 대신에 『夙惠記略』이
발간되어 兒童들의 修德과 修身을 위한 임시 교과서로 사용되었다(『韓國開化期敎科書叢書(9)』, 「修
身·倫理 篇 1」, 「解題」, 6쪽 참조).

3) 즉 "國民敎育이란 個人敎育과는 달리 人民을 國民으로서 養成하여 國家와 民族의 統合을 이루어내
기 위한 敎育을 의미하며, 國民敎育論이란 人民을 健全한 國民으로 養成하여 當時의 國家 競爭時
代에 對應하고자 한 敎育論을 말한다"(鄭國采, 1909, 「國民敎育論」, 『기호흥학회월보』 8호, 8쪽;
정숭교의 「1904~1910년 自强運動의 國民敎育論」(167쪽)에서 재인용).

던 '수신 교과목'의 '수신'을 가리킨다. 이러한 근대적 의미의 '수신'은 용어상 전통적 의미의 '수신'과 동일할지라도 그 내용상 그것과는 근본적 차이가 있다. 왜냐하면 후자가 『대학』에서 말하는 '수신'·'제가'·'치국'·'평천하'의 '수신'을 가리킨다면, 전자는 서양의 '도덕(moral)' 즉 근대 시민 도덕의 '도덕'과 동일한 의미를 내포하고 있기 때문이다.[4] 다시 말해 후자가 '개인'의 내적 덕성에 대한 자각과 반성을 통하여 확립된 '도덕성'에 그 목표를 두었다면, 전자는 '개인'의 외적 신체에 대한 개조 즉 규율과 훈육을 통하여 육성된 '건강한' 신체에 그 목표를 두었기 때문이다. 따라서 이러한 '신체의 개조', 즉 '건강한' 신체의 육성이야말로 『수신교과서』의 핵심적 교육 내용으로, 국가의 주권이 상실되어 가는 위기에서 국가와 민족을 단합하여 국민국가를 세우는 기본 토대였다.

결국 『수신교과서』는 '교육'이라는 공식적이고 합리적인 수단을 통해서 근대 한국이 지향하고자 한 정신적 가치와 국민 계몽의 형태로 근대적 국민국가를 형성해 가는 근간이 되었다. 따라서 그것은 근대 한국이 지향한 애국정신과 민족의식의 고취는 물론 국가의 주권을 회복시켜 국가의 중추적 역할을 하게 될 근대적 인간형의 형성에 집중되었다고 할 수 있다.

---

4) 동양에서 최초로 『수신교과서』를 편찬·발행한 국가는 일본이었다. 즉 『수신교과서』는 원래 프랑스의 교육제도를 모방하여 일본의 학제가 편성되었을 당시 1872년에 교과목이 설정되었으며, 처음에는 『童蒙敎草』·『泰西勸善訓蒙』 등 유럽의 근대시민도덕에 관한 서적을 번역 혹은 번안하여 사용한 데에서 시발되었다. 메이지 초기의 小學校 교육은 남녀가 동등한 교과내용으로 신분의 관계없이 모두 8년의 의무교육이 명시되었으며 교육내용도 讀書算을 중심으로 하여 근대 과학의 요소가 널리 채용된 것이었다(제1장 「文明開化の教育政策とその変轉－明治前期」 『日本近代教育百年史』 教育政策(1) (國立敎育硏究所, 1973年), 72쪽). 그리하여 일본의 근대교육은 國體를 견고히 할 '국가 어린이'로서의 인간형성을 위한 교육으로 일관하였다. 그것은 정부의 의도에 부합하는 교육 정책으로서 유교적 덕목의 도덕규범을 제시하여 사회질서를 유지하기 위한 것이었다. 특히 1890년 '교육칙어' 발포(發布) 이후에는 이러한 교육사상의 실천원리를 『尋常小學修身書』 과목을 통하여 학교 교육현장에 실천하게 하였다(김우봉, 「일본 근대 교육에 있어 '모범인물' 창출과 양상」－『수신교과서』의 니노미야 손토구(二宮尊德)를 중심으로－, (『일본문학』, 제23집), 221쪽).

2. 『수신교과서』의 이론적 배경

1) 사회진화론과 국가유기체론의 결합

앞서 보았듯이, 근대 한국의 '수신교육'은 단순히 유교의 전통에서 강조된 '수덕(修德)'과 '수신(修身)'이라는 개인의 내적 덕성에 대한 반성과 자각을 통하여 확립된 '도덕성'에서 벗어나 신체'개조'라는 개인의 외적 신체에 대한 규율과 훈육을 통하여 육성된 '건강한' 신체에 집중되었다. 물론 그 목적은 새로운 시대에서 중추적 기능을 담당하게 될 인재 양성과 국가의 주권 회복을 위한 애국 계몽 교육에 있었다. 물론 여기에는 먼저 고려되어야 할 문제가한 가지 있는데, 즉 '애국'이 왜 강조되었는가 하는 점이다. 이는 분명히 근대 한국이 처한 현실 상황과 밀접한 관계가 있었다. 즉 근대 한국인들은 '힘'의 논리가 지배적이었던 그 시대에서 국가와국가의 '경쟁'에 승리하여 제국주의를 극복하는 동시에 국가의 주권을 회복하고 국가의 발전을 도모하는 일을 무엇보다도 중요하게인식하였다. 다시 말해 그들은 근대적 '국민국가'의 기틀이란 바로 그러한 국가의 진보를 위한 국가와 국가의 '경쟁'을 통해서만 가능하다고 보았다는 것이다. 바로 이러한 배경 아래에서 편집·발행된 『수신교과서』는 말 그대로 그러한 경쟁에서 이길 수 있는 기본 토대로 수신교육을 통한 신체의 개조, 즉 국민이 되기 위한 '건강한' 신체(수신하는 신체)의 육성에 집중될 수밖에 없었다. 이 이론적 토대가 된 것은 다름 아닌 '사회진화론(社會進化論: Social Darwinism)'[5]과 '국가유기체설'이었다.

사회진화론은 스펜서(Herbert Spencer)에 의해서 주장된 것으로, '경쟁'의 단위가 '개인'이 되고 개인과 개인의 경쟁이 강조되는 '개인주의'에 집중되었다. 즉 사회는 그 구성원의 유용성을 위해서 존재한다는 것이다. 그런데 그것은 블룬칠리(J. K. Bluntschli)의 국가유기체론과 결합되어 '경쟁'의 단위가 '국가'가 되고 국가와 국가의 경쟁이 강조되는 '국가주의'로 전환되었다. 즉 그에 의하면 "국가는 한갓 사람들을 모아 놓은 것을 말하지 않고 부고제도(府庫制度)가 있는 곳을 말하지 않는다. 그것은 의지가 있거나 행동을 하는 것이다. 그것은 이름 지을 수 없으나 이름을 짓는다면 유기체라고 말한다. …국가 자체를 목적으로 삼는 것은 국가목적의 첫 번째

---

5) 이 사회진화론은 동양에서 각 국가·민족의 필요에 따라 자의적으로 해석되었는데, 특히 근대 한국은 일본이 천황제 제국주의 국가를 형성하는 이론으로 받아들인 것과는 달리 제국주의를 극복하려는 이론으로 받아들였다(최기영, 『한국근대 계몽사상연구』, 33쪽~34쪽 참조). 왜냐하면 "1904년 이후 급박한 정세가 한국에 있어서 전통적 체제의 해체와 이의 재편성을 시급히 강요하고 있었기 때문이다. 즉 군주제를 극복하여 국민국가를 수립하는 것이 요구되고 있음과 동시에 외세의 침탈에 대응하여 국가를 중심으로 국민을 통합할 것이 요구된 것이다"(정숭교, 「1904~1910년 自强運動의 國民敎育論」, 176쪽). 사회진화론과 국가유기체론의 근대 한국에서의 수용·전개와 관련된 구체적인 내용은 박성진의 『사회진화론과 식민지사회사상』(선인, 2003.), 전복희의 『사회진화론과 국가사상』(한울아카데미, 1996), 김효전의 『근대 한국의 국가사상』(철학과 현실사, 2000), 박찬승의 「한말·일제시기 사회진화론의 성격과 영향」(『歷史批評』 32호), 이승환의 「한국 및 동양에서 '사회진화론'의 수용과 기능」(『中國哲學』제9집, 2002), 최기영의 「사회진화론」(『한국사시민강좌』25, 1999), 허동현의 「1880년대 開化派 인사들의 社會進化論 수용양태 비교 연구―俞吉濬과 尹致昊를 중심으로―」(『사총』55권, 2002) 등에 잘 기술되어 있다.

이고 개인은 실로 그 목적을 달성하기 위한 기구이다."[6] 따라서 개인은 국가의 유용한 수단으로 국가의 의지에 복종해야 하는 존재에 지나지 않았다.

그런데 그러한 사회진화론과 국가유기체론의 결합이 얼마나 타당한 근거를 가지고 있는가 하는 점은 차치하더라도 보다 중요한 사실은 그것이 당시 근대 한국이 놓인 현실 상황을 이해하고 극복하는 하나의 기준이 되었다는 점이다. 그리하여 그것은 근대 한국인들에게 상실되어 가던 국가의 주권을 회복하는 길이란 오직 국가의 주권을 국가에 귀속시켜 국가에 대한 개인의 복종을 강조하는 것뿐임을 깊이 인식시켰다. 그 결과 근대한국은 국가주의를 지향하는 국가유기체론과 이론적으로 결합된 우승열패(優勝劣敗)·생존경쟁(生存競爭)·적자생존(適者生存)을 지향하는 사회진화론을 적극적으로 수용하여 그러한 암울한 현실 상황을 극복하고 국가의 주권을 회복하는 방안을 마련해 나갈 수 있었다.

거듭 말하지만, 근대 한국에 수용된 국가유기체론과 이론적으로 결합된 사회진화론은 암울한 현실 상황에 처한 근대 한국인들에게 '진화는 진보이고 근대화(개화: 문명화)는 진화이자 진보'라는 인식적 틀을 심어 주었고, 왜 국가와 국가의 경쟁에서 이겨야 하고 적자가 되어야 하는가에 대한 분명한 목표 의식을 심어 주었다. 바로 그 당시 국가와 국가의 "경쟁을 진화의 어머니로, 그들이 살던 시대를 경쟁시대"[7]로 표현한 것이 그것이다. 그리하여 『초등수신』에서는

---

6) 梁啓超, 『政治學大家伯倫智理之學說』(『飮冰室合集』 2卷), 飮冰室文集之十三 70~88쪽. "國也者非徒聚人民之謂也. 非徒有府庫制度之謂也. 亦有其意志焉, 亦有其行動焉, 無以名之, 名之日有機體. …以國家自身爲目的者, 實國家目的之第一位, 而各私人實爲達此目的之器具也."

7) 『황성신문』, 1906년 11월 19일자 논설 「경쟁시대」(최기영, 같은 책, 25쪽에서 재인용).

그러한 '경쟁'을 통한 진보를 다음과 같이 간략하게 강조하였다.

이 세계는 문명상에 진보하여 상호 경주(競走)하는 시대이다. 우리들은 주의하여 한 발자국이라도 전진하고 한 발자국이라도 후퇴하지 말아야 한다.[8]

여기서 '경주'란 바로 '경쟁'을 가리키는데, 즉 그 '경쟁'의 기본 단위가 개인이 아니라 국가였다는 점에서 『수신교과서』는 학생들에게 그 '경쟁'을 '개인과 개인'의 문제가 아니라 '국가와 국가'의 문제로 인식시켰다. 그러한 국가와 국가의 경쟁에서 후퇴가 아닌 전진을 하는 속에서만 문명화된 국가로의 진보가 가능하다는 것이었다. 만약 그러한 경쟁을 피해 버린다면 그것은 스스로 미개화(未開化)된 국가임을 자처하는 것이었고, 만약 그러한 경쟁에서 이기지 못한다면 그것은 생존 경쟁에서 도태된 제국주의의 희생양일 뿐이었다. 이와 같이 냉혹한 '경쟁시대'에서 살아남느냐는 바로 한 국가의 운명을 결정짓는 아주 중대한 일이었다. 그리하여 근대 한국의 고민은 어떻게 서구 열강과의 경쟁에서 살아남아 제국주의를 극복하고 국가의 주권을 회복하며, 또한 국민과 민족을 단합하여 국민국가를 이루어 낼 수 있는가라는 근본적인 문제로 자연스럽게 옮겨 갔다.[9] 따라서 근대 한국에서는 국가유기체론과 이론적으로 결합된 사회진화론의 수용으로 인하여 근대화에 대한 관심이 더욱

---

8) 『初等修身』, 第一章, 11쪽, "此世界는 文明上에 進步ᄒ야 互相競走ᄒᄂ 時代이니 吾人은 意를 注ᄒ야 一步라도 前進ᄒ고 一步라도 後退치 말지니라."

9) 그 고민의 결과물은 다름 아닌 '자강(自彊)'이었다. 이는 곧 실력양성이었으며, 그 방안은 '교육'과 '식산'이었다. 이 '自强'을 앞세우고 1906년 4월에 설립된 大韓自强會의 목적은 바로 여기에 있었다. 朴殷植은 현시대는 世界人類가 生存競爭으로 優勝劣敗之後라 國民과 知識과 勢力을 비교하여 榮辱과 存亡을 判斷하나니 저 開明國의 民族은 敎育으로 知識을 개발하고 殖産으로 勢力을 증진한다고 하여 開明國이 되기 위해서는 바로 敎育과 殖産으로 自强하여야 한다고 지적하고 있었다.

고조되어 갔다.

결국 국가유기체론과 이론적으로 결합된 사회진화론을 제국주의의 극복 논리로 받아들인 근대 한국은 개인주의에 입각한 개인과 개인의 경쟁을 국가주의에 입각한 국가와 국가의 경쟁으로 전환시켜 '국가에 대한 사랑(愛國)'을 강조하는 동시에 근대적 국민국가로의 발전을 도모해 나갔다. 물론 뒤에서 보겠지만 그러한 과정에서 결코 간과될 수 없었던 사실은 '건강하고' '강인한' 신체로 무장된 국민이 얼마나 많이 육성되었는가 하는 점이었다. 이러한 국민을 육성시키는 국민교육의 교과서로 편집·발행된 것이 『수신교과서』이었다.

2) 이중의 이원(二元) 구도의 『수신교과서』

근대 한국의 지식인들은 전통적인 '수신' 교육으로는 거세게 밀고 들어오는 일본과 서구 열강들의 힘을 막아 낼 길이 없고, 또한 상실되어 가던 국가의 주권을 회복할 길이 없다는 사실을 일찌감치 간파하였다. 그리하여 그들은 '사회를 발전하는 것이 아닌 퇴화하는 것으로 파악하고 이상 사회로의 복귀를 추구하는' 전통적 유교 논리를 부정하는 동시에 '개인은 국가의 유용성에 의해서 존재하기 때문에 국가의 의지에 복종해야 한다'는 국가유기체론과 이론적으로 결합된 '사회가 진보한다'고 규정하는 사회진화론을 유교의 그러한 현실인식에 대한 극복 대안으로 설정하였다. 그 결과 그러한 사회진화론은 국가 주권의 회복을 위한 인재 육성과 애국계몽 운동의 이론적 근거로 그 영역이 확대되었다.

『수신교과서』는 그러한 현실인식이 근대 한국에 확대되는 과정 중에 편집·발행되었다. 그것에는 기본적으로 서구의 도덕에 기초하여 시민 생활과 일상생활의 수칙을 교육한 문명개화와 계몽적 성격이 강하게 나타났다. 이러한 점은 민영휘가 『중등수신교과서』의 서문에서 우리의 뛰어난 전통 학문이 있음에도 불구하고 『수신교과서』를 새롭게 편찬할 수밖에 없었던 이유를 다음과 같이 밝히는 것에서 잘 드러난다.

> 배움이라는 것은 사람이 되는 방법을 배울 뿐이다. 배움의 길이 비록 아주 다르다고 하더라도 도덕에서 벗어나 작용할 수 없는 것이다. …이로써 우리는 도덕이 '지(智)'와 '체(體)' 두 가지를 기르는 원소이고(智育·體育), '수신(修身)'이 '덕(德)'을 기르는 기본임을 알 수 있다.(德育) 그런데 무릇 '수신'의 글은 모두 『육경』·『논어』·『맹자』에 갖추어져 있으니, 이것을 읽으면 충분하다. 그런데 이것을 버려두고 또 달리 편집(編輯)을 구하는 것은 무엇 때문인가? …**유한한 과정에 무한한 세월을 소비해야 하니 어린 학생들이 견뎌 낼 수 없다. 때문에 근세 제국들은 각각 그 국가의 성질과 습관을 취하여 스스로 교과서 종류를 편찬하였고, 이로써 그것을 가르쳐 주었고, 그들로 하여금 그 정도에 이르게 하였다… 먼저 '수신'의 과정에 종사하고, 그 목차는 동서양 개명(開明) 열방(列邦)의 예를 채취하고…** 그 취지는 선성·선철의 좋은 말과 아름다운 계책을 취하고 명백한 것에 힘쓰고, 어린 학생들로 하여금 깨닫고 이해하는 데에 쉬우면서 습독에 편리하며, 가까이로는 양심·입지·언어·동작에서 가정·붕우·사회·국가에 이르기까지 순서대로 점차 나아가지 않음이 없고….[10]

여기서 보듯이 동양의 전통적 수신교육은 급변하는 대세를 따라잡기에는 너무 많은 시간이 걸리기 때문에 근대한국은 불가피하게 서구의 지식과 사상을 받아들여 그 경쟁시대에 능동적으로 대처해 나가는 것이 급선무였다. 그리하여 그것은 내용상 기본적으로 학생

---

10) 徽文義塾編輯部 纂, 『中等修身教科書』, 序.

들이 갖추어야 할 기본적인 마음가짐과 도리를 자기 자신에서부터 친구·가정·타인·국가·인류 등 범위에까지 점차 넓혀 나가면서 폭넓게 다루었고, 또한 나의 문제·나와 타인의 문제·사회생활의 문제·국가에 대한 권리와 의무·국가와 국가의 문제 등을 총망라하여 다루었다.[11] 바로『수신교과서』는 이러한 제반 문제에 대한 총체적 교육을 통하여 '국민 도덕 교육을 시키기 위한 도덕교과서로써 학생들의 덕성을 함양하고 도덕의 실천을 이루어 나갔다'.[12]

이제 그러한 목적을 실현하기 위한 교육은 국가의 의도에 부합하는 교육으로 덕육(德育)만이 아니라 지육(智育)과 체육(體育)이 함께 강조되어 단일화된 가치관을 함양하며, 국가 체제에 순응하는 국민의 육성, 즉 사회와 국가에 부합하는 '건강하고', '강인한' 신체를 가진 국민의 육성에 집중되었다. 이 '건강한' 신체야말로『수신교과서』가 지향하는 '수신하는 신체' 즉 '국민이 되는 신체'로써 근대인의 소양을 갖춘 인간형을 형성하는 토대였고, '국민 국가'를 실현하는 최대의 핵심 요건이었다. 이러한 관점에서『수신교과서』는 이론적으로 결합시킨 사회진화론과 국가유기체론의 영향에 힘

---

11) 예컨대,『中等修身教科書』의 편제는 제1목차의 '第一. 學生의 注意'를 시작으로 '第二. 朋友에 對ᄒᆞᄂᆞᆫ 注意', '第三. 家庭의 注意', 제2목차의 '第一. 處世의 注意', '第二. 國家에 對ᄒᆞᄂᆞᆫ 注意', '修德에 關ᄒᆞᆫ 注意', 제3목차의 '第一. 自己에 對ᄒᆞᆫ 道', '第二. 身體에 對ᄒᆞᆫ 本務', '第三. 他人의 對ᄒᆞᆫ 道', 제4목차의 '第一. 家庭의 道義', '第二. 公衆 및 所屬團體에 對ᄒᆞᆫ 本務', '第三. 國家에 對ᄒᆞᄂᆞᆫ 道', '第五. 人類에 對ᄒᆞᆫ 道', '第六. 萬有에 對ᄒᆞᄂᆞᆫ 道'로 끝맺고 있다. 또한『高等小學修身書』의 편제는 '1課. 太祖高皇帝'를 시작으로 '學校에 對ᄒᆞᆫ 本務', '人에게 對ᄒᆞᆫ 注意', '自己에 對ᄒᆞᆫ 注意', '德性에 對ᄒᆞᆫ 注意', '人格에 對ᄒᆞᆫ 本務', '修養에 對ᄒᆞᆫ 注意', '國民에 對ᄒᆞᆫ 注意' 등 주제들로 이어지는데, 특히 '愛國心', '國民의 忠義', '獨立', '團結' 등 문제로 끝맺고 있다. 이 시기는 일제의 사립학교에 대한 통제와 탄압을 목적으로 제정된『私立學校令』(1908년)과『敎科用圖書檢定規程』(1908년) 등이 分布되기 이전이었다. 때문에 1907년에 간행된『中等修身教科書』는 민족주의적이고 강인한 '독립'·'애국'의 정신을 바탕으로 한 자주 자립의 정신적 지표로 모든 편제가 일관되어 있었고, 또한 1907년에 간행된『高等小學修身書』는 '국가', '황실', '국토', '애국심', '국민의 충의', '단결', '독립' 등의 단원을 중점적으로 취급하였다.

12) 김우봉,「일본 근대 교육에 있어 '모범인물' 창출과 양상」-『수신교과서』의 니노미야 손토구(二宮尊德)를 중심으로-, (『일본문학』, 제23집), 222쪽 참조.

입어 국가의 주권을 회복하는 방법이란 '국가에 대한 사랑(愛國)'일 뿐이고, 그러한 사랑은 개인의 신체 개조, 즉 신체에 대한 엄격한 규율과 훈육을 통하여 형성된 '건강한' 신체에 기초하는 것이라는 인식을 깊이 심어 주었다.

그런데 앞서 보았듯이 근대 한국에서 『수신교과서』는 개인의 '수신'에 '사회'와 '국가' 개념을 포함시켜 국가에 복종하는 국민의 육성에 집중되었다. 다시 말해 '국가에 대한 사랑(愛國)'이란 '개인' 속의 '국가'가 아니라 '국가' 속의 '개인'에 그 근본 토대를 두었다는 것이다. 이는 다름 아닌 『수신교과서』가 무엇보다도 정신과 신체·개인과 국가라는 이중의 이원(二元) 구도를 갖추었다는 데에 기인한다. 이러한 이중의 이원 구도는 결국 '수신' 문제를 자주독립과 민족의식의 쟁취를 위한 차원에서 '애국'의 문제에 종속시키고, '개인'을 하나의 단일화된 체제에 대한 복종의 차원에서 '국가'에 유폐시키는 논리를 함축하는 것이었다. 하지만 여기에는 한 가지 중요한 사실이 있다. 즉 그『수신교과서』가 비록 개인의 신체에 대한 관리와 통제를 통하여 개인을 국가에 유폐시키는 결과를 가져왔다고 하더라도 그것은 국가의 주권이 상실되어 가는 위기의 상황에서 개인의 '수신' 문제를 '국가'에 대한 '국민의 충의(애국심)'의 문제로까지 변용시켜 그 현실 상황을 타개해 나가는 중요한 역할을 담당하였다는 점이다. 더 나아가 우리는 그것이 결과적으로 일제 강점기에 그러한 '국가에 대한 사랑(애국)'이 한국의 근대적 인간에게서 최고의 정신적·실천적 지침으로 작동되었음을 간과해서는 안 될 것이다.

3. 수신하는 신체: 국민이 되기 위한 신체

1) 왜 '건강한' 신체인가?

『수신교과서』는 '신체'를 외부 세계의 변화에 대한 저항력을 가지는 것으로 파악한다. 즉 온실에서 성장한 초목이 대부분 실외에서 크게 성장하지 못하듯이, 만약 신체를 보호함이 그 도리에 지나쳐서 이 저항력을 마침내 잃어버리면 도리어 취약하게 된다는 것이다.[13] 그리하여 그것은 "규율과 훈육을 통해 근대적인 시·공간의 질서 속에 인간의 신체와 정신을 적응시키는 학교라는 제도에서"[14] 신체의 건강을 유지하는 것을 제일 먼저 해야 할 임무로 삼았다. 신체가 강성하지 않으면 어떠한 일이든지 이룰 수 없다는 것은 자명한 사실이다.[15] 그렇다면 우리는 왜 '신체'의 건강을 유지해야 하는가? 즉 사람의 '몸'을 가리키는 '신체'는 우리가 생명을

---

13) 『中等修身敎科書』 卷一, 第一 「學生의 注意」, 第十三課 「鍛鍊」, 14쪽.

14) 서기재·김순전, 「어린이 수신교육과 균질공간」(김순전 외, 『수신하는 제국』, 제이앤씨, 2004), 150쪽.

15) 『倫理學敎科書』 卷1, 「修身ㅎᄂ 道」, 「總論」, 5쪽. "身體의 健康을 持保ㅎ이 곳 第一의 先務이니 身體가 强壯치 아니ㅎ면 如何ㅎ 事業이던지 遂成ㅎ기 不能ㅎ 所以니라."

유지하는 데에 절대적으로 필요한 것으로, 그것이 건강하지 않다는 것은 더 이상 우리의 생명이 지속될 수 없음을 말한다. 그런데 오늘날의 관점에서 본다면 이러한 개인의 '신체'는 오직 개인 자신의 현실적 삶만을 위해서 존재한다고 볼 수 있다. 예컨대, 오늘날 사회에 거세게 불고 있는 외모 중시나 웰빙(well-being) 열풍 등도 따지고 보면 오직 개인 자신의 행복한 삶만을 위한 '건강한' 신체를 만드는 것에 지나지 않을 뿐이다. 따라서 개인의 '건강한'신체는 오직 개인 자신의 행복한 삶만을 위한 '건강한' 신체일 뿐이지 그 이외에 어떠한 것도 아닌 것이다.

하지만 근대 한국인들이 생각한 '신체'는 오늘날과는 아주 달랐다. 앞서 말했듯이 그들은 근대 한국이 처한 시대 상황을 타개해 나가기 위해서는 개인적 차원이 아닌 국가적 차원에서 개인의 신체가 관리되고 통제되어야 한다고 생각했다. 그리하여 개인의 신체는 더 이상 개인 자신의 것이 아니라 국가의 의도에 부합해야 하는 신체로써, 사회·국가에까지 그 영역이 확대되었다. 바로 『윤리학 교과서』의 "우리에게는 가족·사회·국가에 대하여 반드시 신체의 건강함을 완전하게 할 의무가 있다. 무릇 자신의 건강 여부가 그 이외의 것에 관여하지 않는다고 생각하는 사람은 무도(無道)함이 아주 심한 사람이라 말한다"16)가 그것이다.

그럼 개인의 신체는 왜 국가에 의해서 관리되고 통제되어야 하는가? 거듭 말하지만, '건강한 신체'의 육성은 『수신교과서』의 핵심 내용이다.17) 그리하여 『초등수신』에서는 제일 앞에 '신체'라는

---

16) 같은 책, 같은 곳, 「體育」條, 11쪽, "吾人은 家族社會國家에 對ᄒ야 반다시 身體의 健康홈을 完全히 홀 義務가 有ᄒ니 若夫自身의 健康與否가 他에 關與ᄒᄂ바ㅣ 아님으로 思하ᄂ 者ᄂ 無道의 甚혼者ㅣ라 謂ᄒ지니라."

장을 두고 귀·눈·입·코·얼굴·정수리·위·손·배·등·다리·모발·치아 등 신체의 각 부분과 걸음·수면·운동·거처·음식·의복·목욕 등의 의·식·주 및 행·동·거·지에 대한 단련을 그림과 함께 자세하게 설명하고 있다.[18] 또한 『중등수신서』와 『고등소학수신서』에서도 상당 부분 '어떻게 신체를 건강하게 유지할 수 있는가' 하는 문제와 관련하여 여러 방안 및 그 목적 등을 자세하게 설명하고 있다. 특히 다음의 글은 건강한 신체가 왜 중요한가 하는 물음에 분명한 대답을 보여준다.

> 신체가 건강하면 어떤 일이든지 곤란함이 적고 신체가 건강하지 않으면 어떤 일이든지 쉽지 않다. 그러므로 사람의 임무를 다함에는 신체를 건강하게 하는 것이 가장 요긴하다. 신체가 건강하지 못하면 그 마음이 또한 건강할 수 없다. 그러므로 신체의 건강을 주의하는 것은 마음을 위함에 또한 요긴하다. 신체의 강성함 여부는 그 사람이 하늘에서 준 것에 기인하는 것이 많으나 강성하지 않은 사람도 양생(養生)에 주의하면 건강을 보호할 수 있고, 강성한 사람도 양생에 부주의하면 도리어 건강을 해치니, 허약한 사람을 면할 수 없다.[19]

여기서 보듯이 '건강한 신체'는 '사람의 임무를 다하는 데에' 반드시 필요하다. 이 '사람의 임무'란 말은 뒤에서 보겠지만 그러한 신체가 오직 개인의 자연 생명을 연장하는 데에 필요한 육체적 건

---

17) 같은 책, 같은 곳, 같은 條, 7~8쪽, "忠과 孝는 人倫의 大道이나 身體가 健全치 아니하면 엇지 此의 本務를 行得하리오."

18) 『初等修身』, 1~19쪽 참조 바람.

19) 『高等小學修身書』, 第四十七課「身體」, 32쪽, "身體가 健康하면 何事던지 困難이 小하고 身體가 不健康하면 何事던지 容易치못하느니 故로 人의 務를 盡홈에는 身體를 健康케 홈이 最緊切하니라. 身體가 健康치 못하면 其心이 亦, 健康키 不能한 故로 身體의 健康을 注意홈은 心을 爲홈에 亦緊하니라. 身體의 强壯與否는 其人의 天稟을 因홈이 多하나 然하나 不强壯한 人도 攝養에 注意하면 健康을 能保하고 强壯한 人도 攝養에 不注意하면 反健康을 害하야 虛弱한 人을 不免하리라."

강 때문만이 아니라 국가와 국가의 경쟁에서 살아남기 위해서 필요한 강력한 무기임을 분명하게 보여준다.

2) 위생 담론을 통한 '건강한' 신체의 육성

(1) 불결한 신체에서 청결한 신체로 – '청결'

신체의 건강은 어떻게 유지되는가? 그것은 기본적으로 내적인 마음의 수양이 아니라 외적인 다양한 조건들에 기초할 때에만 가능하다. 그리하여 『수신교과서』는 그 첫 번째 조건으로 영양분이 있는 음식의 섭취를 권장하고 그것의 지나친 섭취를 경계하였으며, 그 다음의 조건으로 그러한 음식과 함께 직접적으로 우리의 건강에 영향을 미치는 신체·의복·주거 등의 상태에 주목하였다. 왜냐하면 그것은 신체·의복·주거 등에 대한 위생관리가 허술하게 된다면 신체의 각종 질병이 발생되어 사람들을 예측할 수 없는 상황으로 몰아가게 될 것이고 또한 타인에게 전염할 우려가 항상 있게 될 것이라고 보았기 때문이다.[20] 따라서 근대 한국에서 개인이 자신의 신체에 대한 위생을 어떻게 관리해 나가느냐는 국가의 미래를 결정짓는 아주 중요한 문제였다.

'위생'이란 말이 "건강의 유지·중진을 꾀하여 병의 예방에 힘쓰며 의학적으로 사회 환경을 좋게 하는 일"[21]을 가리킨다고 본다면

---

20) 『中等修身教科書』 卷一, 第九課 「飲食의 攝養」과 第十二課 「淸潔」條, 9~12쪽 참조.

21) 신기철, 신용철, 『새우리말큰사전』, 2565쪽.

우리는 자신의 신체·의복·주거 등뿐만 아니라 내 주변까지도 청결을 유지해야 할 것이다. 여기서 청결하지 않다는 것은 바로 신체의 건강을 유지할 수 없음을 의미하기 때문에 신체의 건강과 관련된 '위생'의 문제는 신체의 개조('건강한' 신체의 육성)에 있어서 아주 중요한 부분을 차지한다고 할 수 있다. 그리하여 『수신교과서』는 '위생'의 문제에서 '청결'을 제일의 원칙으로 삼고 그것에 대한 구체적인 인식적 틀을 제시하였다. 즉 만약 신체가 청결하지 않다면 그것은 외부의 불순물에 쉽게 오염이 되어 치유 불가능한 상태로 빠져 버릴 수가 있지만, 청결하다면 그것은 어떠한 외부의 불순물에 의해서도 쉽게 오염되지 않을 뿐만 아니라 오염되었더라도 청결이 습관화(내면화)되어 있다면 그것은 빠른 시간 내에 제거될 수 있다는 것이었다.

위생의 도는 청결이 제일이다. 무릇 집에 있는 그릇에서 하나라도 청결하지 않는 것이 있다면 옳지 않다. 청결은 신체가 더욱 필요로 하는 까닭에 빗질을 반드시 하며, 씻기를 반드시 자주 하며, 의복을 반드시 항상 갈아입고 관과 신발을 털고, 얼굴에 오염이 있으면 대야에 물을 받아 씻어야 한다. 이것이 어려서부터 습관되지 않으면 장성해서는 게으름이 생겨서 바꾸기 어렵다.[22]

그런데 여기서 우리는 한 가지 중요한 사실에 직면하게 된다. 즉 신체의 청결을 통하여 형성된 개인의 '건강한' 신체는 개인의 행복한 삶보다도 사회와 국가의 유익에 더 집중되어야 한다는 점이다. 다시 말해 개인의 청결은 개인 자신뿐만 아니라 타인 더 나아가 국

---

22) 『高等小學修身書』, 第四十九課 「淨潔」, 34쪽, "衛生의 道는 淨潔이 第一이라 凡, 房屋器具가 一이라도 不淨潔홈이 不可ᄒ되 身體가 尤要ᄒ 故로 梳櫛을 必動ᄒ며 洗澡를 必數ᄒ며 衣服을 必, 常易ᄒ며 冠屨를 必, 常刷ᄒ며 手面에 有汚ᄒ거던 卽, 盥洗ᄒ지니 此를 自幼로 習慣치 아니ᄒ면 長홈으ㅣ 懶惰가 成性ᄒ야 改ᄒ기 難ᄒ지라."

가라는 공적인 영역에까지 그 영향을 미친다는 것이다. 때문에 개인은 그 자신뿐만 아니라 사회와 국가에 피해를 주지 않기 위해서라도 반드시 전력을 다해 자신의 신체를 청결하게 유지해서 '건강하고', '강한' 신체로 개조해 나가야 한다. 이것은 바로 문명화된 신체를 갖는 길목에서 반드시 지켜야 할 의무였다.

> 신체의 건강함을 위하는 데에 위생이 가장 필요하다는 것은 우리들이 이미 아는 것이다. 위생은 자신 한 몸을 위하는 것일 뿐만 아니라 또한 공중(公衆)을 위하는 데에 주의하는 것이 옳다.[23]

> 사람이 건강한 신체를 가짐은 단지 자기의 행복일 뿐 아니라 실로 만사의 기본이 된다. 만약 신체가 허약하여 항상 병상에서 신음하고 의약을 끊지 않으면 비록 어떠한 사업을 성취할 큰 의지가 있을지라도 고통을 한갓 증가시키는 것에 불과하다. …건강을 방해하면 입신(立身)·흥가(興家)하여 국가에 유용한 인물을 만들어 낼 수 없고, 혹 요절하거나 혹 불완전한 폐인이 되면 이는 단지 자기의 행복을 포기한 사람일 뿐만 아니라 실로 불충·불효의 무리라고 말한다.[24]

그런데 앞서 보았듯이 '청결'의 문제에서 결코 빼놓을 수 없었던 것은 '부지런한 사람'과 '게으른 사람'의 구분이었다. 먼저 청결한 사람은 청결이 그 자신의 신체에 습관화(내면화)된 부지런한 사람이다. 이들은 '경쟁' 시대에 적응하여 진보된, 즉 국가의 발전을 가져오는 사람이다. 다음으로 청결하지 않은 사람은 청결이 그 자신

---

23) 『修身書』卷4, 第五課 「衛生」, 13쪽. "身體의 健康홈을 爲ㅎ야 衛生이 ㄱ장 必要홈은 我等의 임의 아ᄂᆫ 바이라. 衛生은 一身을 爲홀뿐 아니라 또ᄒᆫ 公衆을 爲ㅎ야 注意홈이 可ㅎ도다."

24) 『中等修身敎科書』卷一, 第一 「學生의 注意」, 第八課 「健康」, 8쪽. "人이 健康ᄒᆫ 身體를 有홈은 但, 자기의 행복일 뿐아니라 實로 萬事의 基本이 되ᄂᆫ니 若람, 신체가 虛弱ㅎ야 恒常, 病床에 呻吟ㅎ고 의약을 不離ㅎ면 雖, 如何ᄒᆫ 事業을 成就홀 大志가 有홀지라도 辛苦를 徒增홈에 不過ㅎᄂᆫ니라…健康을 妨害ㅎ면 能히 立身興家ㅎ야 國家에 有用의 人物을 作ㅎ기 不得ㅎ고 或夭折ㅎ거ᄂᆫ 或不完全ᄒᆫ 廢人이 되면 此ᄂᆫ 但, 自己의 幸福을 暴棄ᄒᆫ 人일뿐아니라 實로 不忠不孝의 徒一라 謂ㅎ지니라."

의 신체에 전혀 습관화(내면화)되지 않은 게으르고 나태한 사람이다. 이들은 '경쟁'시대에 적응하지 못하고 도태된, 즉 국가의 발전을 저해하는 사람이다. 이와 같이 '청결함'과 '청결하지 않음'의 구분은 국가의 진보냐 도태냐를 가늠하는 하나의 기준이었다는 점에서, 근대한국에서 그것은 단순히 개인의 문제가 아니라 국가의 운명을 결정짓는 아주 큰 문제였다.

결국 '청결'의 문제에서 가장 경계 삼았던 것은 개인의 '게으름(나태함)'이었다. 왜냐하면 개인의 청결은 단순히 개인 한 사람만의 건강한 삶의 보장이 아니라 문명국가로의 진보를 가늠하는 하나의 기준이었으며, 근대인이 되는 기본 토대였기 때문이다. 따라서 개인은 국가의 유익한 존재가 되기 위하여 전력을 다해 자신의 신체에 대한 청결을 항상 유지해야 했으며, 국가는 문명국가로의 진입을 위하여 개인의 신체에 대한 철저한 관리와 통제를 통하여 그 청결을 유지토록 해야 했다.

(2) 느슨한 신체에서 기계적인 신체로 - '체조'

『수신교과서』는 위생상 '청결' 다음으로 '운동'을 강조하였다. 이 "운동의 본의는 사람의 근골(筋骨)을 활동하게 하고 원기(元氣)를 기르는 데에 있지만 그 한도를 초과하여 신체를 피로하게 하는 것은 가장 옳지 않다."[25] 다시 말해 "운동은 혈기를 유통하여 신체를 강건하게 함에 제일 요긴한 일이다. 대저 사람의 일신은 이목구

---

25) 『高等小學修身書』, 第一百四課 「運動」, "運動의 本意는 사람의 筋骨을 活動ᄒ고 元氣를 長養케 홈에 在ᄒ나 然ᄒ나 其限度를 超過ᄒ야 身體를 疲勞 홈은 最, 不可ᄒ니라."(76쪽)

비와 사지백체의 각종 기계로 조직되었으니 기계는 자주 운전해야 병이 없다."26) 만약 신체를 그냥 내버려 둔다면 신체의 각 부분은 골고루 발달하지 못할 뿐만 아니라 결과적으로 그것은 오직 마음의 나태함(게으름)만을 가져올 뿐이다. 때문에 『수신교과서』는 학생들에게 공기가 신선하고 햇빛이 잘 드는 곳에서 매일 일정량의 운동을 규칙적으로 반복 훈련하여 그 '신체'가 그 나태함(게으름)으로부터 벗어나야 함을 끊임없이 각인시켰다. 그리하여 『고등소학수신서』에서는 다음과 같이 말하였다.

> 신체는 식물에 기인해서 기르는 것이니, 반드시 자양이 있는 식물을 선택할 것이다. 폭음과 폭식은 큰 해가 있을 것이니, 깊이 삼가는 것이 좋을 것이다. 신체를 건강하게 하는 것은 음식을 삼가는 것 이외에 운동이 더욱 필요하니 팔을 많이 사용하면 그 팔이 발달하고 다리를 많이 사용하면 그 다리가 발달한다. 그러므로 신체가 충분히 건강하려면 공기가 신선하고 햇빛을 흡수하는 곳에서 운동하는 것이 가장 좋다. 대개 체조는 신체 각 부분을 하나로 발달하게 함으로 그 효과가 아주 크나 과도한 것은 옳지 않고 또 살갗을 강성하게 하며 신체를 청결히 하는 것이 필요하다.27)

그런데 앞서 보았듯이 『수신교과서』는 개인의 신체를 기계에 비유하여 운동의 중요성을 역설하였다. 즉 기계는 각 부속품들 간의 정교한 맞물림과 규칙적이면서도 반복적인 순환 작용에 의해서 운

---

26) 『初等修身』, 第一章 「身體」, 第十八 「運動」, 12쪽, "運動은 血氣를 流通ㅎ야 身體를 壯健케 흠에 第一緊要흔 事라 大抵人의 一身은 耳目口鼻와 四肢百體의 各種機械로 組織됨이니 機械는 頻히 運轉ㅎ여야 病이 無흘지라."

27) 『高等小學修身書』, 第四十八課 「身體」(續), 34쪽, "身體는 食物을 因ㅎ야 養ㅎ는 者인 즉 必, 滋養이 有흔 食物을 選擇흘지오 暴飲暴食은 大害가 有흘지니 深愼흠이 可ㅎ니라. 身體를 健康케 흠은 飲食을 愼ㅎ는 외에 運動이 尤要ㅎ니 腕을 多使ㅎ면 其腕이 發達ㅎ고 脚을 多使ㅎ면 其脚이 發達ㅎ는 固로 身體가 十分 充健흘지나 空氣가 新鮮ㅎ고 光線을 洽受ㅎ는 處에서 運動흠이 最好ㅎ니라. 盖, 體操는 身體 各部를 一樣으로 發達케흠으로 其效가 甚大ㅎ나 過度흠은 不可ㅎ고 且, 皮膚위를 强壯히 ㅎ며 身體를 淸潔히 흠이 亦要ㅎ니라."

전되기 때문에 그 어느 한 부분도 소홀히 다룰 수가 없다. 바로 개인의 신체도 그러한 기계처럼 신체의 각 부분 간의 정교한 맞물림과 규칙적이고 반복적인 운동에 의해서 단련되어야 한다. 만약 정교하게 정해진 규칙과 규율에 의하여 운동이 이루어지지 않는다면 그것은 도리어 신체 각 부분 간의 불균형을 가져올 것이고, 일정한 시간에 의한 반복적 훈련에 의해서 운동이 이루어지지 않는다면 그것은 도리어 신체의 급격한 피로를 가져와서 결국은 신체의 건강을 더욱 해치는 결과만을 가져올 뿐이다. 때문에 신체의 운동에서 반드시 주의·경계해야 할 것은 정해 놓은 규칙과 일정한 시간을 지켜서 매일 반복 훈련하여 각 신체 부분이 하나로 발달할 수 있도록 하는 일이다. 이런 때에만 '신체'는 정교하고 규율적이고 강인한 신체가 되는 것이다. 『초등수신』에서는 다음과 같이 간략하게 말한다.

> 운동에 대하여 청년이 주의할 일은 첫 번째로 규칙을 어기지 말아야 하니, 매일 일정한 시간을 지켜서 행하는 것이 필요하다.[28]

그런데 『수신교과서』는 학생들이 일정한 규칙에 따라서 하는 운동으로 특히 '체조'를 강조하였다. 이 체조는 "근육(筋肉)과 골격(骨格)의 관계를 연구하여 규정한 것으로"[29] "신체 각 부분을 하나로 발달하게 한다." 간단하게 말해 그것은 단순히 운동 종목 그 자체가 아니라 신체 각 부분을 분절화하면서 고르게 발육시켜 하나의 절도 있고 정교한 규율로 통합된 신체의 움직임을 만들어 낸다는 것이다.

---

28) 『中等修身敎科書』, 第十課 「運動」, 10~11쪽, "運動에 對ᄒ야 靑年의 主意ᄒ 事ᄂ 第一, 規則을 不違ᄒ지니 每日 一定ᄒ 時間을 守ᄒ야 行ᄒ이 必要ᄒ니라."

29) 같은 책, 같은 곳, 같은 쪽, "諸種體操는 筋肉과 骨格의 關係를 硏究ᄒ야 規定ᄒ者인...".

물론 여기서 중요한 사실은 '체조의 신체에 대한 효과가 아주 크다고 하더라도 그것의 과도한 운동은 반드시 경계해야 한다는 것이었다.'[30] 때문에 체조는 앞서 말했듯이 매일 일정량을 정해서 규칙적이고 반복적으로 이루어져야 하고, 이런 속에서만 그것은 신체를 조직하는 방식으로써 그것에 내면화된 규율로 작동될 수 있다. 특히 운동회라는 공간에서의 체조는 절도 있고 기계적인 신체의 움직임을 유도하는, 즉 단체로 똑같은 형태의 동작을 수행하는 행위로 집합적인 신체를 조직하고 단결심을 유발시키기에 충분하였다.[31]

결국 『수신교과서』는 '체조'라는 운동에 의하여 진행되는 정교한 규칙과 일정한 시간의 반복적인 훈련에 근거하여 '개인'의 신체를 나태함(게으름)에서 벗어나게 하는 동시에 '기계'와 같이 더욱 정교하고 규율적이고 강인한 신체를 만들어 냈다. 따라서 근대 한국은 그것을 바탕으로 사회와 국가를 더욱 조직화하는 동시에 생기를 불어넣어 주는 '실천하는 신체'를 지향할 수 있었다.

3) 시간 담론을 통한 규율화된 신체의 육성

근대의 형성기에서 '시간'은 근대 이전의 인간이 지니고 있던 가치관이나 습성을 배제하고 새로운 환경에 적응하게 하는 데에 있어서 아주 중요한 요인으로 등장하였다. 즉 자연적 시간에서 사회화된 시간 질서에 인간을 적응시킴으로써 근대가 요구하는 인간으

---

30) 주 27) 참조 바람.

31) 이승원·오선민·정여울, 『국민국가의 정치적 상상력』(소명출판, 2003년), 82쪽 참조.

로서의 변화를 이끌어 냈다는 것이다.[32] 근대 한국에서도 이러한 '시간'에 대한 인식은 『수신교과서』에 그대로 적용되어 "시간은 금이다"라는 격언처럼 "시간이란 인생에서 가장 아껴야 할 것으로" 학생들에게 강조되었다. 『초등수신』의 다음의 글은 그것을 잘 보여준다.

> 시간은 인생에서 가장 아껴야 할 것이다. 사람이 세상에 생존하는 기한이 백 년을 넘지 못하니 백 년 사이에 우환질병과 어렸을 때와 노인일 때의 시간을 제외하면 사업할 시간이 짧다. 이와 같이 짧은 시간으로 한계가 없는 사업을 이루고자 하니, 어찌 잠시의 시간인들 헛되게 소비하겠는가? 금일의 이 시간은 한 번 가면 다시는 보지 못하는 것이다. 학문을 닦는 청년은 시간을 귀중히 여기여 짧은 시간을 항상 아껴야 할 것이며 또 타인에 대해서도 시간을 낭비하지 말라고 권고해야 한다. 만일 한담설화(閑談說話)로 시간을 허송하고는 타인을 방문하여 긴급한 일이 없다고 하고 오랫동안 앉아 있는 것은 나의 악행을 다른 사람에게 미치게 하는 것이다.[33]

여기서 보듯이 사람에게 주어진 시간은 너무나 짧기 때문에 자신의 일생을 다 바쳐도 자신이 추구하는 일을 실현시키기에는 역부족이다. 때문에 우리가 시간을 헛되이 소비하는 것은 바로 인생을 소비하는 것이고 궁극적으로는 근대로의 진보를 저해하는 아주 큰 장애물인 것이다. 이런 점에서 '시간을 헛되이 소비하는 것'은 신체를 청결하게 하지 않는 것과 마찬가지로 신체의 '나태함(게으

---

32) 김순전·김희경, 「근대적 시간의 내면화와 수신서」(『수신하는 제국』), 142쪽 참조.

33) 『初等修身』, 第三章 「雜著」, 第十七 「時間」, 45~46쪽. "時間은 人生의 最惜ᄒ者라 人이 世에 生存ᄒᄂ 期限이 百年에 過치못ᄒ지니 百年間에 憂患疾病과 幼穉老耄의 時間을 除ᄒ면 事業ᄒ 時間이 短ᄒ도다 此와 如히 短ᄒ 時間으로 限이 無ᄒ事業을 成立코자 ᄒ진되 엇지 暫時間인들 虛浪히 消費ᄒ리오 今日의 此時間은 一送ᄒ면 復見치 못ᄒᄂ 者이라 學問을 修ᄒᄂ 靑年은 時間을 貴重히 녁이여 分陰을 當惜ᄒ지며 又他人에 對ᄒ야도 時間을 浪費치말ᄂ 勸告ᄒ지니 만일 閑談說話로 時間을 허송ᄒ거ᄂ 他人을 訪問ᄒ야 緊急ᄒ 事가 無ᄒ고 久坐ᄒ은 己의 惡行이 人에 及ᄒ이니라."

름)’을 드러내는 것이다. 그런데 여기서 우리는 한 가지 중요한 사
실을 발견하게 된다. 즉 개인이 시간을 헛되이 소비함으로 인하여
발생되는 해악은 궁극적으로 자신뿐만 아니라 타인에게까지 그 영
향이 미친다는 것이다. 즉 “만일 한담설화(閑談說話)로 시간을 허
송하고는 타인을 방문하여 긴급한 일이 없다고 하고 오랫동안 앉
아 있는 것은 나의 악행을 다른 사람에게 미치게 하는 것이다”가
그것이다. 그리하여 『고등소학수신서』에서는 이러한 행위를 ‘시간
의 적’34)으로 간주하고 반드시 척결해야 할 대상으로 삼았다.

그러한 상황에서 벗어나는 길이란 오직 시간을 분절시켜 잘 계
획하여 한 치의 오차도 없이 사용하는 일뿐이다. 예컨대, 『초등수
신』에서는 선생님과 학생이 대화하면서 서로 시계를 가리키고 있
는 상황을 보여주는 한 장의 삽화가 있다. 이는 분명히 시간을 헛
되게 쓰지 말고 잘 계획하여 사용해야 한다는 점을 함축적으로 보
여준다. 왜냐하면 근대에서의 ‘시계’는 ‘시간’이 이미 자연의 시간
에서 인위적 시간으로 전환되었음을 보여주며, 인간은 그 인위적인
시간에 자신의 신체를 절묘하게 조합할 때에만 나태함으로부터 벗
어날 수 있기 때문이었다. 이렇게 본다면 그 삽화의 기본 의도는
‘시계라는 기계를 통해 시간을 미세한 단위까지 분절화·수량화하
여 개인의 신체를 통해 자율적으로 반응할 수 있도록 시간을 내면
화하는 것이다. 따라서 인위적으로 구획된 시간은 이제 인간 생활
의 전면을 지배하면서 인간의 삶 전반을 변화시켜 버렸고, 이러한
시간의 통제에 따른 생활 변화는 인간의 내면에 오랫동안 잠재적

---

34) 『高等小學修身書』, 「修養에 對혼 本務」, 第九十課 「時間」, 65쪽.

으로 깃들어 있던 자연적인 본성들을 배제시켰다고 할 수 있다.'[35]

그런데 구체적으로 말해서 '학교'라는 공간적 제도에서 신체의 나태함을 몰아내고 학생들의 사고를 지배하려는 목적에 제기됐던 것은 다름 아닌 '시간표'였다. 이 '시간표'에는 24시간을 하루의 일과로 세분화하여 그 세분화된 곳곳에 개인 자신의 신체가 잘 적응될 수 있도록 하는 반복적인 훈련이 전제된다. 때문에 "시간표는 언제나 시간의 구분을 확립하고 일정한 업무를 강요하며, 반복주기를 규정하는 일을 목적하고 있는데, 본질적으로 부정적인 것으로 나태를 통제하는 것에 그 목적이 있다. 이렇게 피교육자의 시간을 세분화된 시간표를 통해 장악하고 신체를 이에 따라 훈련시킴으로써 시간에 대한 권력의 포위 공격은 그 절정에 달한다. 이러한 훈련과 시간의 전용은 끝없이 계속되는 복종을 지향하는 것이다."[36] 이와 같이 학생들의 사고와 행동을 규제·통제하는 '시간표'는 수량화되고 분절화된 시간을 '신체'에 내면화시켜 규칙적인 생활을 하게끔 만들었다. 만약 그러한 생활을 하지 않는다면 그것은 바로 신체의 건강을 파괴하는 동시에 더 이상 경쟁할 수 없는 도태된 신체(게으른 신체)를 만들어 낼 뿐이다. 따라서 『수신교과서』는 학생들에게 궁극적으로 '신체'를 분절화된 '시간'에 각인시키고 또한 '인위적 시간(사회화된 시간)'에 복종하는 정교하면서도 규율적인 신체를 만들어 어떤 상황에서도 통제 가능한 인간형을 형성시켰다.

결국 근대 한국은 『수신교과서』를 통하여 '시간'을 분절화·수량화하여 신체에 내면화시키고, 그 내면화된 신체로 하여금 인간의 행

---

35) 김순전·김희경, 같은 글, 143~149쪽 참조.
36) 김경수, 「어린이의 시간과 공간」(『문화공간』, 2000년 봄, 21호.), 47쪽.

동뿐만 아니라 그 본성까지도 지배토록 함으로써 근대적 인간을 형성시켜 나갔다. 따라서 개인의 시간에 대한 국가의 철저한 관리와 통제는 정교하고 규율적이고 강인한 신체를 만드는 토대가 되었고, 더 나아가 실천하는 신체를 만드는 아주 중요한 핵심 근거가 되었다.

4. 실천하는 신체: 국민국가가 되는 길

1) 신체와 정신의 관계 – '건강한 정신은 건강한 신체에 머문다'

앞서 보았듯이 근대 한국에서 『수신교과서』는 개인의 신체에 대한 새로운 인식의 틀을 제시하였다. 즉 개인의 신체를 국가의 한 분자로서의 신체, 즉 집단적 신체로 규정하는 것이었다. 건강한 신체에 대한 열망이 부상하면서 게으름과 나태 그리고 불결 등은 야만의 습속으로서 척결해야 할 대상이 되었다. 야만은 항상 불결이라는 언표와 짝을 맺으며 주변부화됐고, 청결은 언제나 문명이라는 언표와 짝을 이루면 부각되었다.[37] 또한 근대적 시간 개념과 체조와 운동회가 복합적으로 작동하여 기계와 같이 강하고 한 치의 오차도 허용하지 않는 정교하고 규율화된 신체를 탄생시켰다. 이런 신체야말로 문명화된 신체이자 국가의 위기를 돌파할 수 있는 강력한 추진체로 인식되었다.[38] 이와 같이 근대 계몽기에 나태하고

게으른 신체를 건강하고 문명화된 신체로 만드는 방식은 시간과 그 시간에 따라 움직이는 기계적 신체, 즉 정해진 규율과 훈육에 따라 움직이는 신체로 만드는 것이었다. 이것이 바로 수신하는 신체, 즉 국민이 되기 위한 신체로써, 이 신체 이외에 그 어떠한 것도 가치를 가질 수 없었다.

이러한 국민이 되기 위한 '신체'는 건강해야 함은 물론 '정신'과 상호 분리되어서는 안 된다. 만약 신체가 정신과 상호 분리된다면 신체는 어떠한 목적의식을 갖지 못한 채 충동적인 상태로 빠져 버릴 것이고, 만약 정신이 신체와 상호 분리된다면 정신은 허공에 떠 있는 채 어떠한 현실적 근거도 가질 수 없을 것이다. 때문에『초등 수신』에서는 정신과 신체의 유기적 관계에 주목하고 다음과 같이 간략하게 설명하였다.

> 좋아하는 소리를 들으면 정신에 더함이 있고, 악한 소리를 들으면 정신에 해함이 있다.[39]

> 머리카락을 자주 깎으면 정신이 상쾌하고 귀와 눈이 총명해진다.[40]

> 수면은 발양(發揚)하는 정신을 수렴하며....[41]

> 거처는 신체를 쉬게 하여 심신을 유쾌하게 하니, 머무르는 곳을 청결하게 하여....[42]

---

38) 이승원·오선민·정여울, 같은 책, 81~82쪽 참조.

39)『初等修身』, 第一章「身體」, 第一「耳」, 1쪽, "好호 聲을 聽호면 精神에 益홈이 有호고 惡혼 聲을 聽호면 精神에 害홈이 有호니라."

40) 같은 책, 같은 곳, 第十四「毛髮」, 9쪽, "髮을 頻히 削호면 精神이 爽快호야 耳目이 聰明호느니라."

41) 같은 책, 같은 곳, 第十七「寢眠」, 11쪽, "寢眠은 發揚호는 精神을 收斂호며."

42) 같은 책, 같은 곳, 第十九,「居處」, 14쪽, "居處는 身體를 休息호야 心身을 愉快케 홈이니 處所를

> 신체가 건강하지 못하면 그 마음이 또한 건강할 수 없다. 그러므로 신체의 건강을 주의하는 것은 마음을 위함에 또한 요긴하다.43)

여기서 보듯이 정신은 홀로 존재할 수 없고 항상 신체와 더불어 존재할 뿐이다. 물론 그 존재의 전제는 바로 신체의 건강을 유지하는 것이다. 정신이 아무리 건강해도 신체가 건강하지 않는다면 그것은 어떠한 의미도 가질 수 없다. 왜냐하면 "신체의 건강함은 정신을 건전하게 하는 근본이고, 정신을 건전하게 하는 것은 인생의 본문이기 때문이다." 더 나아가 그것은 한 개인의 행복에 머물지 않고 사회 국가의 행복을 증진하는 토대이기 때문이다.

> 건강은 생명을 보호하는 근본이다. 만약 주의를 하지 않아 자기의 신체를 손상하든지 혹 외부 사물과의 접촉으로 질병이 생기는 등의 일은 모두 불효・부덕한 사람이다. 대개 신체의 건강함은 정신을 건전하게 하는 근본이고, 정신을 건전하게 하는 인생의 본분이다. 행복이란 무한한 가치가 있을뿐더러 건강은 다만 일신의 행복에 머물지 않고 이어져서 사회 국가의 행복을 증진함에 필요한 까닭에 건강을 계획해야 함은 인생의 당연한 임무라 한다.44)

이렇게 본다면 『수신교과서』에서 신체를 단련하는 것은 정신을 단련하는 것과 직결되며, 정신이 정신 그 자체로 가치가 있는 것이 아니라 실천하는 신체가 있을 때에 비로소 그 가치를 획득한다는

清潔케하야.

43) 『高等小學修身書』, 第四十七課 「身體」, 32쪽, "身體가 健康치 못ᄒᆞ면 其心이 亦, 健康키 不能ᄒᆞᆫ 故로 身體의 健康을 注意ᄒᆞᆷ은 心을 爲ᄒᆞᆷ에 亦緊ᄒᆞ니라."

44) 『中等修身教科書』 卷3, 第五課 「健康에 對ᄒᆞᆫ 本務」, 7쪽~8쪽, "健康은 生命을 保護ᄒᆞᄂᆞᆫ 本務라 若, 注意를 不可ᄒᆞ야 自己의 身體를 毁傷ᄒᆞ던지 或, 損觸을 受ᄒᆞ야 疾病이 生ᄒᆞᄂᆞᆫ 등 事ᄂᆞᆫ 皆, 不孝不德의 人이라 盖, 身體의 健康ᄒᆞᆷ은 精神을 健全케ᄒᆞᄂᆞᆫ 根本이오 精神을 健全케ᄒᆞᆷ은 人生의 本分이오 幸福이라 無限ᄒᆞᆫ 價値가 有ᄒᆞᆯᄲᅮᆫ더러 健康은 但, 一身의 幸福에 不止ᄒᆞ고 延ᄒᆞ야 社會國家의 幸福을 增進ᄒᆞᆷ에 必要ᄒᆞᆫ 故로 健康을 計圖ᄒᆞᆷ은 人生의 當務라 ᄒᆞ지니라."

구조를 갖추고 있다고 할 수 있다. 왜냐하면 그것은 **"건강한 정신은 건강한 신체에 머무는"**,[45] 즉 '건강한' 신체에서 '건강한' 정신이 나온다고 보았기 때문이다. 이는 결국 『수신교과서』가 궁극적으로 개인의 신체뿐만 아니라 정신까지도 국가에 의해서 관리되고 통제되어야 할 것으로 간주하였음을 가리킨다고 할 수 있다.

2) 개인과 국가

(1) 신국민(新國民)의 육성

앞서 보았듯이, 『수신교과서』에서 개인의 신체를 국가적인 신체로 만드는 일은 아주 중요한 문제였다. 그러기 위해서는 '건강한 신체'의 육성이 필수적이었다. 즉 '건강한' 신체는 국가의 진보를 위한 '실천하는' 신체를 의미한다는 점에서 국가의 관리와 통제 아래에서 행해지는 개인의 신체 개조는 당연히 시대적 요청의 결과였다고 할 수 있다. 그리하여 『수신교과서』는 위생·청결과 운동회·체조, 그리고 시간·시간표라는 규칙적이고 규율적인 방안들을 제시하여 게으르고 나태한 신체와 구습에 젖어 있는 신체의 개조를 유도하였다. 거듭 말하지만 근대 한국에서 개인의 신체에 대한 관리와 통제야말로 국가 주권의 상실이라는 암울한 현실상황을 타개하여 국가와 민족을 보존하는 길이었다. 따라서 '개인'의 신체를 어떻게 '실천하는' 신체, 즉 국가의 진보를 위한 신체로 만드는

---

45) 『倫理學敎科書』 卷1, 「修身ᄒᆞᄂᆞᆫ 道」, 「體育」, 9쪽, "健康ᄒᆞᆫ 精神은 健康ᄒᆞᆫ 身體에 止ᄒᆞᆫ다."

가 하는 문제는 아주 중요할 수밖에 없었다.

거듭 말하지만, 근대 한국에서 '국가'가 '개인'을 어떻게 관리하고 통제해야 하는가는 아주 중요한 문제였다. 특히 국가와 국가의 경쟁이 강조되는 상황에서는 더욱 그러하였다. 이는 그 시기가 '애국'의 실천에서 자신의 내면적 세계에 대한 통찰(성찰)에 기반을 둔 개인이 아니라 오직 국가의 한 구성단위로 국가의 의지에 복종하는 '개인'을 요구하였다는 것으로 충분히 알 수 있다. 이와 같이 비록 근대 한국에서『수신교과서』의 '수신'교육이 '개인'을 '국가'에 유폐시키는 결과를 가져왔음을 부정할 수는 없지만 그 당시의 시대 상황에서 볼 때에 '국가'의 강조는 당연한 수순이었다고 할 수 있다. 왜냐하면 개인의 '건강한' 신체는 단순히 제국주의의 논리에 철저하게 복종하는 차원에서 필요했던 것이 아니라 제국주의의 힘의 논리에 대항하여 상실되어 가던 국가의 주권을 회복하기 위한 차원에서 필요했기 때문이다. 이런 속에서 근대 한국은 그러한 암울한 현실에 적합한 인간형을 양성하는데 전력을 기울였는데 그것은 다름 아닌 '국민교육'으로 양성된, 즉 '건강한' 신체와 '건강한' 정신을 갖춘 '신국민'이었다.

그럼 신국민이란 누구인가? 즉「대한매일신보」에서는 "자국 고유의 장점을 보존하며 외래 문명의 정화를 채취하는" 궁극 목적을 '신국민'의 양성에 있었음을 분명히 강조하였다.[46] 이것에 근거하

---

46)「大韓每日申報」, 1910.2.19.「文化와 武力」 "저 西歐列强을 보라. 學術의 發達이 저 같으며 道德의 進步가 저 같으되 그 나라가 융흥하여 날로 강성해가니 이는 그 文化가 東洋 古代의 人民을 몰아서 전제하에 굴복케 하던 文化가 아니라 自由를 구가하며 冒險을 崇尙하는 文化인 까닭이니 韓國의 有志君子여! 自國 固有의 長點을 保存하며 外來 文明의 精華를 採取해서 一種 新國民을 養成할 만한 文化를 振興할지어다"(고미숙,「근대적 앎의 배치와 국민교양의 탄생」, 114쪽 재인용).

면 신국민은 단순히 전통에만 얽매어 있거나 또는 외래의 것을 무조건 수용하거나 하는 사람이 아니라 '원래 가지고 있는 것을 새롭게 하거나' '원래 없었던 것을 보완하여 새롭게 하는 사람'을 가리킨다고 할 수 있다. 때문에 '신국민'의 양성에서는 자국에서 자신들의 전통적인 장점을 발휘하고, 미흡한 단점을 타국의 장점으로 보완하는 일이 아주 중요하다고 할 수 있다. 물론 그 양성은 한두 사람의 선에서 그쳐서는 안 되고 반드시 모든 국민이 자립 자강해야 국가가 비로소 튼튼해지는 것이다.[47] 때문에 '신국민'은 『수신교과서』가 지향하는 인간 유형이라는 점에서 그것은 동양의 과거와 같이 물질문명과 구분되는 정신 영역에서의 '도덕 체계'만을 전제해서는 양성될 수 없다. 이는 바로 『수신교과서』가 개인의 '수신'에 실천적인 윤리와 서구의 덕육(德育) 제도를 보완하여 시대 상황에 적합하게 개선한 새로운 근대적 '수신 교육'을 전개해 나가야 한다는 시대적 요청에서 등장되었음을 의미한다. 따라서 그것은 그 출발이 개인의 도덕적 함양을 넘어 역사적 현실에 적합한 도덕(moral)에 대한 모색에서 비롯되었으며, 그 종착지는 '국가 정신의 함양'이라는 '국민교육'에 있었다.

결국 『수신교과서』는 개인에게 국가 전체의 의지와 필요를 인식하고 그것에 봉사할 것을 요구하였다. 따라서 그것은 전통사회의 해체와 이의 재편성이라는 역사적 과제에 부응하여 신민(臣民)의식에서 벗어난 국가의 적극적 구성요소로서 '국민'을 양성한다는 측면과 국가에서 요구하는 일정한 인간형의 국민을 양성한다는 측면

---

47) 근대 한국의 '新國民論'은 대체로 梁啓超의 '新民說'에 근거하여 제기되었다.

을 복합적으로 가지고 있었다고 할 수 있다.

(2) '애국(愛國)'하는 국민

앞서 말했듯이 『수신교과서』는 철저하게 근대화의 일꾼 내지 한 체제의 수호를 위한 국민의 육성, 즉 '개인'을 철저하게 '국가'라는 거대한 집단에 은폐시켜 그 존속을 위한 부산물로 전락시켜 버렸다. 즉 그것은 오직 '국가' 관념만이 있고 '개인'의 의미는 없는, 즉 국가의 보호 속에서만 개인의 생존 의의가 있음을 의미한다. 그렇다면 이런 속에서 형성된 '애국'은 과연 어떠한 의미를 가지는가? 분명히 근대 한국의 '국민교육'은 기본적으로 '신민의식(臣民意識)에서 벗어난 국가의 적극적 구성요소로서의 국민을 양성하는 것과 국가에서 요구하는 일정한 인간형의 국민을 양성하는 것에 집중되었다.'[48] 간단하게 말해 그것은 단순히 새로운 지식체계의 습득보다도 개인의 신체를 개조함으로써 단일화된 '국가관'·'인간관'·'가치관'을 함양하여 국가적 '국민'의 육성에 더 많은 중점을 두었다.

그런데 여기에는 한 가지 분명하게 짚고 넘어가야 할 것이 있다. 즉 그 당시의 '수신교육'은 기본적으로 '개인'의 자유와 평등보다는 '국가'의 자존(自存)을 우선한다는 측면에서, '국가에 대한 사랑(愛國)'이 자신에 대한 사랑이고 그것이 개인의 자유를 보장하는 근본이라는 논리에 기초하였다는 사실이다. 이렇듯이 '국가에 대한 사랑'이 개인의 자유를 보장하는 근본이라고 한다면 '개인'은 오직 '국가'를 떠나서 존재할 수 없고 '국가' 내에서만 그 가치를 인정받을 수

48) 鄭崇敎, 「1904~1910년 自强運動의 國民教育論」, 168~169쪽.

있을 뿐이다. 그 결과 '개인'은 철저하게 국가에 복종하는 존재, 즉 국가에 의해서 관리되고 통제되는 존재에 지나지 않게 되었다.

그런데 국가에 의해서 관리되고 통제되어야 하는 것은 개인의 신체라는 점에서 개인에게는 항상 국가의 요구에 부응하여 자신의 신체를 건강하게 유지해 나가야 할 의무가 있다. 이렇게 본다면 '국가에 대한 사랑(愛國)'은 내적으로 개인의 심성에 대한 자각과 반성을 통하여 발현된 도덕성이 아니라 반드시 외적으로 개인의 신체에 대한 국가의 엄격한 관리와 통제를 통하여 규율되고 훈육된 개인의 건강한 '신체'에 의해서 실현된다고 할 수 있다. 따라서 개인의 '건강한 신체'는 결과적으로 사회생활에 필요한 공공질서나 규범준수 및 '국가'와 '민족'에 대한 사랑을 실현하는 데에 있어서 아주 중요한 핵심 근거였다. 이러한 점은 바로 한 치 앞을 내다볼 수 없었던 근대 한국의 현실 상황에서 더욱 부각되었다. 그리하여 『중등수신교과서』에서는 '애국심'의 범위를 자국 내에 한정짓고 그것이야말로 타국과의 경쟁에서 승리로 이끄는 핵심적인 요건으로 제시하였다.

> 이 애국심을 더욱 한 걸음 나아가게 하면 인류를 사랑하는 정신에도 미친다. 그러나 인류를 사랑하는 감정에는 자타의 구별이 없으나 애국심은 자국과 타국의 구별을 확인하고 자국의 활동을 나아가게 하여 타국보다 승리함에 머물게 하는 것이다. 이와 같이 애국심의 범위를 자국 내에 한정하는 것은 공동의 운명을 가지고 있는 동포(같은 나라 사람)에 대한 감정과 과거에 대한 공동의 역사와 동일의 주권자 및 정부와 국어의 동일한 국가 관념에서 생겨나는 모든 요소로써 성공하는 것이다.[49]

---

49) 『中等修身敎科書』 卷4, 第十九課, 「愛國」, 28쪽, "此 愛國의 心을 更, 一步를 進ᄒ면 人類를 愛ᄒᄂ 精神에도 及ᄒ나 然ᄒ나 人類를 愛ᄒᄂ 感情에ᄂ 自他의 區別이 無ᄒ되 愛國의 心은 自國

결국 근대적『수신교과서』가 '수신'의 문제를 '애국'의 문제에 종속시키고 '개인'을 '국가'에 유폐시키는 논리를 정당화시켰음을 부정할 수 없다고 하더라도 근대 한국에서의 '애국'이 궁극적으로 일제 강점기를 거치면서 근대 한국인들에게서 최고의 정신적·실천적 지침으로 작동되었다는 사실은 결코 간과되어서는 안 될 것이다.

과 他國의 久別을 確認ㅎ야 自國의 活動을 進ㅎ야 他國보다 優勝홈에 處케ㅎᄂ 者니 如斯히 愛國心의 範圍를 自國內에 限ㅎᄂ 者ᄂ 共同의 運命을 有ᄒ 同胞(卽 同國人)에 對ㅎᄂ 愛情과 過去에 對ᄒ 共同의 歷史와 同一의 主權者 及 政府와 國語의 同一ᄒ 國家觀念에셔 萌生ㅎᄂ 諸要素로써 成ㅎᄂ者라."

5. 수신교육의 재정립을 위하여

　우리는 지금까지 근대한국의 『수신교과서』에 표현된 수신방법론의 분석 작업으로, 그것이 어떻게 신체와 육체·개인과 국가라는 이중의 이원 구도를 드러냈으며, 또한 그것이 어떻게 근대적 인간의 한국적 유형과 근대 의식의 형성에서 최고의 정신적·실천적 지침으로 작동했는가를 함께 살펴보았다. 이제 우리는 지금까지의 논의를 간략하게 살펴보고, 또한 『수신교과서』의 근본 의의도 간략하게 서술하면서 본 논의를 마칠까 한다.

　『수신교과서』의 교육 목표는 개인의 '신체'를 개조하여 그것을 어떻게 국가에 복무시킬 것인가에 있었다. 물론 여기에는 '수신하는 신체', 즉 '국민국가 되는 신체'가 필요했는데, 그것은 바로 '건강한' 신체였다. 이 '건강한' 신체는 개인의 행복한 삶이 아니라 국가의 행복과 안녕을 위해서 필요한 것이었다. 때문에 개인은 오직 국가의 유용성을 위해서 존재하는, 즉 국가의 의지에 복종해야 하는 존재에 지나지 않았다. 이는 바로 개인이 철저하게 '국가'라는 거대한 집단에 은폐되어 그 존속을 위한 부산물로 전락해 버렸음을 의미한다. 따라서 개인의 존재 의의는 오직 국가를 위해서 희생하고 국가가 강성해지길 기다리는 데에 있었다고 할 수 있다.

앞서 말했듯이 근대 한국에서 『수신교과서』가 편집·발행되던 시기는 역사적으로 국가의 주권 상실이라는 절체절명의 위기의 순간이었다. 이러한 때에 국가의 주권을 회복할 수 있는 길이란 과거로 복귀하려고만 하는 유교적 현실 인식에서 벗어나 문명국가로 들어갈 수 있는 새로운 사회적 시스템을 만드는 것이었다. 그러한 과정에서 근대 한국은 서구적 근대 교육을 도입하였고, 그것에서 제기된 위생·운동·시간 등의 담론 등을 통하여 개인의 신체를 보다 정교하고 규율적이고 강인한 신체로 개조해 나갔다. 왜냐하면 그 당시에는 '신체'의 건강 여부가 '미개'와 '문명'을 가늠하는 하나의 기준으로 인식되었기 때문이었다. 그리하여 '개인'의 신체는 '국가'에 의해서 관리되고 통제되어야 함은 당연한 일이었기 때문에 국가의 통제를 벗어난 신체는 불결하고 게으른 신체로서 '국가의 적'으로 간주되었다.

한편 '건강한' 정신은 '건강한' 신체에 머물기 때문에 신체가 건강하지 않는다면 그 정신은 어디에도 귀착할 수 없고 더더욱 그 참된 가치를 드러낼 수 없다. 이와 같이 정신조차도 신체의 건강 여부와 밀접한 관계가 있다는 점에서 본다면 근대한국에서 '건강한' 신체의 육성은 국가 정신의 함양으로, 궁극적으로 국가와 민족의 운명을 결정짓는 아주 중요한 문제였다. 때문에 '건강한' 신체에 깃든 '건강한' 정신하에서 나온 '국가에 대한 사랑(애국)'이야말로 그 고유한 가치를 발휘할 수 있었던 것이다. 따라서 『수신교과서』

가 비록 개인의 영역을 폐쇄하고 국가의 영역을 더욱 확대하는 속에서 그 교육적 효과를 드러냈다고는 하지만 그것이 근대 한국의 암울한 현실 상황을 타개하고 그 나아가야 할 방향과 목적의식을 새롭게 인식시켜 주었다는 점은 결코 간과되어서는 안 될 것이다.

그런데 근대 한국에서의 '수신 교육'은 암울한 현실을 타개하고 국가의 민족자존과 자주 자립을 위한 차원에서 진행되었지만 이러한 수신 교육은 1909년을 기점으로 후퇴하고 새로운 형태의 '수신' 교육이 등장하였다. 즉 이때부터 시작된 일제에 의한 『수신교과서』의 검열과 통제는 철저하게 자신들의 통치 목적을 위한 '수신' 교육의 강화였다. 이는 바로 일제가 사립학교에서 독자적으로 편집·발행하던 민족주의적 교과서를 단속하고, 대신에 그들의 정책에 따를 『수신교과서』를 서둘러 편찬하여 획일화된 인간 유형을 형성하려던 계획과도 밀접한 연관이 있었다. 다시 말해 근대 한국의 '수신' 교육은 조선총독부의 『초등학교수신서(初等學校修身書)』 발간을 기점으로 그 의미가 상실된 채, 오직 획일화된 '가치관의 함양'에만 치중되어 하나의 통제된 이데올로기의 복종만이 강요되는 방향으로 나아갔을 뿐이다. 한편 근대 한국의 『수신교과서』에서 표방된 도덕 교육의 목적은 해방 이후의 『도덕교과서』에서 강조된 도덕 교육과도 크게 다르지 않는 것으로 보인다. 즉 새로운 시대로의 접근에는 항상 개인을 희생하고 국가에 충성하는 인간형의 정립이 요구되었기 때문이다. 바로 '충·효(忠·孝)'의 강조가 그것이다. 결국 근대 한국에서 편집·발행된 『수신교과서』의 분석 작업은 정신과 신체·개인과 국가라는 이중의 이원 구도가 어떤 경로를 통하여 해방 이후 『도덕 교과서』의 교육 지침으로 재등장하였는가를 이해하는 중요한 근거가 될 것이다.

참고문헌

〈원전〉

謝冰瑩 외 編譯, 『新譯四書讀本』(三民書局, 民國 77年).
『韓國開化期教科書叢書9, 10』(서울: 아세아문화사, 1977).
學部 編纂, 『夙惠記略』(발행 연도 미상).
徽文義塾編輯部編纂, 『中等修身教科書』(徽文館, 光武10, 9월, 1906).
徽文義塾編輯部編纂, 『高等小學修身書』(徽文館, 隆熙元年, 8월, 1907).
朴晶東, 『初等修身』(隆熙 3년 7월, 同文社, 1909).
學部 編纂, 『普通學校學徒用－修身書』(東京: 三省堂, 隆熙2, 3월, 1908).
安鍾和 譯, 『初等倫理學教科書』(京城: 廣學書鋪, 隆熙元年, 9월, 1907).
申海永 編述, 『倫理學教科書』(京城: 普成中學校, 隆熙2, 1월, 1908).
盧炳喜, 『녀ᄌ 소학슈신셔』(京城: 博文書館, 隆熙3, 2월, 1909).
朝鮮總督府, 『初等學校修身書』, 김순전 외 編(제이앤씨, 2006).
『일본 초등학교 수신서』(제1기~5기), 김순전 외 역(제이앤씨, 2005).

〈연구서〉

고미숙, 『한국의 근대성, 그 기원을 찾아서』(책세상, 2001).
김순전, 『수신하는 제국』(서울: 제이엔씨, 2004).
김효전, 『근대 한국의 국가사상』(철학과 현실사, 2000).
박성진, 『사회진화론과 식민지사회사상』(선인, 2003).
유길준, 『서유견문』, 허경진 옮김(서해문집, 2005).
이승원·오선민·정여울, 『국민국가의 정치적 상상력』(소명출판, 2003).
이진경, 『근대적 시·공간의 탄생』(푸른 숲, 2006 2판).

전복희, 『사회진화론과 국가사상』(한울아카데미, 1996).
정용화, 『문명의 정치사상: 유길준과 근대 한국』(문학과 지성사, 2004).
최기영, 『한국근대 계몽사상연구』(일조각, 2003).
다비드 르 브르통, 『근대성과 육체의 정치학』, 홍성민 역(동문선, 2003).
아론 구레비치, 『개인주의의 등장』, 이현주 옮김(새물결, 2002).
제이 그리피스, 『시계 밖의 시간』, 박은주 옮김(당대, 2002).
鄭匡民, 『梁啓超啓蒙思想的東學背景』(上海書店出版社, 2003).
周與沈, 『身體: 思想與修行』(中國社會科學出版社, 2005).

〈연구논문〉

김경수, 「어린이의 시간과 공간」(『문화공간』, 2000년 봄, 21호).
김병곤, 「사회진화론의 발생과 전개」(『歷史批評』32호, 1996).
김우봉, 「일본 근대 교육에 있어 '모범인물' 창출과 양상」-『수신교과서』의
    니노미야 손토구(二宮尊德)를 중심으로-, (『일본문학』, 제23집).
박성진, 「한국사회에 적용된 사회진화론의 성격에 대한 재해석」(『근현대사강
    좌』10, 1998).
박찬승, 「한말·일제시기 사회진화론의 성격과 영향」(『歷史批評』 32호).
이승환, 「한국 및 동양에서 '사회진화론'의 수용과 기능」(『中國哲學』제9집,
    2002).
이원호, 「일제하 수신과 교육 연구」, 교육학박사 학위논문(부산대학교 대학원
    교육학과, 1997, 2).
전복희, 「사회진화론의 19세기 말부터 20세기 초까지 한국에서의 기능」(『韓
    國政治學會報』27집 1호, 1993).
전양수, 「開化期 新教育과 教科用圖書政策의 研究: 1894-1910年의 修身.
    倫理教科書를 中心으로」(고려대학교 교육대학원 석사학위논문, 1986).
정숭교, 「1904~1910년 自强運動의 國民教育論」(『韓國史論』 33).
최기영, 「사회진화론」(『한국사시민강좌』25, 1999).
허동현, 「1880년대 開化派 인사들의 社會進化論 수용양태 비교 연구-兪吉
    濬과 尹致昊를 중심으로-」(『사총』55권, 2002).

후기 근대적 신체
: 주체의 부박(浮薄)함에 대하여

이승환

1. 우리 시대의 화두: 몸

우리 사회는 폭발적으로 증가하는 몸 담론에 포섭되어 있다. "No-처녀는 용서해도, 못생긴 것은 용서 못 한다"라는 우스갯소리로부터 시작해서, "예쁘기만 하면 모든 게 용서된다"라는 황당한 이야기가 떠돈다. 몇 년 전에는 미모의 여성 강도를 찬미하는 '강짱' 사이트가 뜨기도 하더니[1] 곧이어 '몸짱 아줌마'가 공중파를 장악하기도 했다. 인터넷에는 성형전문 옥션 사이트가 등장하고, 즉석 만남과 번개팅을 중계하는 대화방은 항시 교통체증을 일으킨다. 경기침체에도 불구하고 '몸'을 잘 모시기 위한 웰빙 산업은 주택과 가구에서부터 시작하여 식품과 가전제품에 이르기까지 공전의 호황을 누리고 있다. 이제 몸은 해방되어야 할 노예의 상태에서 벗어나, 당당하게 21세기 신흥종교의 교주로 등극하였다. 중세가 '영혼'의 시대였다면, 근대는 '이성'의 시대였고, 후기근대는 '몸'의 시대가 된

---

1) '강짱'은 '강도 얼굴짱'의 준말이다. 특수강도 혐의로 공개수배된 이미혜 씨의 수배전단(현상금 500만 원)에는 특이 사항으로 '얼굴 미인형'이라고 적혀 있다. 이후 10여 개의 팬클럽이 생겨났고, 그 '얼짱 강도'를 위한 인터넷 카페에는 "얼굴 예쁜 이씨가 범죄를 저질렀을 리 없다"라는 네티즌의 글부터 시작하여, "잡지마라" "숨겨주겠다"라는 내용의 글들이 올라와 있다.

것이다. 한때는 성스러운 '영혼'이 사람의 주인이었지만, 곧 차가운 '이성'에게 그 자리를 넘겨주었고, 이제 보드랍고 따끈따끈한 '몸'은 영혼과 이성 대신 그 권좌를 넘겨받은 것이다.

후기산업사회에 접어든 한국은 더럽고 힘든 1차 산업은 우리보다 못사는 제3세계로 보내 버리고, 소프트한 문화산업과 쿨한 서비스산업으로 땀 흘리지 않고 이윤을 챙기고자 한다. 지난 몇십 년간 피나는 압축적 근대화를 이루느라 이제는 살 만해진 피곤해진 몸들은, 근면 대신 레저를, 검약보다 소비를, 그리고 절제 대신 쾌락을 갈구한다. 이에 뒤질세라 각종 상업광고들은 몸의 욕망에 충실하라고 부추긴다. 시청자들의 욕망을 추동하여 소비로 안내하는 상업광고들은 오직 쾌락만이 인생의 유일한 목표라고 선전하고, 시청자들은 "나는 소비한다. 고로 존재한다"라고 복창한다. 전반적인 경기침체에도 불구하고 신체관리 산업은 다른 업종과 달리 호황을 누린다. 기술과 자본의 합작 아래, 건강과 미모와 젊음과 섹스는 누구나 쉽게 구매하고 소비할 수 있는 보편화된 상품이 되었다. 소비자본주의와 남성중심주의가 결탁한 우리 사회에서 여성의 아름다운 몸과 얼굴은 취업시장과 결혼시장에서 반드시 제출하지 않으면 안 되는 자격증이 되었다. 쌍꺼풀 수술과 콧대 높이기는 기본이고, 가슴과 엉덩이에 실리콘을 주입하는가 하면, 갸름한 턱 선을 만들기 위해 뼈를 깎는 아픔도 마다하지 않는다.

몸의 탐닉은 쾌락과 즐거움을 가져다주지만 동시에 억압과 고통이 뒤따른다. 아름다운 몸은 뭇사람들의 시샘과 선망의 대상이 되지만, 그 몸을 가꾸고-고치고-유지하기 위해서는 많은 시간과 돈과 노력을 감수해야 한다. 몸이 이 시대의 지배적 코드가 되어 버린 이상, 사람들은 온갖 어려움을 감내하면서라도 여기에 충실하지 않으면 안 된다. 당장은 고통스럽지만 선망받을 미래를 위해서, 지금은 억압적이지만 주류집단에 속하게 될 앞날을 기대하며 사람들은 지금 이 순간에도 성형외과의 문전을 기웃거린다.

신체-주체의 예찬자들은 우리 사회의 이런 현상을 '억압으로부터의 해방'이라고 간주한다. 근대사회를 지배해 온 이성/감성 혹은 정신/육체의 위계적 이분법을 해체하고, 이제는 감성이 이성을 대체하고 육체가 이성에게 반란을 일으키고 있는 중이라고 말한다. 현학적인 수사와 이국적 단어들로 무장한 프랑스제 담론은 이러한 반란을 정당화하고 부추긴다. 하지만 과연 우리의 근대화 기간 동안 감성을 압도할 만한 이성은 있기나 하였던가? 또 육체를 학대할 만한 정신은 있기나 하였던가? 오히려 우리는 단지 물질적 풍요와 육체적 안락을 위하여 그나마 있지도 않은 이성과 정신을 통째로 내다 버리지 않았던가? 근대(자본·기술) 덕분에 우리의 육체는 기아와 질병으로부터 해방되었고, 근대(민주주의) 덕분에 우리의 육체는 신체의 자유와 고문받지 않을 자유를 획득하였으며, 근대(자유주의) 덕분에 우리의 육체는 사적 행복추구권과 표현의 자유를 보장받지 않았던가? 왜 몸을 예찬하는 사람들은 근대 때문에 육체가 이성에 의해 억압당했다고 주장하고, 근대 때문에 우리의 몸이 정신에 의해 구박받았다고 주장하는가? 왜 몸-예찬론자들은 말끝마다 푸코(Michael Foucault)의 판옵티콘을 들먹이며 이성에게 훈육당해 온 육체를 해방시켜야 한다고 설파하는가? 먹고살 만한 프랑스 사람들의 '넘치는 이성'에 대한 푸념은, 먹고살기 위하여 '없던 이성'마저 내팽개쳐야 했던 우리의 현실과 구분되어야 하지 않겠는가? ‘이성의 과잉’으로 빚어진 서구의 상황과 ‘이성의 부족’을 겪어 온 우리의 현실은 구분되어야 하지 않겠는가? 쯧쯧! 수입담론의 비적실성이란...!

포스트모더니즘을 교리로 삼는 몸－예찬론자들의 말과 달리, 우리의 근대는 오직 ‘육체의, 육체를 위한, 육체에 의한’ 투쟁 기간이었다. 더 잘 먹고 더 잘 살기 위하여, 더 빨리 더 많이 차지하기 위하여, 우리는 서로를 속이고 착취하며 살아왔다. 여기에는 차가운 이성도 없었고 고결한 정신도 없었으며 숭고한 영혼도 없었다. 우리는 오직 물질적 풍요와 육체적 안락을 위하여 외눈박이로 달려 왔으며, 우리의 근대에는 감성을 핍박하는 이성도, 육체를 압도하는 정신도, 애초부터 존재하지 않았다. 우리의 근대에는 해체해야 할 만한 이성도, 정신도 있지 않았으며, 오직 풍요와 안락을 기약하며 끊임없이 갈 길을 재촉하던 국민총화적 질주만이 있었을 따름이다.

우리의 ‘몸－지상주의’는 이렇게 물질적 풍요와 육체적 안락을 지상의 명령으로 받들고 숨 가쁜 질주를 거듭해 온 한국적 근대화가 도달하는 마지막 종착역일 따름이다. 이런 점에서, 육체를 주인으로 모시면서 몸－지상주의와 외모－지상주의를 진리로 숭앙하는 한국사회는 아직 ‘탈근대(post modern)’가 아니라, 물질적 근대화를 완성하기 위한 마지막 몸부림의 단계 즉 ‘후기근대(late modern)’를 통과하는 중이다.

2. 후기근대적 신체: 주체의 일곱 가지 특징들

1) 확장된 주체

인간의 몸은 태어난 그 순간부터 확장을 꿈꾸어 왔다. 직립보행을 하면서 손을 내뻗고, 연장과 바퀴를 고안해 내고, 그것만으로 모자라 언어와 기호를 발명하여 보이지 않는 먼 곳까지 자기를 확장하고자 해 왔다. 입과 귀의 확장인 전화기, 눈의 확장인 망원경과 현미경, 발의 확장인 자동차와 비행기의 발명에도 불구하고, 근대는 아직 시간과 공간을 확실하게 압축시켜 주지 못했다. 후기근대에 들면서 비로소 우리 몸은 본격적으로 확장되어 시·공간을 초월하여 자신을 전달할 수 있게 되었다. 휴대전화는 지구의 반대편까지도 실시간으로 말을 주고받을 수 있는 입과 귀의 일부가 되었고, 컴퓨터는 실시간으로 나의 뇌를 다른 뇌와 연결해 주는 인터페이스가 되었다. 우리는 붉은 줄이 그어진 편선지에 연애편지를 쓰거나 곰팡이 핀 옛 詩集을 들척일 필요도 없이, 그저 자판을 두드리고 마우스를 움직이면 된다. 사이버스페이스에 보이는 영상은 현실보다 더 리얼하고, 현실은 오히려 영상보다 덜 사실적이다. 꿈의 세계와 현실의 세계를 넘나드는 장자(莊子)의 호접몽(胡蝶夢) 이야기는 이제 후기산업사회의 기술자본 덕분에 우리 안에서 완벽하게 실현되었다. 이성과 정신은 증발하고, 하지만 무한히 뻗어나 시·공을 넘나드는 확장된 몸은 후기근대적 신체-주체가 지닌 첫 번째 특징이다.

2) 이미지 주체

일찍부터 사람의 몸은 기호의 기능을 수행해 왔다. 거시적인 몸짓이나 손동작은 물론이고 미세한 얼굴표정이나 안면근육의 움직임은 정신성의 표현으로서, 비언어적 의사소통의 주요한 기능을 담당해 왔다. 몸은 정신을 표현해 주는 매개이며, 의복은 내면을 드러내 주는 상징이었다. 인간의 몸에서 의사 표현을 위해 가장 중요한 기관은 눈이다. 눈은 정신성이 밖으로 향하기 위해 돌출한 뇌의 일부분이다. 따라서 동서양을 막론하고 '눈은 영혼의 창'으로 불리어 왔다. 그러나 쌍꺼풀 수술을 하고 착색렌즈를 착용한다고 해서 영혼의 무게가 몇 그램 더 늘어나는 것은 아니다. 외과 수술로 다듬어진 아름다운 눈은 정신성과 무관한 이미지일 따름이다. 영혼이 증발하고 정신성이 결여된 후기근대의 몸은 그저 '살'인 것이다. 나는 몸을 통하여 정신성을 드러내는 것이 아니라, 몸의 이미지가 바로 '나'인 것이다.

　몇 년 전에 있었던 이영자의 몸을 둘러싼 담론은, 후기근대의 '이미지 주체'가 결여하고 있는 것이 무엇인지 생생하게 보여준다.

　(제1단계: 영웅) 뚱뚱했던 이영자는 억척스런 노력으로 변신에 성공했다. 그녀는 모든 여성에게 희망을 안겨 준 영웅이다.

　(제2단계: 사기꾼) 그녀의 변신은 주체적인 노력 때문이 아니라 지방흡입술이라는 기술 덕분이었다. 그녀는 사기꾼이다.

　(제3단계: 희생자) 그녀는 남성중심주의의 희생양이다. 남성중심주의로 인한 심리적 억압이 없었더라면 그녀는 그렇게 무리하게 변신하려고 노력했을까? 결국 그녀는 희생자이고, 가해자는 이 사회의 남성들이다.[2]

　이영자를 둘러싼 담론의 진행과정을 살펴보면, 이영자는 처음에는 자기 몸의 주인(주체)으로 인정받을 뻔했다. 그러나 곧 변신을 가능케 한 주역은 성형외과 의사임이 밝혀지면서 이영자는 시청자를 우롱한 사기꾼으로 질타받게 되었다. 다시 마지막 단계에 들면 페미니즘 담론에 의하여 그녀는 남성중심주의의 희생양으로 간주되어 위로의 대상으로 바뀐다. 결국 그녀는 이러한 세 단계의 담론 과정을 거치는 동안 단 한 번도 자기 몸의 진정한 주인이 되어 본 적이 없다. "자신의 주인이 된 적이 없었다"는 말은 곧 그녀가 주체성과 자율성을 결여한 살덩어리였다는 뜻이 된다. '보는 자'에 의하여 '보이는 자'의 이미지는 이렇게 해석되기도 하고 저렇게 해석되기도 하면서, 그녀를 둘러싼 몸 담론은, 정작 몸의 주인은 배제된 채, 진행되었던 것이다.

---

2) 이영자를 둘러싼 몸 담론에 대해서는 윤태일, 「통과하는 몸: 여성의 날씬한 몸에 관한 미디어 분석」(사이버 커뮤니케이션 학회)『춘계학술대회 자료집』(2004)을 보라.

정신성이 탈각된 '이미지 주체'는 자율적이지도 않거니와, 주체
적이지도 못하다. 작금의 상황에서는 "나는 원래 어떤 사람인가?"
가 중요한 게 아니라 "나는 어떻게 보이는가?"가 중요하다. 본래적
인 것은 부차적이 되고, 부차적인 것은 본래적인 것으로 둔갑하여,
그저 '어떻게 보이는가?'만이 중요하게 여겨진다. '나'는 사라지고
'이미지'가 나를 대신한다. 불교식으로 말하자면 法(Dharma)은 사
라지고 相(laksana)만이 존재하며, 유교식으로 말하자면 바탕(質)은
사라지고 무늬(文)만 있는 것이다. 이런 점에서 후기근대의 '이미지
주체'는 관념론의 지독한 완결판이다. 실재하는 것은 없고, 존재하
는 것은 오직 이미지뿐이기 때문이다.

3) 유목민적 주체

정신성이 탈각된 신체—주체는 가치의 높낮이에 대한 성찰이 불
가능하고, 다만 순간적인 살의 쾌감과 단잠적인 안락만을 위하여
운동한다. 살의 쾌감은 오래가지 못하고 찰나적 즐거움은 영속적이
지 않다는 사실을 알면서도, 육체를 주인(주체)과 동일시하는 후기
근대의 신체—주체들은 끊임없이 새로운 쾌감과 만족을 추구하며
방랑의 길을 떠돈다. 이런 점에서 후기근대의 신체—주체는 유목민
과도 같다. 한곳에 안주하거나 정착하기를 거부하고 끊임없이 새로
운 쾌락과 만족을 추구하며 욕망의 바다를 떠도는, '표류하는 자아
(drifting self)' 또는 '소속되지 않은 자아(unsituated self)'들이다.3) 사

---

3) '소속되지 않은 자아(unsituated self)'에 관해서는 Michael Sandel, *Liberalism and the Limits of*

권 지 백 일을 넘기기가 어려워 성대하게 백일 파티를 치르지 않으면 안 되는 10~20대 청소년들, 점심시간 회사에서 빠져나와 번개팅을 즐기는 30대 청장년들, 이들은 비록 나이차는 있어도 유목민이기는 매한가지다. "사이즈?" "167/48" "조건?" "10/1" 마치 고정간첩의 비밀통신 같기만 한 인터넷상의 이런 대화는 농경민들에게는 낯선 것이다. 아마도 키는 167Cm에 몸무게는 48Kg이고, 1시간에 10만 원이면 된다는 뜻이리라. 나이를 먹을수록 유목민보다는 정착민이 더 많아지겠지만, 그래도 불혹의 나이인 40대에 들어선 유목민도 적지 않다. 강남의 카페에서 만나 즉석에서 one night stand를 즐기는 40대 남녀들은 비록 탄탄한 가정과 공부 잘하는 자녀를 두기는 했지만 유목민이기는 매한가지다. 사회에서 당당한 지위와 보수를 보장받는 중년남성과, 잘나가는 남편에 공부 잘하는 자녀를 둔 중년여성이 카페팅을 즐기는 이유는 무엇일까? 대답은 간단하다. "공허하니까", "나를 찾고 싶어서" 몸에 주인(주체)이 없으니 공허하지 않을 리 만무한데도, 유목민들은 구태여 내 안이 아닌 내 밖에서 주인을 찾으려 하니 그 공허함이 메꿔질 리 만무하다. 유목민들에게 "지금 그 사람 이름은 잊었지만/그 눈동자 입술은/내 가슴에 있네"[4]라는 박인환의 시는 독해가 불가능한 웅얼거림에 불과하다. '가슴'은 그저 실리콘이 주입된 푹신푹신하고 뽀얀 가슴이지, 추억과 향수를 간직한 '영혼'이 아니기 때문이다.

Jusitice(Cambridge: Cambridge University Press, 1987)의 제4장을 참조하시오.

4) 박인환, 세월이 가면.

4) 타자화된 주체

　이미지 주체, 유목민적 주체는 '보이기 위한 주체'이다.[5] 후기근대의 신체 – 주체들은 극도의 이타주의자들이다. 자신을 아껴 주는 특별한 사람을 위해서가 아니라, 불특정한 다수를 위하여, 기꺼이 옷을 벗고 맨살을 보여준다. 날씨가 덥지 않아도 배꼽티를 입고 하복부 근처의 맨살을 보여주기도 하고, 날씨가 조금 차갑더라도 골반바지를 입고서 히프 근처의 맨살을 드러내 보여준다. 후기근대의 신체 – 주체들은 이렇게 익명의 시선을 위하여, 자신을 가꾸고 치장하여 '보여주는' 가상한 존재들이다. 이타주의를 강령으로 실천하려는 신체 – 주체들은 이제 캠코더라는 확장된 눈을 통하여, 자신의 구석진 곳까지도 전 세계 각지에 실시간으로 전송해 준다.

　'보이는 주체'들은 스스로 '보이고 싶다'고 갈망한다는 점에서 나르시시즘의 단꿈에 빠져 있다. 나르시시스트는 자신을 감상하는 타자의 시선을 통하여 자신의 아름다움을 재확인한다. 나는 스스로 나 자신을 바라보지 못하므로, 나를 확인하기 위해서는 '타자의 시선'을 필요로 하는 것이다. 은밀하게 자신을 훔쳐보는 타인의 시선을 모르는 척 감지하면서, 자신도 '훔쳐보는 자'의 시선을 은밀하게 감상한다. 이처럼 '보이는 주체'는 자기를 바라보는 타자의 시선을 통하여 나르시시즘의 쾌감에 도취한다. "남의 시선을 의식치 않는 노출은 있을 수 없다."[6] 보여주기 → 바라보기 → 바라보는 타자의 시선을 즐기기의 순서로 은밀하게 진행되는 나르시시즘의 전

---

5) 이득재, 「노출: 해체된 육체의 이미지」, 『문화과학』 4집, 가을호, 1993, 207면.

6) 이영자, 「이상화된 몸, 아름다운 몸을 위한 사투」, 『사회비평』 제17호, 1997, 24면 참조.

개과정은 마치 공중으로 던지면 제자리로 되돌아오는 부메랑 놀이와도 비슷하다.

후기근대적 신체-주체는 자신을 확인하기 위해서 자기 바깥의 거울을 필요로 한다. 거울을 통해서 자신을 확인할 수밖에 없는 나르시시스트는 "거울이 아니었던들/내가 어찌 거울 속의 나를 만져보기만이라도 했겠소?"[7]라고 되뇌면서, 자신의 '반사경(反射鏡)적 관음증'을 정당화한다. 내면의 눈이 결여된 이러한 신체-주체들은 필연적으로 타인의 시선을 경유하여 자신의 존재를 확인할 수밖에 없는 것이다. 이런 점에서 후기근대적 신체-주체의 존재인식은 보여주는 자의 '노출증'과 바라보는 자의 '관음증' 그리고 자신을 훔쳐보는 타자의 시선에 대한 '반사경(反射鏡)적 관음증'이라는 복합적 인지과정을 거쳐서 수행된다.

5) 제작되는 주체

'이미지 주체'와 '보이는 주체'는 첨단 기술을 통하여 가공과 제작 그리고 수리가 가능하다. 예쁘게 보이기를 원하는 몸들은 약간의 돈과 시간만 투자하면, 그리고 여기에 보태서 잠깐의 고통만 감내하면 손쉽게 자신을 신데렐라로 가공할 수 있다. 성형 중독증에 걸린 사람들은 한 곳의 상처가 채 아물기도 전에 다른 곳의 공사를 시작한다. 성형을 소비하는 신체-주체들에게 가장 유용한 정보의 창고는 인터넷이다. 실시간 상담이 가능한 것은 물론이고, 어느 병

---

7) 이상, 거울.

원의 견적이 더욱 경제적인지 비교해 볼 수도 있다. 인터넷 성형사이트에는 외모에 대한 고민, 부위별 성형방법, 기간, 비용, 고통, 후유증에 대한 체험담과 정보로 그득하다. 인터넷이라는 확장된 몸 덕분에, 가공을 원하는 신체－주체들은 일류 성형 디자이너들과 실시간 면담을 통하여 견적을 산출하고 합리적인 선택을 할 수 있다. 이제 몸은 자연이 준 선물이 아니라 인간 스스로 가공하고 제작할 수 있는 마네킹이 된 것이다. 근대문명이 자연에 대한 지배와 정복을 향해 줄달음쳐 왔다면, 이제 후기근대의 신체－주체들은 지구상에 마지막 남은 '자연'인 스스로의 몸을 가공하고 제작하는 '막바지 근대성'을 통과하고 있는 중이다.

후기근대의 신체－주체는 정신과 영혼이 깃들지 않은 그저 '이미지'이기 때문에 언제나 주문에 맞게 수정과 변경이 가능하다. 뚱뚱한 몸은 슬리밍 센터로, 날씬하지만 탄력이 없는 몸은 헬스 센터로, 낮은 코와 절벽가슴은 실리콘 주입실로, 주근깨와 점은 레이저실로, 그리고 무다리와 복부비만은 지방흡입실로 달려가면 된다. 아 참! 한 가지를 빼먹었다. 못생긴 치아는 생이빨을 빼 버리고 틀니를 해 넣으면 된다. 후기근대의 신체－주체는 성형 디자이너와 공모하여 스스로의 이미지를 가공하는 제작자가 된다. 이미지는 바로 그것이 이미지이기 때문에 변경과 수정이 가능하다. 그리고 변경된 이미지는 새롭게 확립된 진정한 자아가 된다. 아무리 착해도 못생긴 것은 용서받을 수 없는 세상이기에, 예쁘기만 하면 무슨 짓을 해도 용서받을 수 있는 세상이기에, 이제 그녀들은 '없는 죄'를 용서받기 위하여 너도나도 할 것 없이 수술실로 달려가야만 한다. 그리고 수술대에 누워서는, 자기 몸에 가해지는 고통과 두려움을

진정한 자기가 되기 위한다는 명목으로 안위하며, 본래의 몸을 타자화하고 자기억압을 내면화한다.[8]

6) 소비되는 주체

꼭 '반사경적 나르시시즘'에 빠진 노출증 환자가 아니더라도, 자본화된 세상에서 살아남기 위해서, 신체−주체들은 자신의 몸을 구매자의 기호에 맞게 가공하여 시장에 내놓아야 한다. 취업시장과 결혼시장은 뚱뚱한 몸과 못생긴 얼굴을 외면한다. 뚱뚱한 몸은 게으름과 무절제를 상징하고, 못생긴 몸은 교양의 부족과 문명의 결핍을 뜻하기 때문이다. 이 시대를 살아서 통과해야 하는 신체−주체들은 인육시장의 비정함을 원망하면서도, 그 속으로 동화되지 않으면 살아남기 어렵기 때문에, 애써 돈과 시간을 투자하여 아프지도 않은 살을 째고−도려내고−발라내고−꿰매야만 한다. 예쁘지 않으면 취직이 안 되고, 날씬하지 않으면 일등 신랑감을 만날 수 없기 때문이다.

남성중심적 소비자본주의 사회에서는 가공이 잘된 몸일수록 더 많은 자본의 획득이 가능하다.[9] 제법 수입이 좋은 중산층이 일생을 저축해도 모으지 못할 거금을 어떤 여성 연예인은 단 한 차례의 탈의로써 거머쥔다. 우리가 목욕탕에 가서 5천 원을 내고 벗는 옷을,

---

8) 이와 관련해서 고석주·정진경, 「외모와 억압: 문화적 관념의 내면화가 여성에게 미치는 영향」, 한국여성학회, 『한국 여성학』(1992)을 참고하시오..

9) 신체의 상품화와 관련해서는 심광현, 「몸의 문화정치학을 위한 시론」, 『인문학 연구』 9집; 그리고 같은 저자의 「육체, 무엇이 문제인가」, 『문화과학』 제4호(1993)를 참고하시오.

그녀는 그 수십만 배를 받고서 벗는다. 그리고 그녀의 벗은 몸은 단 돈 몇천 원이면 스마트폰을 통해 누구나 구매할 수 있다. 예쁜 여성의 벗은 몸은 언제-어디서나-손쉽고-값싸게, 그리고 무엇보다도 '원하는 시간에 신속하게' 구매 가능한 상품이 되었다. 핸드폰이라는 확장된 신체는 대단히 유용한 나의 분신이다. "마돈나! 나의 아씨여!"10)라고 주문을 외우며 '엔터' 키를 누르는 순간 아름다운 나의 아씨는 통신위성을 타고 즉시 나의 침실로 달려온다.

아직 연예인들처럼 성숙한 육체자본을 소유하지 못한 덜 자란 소녀들은 주유소 앞에서 빈약한 엉덩이를 흔들면서 지나가는 승용차를 유인하고, 아직 후원자를 못 만난 연예인 지망생들은 '신장개업' 간판 아래서 생머리를 찰랑이며 춤판을 벌인다. 누드 연예인들처럼 큰돈을 벌기에는 육체의 상품화가 덜 진행되었기 때문이다. 이것이 인육시장에 팔려 나온 가련한 신체-주체들의 값싼 모습이다.

7) 탈영화(脫靈化)된 주체

후기근대적 신체-주체의 마지막 특징은 '정신의 증발'과 '영혼의 휘발'에 있다. 아리스토텔레스는 동물과 구별되는 인간의 특징을 이성(nous)에서 찾았고, 孟子는 금수와 구별되는 인간의 특징을 양지(良知)에서 찾았지만, 후기근대의 신체-주체들은 단지 동물혼(animal soul)만 간직한 자연주의자들이다. 다윈이 인간은 원숭이에서 진화했다고 말하는 그 순간부터, 인간은 역설적으로 더 진화하

---

10) 이상화, 마돈나.

기를 포기했다. '동물 단계의 인간'에서 '정신성을 지닌 인간'으로 진화하기를 포기한 채, 인간은 그냥 동물의 단계에 머물고 싶어 하기 시작한 것이다.

후기근대의 지식인들은 근대를 이성이 육체를 억압했던 시대라고 말하지만, 사실 근대는 이성이 육체를 위해 봉사했던 시대이다. 이성은 육체를 중세의 종교 감옥에서 해방시켜 주었고, 이성은 해방된 육체에게 이윤추구의 자유를 부여했다. 감옥에서 해방된 육체는 정치변동과 사회변화를 거치며 더 많은 신체의 자유를 구가하게 되었고, 영리의 자유를 부여받은 신체는 더 많은 소유를 통하여 안락과 풍요를 누리게 되었다. 더욱이 신이 죽어 버리고 형이상학이 사라진, 그리고 인식의 확실성이 의심되고 가치의 서열이 모호해진 후기근대에 들어서, 인간에게 가장 확실한 것은 '살의 쾌감'과 '육체의 만족'일 것이다. 근대에 들어서며 이성의 이름으로 내세웠던 자율성은 결국 '몸의 쾌감'을 높이기 위한 구호였으며, 과학의 이름으로 내세웠던 효율성은 결국 '살의 쾌락'을 위한 도구였음이 후기근대에 들면서 서서히 드러나고 있다.

근대적 이성은 육체의 행복을 위해 봉사했으며, 우리의 근대는 더더욱 그러했다. 그나마 서구의 근대성은 개인이 스스로 합리적인 '목적 왕국(kingdom of ends)'의 주인이 될 수 있는 자율성을 기반으로 출발했지만, 우리의 근대는 오로지 기아로부터의 해방과 물질적 풍요만을 목표로 한 것이었다. 이성을 도외시한 물질의 추구는 정신이 결핍된 육체를 양산하고, 자율성이 결여된 육체의 해방이 '살의 축제'와 '몸의 상품화'로 이어지게 되는 것은 당연한 귀결이다. 신이 사라진 교회에서 돈이 신이 될 수밖에 없듯이, 정신이 증

발한 신체에서는 살이 주인이 될 수밖에 없다. '돈'과 '살'이라는
두 단어는 한국적 근대화의 종착역이며, 우리 시대의 정언명법
(categorical imperative)[11]이다.

---

11) 이는 칸트(I. Kant)의 용어이다.

3. '부박(浮薄)한 주체'에서
'뿌리 깊고 강고한(根深蒂固) 주체'로

후기근대의 신체-주체는 뿌리 없이 떠도는 옅은 주체들이다. 사막의 신기루를 녹주(綠州)로 착각하고 유목민처럼 떠돌거나, 스스로 소비문화의 상품이 되어 타자를 위해 이미지를 사고파는 부박(浮薄)한 존재들이다. 후기근대의 철학자들은 몸이 주체가 된 우리의 현실을 이성이 육체를 억압해 온 근대적 이분법을 전도(顚倒)하는 일이라고 설명한다. 후기근대의 교양 있는 딸들은, 그간 아버지의 위엄 있는 기침소리에 숨죽이며 살아왔던 가련한 어머니를 대변하면서, 이제 정신/육체의 위계적 이분법을 허물고 육체를 정신으로부터 해방시켜야 한다고 주장한다. 하지만 정작 우리의 근대에는 육체를 훈육해 온 이성도 없었고 욕망을 감금했던 고상한 정신도 없었다. 아예 해체해야 할 대상이 그 자리에 있지 않은 채, 우리의 근대는 애당초 그렇게 허무하게 출발했던 것이다. 만약 우리에게 해체해야 할 것이 있다면 그것은 '중세적 이성(禮敎)'이지 '근대적 이성(Reason)'은 아닌 것이다.[12] 우리 사회가 '이성의 육체에 대한 지배기'를 지나 '몸의 정신에 대한 우위기'로 접어들었다는 포스트모더니즘의 담론은 우리에게 적실하지 않은 소리다. 설령 근대적 이성을 해체하고 육체를 복권시켜야 한다는 포스트모던 담론이 유효하다 할지라도, 정작 우리사회에서 해방되어야 할 육체의 주인들은 이미 늙어 버려서 향유의 능력을 상실해 버린 지 오래다. 성 해방과 몸 예찬의 담론은 '신체관리 산업'에 의해 차용되어, 오히려 자유롭고 풍요로운 시대에 태어난 젊은 고객들을 상대로 몸 관련 기획상품의 소비를 부추기는 원동력이 되고 있다.[13]

만약 우리 사회에 이성/육체의 위계적 이분법이 존재한다면 그것은 해체되어야 마땅하다. '나'는 이성인 동시에 육체이기도 하기 때문에, 나의 한 부분을 살리기 위해 나의 다른 부분을 억압하는 일은 견딜 수 없는 일이다. 그러나 육체를 모시기 위해 정신을 죽이는 일은, 이성을 모시기 위해 육체를 억압하는 일과 마찬가지로 부당한 일이다. 한국에서 프랑스제 담론이 산포해 온 '몸 해방'의 담론은 '눈 위에 찬 서리가 내리는 식으로(雪上加霜)' '육체의 상품화'와 '주체의 탈영화(脫靈化)'를 부채질해 왔다. '육체의 정신에 대한 우위'라는 전도된 이분법은 몸이 해방되는 즉시 또 다른 이데올로기로 전락해 버리고 만다. 우리는 억압적 이분법을 거꾸로 뒤집어 놓는 또 다른 억압의 논리를 필요로 하는 것이 아니라, 육체

---

12) 한국에서 일탈/개성/파격/저항의 이름으로 여성들의 성해방을 촉구하는 페미니즘 담론은 탈근대적이라기보다 오히려 탈중세적이라고 보인다. 여성학자들이 겨냥하는 과녁은 근대적 이성에 의한 여성의 억압이라기보다 오히려 중세적 예(禮)에 의한 여성의 억압으로 보이기 때문이다. 따라서 한국의 페미니즘은 '자율적 주체'라는 근대적 합리성을 무기로 동원하는 편이 더 유리하지, 주체의 해체를 주장하는 포스트모더니즘을 무기로 끌어들일 필요가 없는 듯하다. 이러한 전략은 자칫하면 신체를 상품으로 이용하는 남성 중심적 소비자본주의의 덫에 걸려 오히려 여성 자신의 타자화와 상품화를 초래하기 쉽다.

13) 우리 사회의 예술세계에서 포스트모더니즘 담론이 지니는 허구성에 대해서는 심광현, 「후기자본주의 사회와 포스트모더니즘 이데올로기」, 『월간 미술세계』 총권 56호(1989)를 참조하시오.

와 정신이 하나가 되는 상생과 조화의 논리를 필요로 한다.

육체와 정신은 제각기 존재하는 독립적 실체가 아니다. 정신은 육체 없이 존재할 수 없고, 육체는 정신없이 향상(向上)할 수 없다. 정신은 예리한 철학자에 의해 '발견'되기를 기다리는 독립된 실체가 아니라, 더 나아지기를 염원하는 주체의 자발적인 노력에 의해 '배양'되는 것이다. 인간은 다층위적 존재다. 동양의 지적 전통에서 보면, 인간은 물리 층위의 몸-생물 층위의 몸-기호 차원의 몸-그리고 영적 차원의 몸이라는 다층위에 걸쳐 있는 연속체이다. 주희(朱熹)에 따르면 자연계에 속한 모든 존재는 공히 기(氣)로 구성되어 있다는 점에서 일단 시·공간의 제약 속에서 인과율의 적용을 받는 물리적 층위의 존재이다. 식물은 기(氣)와 더불어 생명의지(生意)를 지니고 있으며, 동물은 여기에 보태서 감각적 지각(知覺) 능력까지 지닌다. 인간은 살아 있는 생명체라는 점에서 기(氣)·생의(生意)·지각(知覺)을 고루 지닌 존재이지만, 다른 동물과 달리 여기서 한 걸음 더 나아가 의미(義)를 추구하는 존재이다. 인간은 언어와 개념을 사용하며 의미를 추구하는 기호적 존재이면서, 또한 스스로의 노력에 따라 현(賢)과 성(聖)이라 불리는 고도의 인격에 도달할 수 있는 가능성을 지니고 있다는 점에서, 잠재적으로 영적인 존재라고 할 수 있다.[14] 신체적 욕망에 대한 자기절제(self-control)와 자기함양(self-cultivation)을 축으로 하는 전통의 공부법은 인간이 단순히 생물학적 존재에 머무르지 않고 존재계의 최상

---

14) 『朱子語類』 4~33. "問: 動物有知, 植物無知, 何也? 曰: 動物有血氣, 故能知. 植物雖不可言知, 然一般生意亦可黙見. 若戕賊之, 便枯悴不復悅懌, 池本作'澤'. 亦似有知者. 嘗觀一般花樹, 朝日照曜之時, 欣欣向榮, 有這生意, 皮包不住, 自迸出來; 若枯枝老葉, 便覺憔悴, 蓋氣行已過也."

층인 영적 존재에 이르기 위한 열망으로 이해될 수 있다. 인간의 정신은 생물적 층위의 몸에서 더 높은 층위로 나아가려는 상승 의지에서 발현하는 고차원적 기능이다. 이런 점에서 본다면, 인간의 정신성은 육체와 독립되어 철학자에 의해 발견되기를 기다리는 '실체'가 아니라, 인간의 자발적인 노력에 의하여 배양되고 고양되어야 할 잠재적 '능력'이다. 인간의 정신성에 관한 철학적 질문은 단순히 '있다/없다'의 문제로 이해되어서는 안 되며, 개인의 노력에 따라 그 농도가 달라지는 '정도'의 문제로 이해되어야 한다. 생물적 층위에서 그다지 멀리 벗어나지 못한 몸은 단지 '옅은(薄)' 수준의 정신성을 드러낼 따름이며, 자발적인 노력에 의하여 생물적 층위의 한계를 초극한 몸은 '짙은(濃)' 수준의 정신성을 드러낸다.

현상학에서도 동양의 인간 이해와 마찬가지로 몸을 다양한 층위로 구분한다. 질료적 신체－감성적 신체－의지작용의 신체 등의 구분이 그것이다. 정신성은 의지작용의 신체에서 발현하는 인격적 자아의 특징이다. 인간의 정신은 그 자체로 존재하는 실체가 아니라 의지 작용의 신체에서 드러나는 인격적 자아의 표현이다. 영혼의 깊이와 인격의 아름다움은 바로 이 층위에서 연유한다.[15)]

인간은 스스로를 어떤 존재로 규정하느냐에 따라 다양한 층위의 한 층에 소속될 수 있다. 생물 층위에만 머무르고자 하는 옅은 영혼의 소유자가 있는가 하면, 생물 차원을 뛰어넘어 영혼의 깊이를 간직한 숭고한 인격의 소유자도 있다. 인간은 저 아래에서 맨 위까지 오르내릴 수 있는 자기결정권을 지닌 존재다. 신체는 그저 살이

---

15) 현상학에서 '마음이 깃든 몸'에 대해서는 조관성, 「인격적 자아의 실천적 삶과 행위 그리고 신체」, 한국현상학회 편, 『몸의 현상학』(철학과 현실사, 2000)을 참조하시오..

라기보다 정신이 깃든 몸이고, 육체는 그냥 살이라기보다 영혼이 스며 있는 몸이다.16) 스스로 어떤 층위에 속하기를 원하는가에 따라 인간은 희박한 영혼의 소유자에서 깊은 영혼의 소유자로 향상할 수 있다. 그리고 스스로를 어떤 존재로 규정하는가에 따라 인간은 인격적 주체에서 추락하여 단지 동물혼(動物魂)만 지닌 살덩어리로 바뀔 수도 있다. 선택은 개별 주체들의 몫이다. 결국, 후기근대(late modern)를 배회하는 '부박(浮薄)한 주체'들이 '뿌리 깊고 강고한(根深蔕固) 주체'로 변하기 시작할 때, 비로소 우리의 '근대 벗어나기(post modern)' 프로젝트는 시동을 걸었다고 할 수 있다.

---

16) '마음이 깃든 몸' 혹은 '몸에 깃든 마음'에 대한 인지과학적 탐구로는 G. 레이코프 & M. 존슨, 노양진 역, 『몸의 철학: 신체화된 마음의 서구사상에 대한 도전』(도서출판 박이정, 2002)를 참조하시오..

참고문헌

고석주·정진경, 「외모와 억압: 문화적 관념의 내면화가 여성에게 미치는 영향」, 한국여성학회, 『한국 여성학』, 1992.

레이코프 G. & 존슨 M., 노양진 역, 『몸의 철학: 신체화된 마음의 서구사상에 대한 도전』, 도서출판 박이정, 2002.

심광현, 「몸의 문화정치학을 위한 시론」, 『인문학 연구』 9집.

심광현, 「육체, 무엇이 문제인가」, 『문화과학』 제4호, 1993.

심광현, 「후기자본주의 사회와 포스트모더니즘 이데올로기」, 『월간 미술세계』 총권 56호, 1989.

윤태일, 「통과하는 몸: 여성의 날씬한 몸에 관한 미디어 분석」(사이버 커뮤니케이션 학회) 『춘계학술대회 자료집』, 2004.

이득재, 「노출: 해체된 육체의 이미지」, 『문화과학』 4집 가을호, 1993.

이영자, 「이상화된 몸, 아름다운 몸을 위한 사투」, 『사회비평』 제17호, 1997.

이승환, 「몸·신체·육체」, 우리사상연구소 엮음, 『우리말 철학사전』 제2집, 지식산업사, 2002.

조관성, 「인격적 자아의 실천적 삶과 행위 그리고 신체」, 한국현상학회 편, 『몸의 현상학』, 철학과 현실사, 2000.

朱熹, 『朱子語類』.

Michael Sandel, *Liberalism and the Limits of Jusitice*(Cambridge: Cambridge University Press, 1987).

무정념(ἀπάθεια)
: 현인(賢人)에 이르는 스토아적 이상과 실천*

손병석

* 이 논문은 2005년 한국학술진흥재단의 지원을 받아 수행된 연구임(KRF - 2005 - 079 - AM0016). 또한 이 논문은 2차 연도 연구 결과물임을 밝힘.

1

스토아 철학에서 가장 이상적인 인간의 전형(παράδειγμα)은 '현인(σοφός, sapiens)'이다. 스토아적 현인은 완벽한 '지식(ἐπιστήμη)'을 갖고 '자연에 일치된 삶(τὸ ὁμολογουμένως τῇ φύσει ζῆν)'을 실현시킴으로써 아파테이아(ἀπάθεια),[1] 즉 '무정념'의 상태에 도달한 완벽한 사람이 되기 때문이다. 요컨대 현인은 '덕(ἀρετή)'을 갖춘 자이며, 그래서 모든 윤리적인 실천에 있어서도 항상 '적합한 행위(καθῆκον)'와 '올바른 행위(κατορθόμα)'[2]를 적중시켜 인간의 최고 '목적(τέλος)'이 되는 '최고선(summum bonum)', 즉 '행복

---

1) 이 글에서 ἀπάθεια는 '무정념' 또는 음역어인 '아파테이아' 또는 apatheia로 문맥에 따라 적절하게 사용할 것이다. 그리고 '정념'은 희랍어 πάθη의 번역어이다. 일반적으로 이 말은 영어로는 emotion 내지 passion으로 많이 번역되고 있고, 이런 점에서 '감정'이나 '격정'으로 번역될 수도 있다. 이 글에서 아파테이아가 '무정념'으로 번역되어 사용되고 있기 때문에, 이것을 염두에 두어 πάθη를 '정념'으로 번역하였다. 그러나 때론 문맥에 따라 '겪음'이나 '감정'과 같은 용어로 번역할 것이다.

2) 키케로에 따르면 카테콘, 즉 적합한 행위와 카토르토마, 즉 옳은 행위는 구별되어야 한다. 궁수의 예에서 알 수 있는 것처럼 '적합한 행위'는 궁수가 과녁에 화살을 맞히는 결과적 행위에 초점이 주어진다면, '올바른 행위'는 궁수의 조준 자세나 태도에 역점이 두어지기 때문이다. 이것은 적합한 행위가 행위의 결과에 주목함에 반해 올바른 행위는 행위 주체의 동기나 의도를 더 중요시하는, 다시 말해 덕에 따른 행위를 의미한다. 이런 점에서 적합한 행위는 올바른 행위의 필요조건이지 충분조건이 아니다(Cicero, *De Finibus*, Ⅲ. 22~23 참조). 이와 관련해선 이창대, "초기 스토아 윤리학의 적합한 행위와 옳은 행위", 『그리스 자연철학 이해』, 인하대학교 출판부, 2006, pp.253~278 참조할 것.

($\varepsilon \dot{v} \delta \alpha \iota \mu o \nu \acute{\iota} \alpha$)'에 도달한 자이다. 그러나 여기서 현인의 행복을 담보해 주는 스토아의 핵심적 원리가 되는 아파테이아가 정작 어떻게 이해되어야 하는가의 물음에 직면하게 되면, 문제가 그리 단순치만은 않다. 말 그대로 pathe, 즉 '정념($\pi \acute{\alpha} \theta \eta$)'의 영향을 '겪지 않음($\dot{\alpha} - \pi \acute{\alpha} \theta \eta$)'이라는 아파테이아가 정념의 완전한 '근절(extermination)'을 의미하는지, 아니면 과도한 정념을 '순화(moderation)'시키는 것으로 이해되어야 하는지 분명치 않기 때문이다. 만약 전자라면 그것은 인간의 실존적 조건으로써의 육체성을 부정한다는 점에서 수용되기 어려운 점이 있다. 이것은 또한 스토아 철학자들이 인정하는 에우파테이아($\varepsilon \dot{v} \pi \acute{\alpha} \theta \varepsilon \iota \alpha$), 즉 '잘 겪음'으로서의 '좋은 정념'을 고려할 때도 현인을 무정념의 소유자로 보기 어려운 점이 있다. 만약 후자라면 그것은 스토아의 정념에 대한 견해가 플라톤과 아리스토텔레스의 정념론과 기본적으로 차이가 없다는 문제를 발생시킨다. 플라톤과 아리스토텔레스는 정념의 '순화($\mu \varepsilon \tau \rho \iota o \pi \alpha \theta \acute{\eta} \varsigma$)'를 통해 이성과의 조화 가능성을 모색하기 때문이다.[3]

그러면 스토아적인 의미에서 현인을 현인답게 만들어 주는 아파테이아는 어떻게 이해되어야 할까? 스토아철학은 '정념'에 대한 현인의 적합한 대응이나 처리방식을 만족할 만한 이론적 논거를 통해 성공적으로 설명하고 있는가? 만약 이 물음들에 대한 스토아적 답변이 설득력 있게 이루어지지 않는다면, 우리는 '덕'과 '지식'을

---

3) Aristoteles, *Ethica Nicomachea*, I13, 1102b30~35. M. Frede, "The Stoic doctrine of the affections of the soul", pp.93~97, in *The Norms of Nature*, M.Schofield and G.Striker(eds), Cambridge Univ. Press, Cambridge 1986. J. M. Dillon, "Metriopatheia and Apatheia", in *Later Greek Ethics, Essays in Ancient Greek Philosophy*, vol. 2, eds., Jong p. Anton and Anthony Preus, Albany : Suny Press, 1983, p.515 참조.

소유했다고 말해지는 현인의 자연에 따른 삶의 여정이 반드시 '평정심($\alpha\tau\alpha\rho\alpha\xi\acute{\iota}\alpha$)'이 실현된 행복한 삶에 도달한다는 보장을 신뢰하기 어려울 것이다.

이 글에서 필자는 스토아 철학에서 현인을 '어리석은 자($\acute{o}$ $\phi\alpha\hat{v}\lambda o\varsigma$)'와 구별시켜 주는 핵심적 '증표($\sigma\eta\mu\epsilon\hat{\iota}o\nu$)'로 작용하는 아파테이아가 어떻게 실현될 수 있는가의 문제를 살펴볼 것이다. 이를 위해 먼저 초기 스토아철학을 대표하는 크리시포스($X\rho\acute{v}\sigma\iota\pi\pi o\varsigma$)와 포세이도니오스($\Pi o\sigma\epsilon\iota\delta\acute{\omega}\nu\iota o\varsigma$)의 '정념론'에 대한 견해를 비교·검토하고 나아가 그 타당성을 비판적 관점에서 평가해 볼 것이다. 다음으로 현인의 아파테이아가, 그럼에도 불구하고, 인간적인 좋은 겪음을 완전 배제하는 것으로 이해되어서는 안 됨을 현인의 에우파테이아, 즉 '좋은 정념'에 대한 분석을 통해 바로잡고자 시도할 것이다.

2

　　스토아학파의 인간영혼에 대한 견해는 플라톤과 아리스토텔레스의 견해와 다르다. 플라톤과 아리스토텔레스가 영혼을 이성적인 부분과 비이성적인 부분으로 구분하고 있음에 반해, 스토아 철학에서 인간영혼 전체는 이성의 통일체로 정의되기 때문이다. 이것은 스토아 철학에서 플라톤이 말하는 '기개적인 부분(θυμοειδές)'과 '욕구적인 부분(ἐπιθυμητικόν)'과 같은 비이성적인 부분이 영혼의 독립된 부분으로 인정되지 않음을 의미한다. 기개와 욕구는 모두 영혼의 '지도적 원리(ἡγεμονικόν)'가 되는 '이성(λόγος)'에 의해 발현되는 기능에 불과한 것이다.4) 그러나 인간이 처해 있는 실존적 조건을 고려할 때 인간이 외적인 대상의 자극으로부터 어떠한 '겪음(πάθος)'도 받지 않고 영혼의 평정심을 유지할 수 있다는 것은 우리의 직관에 비추어 볼 때 쉽게 이해되지 않는 주장이다. 이것은

---

4) *SVF* Ⅱ. 823~833. *DL* Ⅶ.110. 이 밖에도 A. A. Long, "Soul and body in Stoicism", *Stoic Studies*, Univ. of California Press, Berkeley and Los Angeles 1996, pp.242~244. R. Joyce, "Early Stoicism and Akrasia", *Phronesis* vol.40/3(1995), pp.317~318 참조.

또한 우리가 스토아학파의 유물론적인 인식론적 설명, 특히 감각작용을 통한 신체내의 일련의 프네우마($\pi\nu\epsilon\hat{\upsilon}\mu\alpha$)에 의한 수축과 팽창의 생리적 운동 메커니즘을 고려할 때도[5] 이러한 의구심은 증폭된다. 이와 관련하여 필자는 초기 스토아학파에 속하는 크리시포스의 정념에 대한 논의가 현인의 핵심적 검사기준이 되는 아파테이아의 실현방식을 이해할 수 있게 해 주는 중요한 이론적 가치를 지닌다고 생각한다. 크리시포스는 스토아주의 내부에서도 정념에 관한 가장 극단적인 견해를 보여주고 있는데, 이것은 그가 정념을 일종의 판단으로 간주한 것으로 말해지기 때문이다.

크리시포스에 관한 여러 전거들에 따르면 그는 정념을 '판단($\kappa\rho\acute{\iota}\sigma\iota\varsigma$)'의 종류로 간주했다고 말해진다. 즉 크리시포스에게 '고통($\lambda\acute{\upsilon}\pi\eta$)', '쾌락($\acute{\eta}\delta o\nu\acute{\eta}$)', '공포($\phi\acute{o}\beta o\varsigma$)', 그리고 '욕구($\acute{\epsilon}\pi\iota\theta\upsilon\mu\acute{\iota}\alpha$)'와 같은 정념들은 판단의 일종이다.[6] 이 중 고통과 공포는 현재나 가까운 미래의 나쁨에 대한 판단이며, 쾌락과 욕구는 현재나 가까운 미래의 좋음에 대한 판단과 같다. 크리시포스는 이러한 판단으로써의 정념들이 두 종류의 단계로 이루어지는 것으로 본다. 첫 번째 판단은 좋고 나쁨 또는 이득과 손해와 관련된 것이고, 두 번째 판단은 그것이 반응하기에 '적합한($\kappa\alpha\theta\hat{\eta}\kappa o\nu$)' 것인가와 관련된다. 이 두 단계의 판단을 고려해서 정념을 이해하면, 고통은 현재의 나쁜 것으로서 '수축($\sigma\upsilon\sigma\tau o\lambda\acute{\eta}$, $\mu\epsilon\iota\acute{o}\sigma\iota\varsigma$)'이 그에 적합한 판단이 되

---

5) A. A. Long(1996), pp.243~244. P. K. Sakezles, "Aristotle and Chrysippus on the Physiology of Human Action", *Apeiron* 31/2(1998), pp.143~155 참조.

6) *DL* 7.110~14. Cicero, *Tusc.* 4.11~22. *SVF* III. 391. 397. 409. 414. Galen, *De placitis Hippocratis et Platonis*(이하 PHP), Corpus Medicorum Graecorum, Phillip de Lacy(ed.), Berlin 1981. IV.1.16. IV.2.1~4 참조.

고, 반면에 쾌락은 현재 그것이 좋다는 것이고 '팽창($\ddot{\epsilon}\pi\alpha\rho\sigma\iota\varsigma$)'이 그에 적합한 판단이 된다. 마찬가지로 공포는 임박한 나쁨에 대한 판단으로써 움츠러듦과 같은 '회피($\phi\epsilon\upsilon\kappa\tau\acute{o}\nu$)'가 그에 적합한 반응이 되고, 욕구는 가까운 미래의 좋음에 대한 판단으로써 뻗어 나감과 같은 '추구($\acute{o}\rho\epsilon\kappa\tau\acute{o}\nu$)'가 그에 적합한 반응이 된다.[7]

그러면 크리시포스가 정념을 판단과 동일시한 이유는 무엇일까? 스토아의 인식론적 설명이 이에 관한 이해를 가능케 해 준다. 스토아주의자들은 그들의 인식론을 '인상($\phi\alpha\nu\tau\alpha\sigma\acute{\iota}\alpha$)'과 '동의($\sigma\upsilon\gamma\kappa\alpha\tau\acute{\alpha}\theta\epsilon\sigma\iota\varsigma$)' 그리고 '의욕($\acute{o}\rho\mu\acute{\eta}$, $\eta o\lambda\upsilon\nu\tau\alpha\sigma$)'[8]을 통해 설명한다. 이것에 따르면 우리는 먼저 감각작용을 통해 외부대상이나 사태에 대한 '인상'을 갖게 된다. 그 다음에 외부대상에 대한 인상이 우리의 '영혼($\psi\upsilon\chi\acute{\eta}$)' 안으로 들어오게 되면 이것에 대한 영혼의 '동의'가 있게 된다.[9] 이때 우리의 영혼 안으로 들어온 인상에 대한 동의는 "x가 나에게 좋다(또는 나쁘다)"라고 판단하는 첫 번째 과정이라고 말할 수 있다. 그리고 이러한 영혼의 동의가 있은 후 곧바로 그것에 대한 의욕이 뒤따르게 된다. 즉 "나는 x를 의욕한다"와 같은 판단이 그것이고, 이것이 앞에서 말한 두 번째 단계에 해당된다. 크리시포스는 이때 영혼의 동의와 의욕은 어디까지나 인간영혼의 '지도원

---

7) 이상은 R. Sorabji, *Emotions and Peace of Mind*, Oxford Univ. Press, 2000, pp.29~33 참조할 것.

8) 앞의 인상으로 번역한 판타시아($\phi\alpha\nu\tau\alpha\sigma\acute{\iota}\alpha$)는 표상으로 번역할 수도 있다. 필자는 여기서 외적대상에 의한 영혼의 영향받음의 수동성을 강조하기 위해 인상으로 번역하였다. 의욕으로 번역한 호르메($\acute{o}\rho\mu\eta$)는 '충동'으로 번역할 수도 있으나 충동이란 말이 함의할 수 있는 비이성적인 맹목적 욕구와 구별하기 위해 의욕으로 번역하였다. 호르메는 여기서 동의와 같은 이성적 판단이 이루어진 후에 갖게 되는 이성적 욕구이기 때문이다.

9) *SVF* **III**.169, 171, 173. D. N. Blakeley, "Stoic Therapy of the Passions", *Hellenistic Philosophy*, vol.2, K. J. Boudouris(ed.,), Athens1994, pp.34~35 참조. 이창대, "스토아 윤리학의 인식론적 기초", 『철학』, 62집(2000), pp.86~92 참조.

리’가 되는 hegemonikon에 의해 내려지는 이성적인 판단과정으로 보는 것이다. 특히 크리시포스가 여기서 관심을 갖고 중점적으로 논의하는 것은 두 번째 판단단계이다. 그것은 첫 번째 단계에서 주어진 상황이 나쁜 것으로 보이더라도 두 번째 단계에서 적합한 판단을 내림으로써 고통이나 공포와 같은 정념을 피할 수 있는 가능성이 존재하기 때문이다.

상술한 것을 고려할 때 크리시포스에게 있어 결국 정념이란 동의와 의욕과 관련된 판단의 문제라고 말할 수 있다. 더 정확하게 말하면 정념은 ‘과도한 동의($\pi\lambda\varepsilon o\nu\acute{\alpha}\zeta o\upsilon\sigma\alpha\ \sigma\upsilon\gamma\kappa\alpha\tau\acute{\alpha}\theta\varepsilon\sigma\iota\varsigma$)’ 또는 ‘지나친 의욕($\pi\lambda\varepsilon o\nu\acute{\alpha}\zeta o\upsilon\sigma\alpha\ \acute{o}\rho\mu\acute{\eta}$)’[10)과 같은 것이다. 즉 정념은 그것이 ‘명확하지 않은 인상($\acute{\alpha}\kappa\alpha\tau\alpha\lambda\eta\pi\tau\iota\kappa\acute{\eta}\ \phi\alpha\nu\tau\alpha\sigma\acute{\iota}\alpha$)’에 대한 잘못된 동의나 의욕 또는 ‘명확한 인상($\kappa\alpha\tau\alpha\lambda\eta\pi\tau\iota\kappa\acute{\eta}\ \phi\alpha\nu\tau\alpha\sigma\acute{\iota}\alpha$)’에 대한 올바른 동의를 내렸더라도 두 번째 판단과정에서의 지나친 의욕에 의해 발생된다는 것이다.[11) 크리시포스가 들고 있는 두 가지 예가 그의 생각을 이해할 수 있게 하는 데 도움을 준다. 하나의 예는 흥미롭게도 비극작품의 주인공 메데이아($M\eta\delta\varepsilon\acute{\iota}\alpha\varsigma$)의 ‘분노($\acute{o}\theta\upsilon\mu\acute{o}\varsigma$)’의 정념이다.[12) 익히 알려진 것처럼 에우리피데스의 작품에서 메데이아는 자신이 헌신적으로 돕고 사랑한 이아손이 그녀를 버리고 고린토스의 왕 크레온의 딸과 결혼하려고 하자, 그에 대한 복수의 방법으로 그녀와 이아손 사이에서 난 두 자식들을 살해하는 비극의 여주인공이다. 여기서 크리시포스가 메데이아의 예를

---

10) Galen, *PHP* Ⅳ.5.13, 2.8, 2.18. *DL* Ⅶ.110. *SVF* Ⅲ. 337, 386 참조.

11) Galen, *PHP* Ⅳ.3.7.

12) Galen, *PHP* Ⅲ.3.13~17. Ⅳ.6.19~22 참조.

인용하면서 주목한 것은 그녀의 자식살해가 이아손에 대한 복수의 과도한 의욕에서 기인한 결과라는 것이다. 그렇기 때문에 메데이아의 복수의 방식은 이성적 척도에 따른 의욕이 아니며, 따라서 그녀의 자식살해는 자연적이며 정상적인 의미에서의 응징적 정의의 실현으로 보기 어렵다는 것이다.

이것은 크리시포스가 들고 있는 '달리는 자(ὁ τρέχων)'의 예를 통해 보다 잘 이해될 수 있다. 크리시포스에 따르면 걷는 사람과 달리는 사람은 운동의 시초에는 같으나 후자는 과도한 무게로 해서 자신의 속도를 통제하기가 어렵다.[13] 달리 말해 달리는 자는 걷는 자와 달리 지나치게 운동의 속도를 냄으로써 속도를 바꾸기가 어렵고, 그래서 멈추고자 원해도 멈출 수 없게 되는 것이다. 이러한 '달리는 자'의 예는 앞서 언급한 메데이아의 경우와 상통한다. 메데이아는 질주하는 자의 경우처럼 이아손에 대한 복수의 의욕이 지나치게, 과도하게 됨으로써 모성애에 근거한 올바른 이성을 따를 수 없었기 때문이다. 그러나 메데이아의 복수에의 정념을 이성적 판단의 관점에서만 보는 크리시포스의 소위 '정념-판단 동일성' 주장은 적어도 우리의 경험적 직관에 비추어 볼 때 설득력이 약한 것이 사실이다. 특히 분노를 '복수코자 하는 고통스런 감정'으로 정의하는 아리스토텔레스의 설명을 고려할 때도[14] 분노를 영혼의 비이성적인 부분과 무관한 것으로 보기 어려운 측면이 분명 있기 때문이다.

이런 이유로 갈렌(Galen)의 보고에 따르면 같은 스토아학파에 속하는 포세이도니오스는 크리시포스의 '정념-이성의 동일성 주장'

---

13) Galen, *PHP* IV.2.15~17. IV.4.24~26.
14) Aristoteles, *Rhetorica*, 1378a30~32. 1382a21~2 참조.

을 비판하였다고 한다.[15] 즉 포세이도니오스는 정념은 잘못된 판단이 아니라, 이성에 대한 '불복종(ἀπειθές)'으로 본다는 것이다. 그 근거로 포세이도니오스는 크리시포스가 제시하는 정념의 구성적 요소인 두 판단들이 그대로 남아 있더라도, 쾌락과 고통의 정념이 사라질 수 있는 경우를 든다. 포세이도니오스가 생각하기에 이때 판단이 변하지 않더라도 정념이 소멸될 수 있는 이유는 플라톤이 말하는 영혼의 욕구적 부분의 운동이 충족되거나 소진된 경우에 이루어진다. 예를 들어 달리고자 하는 욕구가 강한 도망가는 말을 처음에는 잡기 힘들지만, 그 말을 그대로 두어 달리고 싶은 욕망을 마음껏 충족시킨 후 그 말이 지치게 되었을 때 조련사가 쉽게 말을 제어할 수 있는 경우와 같다.[16] 요컨대 정념의 충족과 소진이 있은 다음에야 이성이 정념을 통제할 수 있다는 것이다. 물론 우리는 이러한 현상에 대해 크리시포스가 자신의 이성적 판단원리에 따라 의욕이 약해지거나 사라짐을 통해 정념이 소멸될 수 있는 것으로 자신의 변호를 시도할 수 있을 것이다. 그러나 여기서 포세이도니오스가 주목하는 것은 크리시포스가 말하는 것처럼 판단이 약해지기 때문에 정념이 사라지는 경우가 아니다. 그것은 크리시포스가 말하는 두 종류의 판단이 온전하게 남아 있어도, 사람의 정념이 사라질 수 있는 경우이다. 포세이도니오스가 보기에 이것은 정념의 요소가 이성적인 부분과는 분리되어 그 자체의 독립된 '힘(δύναμις)'을 갖고 작용함을 의미한다.

이 밖에도 포세이도니오스는 동물이나 어린아이들이 판단이 없

---

15) Galen, *PHP* IV.3.3.
16) 이상은 Galen, *PHP* IV.7.7~44, V.5.29~35, 6.31~32 참조할 것.

이도 정념을 가질 수 있는 경우[17]와 성인이 음악을 들었을 때 우는 경우[18]를 들어 크리시포스의 판단의 충분조건에 대한 반론을 제시하고 있다. 이러한 반론들에 대해 우리는 크리시포스가 동물과 어린아이들은 아직까지 이성을 갖춘 자로 볼 수 없기 때문에 온전한 의미의 동의와 의욕을 내릴 수 없는 것으로 자신을 변호할 수 있을 것으로 예상할 수 있다. 그러나 포세이도니오스가 여기서 강조하고자 하는 바는 우리의 일상적 직관에 비추어 봤을 때 '왜 어떤 성인들은 이성을 거부하고, 감정적인 동요를 경험하는가' 하는 것이다. 달리 말해 크리시포스가 두 번째 판단에서 상정한 의욕은 어떻게 그 판단결과가 더 좋거나 이익이 되지 않음에도 불구하고 그것을 '선택(ἐκλογή)' 하는가[19] 하는 것이다. 포세이도니오스가 보기에 이것은 크리시포스가 주장하는 정념-판단의 동일성원리에 의해서만은 그 설명이 충분치 않다. 오히려 그것은 이성적인 판단과는 다른 그 어떤 것, 즉 '비이성적인 것(ἄλογον)'에 조회되어 설명될 필요가 있다는 것이다. 그러면 우리는 두 철학자의 정념에 관한 견해 중 어느 철학자의 주장을 보다 스토아적인 의미의 정통성을 확보한 이론적 모델로 간주할 수 있을까? 뒤에서 밝혀지겠지만 이 물음에 대한 답변은 중요한데, 그것은 우리가 관심을 갖는 현인의 아파테이아의 실현방식이 정념을 이성적 판단의 측면에서 보는가, 아니면 비이성적 측면에서 보는가에 따라 그 이해가 판이하게 달라질 수 있기 때문이다.

---

17) Galen, *PHP* Ⅳ.7.33, 7.35, Ⅴ.1.10, Ⅴ.5.4~5, Ⅴ.5.21, Ⅴ.6.37~38 참조.
18) Galen, *PHP* Ⅴ.6.21~22.
19) Galen, *PHP* Ⅲ.3.18.

3

　먼저 두 스토아 철학자들의 정념론에 대한 주요한 이론적 보고를 하고 있는 갈렌은 포세이도니오스의 주장이 보다 설득력이 있다고 본다. 갈렌이 보기에 크리시포스가 인용하고 있는 메데이아의 자식살해라는 비정상적인 행위는 크리시포스가 주장하는 것처럼 메데이아가 더 나은 판단을 따르지 않았기 때문에 이루어진 행위가 아니다. 갈렌에 따르면 그것은 어디까지나 그녀의 이아손에 대한 복수의 정념이 이성을 '거부(ἀποστροφή)'하거나 이성에 '불복종(ἀπειθές)'함으로써 생긴 현상이 된다. 즉 플라톤의 영혼 삼분설을 통해 알 수 있듯이 이성과 욕구가 서로 싸우다가 '복수의 욕구가 이성보다 더 강했다(ὁ θυμὸς ἰσχυρότερος τοῦ λογισμοῦ)'는 것이다.[20] 이런 이유로 갈렌은 크리시포스가 정념을 한편으론 판단으로 규정하면서, 다른 한편으론 '비이성적이고 자연스럽지 못한 영혼의 움직임(ἄλογος τε καὶ παρὰ φύσιν κίνησις ψυχῆς)'과

---

20) Galen, *PHP* 4.2.8, 4.2.18. 또한 *SVF* Ⅰ. 205~6 참조.

'과도한 의욕($\pi\lambda\epsilon o\nu\acute{\alpha}\zeta o\upsilon\sigma\alpha$ $\acute{o}\rho\mu\acute{\eta}$)'으로 정의 내리는 모순된 입장을 보여준다고 비판한다.[21]

한편 세네카는 『분노에 관하여』(De ire)에서 분노의 정념을 세 단계의 운동으로 구분하면서 크리시포스와 포세이도니오스의 주장을 조화시키고자 시도한다.[22] 이 구분에 따르면 영혼의 첫 번째 운동은 '前정념(desiderium naturae, $\pi\rho o\theta\upsilon\mu\acute{\iota}\alpha$)'이고, 두 번째 단계는 '적합한(oportet)' 반응이고, 그리고 세 번째 단계는 아크라시아(impotentia, $\acute{\alpha}\kappa\rho\alpha\sigma\acute{\iota}\alpha$)와 같은 정념의 불복종이 일어나는 단계다. 세네카는 여기서 크리시포스가 말하는 동의와 의욕의 판단을 두 번째 운동단계로, 그리고 포세이도니오스가 주장하는 이성에 대한 불복종을 세 번째 단계에 해당하는 것으로 본다. 세 번째 단계는 두 번째 단계의 올바른 이성에 의한 적합한 판단과정을 거치고서도 이성에 불복종하는 아크라시아적인 행위가 발생하는 단계이다. 달리 말해 세 번째 단계는 '복수는 적합한 행위가 아니다'라고 판단해 놓고서도 그러한 올바른 판단을 따르지 않음으로써 분노의 정념이 '표출(efferantur)'되는 경우다. 이 단계는 마치 연인들이나 성난 사람들이 그것이 잘못된 것이거나 또는 이익이 되지 않는다 할지라도, 즉 '그것이 무엇이건(utique)' 복수를 해야겠다는 정념이 '이성을 이기는(evicit rationem)' 경우다. 이성에 의해 분노의 정념이 '통제되지 않는(impotens)' 아크라시아가 일어나는 단계다. 그리고 세네카가 여기서 주목하는 것은 이때의 분노감의 표출은, 그럼에도 불구하고, 갈렌이나 포세이도니오스가 생각하는 것처럼 '이성과 판단이

---

21) Galen, *PHP* 4.2.8, 4.2.18. 또한 *SVF* Ⅰ. 205~6 참조.
22) Seneca, *De ire*, 2.4.1.

없는($\chi\omega\rho\grave{\iota}\varsigma$ $\lambda\acute{o}\gamma o\upsilon$ $\tau\varepsilon$ $\kappa\alpha\grave{\iota}$ $\kappa\rho\acute{\iota}\sigma\varepsilon\omega\varsigma$)' 것은 아니라는 것이다. 다만 이때의 판단은 결여된 이성이라는 것이다. 다시 말해 세 번째 단계에서 발생된 분노는 두 번째 단계에서 이성이 적합한 것으로 제시한 판단을 잃어 가고 있을 뿐이라는 것이다. 요컨대 세네카는 포세이도니오스가 말하는 이성에 대한 불복종이 일어나는 세 번째 단계가 크리시포스가 말하는 두 번째의 이성에 의한 적합한 판단을 완전히 배제하고 있지 않는 것으로 보면서 양자의 주장을 모순된 것으로 볼 필요가 없음을 주장한다고 말할 수 있다.

필자가 생각하기에 위에 언급한 갈렌의 해석은 무엇보다 크리시포스에게서 불명확하게 남겨진 부분을 지적하고 있다는 점에서 일단 그 타당성이 인정될 수 있다. 그러나 갈렌은 자신의 신경생리학적인 의학적 입장에 치우침으로써 크리시포스의 입장을 너무 모순된 주장으로 폄하하는 경향이 강한 것으로 생각된다. 세네카의 시도 역시 정념의 세 운동단계를 통해 두 철학자의 견해를 모순되지 않는 것으로 볼 수 있게 해 준다는 점에서 해석상의 장점이 없는 것은 아니다. 그러나 필자가 보기에 세네카의 절충주의적인 해석은 정작 세 번째 단계에서 크리시포스가 말한 '두 번째 단계의 적합한 판단이 생생하게($\pi\rho\acute{o}\sigma\phi\alpha\tau o\nu$)' 남아 있는 경우에 '어떻게 정념의 이성에의 불복종이 발생하게 되는가'에 관한 보다 근본적인 해명은 제시하지 못하는 한계를 보여준다.

필자는 일단 포시도니우스의 감정의 발생 원인에 관한 분석이 보다 근본적인 차원에서 접근되고 있다는 점에서 진전된 설명력을 갖고 있다고 생각한다. 그것은 포세이도니오스가 '왜 메데이아가 과도한 복수에의 의욕을 갖게 되었는가' 하는 과도한 의욕의 '원인

(αἰτία)’ 내지 ‘출처’를 문제 삼고, 이에 관한 설명을 시도하고 있기 때문이다. 그리고 그는 이것을 크리시포스가 주장하는 것처럼 단순히 과도한 의욕적 판단 그 자체에 의해서가 아니라, 영혼의 비이성적인 힘을 통해 설명하고자 한다. 달리 말해 메데이아로 하여금 올바른 이성에 따른 정상적인 모성애의 발휘를 어렵게 만든 근본적인 다른 힘이 작용했을 것이라는 것이다. 요컨대 포세이도니오스는 메데이아의 과도한 의욕은 그 이전의 παθητική κινήσις, 즉 영혼의 ‘수동적 운동’23)에 의해 갖게 된 것으로 본다는 것이다. 메데이아는 이아손의 배신행위라는 외적 인상에 의한 일차적인 신체상의 감각적 영향받음과 같은 ‘앞선 정념’에 의해 어떤 식으로든 과도한 의욕을 갖게 되었다는 것이다.24)

필자는 포세이도니오스가 말하는 영혼의 수동적 운동이 세네카가 말한 첫 번째 운동으로써의 prothymia와 같은 전(pre)정념 상태에 유사한 것으로 볼 수 있다고 생각한다. 전정념은 최초의 흥분 내지 ‘첫 번째 움직임(primus motus)’으로 ‘동의’에 앞서 이루어지는 정념의 예비적 단계에 나타나는 증상들이다. 예를 들어 집 안에 불이 난 것을 보았을 때나, 가파른 낭떠러지를 보았을 때 동공이 커지거나 얼굴이 하얗게 변하는 것과 같은 신체상에 일어나는 수축과 팽창의 생리적 반응과 같은 것이다. 이러한 신체상의 전율이나 창백함 또는 눈물이나 동공의 확장과 같은 징후들은 외적 인상들이 신체에 가해짐으로써 나타나는 일종의 첫 번째 충격과 같은

---

23) Galen, *PHP* 4.7.37.

24) J. M. Cooper, “Posidonius on emotions”, *The Emotions in Hellenistic Philosophy*, J. Sihvola and T. Engberg-Pederson, Dordrecht, Netherlands 1998, pp.82~90 참조.

것이다. 그러나 이러한 첫 번째 쇼크는 우리의 영혼의 동의와 의욕이 있기 전에 일어나는 비자발적인 움직임이기 때문에 이것은 아직까지 정념이라고 볼 수 없다. 포세이도니오스의 '파테티케 키네시스'는 바로 이러한 '전정념 상태'에 있는 것으로서 우리가 그러한 겪음을 얼마만큼 또 얼마 동안 느껴야 하는지 이성적으로 판단할 수 없는 비이성적인 영혼의 운동으로 볼 수 있다는 것이다. 그리고 포세이도니오스는 이러한 영혼의 수동적 영향받음에 의한 수축이나 팽창과 같은 운동이 결국 우리의 인상에 대한 강하면서도 올바른 동의를 어렵게 하고, 결과적으로 과도한 의욕을 낳고 그럼으로써 분노나 공포 그리고 욕망과 같은 정념을 발생시키는 것으로 본 것 같다.[25]

상술한 것을 종합해 볼 때 포세이도니오스의 주장은 과도한 의욕으로 인한 정념의 발생을 보다 근본적인 차원에서 분석해 냄으로써 이론적 완결성을 담보하고 있는 것으로 평가할 수 있다. 그러나 문제는 포세이도니오스의 주장이 스토아에서 말하는 이성에 따른 삶의 전형을 보여주는 현인론과 그리 잘 조화되지 않는다는 데 문제의 심각성이 있다. 다시 말해 포세이도니오스의 정념론이 우리가 규명코자 하는 현인의 아파테이아론의 전형적인 모델로 수용되기에는 이론적 난점이 보인다는 것이다. 그것은 무엇보다 포세이도니오스에게 아파테이아의 도달은 이성적인 판단에 의해서만은 충분치 않고, 어디까지나 비이성적인 힘이나 부분의 조절과 순화를 통한 이성과의 복합적 과정을 통해 이루어지는 것으로 이해되어야

---

25) Galen, *PHP* IV.7.37~38 참조. J. M. Cooper(1998), p.85.

하기 때문이다. 이것은 포세이도니오스가 정념의 치료와 방지책으로 영혼의 수동적 겪음의 정도를 음악과 같은 예술교육이나 습관을 통해 순화시켜야 함을 주장하는 데서도 알 수 있다.[26] 그러나 그가 생각하는 것처럼 정념의 순화와 조절이라는 훈련방식이 스토아적인 이성적 모델로서의 현인에 도달할 수 있는 효과적인 방법이 될 수 있는지는 의심스럽다. 그것은 무엇보다 포세이도니오스가 주장하는 정념의 순화와 조절방식은 단지 정념의 충족을 통한 이성에의 복종만이 가능할 뿐이지, 정념 자체의 발생을 막기는 어렵기 때문이다. 이것은 스토아학파에서 볼 때 영원히 충족시키고 소진시켜야 할 정념의 존재를 인정함으로써 이성의 역할과 기능을 제한하는 문제점을 보인다. 다음으로 정념이 절제되고 통제될 수 있다는 포세이도니오스의 주장은 인간본성에 관한 소박한 낙관주의를 벗어나지 못한 문제점을 보여준다. 크리시포스의 입장에서 볼 때 분노나 공포 또는 성적 욕망과 같은 정념은 그 본성상 통제 불능의 과잉의 경향성을 가지고 있기 때문이다.

이런 점에서 포세이도니오스는 크리시포스의 소위 '정념-판단의 동일성 주장'의 문제점을 지적하는 데는 성공했지만, 영혼 안에 비이성적인 힘이나 기능을 인정함으로써 현인의 아파테이아에 대한 이해를 좀 더 복잡하게 만든 경향이 있다. 이러한 이유로 필자는 현인의 아파테이아론에 관한 유용한 설명력을 제공하는 것은 포세이도니오스가 아니라 크리시포스라고 생각한다. 크리시포스에게서 스토아적인 현인은 어디까지나 이성적인 지식에 따라 아파테

---

26) Galen, *PHP* V.5.24~29.

이아를 실현하는 사람으로 볼 수 있기 때문이다. 이제 필자는 계속해서 '정념의 이성에의 불복종' 현상에 관한 포세이도니오스의 비판적 공격에 크리시포스가 어떻게 대응할 수 있는지를 살펴볼 것이다. 이러한 검토는 크리시포스의 아파테이아론이 왜 스토아적인 현인의 모델로 인정되어야 하는지를 보여줄 것이다.

4

위에서 살펴본 것처럼 크리시포스는 정념을 이성적 판단으로 본다. 이것은 크리시포스에게 있어 아파테이아의 실현은 우리의 이성적인 원리에 의해 작동되는 동의와 의욕의 판단을 올바르게 내림으로써 가능함을 의미한다. 즉 주어진 외적 상황이 행위 주체에게 나쁜 것이나, 손해가 되는 것으로 보이더라도 이것에 대한 영혼의 동의와 의욕을 이성적 원리에 비추어 그에 적합한 판단으로 바꾸어 줌으로써 정념의 발생을 막을 수 있다는 것이다. 그러면 정념의 이성에의 불복종과 같은 아크라시아(ἀκρασία)적인 현상은 크리시포스의 관점에서 어떻게 설명될 수 있을까? 이 물음은 당연히 제기될 수밖에 없다. 왜냐하면 갈렌이 비판하는 것처럼 '영혼은 이성의 통일체이고, 그래서 정념 역시 헤게모니콘과 같은 이성적 원리에 의해 지도되는 것으로 이해될 수 있는데, 그렇다면 이성의 상태로서의 정념이 어떻게 이성 자체에 불복종 하거나 이성을 거부하거나 이성을 따르는 데 실패할 수 있는가(πῶς γὰρ ἂν ἢ ἀπειθεῖν ἐαυτῷ τι δύναιτο ἢ ἀποστρέφεσθαι ἑαυτὸ ἢ μὴ ἕπεσθαι ἑαυτῷ)[27]의 문제가 발생하기 때문이다. 일단 우리는 앞서 언급한 메데이아나 달리는 자의 경우들을 고려할 때, 크리시포스가 이성에 불복종해서 그릇된 행위가 이루어지는 현상, 즉 아크라시아를 부정하지 않음을 지적할 필요가 있다. 이것은 크리시포스가 과도한 욕망을 가진 연인들이나 극도의 분노한 사람들을 언급하면서, 그들이 잘못하고 있고, 또 자신들에게 결코 이익이 되지 않음에도 불구하고, '모든 수단을 동원해(ἐκ παντός τρόπου)' 잘못된 행위를 관철코자 하는 경우를 통해서도 알 수 있다.[28] 그렇다면 갈렌이 비판하는 것처럼 크리시포스는 본인의 의도와는 다르게 한편으론 정념을 판단과 동일시하면서, 다른 한편으론 이성을 거부하는 비이성적인 정념을 인정하는 모순을 범하는 것일까?

일단 앞의 논의를 고려할 때 크리시포스의 아크라시아 인정이, 곧 플라톤이나 아리스토텔레스가 생각하는 것처럼, 이성과 상이한 영혼의 비이성적인 부분으로써의 정념을 인정한 것으로 보기는 어렵다. 달리 말해 크리시포스는 앞서 언급한 메데이아의 복수에의 분노를 영혼의 이성적 부분과 독립된 별개의 부분으로 간주하지 않았다는 것이다. 이 점에서 크리시포스는 초기 스토아 철학자들의 인간영혼에 관한 강한 주지주의적 견해를 공유하고 있다. 즉 감각이나 재생산과 같은 인간영혼의 다양한 부분들은 모두 영혼의 지휘부에 해당되는 이성적인 부분인 헤게모니콘에 의해 그 기능과 활동이 이루어진다는 것이다. 이것은 플라톤이 말하는 기개와 욕구

---

27) Galen, *PHP* IV. 2. 27.

28) Galen, *PHP* IV. 6.27.

가 스토아주의자들에게는 더 이상 영혼의 독립된 부분이 아님을
의미한다.

그러면 크리시포스에게 있어 이성에 불복종하는 과도한 의욕은
단순히 이성의 실수(ἁμαρτήματα) 내지 잘못된 판단으로 이해되
어야 할까? 이와 관련하여 크리시포스는 정념의 이성에의 불복종
과 거부를 이성의 실수나 잘못된 판단에 의한 것으로 이해되어서
는 안 됨을 역설한다.[29] 달리 말해 크리시포스는 메데이아의 과도
한 의욕과 같은 이성에의 불복종을 아가멤논이 나라를 구하기 위
해 자신의 딸 이피게니아를 희생시키는 경우나 또는 헤라클레스가
자신의 자식들을 참주 에우뤼스테우스(Eurystheus)의 자식들로 믿고
죽이는 경우처럼 잘못된 판단이나 이성의 실수와 동일한 것으로
간주하지 않고 있다는 것이다.[30] 이러한 구분은 크리시포스가 갈렌
의 비판으로부터 자신을 변호할 수 있는 근거를 마련하는 것으로
볼 수 있다. 그러면 크리시포스가 메데이아의 과도한 의욕과 같은
이성에의 불복종 현상을 잘못된 판단으로써의 '무지(ἄγνοια)'나 또
는 영혼의 비이성적인 부분에 그 원인을 근거 짓지 않으면서, 자신
의 '정념-판단'의 관점에서 설명할 수 있는 방식은 어떤 것일까?

이와 관련하여 플루타르코스(Ploutarchos)는 우리에게 유용한 정
보를 제공하는 것으로 생각된다. 그가 전하는 다음의 말을 주목할
필요가 있다. "정념은 이성과 다를 바가 없고, 이 둘 사이에 불화와
투쟁은 없다. 이 둘은 두 측면으로 나아가는 하나의 이성인데, 이러
한 전환(τροπή)이 급격하면서도(ὀξύτητι) 매우 빠른(τάχει) 이동

---

29) Galen, *PHP* Ⅳ. 2.25~27. Ⅳ.6.21 계속 참조.
30) *SVF* Ⅲ.478.

을 통해 이루어지기 때문에, 그것에 대한 우리의 분명한 인지가 이루어지지 못할 뿐이다.”[31] 플루타르코스에 따르면 우리는 우리가 욕구하고, 후회하고, 분노하고 그리고 두려워하는 모든 것들이 영혼의 특정한 한 부분에서 일어나는 것이 아니라, ‘영혼의 같은 부분(ταὐτόν ἐστι τῆς ψυχῆς)’에서 이루어진다.[32] 즉 정념은 이성과 다른 영혼의 독립된 부분이 아니라, ‘영혼 전체로서의 지도적인 것(ὅλου τοῦ ἡγεμονικοῦ)’에 의한 ‘활동(ἐνέργεια)’이 된다는 것이다. 그렇다면 Gill이 말하는 것처럼[33] 메데이아의 분노의 정념은 어디까지나 이성적인 인간이 이러한 상황에서 어떻게 할 것인가에 대한 인지된 또는 ‘숙고된 거부(the deliberate rejection)’로 보는 것이 타당하다. 즉 메데이아의 복수에의 분노는 단순히 이성의 정념이나 격정에 대한 패퇴보다는 거부된 이성에 대한 메데이아의 분명한 인지적 판단이 전제된 과도한 의욕이라는 것이다.[34]

요컨대 크리시포스가 메데이아를 인용하면서 강조하고자 했던 것은, 갈렌이 해석하는 것처럼 이성과 정념 사이의 두 부분의 갈등이 아니다. 그것은 이성의 척도에 따른 올바른 의욕과 그것을 거부코자 하는 이성의 척도를 벗어난 과도한 의욕, 즉 두 판단의 대립이다. 이런 점에서 정념은 이성에 따른 의욕과 이성이 결여된 과도한 의욕 사이의 영혼의 ‘동요(πτοία)’를 내포하고 있다. 이것은 ‘정념의 발생 원인(γένεσις)은 두 판단 사이의 갈등 속에(ἐν τῷ μάχεσθαι) 있다’

---

31) Plutarchus, *de virtute morali*, 441c, 446f~447a. *SVF* III, 459.

32) Plutarchus, *de virtute morali*, 447a. *SVF* III, 459.

33) C. Gill, “Did Chrysippus understand Medea?”, *Phronesis*, vol.28(1983), p.142.

34) 이와 관련해선 Galen, *PHP* IV. 6.19 계속 참조.

또는 '영혼의 질병과 정념은 두 판단이 서로 불일치($\alpha\nu o\mu o\lambda o\gamma\acute{\iota}\alpha$)할 때 일어난다'[35]라는 크리시포스의 말을 통해서도 분명하게 알 수 있다. 다만 크리시포스는 이러한 영혼의 진동 내지 동요가 너무 빨라서 우리의 영혼이 이것을 인지하지 못한다고 보는 것이다. 그러나 이러한 영혼의 동요는 크리시포스에게 본질적으로 하나의 지평, 즉 이성적인 부분에서 발생하는 두 양태에 불과한 것이다. 그런데 여기서 오해되지 말아야 할 것은 크리시포스가 '하나의 동일한 이성이 두 측면 내지 방향으로 나아간다' 할 때, 이것이 동시에 이루어지는 것으로 이해되어서는 안 된다는 것이다. 이미 플라톤이 말한 것처럼[36] 단일한 영혼이 동시에 동일한 대상에 대해 상반된 판단을 내릴 수는 없기 때문이다. 그렇다면 이때의 동요는 공시적인 것이 아닌 통시적인 것으로 이해되는 것이 크리시포스의 진의에 가까울 것이다. 다시 말해 '물을 과도하게 마실 것인가' 아니면 '적당하게 마실 것인가'의 두 판단 중 어느 것이 적합한 행위인가에 대한 행위자의 동요는 그의 영혼의 부분들이나 상반된 기능들 사이에서 동시에 일어나는 것이 아니다.[37] 크리시포스에게 있어 그러한 판단의 동요는 메데이아와 같은 '약한 의견($\alpha\sigma\theta\epsilon\nu\acute{\eta}\varsigma$ $\delta\acute{o}\xi\alpha$)'을 가진 아크라테스의 영혼 속에서 시간의 경과에 따라 나타나는 현상으로 이해될 수 있다. 크리시포스에게 메데이아는 모성애에 따른 올바른 의욕적 판단과 그것에 상반된 이아손에 대한 복수에의 과도한 의욕적 판단 사이에서 전자의 이성적 판단을 견지하거나 보

---

35) Galen, *PHP* V.4.10, V.4.14.

36) Platon, *Politeia*, 436b~439e.

37) M.D.Boeri, "Socrates and Aristotle in the Stoic Account of Akrasia", *Metaphysics, Soul, and Ethics in Ancient Thought*, R. Sallas(ed.), Oxford Univ. Press, 2005. pp.396~397.

존하지 못한 연약한 영혼의 소유자이기 때문이다.[38]

상술한 것을 통해 우리는 무엇보다 크리시포스적인 의미에서의 현인은 영혼의 지도부가 되는 헤게모니콘에 따른 올바른 동의와 의욕을 통해 과도한 정념의 동요와 흥분을 겪지 않는 자라고 말할 수 있다. 이와 달리 '어리석은 자(φαῦλος)'는 확고한 지식을 결여하고 있고, 그래서 올바른 동의와 의욕을 행사하지 못함으로써 격정으로부터 자유롭지 못한 자로 말할 수 있다. 이런 관점에서 메데이아는 마치 달리는 사람처럼 이성의 명령에 불복종하는 과도한 의욕에 따라 자식살해라는 비자연적이며 비정상적인 아크라시아적인 행위를 한 어리석은 자에 불과하다. 그녀는 자신의 동의와 의욕을 영혼의 헤게모니콘에 일치시켜 주어진 상황에서 덕에 따른 올바른 행위를 보여줄 수 있는 강한 이성의 소유자가 아니다.[39] 그러나 만약에 그녀가 현인이었다면, 그녀는 세계이성의 차원에서 사랑과 복수라는 삶의 부침으로부터 자신의 '운명(εἱμαρμένη)'을 자신의 이성을 통해 냉철하게 통찰할 수 있었을 것이며, 그래서 과도한 의욕을 이성적 의욕으로 바꿈으로써 정념의 희생양이 되지 않을 수 있었을 것이다. 이것은 스토아에서 말하는 현인의 아파테이아의 도달이 어리석은 자의 세계에 대한 이해나 판단방식과 다르게 이루어짐을 의미한다. 우리는 이러한 현인과 非현인의 상이한 가치판단을, 특히 아디아포론(ἀδιάφορον), 즉 '별 차이가 없는 것'에 관한 견해를 통해 확인할 수 있다.

---

38) Galen, *PHP* IV.5.13~14, IV.6.13, IV. 6.15~16.

39) Galen, *PHP* IV.6.13. 또한 R. Joyce(1995), *op.cit.*, p.326 참조. Oh, Yu, Suk, *Episth/mh kai/ ai)sqh/sh kata' tou=j stoi/kouj*, Aqh/na 2004, pp.166~179 참조할 것.

스토아학파에 따르면 아디아포론 한 것들은 삶, 건강, 쾌락, 아름다움, 부 그리고 명성처럼 우리의 자연적 본성에 비추어 봤을 때 '선호되는 것들(προηγμένα)'과, 그 반대로 죽음, 질병, 고통, 추함, 가난, 그리고 불명예와 같은 '선호되지 않는 것들(ἀποπροηγμένα)'로 구분될 수 있다. 그러나 스토아철학자들에게 중요한 것은 선호되는 것이든 선호되지 않는 것이든 양자 공히 본질적으로 아디아포론 한 것, 즉 '차이가 없는 것', 그렇기 때문에 '중요하지 않는 것'으로 간주되어야 한다는 것이다.[40] 달리 말해 스토아적 현인은 이러한 아디아포론한 것들을 본질적으로 우리의 행복을 결정하는 내적 구성요소로 간주하지 않는다. 아디아포론한 것들은 아디아포론 그 이상도 그 이하도 아닌 것이다. 그것들은 덕과 같은 선도 아니며, 더 나아가 아리스토텔레스가 말하는 외적 선도 아니다. 이것은 정상적이며 자연적인 상황에선 '선호되는 것'이 좋은 것으로 판단되어 선택될 수 있지만, 특수한 상황에선 '선호되지 않는 것'이 선택될 수 있기 때문이다. 예를 들어 스토아의 현인은 조국이나 가족을 위해 목숨을 바쳐야 할 어떤 특수한 상황에선 사는 것보다는 죽음을 택할 수 있다. 그는 죽음이나 자살을 선택하는 것이 주어진 상황에서 덕에 따른 '올바른 행위(κατορθόμα)'로 판단하기 때문이다. 따라서 선호됨과 선호되지 않음은 절대적이 아닌 상대적인 '가치(ἀξία)'만을 가질 뿐이다. 그렇기 때문에 현인에게 절대적인 기준은 그것이 '자연에 따른(κατὰ φύσιν)', 즉 지식과 덕에 따른 것이냐, 아니냐 하는 것이다. 현인에겐 지식과 덕만이 선이고, 다른 모

든 것들은 악이거나, 단지 중요하지 않은 아디아포론한 것들이다.[41]

상술한 것처럼 현인의 아파테이아의 실현방식은 근본적으로 '어리석은 자'와 다르다. 어리석은 자는 '선호되는 아디아포론한 것'을 '좋은 것($\dot{\alpha}\gamma\alpha\theta\acute{o}\nu$)'으로, 그 반대로 후자의 '선호되지 않는 아디아포론한 것들'을 '나쁜 것($\kappa\alpha\kappa\acute{o}\nu$)'으로 판단하면서, 그것들에 대한 각각의 과도한 추구와 극단적인 기피로 인해 감정적인 동요와 들뜸으로부터 자유로울 수 없기 때문이다. 달리 말해 그들은 아디아포론한 것들에 대한 잘못된 판단을 내림으로써 그러한 것들의 소유와 상실에 일희일비함으로써 결국 영혼의 평정심과 같은 아파테이아를 실현할 수 없다는 것이다. 이와 달리 현인은 선호되는 것들의 소유로 인한 쾌락이나 그것들에 대한 과도한 욕구의 정념을 갖지 않는다. 또한 현인은 선호되는 것들의 상실로 인한 고통이나 다가올 악에 대한 공포의 정념을 갖지도 않는다. 현인에게 아디아포론한 것들에 대한 과도한 집착이나 회피는 모두 아파테이아의 실현을 방해하기 때문이다. 그렇기 때문에 스토아의 현인에게 아파테이아의 실현은 오직 지식과 덕에 따라서만 가능하다. 현인에게는 오직 자연에 따른, 즉 지식과 덕에 따른 선택과 의욕만이 있을 뿐이다.

그렇다면 스토아적인 의미에서의 현인이 지식과 덕으로 철저히 무장되어 있다면, 이러한 종류의 현인은 전혀 인간적인 정념을 느끼지 않는 차가운 이성의 소유자로만 이해되어야 하지 않을까? 이러한 비판은 당연히 제기될 수밖에 없는데, 그것은 스토아학파의

---

41) M. E. Reesor, "The Stoic Wise Man", *Proceedings of the Boston Area Colloquium in Ancient Philosophy*, vol.5, J. Cleary and D. C. Shartin(eds.), p.111.

무정념이란 개념이 일반적으로 스토아의 현인을 마치 차가운 이성의 소유자로, 그래서 인간적인 감정을 결여한 냉혈한으로 평가할 수 있기 때문이다.[42] 키케로가 인용하는 "스토아적인 아파테이아의 상태는 영혼 속에서의 비인간화와 육체에서의 냉담의 대가 없이는 성취될 수 없다"[43]는 Crantor의 주장이 이를 뒷받침한다. 그렇다면 과연 스토아의 현인은 모든 정념을 제거하고자 하고, 그럼으로써 정념만이 줄 수 있는 인간적인 행복은 향유하지 못하는 인간으로 보아야 할까? 필자가 생각하기에 이러한 비판은 스토아에서 말하는 에우파테이아, 즉 좋은 정념을 고려할 때 수용되기 어렵다. 크리시포스와 같은 스토아 철학자들이 부정하는 것은 어디까지나 사람을 비자연적이고 비이성적으로 행위 하게 하는 과도한 정념을 부정한 것이지, 에우파테이아와 같은 좋은 정념까지 모두 부정한 것으로 볼 수는 없기 때문이다. 이제 필자는 아래에서 스토아학파의 에우파테이아에 관한 검토를 통해 현인의 아파테이아가 비인간적인 차가운 지식인을 만드는 테크닉으로 이해되어서는 안 됨을 밝히면서 이 글을 끝낼까 한다.

---

42) R.D.Hicks, *Stoics and Epicurean*, London 1910, p.18.
43) Cicero, *Tusculan Disputations*, Ⅲ.12, M. Graver(trans.), The Univ. of Chicago Press, 2002.

5

디오게네스 라에르티우스의 보고에 따르면 크리시포스와 같은 초기 스토아학파는 현인 역시 ‘희망(βούλησις)’과 ‘주의(εὐλάβεια)’ 그리고 ‘기쁨(χαρά)’과 같은 εὐπάθεια, 즉 ‘좋은 정념’을 갖는다고 하였다.[44] 이러한 좋은 정념은 오직 현자만이 경험할 수 있는 것으로서 어리석은 자들이 갖는 욕구와 공포 그리고 쾌락에 각각 상응하는 현인의 의욕이다. 즉 희망은 욕구의 대응어로서 ‘이성에 적합한(εὔλογος)’ 의욕이고, 주의는 공포의 대응어이며 그것은 이성적인 회피이다. 그리고 기쁨은 쾌락의 대응어이며 이성적인 고양이다. 희망은 친절함이나 친애 또는 온화함을, 주의는 겸손함이나 경의를, 그리고 기쁨은 환희, 유쾌 그리고 환영과 같은 특성을 포함한다.[45] 그런데 여기서 한 가지 물음이 제기될 수 있는데 그것은 ‘일견 현자의 에우파테이아는 어리석은 자의 정념과 단지 과도함의 정도에 있어서만 다른 것으로 볼 수도 있지 않은가’ 하는 점이

---

44) *DL* 7.116. *SVF* 3.432.
45) *DL* 7.116. *SVF* 3.432.

다. 이 문제의 접근을 위해 우리는 상술한 세 종류의 좋은 정념의 특성을 보다 분명하게 이해할 필요가 있다.

먼저 '희망(βούλησις)'은 이성에 따라 우리가 어떤 것을 욕구하는 것이다. 희망의 감정은 현자로 하여금 '어떤 것이 가치 있다'는 인상에 동의하고, 그것을 지혜롭게 그리고 일관성 있게 추구하도록 동기를 부여하는 것이다. 반면에 어떤 것을 이성에 반해서 또는 그것에 대한 잘못된 가치판단을 통해 그것에 대한 과도한 추구를 하도록 하는 욕구라면, 그것은 어리석은 자가 가지는 정념에 해당된다.46) 이것은 앞서 언급한 아디아포론에 대한 관점에서도 확인된다. 즉 현인은 아디아포론한 것들을 우주이성의 관점에 비추어 그것이 적합하면서도 덕스런 행위가 될 수 있는지에 따라 그것에 대한 판단을 달리함으로써 그것에 대한 희망을 가진다는 것이다. 예를 들어 부의 획득이나 나라를 지킴으로서 얻어지는 명예와 같은 것은 본질적으로 선은 아니나 주어진 상황에서 그러한 것들에 대한 의욕이 덕과 이성에 부합한다면, 그것에 대한 바람이나 희망의 정념을 가질 수 있다는 것이다. 그러나 어리석은 자는 부나 명예를 절대적인 선으로 판단하고 그것의 소유에 대한 과도한 추구를 함으로써 욕구의 정념을 가지거나, 그렇지 않으면 그것들의 상실로 인한 고통의 정념을 겪는다. 이런 점에서 현인의 이성적 희망은 어리석은 자의 비이성적인 욕구와 다르다.

크리시포스에 따르면 '주의(εὐλάβεια)' 또는 '경계심'은 이성에 적합하게 피하는 감정이다.47) 이것은 현인 역시 어리석은 자와 마

---

46) Cicero, *Tusculan Disputations*, Ⅳ.12.

47) Cicero, *Tusculan Disputations*, Ⅳ.13.

찬가지로 신체적 부상이나 끔찍한 고통 또는 자신이나 가족의 죽음을 선호하지 않을 수 있음을 의미한다. 그러나 선호되지 않는 것들에 대한 기피나 회피에 있어 현인과 어리석은 자의 에토스($\hat{\eta}\theta o\varsigma$)가 동일한 것은 아니다. 달리 말해 어리석은 자들은 선호되지 않는 것들을 피하거나 이러한 것들로부터 자신을 보호해야 한다는 두려움의 정념을 가지나, 현인은 이때 주의나 경계의 정념을 가진다는 것이다. 물론 이것은 현인이 자신의 생명이 위태로운 상황에서 두려움을 느끼지 않는다는 말이 아니다. 현인 역시 종종 인간사에서 발생하는 두려운 상황 앞에 직면하게 되었을 때, 그것에 대한 본능적인 위협을 느끼고 그것을 피하고자 한다. 그러나 현인의 기피하는 태도는 어리석은 자와 다르다. 어리석은 자는 두려운 상황에 처했을 때 좋고 나쁨에 대한 판단을 잘못하여 공포의 정념으로 과도하게 들떠 있지만, 현인은 자신의 판단이 미혹되어 사태에 대한 판단을 그르치지 않도록 자신을 다잡고자 하는 주의와 신중함의 정념을 취한다는 것이다.[48] 다시 말해 현인 역시 고통이나 죽음을 당연히 피해야 할 것으로 간주하지만 그것은 이성에 적합한 기피가 되는 것이다. 요컨대 현인은 두려운 상황에 대한 인지를 통해 두려움의 정념을 전혀 갖지 않을 수 있다는 것이다.

마지막으로 '기쁨($\chi\alpha\rho\acute{\alpha}$)'의 정념은 덕스러운 행위에 필히 따라오는 에우파테이아이다. 이것은 희망이나 주의처럼 추구나 회피와 관계된 것이 아니라, 덕스런 행위의 결과로서 반응하게 되는 좋은 정념이다.[49] 달리 말해 현인은 모든 것이 제우스의 '뜻($\beta o\iota\lambda\acute{\eta}$)'과

---

48) J.M. Cooper, "The Emotional Life of the Wise", *The Southern Journal of Philosophy*, vol.XLⅢ(2005), pp.85~86.

'예지(πρόνοια)'에 따라 만사가 발생한다는 우주이성의 섭리를 통찰하고, 그에 따른 덕스런 행위를 하는 데서 희열의 감정을 느낀다는 것이다. 현인은 그의 모든 행동이 항상 적합하게 이루어졌으며, 그렇기 때문에 그 결과 역시 자연이 우주의 완벽한 설계의 부분으로써 발생하도록 운명 지어진 결과임을 알기 때문이다.[50] 이런 이유로 현인은 마치 연극 무대에서의 자신의 역할이 5막까지가 아니라 3막으로 끝난다 할지라도 그것을 자신의 '운명(εἱμαρμένη)'으로 인지하고 기쁜 마음으로 무대를 내려올 수 있다. 현인은 "운명은 동의하는 자는 인도하고, 동의하지 않는 자는 강제함(Ducunt volentem fata, nolentem trahunt)"[51]을 알기 때문이다. 이렇게 하는 것이 슬픔이나 실망, 후회의 정념으로부터 자유로워질 수 있는 삶의 태도이기 때문이다. 요컨대 스토아의 현인은 후회나 실망 또는 고통의 부정적인 감정을 느끼지 않는다. 이렇듯 현인은 덕에 따라 행위 하기 때문에 목적의 성공여부와는 관계없이 행위 자체 안에서 일관되면서도 지속적인 기쁨을 느낄 수 있다. 현인은 외적 대상에 의해 영향을 받지 않는 삶을 살며, 그렇기 때문에 그의 삶의 방식은 항상 조용하고, 부드럽다.[52] 현인은 고통과 비탄 내지 후회대신에 항상 영혼이 고양된 그래서 계속적인 기쁨의 상태에 있다는 것이다. 이런 점에서 현인과 어리석은 자의 겪음의 상태는 본질적으로 다르다고 말할 수 있다.

---

49) Cicero, *Tusculan Disputations*, Ⅳ.13.

50) DL 7.118. Cicero, *Tusculan Disputations* Ⅳ.14, Seneca, *De beneficiis* 4.34.

51) Seneca, *Epistulae morales*, 92.11.

52) J.M.Cooper(2005), p.179~180 참조.

　상술한 세 종류의 좋은 정념을 통해 우리는 스토아의 현인이 모든 정념을 부정하는 것이 아님을 알 수 있다. 현인은 이성에 적합한 정도에 따른 의욕적 희망을 갖고, 반대되는 것에 대해서는 이성에 적합한 회피의 주의와 신중함의 정념을 갖기 때문이다. 또한 현인은 '자연에 따른(κατα φύσιν)' 덕스런 행위를 수행하면서 항상 기쁨의 감정적 반응을 보인다. 이러한 희망과 주의 그리고 기쁨의 좋은 정념은 우리로 하여금 스토아의 현인이 삶의 부침으로부터 발생하는 모든 정념을 부정하면서 무미건조한 삶의 행진을 하는 자가 아니라는 이론적 근거를 제공한다.

칸트와 쉴러에서 미의 경험과 도야*

최준호

* 이 논문은 2005년도 정부(교육인적자원부)의 재원으로 한국학술진흥재단의 지원을 받아 수행된 연구임 (KRF-2005-079-AM0016).

1. 들어가는 말

18세기 중엽을 전후한 시기에 전개된 미 혹은 미의 경험에 관한 서구의 논의는 호사가적 수준에서 미와 예술에 관해 얘기하는 것과는 차원을 달리한다. 뿐만 아니라 그 논의를 통해 미학이 철학의 분과학문으로 자리 잡게 되었다는 말이나 예술 철학의 새로운 토대가 마련되었다는 말로도 그 의의가 다 드러나지 않는다. 그 심층에는 삶의 영역들의 분화를 어떻게 정당화할 것인가, 더 나아가 그 분화된 삶의 영역들을 새롭게 통합시킬 수 있는 가능성은 어디에 있는가 하는 물음들이 자리하고 있기 때문이다. 감성의 역할에 대한 새로운 고찰, 미와 도덕성 간의 관계에 대한 일련의 성찰들, 그리고 자연 세계에서 자유의 실현 가능성에 대한 탐색 등의 근저에 놓인 물음이 바로 그것이다.

여기서 살펴볼 미의 경험에 관한 칸트와 쉴러의 논의는 그 대표적인 경우이다. 미에 관한 그들의 논의의 심층에는 분화되고 분열된 삶을 넘어서서 조화롭고 통일된 삶에 이르는 길에 대한 숙고가 놓여 있다. 몸과 마음을 갈고닦는 문제가 직접적으로 언급되고 있지 않다고 하더라도, 미에 대한 칸트와 쉴러의 분석과 설명에는 심신의 조화에 이르는 길에 관한 생각이 배어들어 있다.

논문은 이러한 사실을 염두에 두면서, 미의 경험에 관한 칸트와 쉴러의 견해를 고찰해 보려고 한다. 이를 통해서 '미의 경험에 배태되어 있는 조화로운 삶과 도야'에 대한 그들의 생각의 공통점과 차이점을 드러내 보이고자 한다. 아울러 그 한계점에 대해서도 간략하게 언급할 것이다.

이러한 논의와 관련하여 조화로운 삶은 본능적인 것과 도덕적인 것 간에 조화를 이룬 삶으로 그 의미를 제한할 것이며, 칸트에서 미란 기본적으로 자연미를 의미하며 쉴러의 경우에는 예술미를 의미한다는 사실에 큰 의미를 부여하지는 않을 것이다. 그리고 칸트의 경우에는 무관심적 만족(uninteresses Wohlgefallen) 개념에, 쉴러의 경우에는 놀이충동(spieltrieb) 개념에 초점을 맞추어 논의를 전개할 것이다. 그 이유는 그 두 개념이 미 혹은 미의 경험에 대한 칸트와 쉴러의 견해의 핵심 개념들이라는 점에만 있는 것은 아니다. 그보다는 그들의 다른 어떤 미학적 개념에서보다도 그 두 개념에서 미의 경험에 배태된 조화로운 삶과 도야에 대한 그들의 견해의 특징이 잘 드러날 수 있다고 보기 때문이다.

2. 칸트의 미의 경험과 도야

1) 미의 경험과 쾌의 감정

칸트는 미의 경험에 대한 해명을 판단 형식에 대한 분석을 통해서 수행하고 있다. '이것은 아름답다'는 형식을 통해서, 어떤 대상의 아름다움을 경험하는 판단을 칸트는 취미판단(Geschmacksurteil)이라고 부른다.[1] 그 판단은 주관의 감정에 기초한 판단이면서도, 보편타당성을 요구하는 판단이다. 칸트는 이러한 판단을 특별히 본래적인 (eigentlich) 취미판단 혹은 순수(rein) 취미판단이라고 일컫고 있다.[2]

---

[1] I. Kant, *Kritik der Urteilskraft*, Hamburg, 2002, B. 5(이하 인용 시 KU로 약하고 B판의 쪽수를 적음) 취미(Geschmack)가 '미를 판정하는 능력'을 의미하게 된 역사적 과정에 대한 상세한 고찰과 관련해서는 다음의 문헌을 참조할 것. A. Baeumler, *Das Irrationalitätsproblem in der Ästhetik und Logik des 18. Jahrhunderts bis zur Kritik der Urteilskraft*, Darmstadt, 1975.

[2] 이러한 사실은 미의 경험에 대한 칸트의 생각이 『판단력비판』을 저술하면서, 근본적으로 바뀌었음을 의미한다. 『판단력비판』 이전의 미에 대한 칸트의 견해가 집약되어 있는 『미와 숭고의 감정에 대한 고찰 (*Beobachtungen über das Gefühl des Schönen und Erhabenen*)』에서 칸트는 미의 경험은 보편타당성과 전혀 관계가 없다고 주장하고 있다[(AA, Ⅱ, 207쪽 이하 참조; 『실천이성비판』, 『판단력비판』을 제외한 칸트의 나머지 저작은 학술원판 전집(Akademie Ausgabe)을 인용하였으며, 인용 시 AA로 약하고 권수와 쪽수만 밝힘]. 『판단력비판』에서 칸트는 보편타당성을 담고 있는 취미판단, 즉 순수 취미판단을 기본적으로 자연대상의 아름다움에 대한 판단, 이른바 자연미의 판단에 국한시키고 있다. 이하에서 칸트의 논의와 관련하여 취미판단 혹은 미의 판단이라고 할 경우, 그것은 자연미의 판단에 국한된 순

그는 이 순수 취미 판단의 규정근거를 밝힘으로써 미의 경험을 해명하고자 한다.

『판단력비판』 첫 부분에서 칸트는 미의 판단은 '심미적(ästhetisch)' 판단이라고 말하고 있다. 이때 심미적이라는 말은 '그 규정근거가 주관적인 것 이외에 다른 것일 수 없는 것'을 의미한다(KU, B 4). 취미판단의 경우, 판단 주체는 대상에 대한 표상(Vorstellung)을 그 대상의 객관적 특성을 규정 가능하게 하는 지성(Verstand)의 개념에 결합시키지 않고, 쾌·불쾌의 감정에 결합시킨다(같은 곳).

'이 장미꽃은 아름답다'라는 판단과 '이 장미꽃의 무게는 100g이다'라는 판단을 비교해 보자. 전자의 판단에서 술어 역할을 하는 '아름답다'라는 말과 후자의 판단에서 술어의 역할을 하는 '100g이다'라는 말은 'X는 F이다'라는 형식에서 보면, 같은 역할을 하고 있는 것처럼 보인다.

그러나 내용적으로 보자면 그렇지 않다는 것이 칸트의 견해이다. '100g'이라는 말은 장미꽃의 객관적 특성을 규정하는 역할을 하고 있는 반면에, '아름답다'라는 말은 장미꽃의 객관적 특성을 규정하는 것과 관계가 없다. '아름답다'라는 말은 장미꽃의 객관적 특성을 규정해 주는 말이 아니라, 판단 주체의 쾌의 감정을 나타내는 말이다. 이는 '아름답다'라는 말이 대상의 객관적 특성을 규정해 주는 '개념'이 아니라는 것을 의미하며, '이것은 아름답다'라는 판단 형식을 띠는 미의 경험은 순수 지성의 개념(범주), 예컨대 실체(Substanz)와 속성(Inhärenz)의 범주에 의존하고 있지 않음을 의미한

수 취미판단을 의미한다.

다. 이런 까닭에 취미판단에 담긴 보편타당성은 강력한 것이 못 된
다. 왜냐하면 그것은 감정에 의존하는(gefühlmäßig) 것이기 때문이다.

칸트는 쾌의 감정에 기초하는 취미판단의 선험적 원리를 언급하면
서 미를 경험할 때 우리의 마음은 자유로운 놀이의 상태에 놓인다고
말하고 있다. 더 정확하게 말하자면 미를 경험할 때 우리의 인식력들,
즉 상상력(Einbildungskraft)과 비규정적 지성(unbestimmter Verstand)
은 '자유로운 놀이(ein freies Spiel)'의 상태에 놓인다(KU, B 28). '아
름답다'라는 쾌의 감정은 대상의 표상이 지성의 개념 아래로 수렴
됨으로써 생겨나는 것이 아니라, 상상력과 비규정적 지성이 자유로
운 놀이의 상태에 놓임으로써 생겨난다고 할 수 있다.

위와 같은 까닭에 미의 판단은 대상의 객관적 특성을 규정하는
이론적 인식판단이나 도덕법칙에 근거하는 실천적 인식판단과 원
리적으로 구별된다. 그 판단들의 규정근거는 주관적이지 않기 때문
이다. 또한 미의 판단은 '자연미의 경험을 의미하는 심미적 판단
이외의 심미적 판단'이나 혹은 '지각판단(Wahrnehmungsurteil)'과도
구별된다.[3]

취미판단이 판단 주체의 마음의 상태를 나타내 준다는 점에서
그 판단은 지각판단이나 '감각경험적인(혹은 질료적인) 심미적 판
단들(KU, B 39)'과 근친적인 판단이다. 그러나 취미판단이 심미적
이라고 했을 때, '심미적'이라는 말은 그 판단의 규정 근거가 주관
의 쾌·불쾌의 감정에 놓여 있다는 사실만을 뜻하는 것은 아니다.

---

3) 『프롤레고메나 Prolegomena zu einer jeden künftigen Metaphysik, die als Wissenschaft wird
treten können』에서 칸트는 '이 방은 따뜻하다', '이 사탕은 달다' 등과 같은 판단을 지각판단이라고
부르면서, 그 판단들은 주관의 감정 상태만을 말해 줄 뿐, 대상의 객관적 특성에 대해서 규정해 주는 것
은 없다고 말하고 있다. AA Ⅳ, 299 참조.

그것은 주관의 감정의 특별한 상태를 함축한다. 그것은 취미판단의 판단 주체가 쾌·불쾌의 '무관심적인 만족'의 상태에 놓인다는 사실을 포함하고 있다. 이 무관심적인 만족 개념이야말로 칸트의 취미판단의 핵심 개념이라고 해도 지나치지 않다. 그리고 우리는 그 개념에서 미의 경험에 대한 칸트의 기본적인 생각뿐만 아니라, 칸트의 미의 경험에 배태되어 있는 조화로운 삶과 도야에 대한 생각 또한 헤아려 볼 수 있다.

2) 무관심적 만족과 자유로움

칸트는 "취미판단을 규정하는 만족은 어떤 관심(Interesse)과도 관계가 없다"고 말하고 있다(KU, 5). 취미판단이 쾌적함(das Angenehme)의 판단은 물론이고 '선(좋음) [das Gute]의 만족에 근거하는 판단'과 구별되는 것도 그 때문이다. 쾌적함의 판단은 물론이고, 선의 만족에 근거하는 판단 역시 관심과 결합되어 있다.[4]

선의 만족에 근거한 판단은 두 종류로 나뉜다. 하나는 그저 좋음의 판단이고, 다른 하나는 도덕적 좋음의 판단이다. 이러한 선의 만족은 개념적 식견이나 개념적 통찰과 불가분의 관계에 있다. 다시 말해 그 만족의 감정은 '어떤 대상의 유용성(좋음)'에 대한 식견에 근거하거나 혹은 어떤 행위의 도덕성에 대한 통찰에 근거한다. 이에 반해 취미판단은 그 어떤 개념적 식견이나 통찰과 무관하다.

---

4) 쾌적함의 판단과 선의 만족에 근거하는 판단이 관심과 결합되어 있다는 사실에 대한 자세한 내용과 관련해서는 KU, § 3~§ 4 참조.

칸트는 관심에 대해서 다음과 같이 말하고 있다. "관심은 우리가 어떤 대상의 현존(Existenz)에 대한 표상과 결합한 만족을 일컫는다. 그러므로 그러한 만족은 항상 욕구능력과 관계한다. 이때 욕구능력이란 그러한 만족의 규정근거이거나 혹은 그러한 만족의 규정근거와 결합되어 있는 것을 의미한다"(KU, 5).

이 인용문에서 "관심은 대상의 현존에 대한 표상과 결합"되어 있다는 점에 일단 주목해 보자. 우리가 어떤 대상의 현존에 대해서 관심을 가질 경우, 우리는 그 대상의 현존을 욕구한다. 그리고 그럴 경우 그 대상은 그것의 작용이 우리에게 어떤 만족 혹은 쾌의 감정(느낌)을 불러일으키는 것으로 표상된다. 그러므로 어떤 대상의 현존에 대한 관심에는 그 대상 혹은 그 대상이 불러일으킬 수 있는 쾌의 감정 상태에 대한 개념적 표상(eine begriffliche Vorstellung)이 동반된다고 말할 수 있다.[5] 다시 말해 어떤 대상의 현존에 대해 관심을 가질 경우, 우리는 그 대상이 우리에게 제공해 주기를 희망하는 쾌의 감정의 상태를 떠올리거나 혹은 그러한 상태에 이미 놓이기 일쑤이다.

그러므로 '대상의 현존에 대한 관심과 결합된 만족'과 '대상의 현존에 대한 단순한 욕구와 결합된 만족'은 구별되어야 한다. 후자의 경우 관심과 무관한 만족, 이를테면 동물적 만족이 있을 수 있기 때문이다. 그리고 이렇게 볼 때, 개념적 표상을 동반하는 대상의 현존에 대한 관심은 이성적 존재자에게만 가능하다. 쾌에 대한 표상을 지성을 통해서 욕구능력과 결합시키기 것은 이성적 존재만

---

5) Ch. Fricke, *Kants Theorie des reinen Geschmacksurteil*, Berlin, 1990. 17쪽 참조.

할 수 있기 때문이다.

칸트에 따르면, 이성적이지만 동시에 감성적으로 영향을 받는 인간이라는 존재의 본성상, 우리가 보다 더 나은 쾌적한 상태에 이르고자 하고, 그래서 그것에 관심을 갖는다는 것은 자연스러운 일이다. 그것은 인간이 행복을 추구하려는 존재라는 것과 같은 것이다. 칸트는 이 점을 부정할 수 없는 인간학적 사실로 받아들이고 있다.[6]

개념적 표상이 동반되는 관심과 결합되어 있는 판단에는 목적에 대한 표상 그리고 그 목적에 이르기 위한 수단(기준)에 대한 표상 또한 뒤따른다. 도덕적 선의 만족에 근거하는 판단을 쾌적함의 판단이나 유용한 것의 현존에 관심을 갖는 판단과 전적으로 동일시할 수는 없다. 그렇지만 도덕법칙이 그러한 판단의 목적이자 기준이 된다는 점에서 도덕적 선의 만족에 근거하는 판단은 무관심적인 만족에 기초하는 취미판단과 분명하게 구별된다. 즉 도덕적 판단은 관심과 결합된 판단이다.[7] 그 판단은 도덕법칙의 현실적 집행에 대한 관심과 결합되어 있다.

이상에서 살펴본 것처럼, 미의 판단의 만족이 관심과 결합되어 있지 않다는 결정적인 근거는 무엇보다도 취미판단의 미는 개념적 파악과 무관하다는 사실에 있다. 칸트는 이를 미의 판단은 대상을 '단순한 반성 속에서(in der bloßen Reflexion)' 판단하는 것이라는

---

6) 칸트는 『실천이성비판』에서 다음과 같이 말하고 있다. "행복해지려는 것은 이성적이지만 유한한 존재자의 필연적 요구다. 그러므로 그것은 자신의 욕구능력의 불가피한 규정근거이다." I. Kant, *Kritik der praktischen Vernunft*, Hamburg 1974(이하 KpV), 28쪽.

7) 칸트는 『도덕형이상학의 정초』에서 "도덕성의 이념에는 선험적으로 어떤 관심이 결합되어 있다"(AA Ⅳ, 448)라고 말하고 있다. '도덕적 법칙에 대한 존경'(KpV, 86쪽)으로부터 나오는 판단이 그러한 판단이다. 칸트는 이러한 존경을 '적극적인 감정(ein positives Gefühl)'이라고 일컫고 있다(같은 곳). 그는 『판단력비판』 제1서론에서 "이러한 감정은 도덕 법칙에 대한 의식과 그 의식에 자신이 구속되어 있다는 의식에 근거한다"고 말하고 있다(AA, Ⅴ, EE, 11).

말로 대신하고 있다(KU, B 5).

그런데 미의 판단이 무관심적인 만족에 기초한다는 것을 이 정도로 이해하고 넘어갈 경우 간과되는 사실이 있다. 그럴 경우 취미판단이 선의 만족에 근거하는 판단과는 분명하게 구별되지만, 쾌적함의 판단과는 분명하게 구별되지 않는다. 사실 쾌적함의 판단이 개념적 통찰에 근거하는지에 대해서 분명하게 말하기는 쉽지 않다. 그럼에도 불구하고 그것은 관심과 결합되어 있다.

이와 관련해서 주목해야 할 것이 만족의 감정을 낳게 하는 원인을 세 가지로 구분하고 있는 칸트의 분석 내용이다. 성향(Neigung), 의지, 판단력을 각각 규정하는 '감관의 인상들(Eindrücke der Sinne)', '이성의 원칙들(Grundsätze der Vernunft)', '직관의 단순히 반성된 형식들(bloße reflektierte Formen der Anschauung)'에 관해 언급하는 내용이 바로 그것이다(KU, 8이하 참조). 칸트는 쾌적함의 쾌는 '성향을 규정하는 감관의 인상들'에 근거하는 쾌로, 도덕적 선의 쾌는 '의지를 규정하는 이성의 원칙들'에 근거하는 쾌로, 그리고 미의 쾌는 판단력을 규정하는 '직관의 반성된 형식들'에 근거 하는 쾌로 특징짓고 있다.

우리가 쾌적함의 쾌를 느낄 때나 미의 쾌를 느낄 때에, 그 쾌는 대상에 의해 촉발된다. 그 촉발의 결과로 우리는 쾌를 느낀다. 그렇지만 쾌적함의 쾌는 미의 쾌와는 다른 체험의 내용을 담고 있다. "쾌적함은 감각에 있어서(in der Empfindung)의 감관에 만족을 주는 것이다"(KU, 7). 이때 감각(Empfindung)[8]은 어떤 대상의 직관적 표

---

8) Empfindung은 『판단력비판』에서 두 가지 의미로 언급된다. 감정과 똑같은 의미로 언급되기도 하고, 감각의 의미로도 언급된다. 쾌적함의 쾌에 대해서 논하는 데서 언급되는 Empfindung의 의미는 '감각'이

상에서 단지 질료적인 것(das Materielle), 다시 말해 그 대상의 경험적 직관의 질료를 의미한다. 그래서 칸트는 쾌적함이 우리의 감정 능력에 미치는 영항을 자극(Reiz)과 격정(Ruhrung)이라는 용어를 써서 표현하고 있다(KU, 37~8 참조). 쾌적함을 느끼는 경우, 대상의 직관적 표상들은 그 질료적 형태를 통해서, 다시 말해 그 표상의 감각 속에 놓인 것을 통해서, 우리를 자극하고 격정케 한다는 것이다.

이에 반해 미를 경험하는 경우에는 상황이 전혀 다르다. 이때 쾌를 느끼는 것은 그 대상의 질료 때문이 아니라, 그 대상에 대해서 단순히 관조하기 때문이다. 여기서도 칸트는 이를 대상의 형식에 대해서 단순히 반성한다는 말로 표현하고 있다(KU, 38 이하 참조).

미를 경험할 때든 혹은 쾌적함을 맛볼 때든 그 대상의 경험적 직관은 우리에게 주어진다. 그리고 그 대상들에 대한 표상은 질료적 측면과 형식적 측면으로 나뉜다. 그런데 쾌적함의 쾌는 그 표상의 질료적 측면에 기인하는 데 반해, 미의 쾌는 형식적 측면에 기인한다. 다시 말해 쾌적함의 쾌는 감각의 쾌인 데 반해, 미의 쾌는 그러한 감각에 대해 관조하는 쾌이다. 따라서 미의 쾌는 감각의 쾌라 할 수 없다. 칸트가 쾌적함의 쾌와 미의 쾌를 비교하면서 미의 쾌를 느끼는 사람은 그 대상의 현존에 대해 무관한 반면, 쾌적함의 쾌를 느끼는 사람은 그 대상의 현존에 관심을 갖는다고 말했을 때의 관심의 의미는 바로 이러한 의미의 관심이라 할 수 있다(KU, 56).[9]

라고 할 수 있다. 『판단력비판』에서 Empfindung이 이러한 의미로 언급되고 있는 경우로는 다음을 들 수 있다. "감각은 우리 외부의 사물들에 대한 우리들의 표상들의 단지 주관적인 것을 표현한다. 그러나 그것은 본질적으로 그러한 표상의 질료적인 것을 표현한다"(KU, XLII-III). "감각은 지각의 실제적인 것이다"(KU, 153).

9) Ch. Fricke, 앞의 책, 24~25쪽 참조.

칸트가 미의 쾌를 설명하면서 그것이 대상의 형식적 측면에 대한 반성에 근거한다고 언급한 것은 그 자체로만 놓고 본다면, 사실상 그 의미가 그렇게 분명한 것은 아니다. 그러나 미의 만족은 관심과 결합되어 있지 않다는 점에 입각해서 보면, 그 의미는 '미의 만족은 그 대상의 직관의 질료에 대해서 무관심적인 만족이다'로 해석될 수 있다.[10]

결국 이렇게 볼 때, 미의 쾌는 무관심적인 만족에 기초한다는 주장을 통해서 칸트가 말하고자 했던 바는 다음과 같이 요약될 수 있을 것이다. 미의 쾌와 결합된 관심은 쾌적함의 쾌나 선의 쾌와 결합된 관심과 다르다. 다시 말해 미의 만족은 성향(Neigung)에 의해 규정되는 것으로부터 자유로울 뿐만 아니라, 유용성으로 특징지어지는 좋음이나 도덕법칙의 의무로부터도 자유롭다. 이러한 사실은 취미판단 이 쾌적함의 판단, 유용정의 판단, 도덕 판단 등으로 환원될 수 없는 점을 말해 주는 것이면서 그 판단에서 추론할 수 있는 균형 잡힌 삶의 특성을 말해 주는 것이기도 하다.

3) 미의 경험과 편향되지 않은 삶

시선이 피상적인 것에만 머무를 경우, 칸트에서 미 혹은 미의 경

---

10) 물론 미의 쾌에 담긴 무관심성은 아름다운 대상에 직관적으로 접근할 수 있다는 것에 대한 관심을 포함한다. 즉 칸트가 아름다운 대상에 대한 관심까지 배제하고 있는 것은 아니다(Ch. Fricke, 앞의 책, 27쪽). 아울러 미의 쾌는 대상의 현존에 대한 관심과 무관하다고 했을 때, 미의 경험이 아름다운 대상 없이도 가능하다는 얘기를 칸트가 하고 있는 것은 아니라는 점을 유념해야 한다. 환상 속의 대상에 만족을 느끼는 것도 무관심적일 수는 있다. 그러나 미의 쾌는 결코 그러한 쾌가 아니다. 미의 쾌는 현실의 대상(자연의 대상이든 예술작품이든)을 배제하고 생겨날 수 있는 쾌가 아니다. 쾌의 감정과 관계하는 것은 어떤 대상에 대한 환상이 아니라, '그것을 통해 대상이 주어지는 표상'(KU, 28)이기 때문이다.

험과 조화롭고 자기 완결적인 삶 간에는 아무런 연관성이 없는 것처럼 보인다. 그러나 미의 경험에 대한 분석을 통해서 칸트가 의도했던 것 중 하나가 우리의 마음을 구성하고 있는 능력들 가운데 보편타당한 쾌의 감정을 가능케 하는 능력의 선험적 근거를 밝힘으로써, 우리의 마음을 구성하는 능력들 간의 연결고리를 마련하고 더 나아가 그 능력들의 체계를 마련하려고 했다[11]는 점을 떠올려 보면, 칸트에서 미의 경험과 조화로운 삶의 문제가 결코 무관하지 않음을 알 수 있다.

게다가 칸트가 미의 경험에 대한 분석을 통해서 의도했던 또 다른 것은 단절적인 것으로만 보이는 자연의 영역과 자유의 영역 간의 매개가능성, 즉 자연의 영역에서 자유의 영역으로 이행이 가능하다는 사실을 밝히는 것이었다[12]는 점 역시 칸트에서 미의 경험과 조화로운 삶의 문제가 결코 무관할 수 없음을 떠올리게 해 준다.

이뿐만이 아니다. 데카르트 이후 라이프니츠와 바움가르텐을 거쳐 칸트에 이르는 일련의 과정을 보자면, 미의 경험에 대한 칸트의 분석과 설명은 수학적·논리적인 눈으로 봤을 때는 우연적인 것으로 보이고 따라서 수학적·논리적인 것들과는 양립 불가능해 보이는 현상들을 보다 포괄적인 틀 속에서 양립 가능한 것으로 위치 지음으로써 궁극적으로 조화롭게 질서 지어진 세계의 형이상학적 기초를 다지는 의미까지 담고 있다.[13]

이처럼 미에 대한 칸트의 분석은 그 의미에 대해서 숙고해 볼 경

---

11) KU, Vorrede, Ⅴ~Ⅵ 참조.
12) KU, Einleitung, XIX−XX 참조.
13) A. Baeumler, 앞의 책 참조.

우, '조화로운 삶'과 결코 무관하지 않다는 것을 알 수 있다. 다만 칸트의 초점이 인식능력들의 활동에 대한 분석에 맞추어져 있고, 미의 경험과 조화로운 삶의 관계나 미의 경험을 통한 조화로운 삶 등에 관해 직접적으로 언급하고 있지 않기 때문에, 얼핏 봐서는 그 관계가 잘 드러나지 않을 뿐이다.

그렇다면 칸트의 경우 미의 경험에 배태된 조화로운 삶은 어떤 특징을 지니는가? 서론에서 밝혔듯이 여기서는 조화로운 삶의 의미를 본능적인 모습과 도덕적인 모습 간의 조화로움으로 제한시키고자 한다. 그리고 이러한 전제 하에서 보자면 칸트의 미의 경험에 배태된 조화로운 삶의 의미라는 주제는 우리에게 낯선 게 아니다. 칸트에서 이 문제는 지속적으로 논의돼 왔던 것이라 해도 지나치지 않다. 미와 도덕성의 관계에 대한 고찰이 그것이다. 이에 대한 견해는 크게 보아 두 입장으로 나뉜다.

한편에서는 칸트에서 미의 경험은 도덕성의 발현으로 이해되어야 마땅하다고 주장한다.[14] 이러한 주장을 뒷받침해 줄 수 있는 칸트의 언급은 『판단력비판』 곳곳에서 발견된다. 대표적인 예로 "미는 도덕성의 상징이다"라고 언급하고 있는 경우를 들 수 있다. 이뿐만이 아니다. 취미판단의 진정한 실현은 도덕적 인간과 관계 맺음으로써만 가능하다고 말하고 있는 경우[15]나 자연미에 관심을 갖는다는 것은 도덕적 영혼의 징표라고 말하는 경우도 이에 해당한다.

다른 한편에서는 칸트에서 미와 도덕은 별개의 것이 돼 버렸다고 주장한다.[16] 칸트는 미의 판단은 이론적 인식 판단과 구별된다

---

14) P. Guyer, *Kant*, Routledge, 2006, 324~332쪽.
15) 이와 관련해서는 KU, 41절, 42절을 참조할 것.

는 사실을 원리적으로 해명하고 있다. 뿐만 아니라 미의 판단은 도덕적 판단과도 원리적으로 다르다는 것이 칸트의 견해이다. 주지하다시피 칸트에서 도덕적 판단은 감정에 기초하는 판단이 아니다. 그에 반해 미의 판단은 감정에 기초한다. 그러므로 이러한 사실에만 주목할 경우 칸트에서 미의 경험과 도덕은 별개의 것이라는 주장이 가능하다.

그런데 우리가 앞서 살펴본 내용에 주목해서 보자면, 위의 두 입장이 일면적이라는 주장이 가능해진다. 무관심적 만족으로 특징지을 수 있는 미의 쾌에 대한 칸트의 분석에 근거해서 보자면, 미의 경험은 감각적 쾌락주의와 거리를 두고 있는 경험일 뿐만 아니라, 도덕적 엄숙주의와도 거리를 유지하고 있는 경험이다. 다시 말해 칸트가 분석한 미의 쾌에는 감각적인 것으로만 치닫는 삶의 태도에 대해 거리를 유지하는 삶의 모습은 물론이고, 도덕법칙에 얽매인 삶의 모습으로부터도 거리를 유지하는 삶의 모습이 배태되어 있다고 말할 수 있다.[17] 이뿐만이 아니다. 칸트에 따르면 미의 쾌는 유용성으로 특징지어지는 삶의 모습으로부터도 비판적 거리를 유지하는 삶의 모습 또한 배태하고 있다고 말할 수 있다. 달리 말해 물질적 만족에 도취된 태도는 물론이고 효율성이나 도덕법칙을 기준으로 모든 것을 이분법적으로 재단하는 태도로부터도 자유로운 삶의 자세를 칸트의 미의 경험에 대한 분석에서 끌어내는 것이 가능하다는 얘기다. 그리고 그러한 삶의 자세를 미학적 자유에 기

---

16) H.−G. Gadamer, *Wahrheit und Methode*, Tübingen 1986, 49쪽.

17) D. Henrich, "Beauty and Freedom Schiller's Struggle with Kant's Aesthetics", in: *Essays in Kant's Aesthetics*, (ed.) by Ted Cohen & Paul. Guyer, The University of Chicago Press, 1982, 240−241쪽 참조.

초한 삶의 자세라고 불러도 무방하리라고 생각한다.

칸트가 위와 같은 내용을 주제화해서 다루거나, 더군다나 그러한 삶에 이르는 방법, 특히나 신체의 단련과 훈련을 통해 그러한 길에 이르는 방법을 제시하고 있는 것은 아니다. 그렇지만 미의 경험에 대한 분석에 국한해서 보자면 칸트의 논의는 물질적 쾌락, 도구적 합리성, 도덕법칙 그 어느 쪽으로도 치우치지 않는 삶의 유희를 떠올리게 해 주는 것이 사실이다.

칸트는 인간의 감각적 혹은 감성적 특성을 도외시한 철학자이며, 그의 그러한 태도는 미의 경험을 분석하는 데에서도 일관되게 관철되고 있다고 파악하는 경우가 종종 있다. 미의 경험은 무관심적 만족에 기초한다는 칸트의 주장은 그러한 오해를 낳게 하거나 강화시키는 데 그 증거로 제시되곤 하는 대표적인 내용 중 하나라 해도 크게 틀리지 않을 것이다. 이를테면 미의 경험이 무관심적 만족에 기초한다는 주장은 현실성이 없는 주장이라고 하거나 혹은 '거꾸로 선 쾌락주의'[18]라고 비판하는 경우를 들 수 있다.

무관심성에 관한 칸트의 언급은 이와는 정반대의 주장을 하는 근거로 제시될 수도 있을 것이다. 무관심성 개념을 통해 칸트는 미의 경험을 삶의 다른 영역들의 경험들로부터 고립시키고 있다는 주장이 그것이다. 삶의 다른 영역의 경험들로 환원되지 않는 미의 경험의 자율적 원리의 근거를 마련하고자 한 칸트이기에 이러한 주장은 그럴듯해 보일 수 있다.

그러나 이제까지 살펴본 데서 확인할 수 있는 것처럼, 무관심적

---

18) Th. Adorno, *Ästhetische Theorie*, Frankfurt am Main, 2002, 23, 25쪽 참조.

만족에 담긴 자유로움에 입각해서 보자면 위의 두 입장 모두 한쪽 면만 보고 말하는 것이라 할 수 있다. 요컨대 칸트의 미의 경험은 물질적 쾌로부터는 물론이고, 완고한 실천적 법칙들로부터도 자유로운 삶의 태도를 함축하고 있다. 그리고 그러한 한에서 미의 경험은 편향적이지 않은 삶에 이르는 도야의 의미를 함축하고 있다고 말할 수 있다.

3. 쉴러의 미의 경험과 도야

1) 현상에 있어서의 자유로서의 미

쉴러는 미학에 관한 일련의 철학적 저술들을 통해서, 이른바 미학적 인간학을 제시한 바 있다. 이를 통해 그는 근대의 분열된 인간상을 넘어서고자 했다. 쉴러에서 미의 경험 혹은 미학적 인간의 본질적 특징은 그의 놀이충동 개념에서 잘 드러난다. 쉴러 미학의 완결판으로 일컬어지는 『인간의 미학적 교육에 관한 서한집(*Über die ästhetische Erziehung des Menschen in einer Reihe von Briefen*)』(이하 『서한집』)의 핵심에 놓인 개념이 놀이충동 개념이라고 해도 무방하다. 그 개념은 인간의 이질적인 두 요소들 간의 조화와 통일을 함축하고 있다.

여기서 자세하게 다루지는 않았지만, 칸트의 경우에도 놀이 개념은 미에 대한 그의 견해의 특징을 잘 드러내 주는 개념들 중 하나이다. 앞에서도 언급했듯이 칸트는 미를 경험할 때, 우리의 마음의 능력들은 자유로운 놀이의 상태에 놓인다고 말하고 있다. 그에 따르면 미의 경험은 사물의 객관적 특성을 규정하는 것이 아니기 때문에, 경험 이전에 미리 우리에게 주어져 있는 지성의 선험적 원리에 따라 진행되지 않는다. 즉 미의 경험은 그 경험을 객관적이게끔 해주는 개념의 활동에서 벗어나 있다. 대신에 미를 경험할 때는 반성적 판단력이 능동적으로 산출하는 주관적 원리, '자연의 주관적 합목적성'의 원리를 통해서 우리의 마음의 능력들이 조화의 상태에 놓이게 된다. 칸트는 이를 '비규정적인 지성'과 '상상력'의 자유로운 놀이의 상태라고 일컫고 있다. 요컨대 미의 경험은 대상의 객관적 특성을 규정할 수 있게끔 해 주는 지성의 선험적 범주의 영향으로부터 벗어나서 우리들 마음의 능력들의 조화로움에 기초하고 있다는 것이다.

그런데 칸트의 경우와 달리 쉴러의 경우 미의 경험과 관련된 놀이는 이미 그 자체 객관적인 의미를 담고 있다. 바꾸어 말하면 미의 경험의 특성을 드러내 주는 놀이 개념이 객관적이라고 한다면 칸트로서는 받아들이기 어려웠을 것이다.[19] 바로 이 점에서 미에 대한 생각은 물론이고 놀이 개념에 대한 칸트와 쉴러의 견해의 근본적인 차이가 드러난다.

쉴러는 칸트의 미학을 이어받고 있다. 예를 들면 쉴러 역시 미는 개념에 의존하지 않는다고 본다.[20] 그리고 그 역시 미를 통해서 자연과 자유의 분리 및 대립을 극복하고자 한다. 이런 점들에서 쉴러의 미학은 분명 칸트 논의의 연장선상에 놓여 있는 것이 사실이다.

---

19) H. Koopmann, "Kleinere Schriften nach der Begegnung mit Kant", in: *Schiller — Handbuch*, hrsg. von H. Koopmann, Stuttgart, 1998, 584쪽 참조.

20) F. Schiller, *Kallias oder Über die Schönheit*, in: *Friedlich Schiller Theoretische Schriften*, hrsg. von Rolf — Peter Janz, Frankfurt am Main, 1992, 279쪽.

쉴러 스스로가 밝히고 있듯이 많은 부분에서 그의 미학은 칸트의 원칙들에 기초하고 있다.[21)

그러나 쉴러는 칸트 미학의 울타리 안에 머무르지만은 않는다. 그는 칸트 미학을 비판적으로 독해한다. 이를 통해서 자신만의 독자적인 견해라 할 수 있는 내용을 제시한다. 그에 따르면, 칸트는 논리적인 것과 미적인 것을 구별하는 데는 크게 기여했지만, 미의 개념을 완전하게 파악하지는 못했다.[22) 그가 보기에 미는 객관적인 것이다. 미에 대한 쉴러의 이러한 생각은 "미는 현상에 있어서의 자유에 다름 아니다"라는 주장에서 집약적으로 드러난다.[23)

이처럼 쉴러는 『칼리아스 혹은 미에 관하여(*Kallias oder Über die Schönheit*)』(이하 『칼리아스 편지』)에서 미에 대한 칸트의 견해를 비판하면서 미는 객관적이며, 자유가 현상의 세계에서 드러난 것이라는 견해를 피력하고 있다.[24) 초감성적인 것으로서의 자유의 이념은 현상에서는 개념을 통해서 파악될 수 없고, 직관을 통해서만 파악될 수 있는데, 미의 경험이 바로 그런 경우라는 것이다. 칸트와 달리, 쉴러에 따르면 자유는 단지 이념으로서 주체의 영역에만 머무는 것이 아니라, 아름답다고 간주되는 객관적 대상에 담겨서 그 대상이 주체에 의해 아름다운 대상으로 감상될 때 실현되는 것이다.[25)

---

21) F. Schiller, *Über die ästhetische Erziehung des Menschen in der Reihe von Briefen*(이하 *Über die ästhetische Erziehung*) in: *Sämtliche Werke V*, München, 1975, 311쪽.

22) F. Schiller, *Kallias oder Über die Schönheit*, 278쪽.

23) F. Schiller, 앞의 글, 285쪽.

24) 쉴러는 미에 대한 입장을 네 가지로 분류하고 있다. 1) 미를 감성적 주관적인(sinnlich subjektiv) 것으로 간주하는 입장: 버크의 경우, 2) 주관적 합리적인(subjektiv rational) 것으로 간주하는 입장: 칸트의 경우, 3) 합리적 객관적인(rational objektiv) 것으로 간주하는 입장: 바움가르텐의 경우, 4) 감성적 객관적인(sinnlich objektiv) 것으로 간주하는 입장: 쉴러의 경우. F. Schiller, 앞의 글, 277쪽.

25) H. R. Brittnacher, "Über Anmut und Würde", in: *Schiller-Handbuch*, (Hg.) H. Koopmann,

2) 우아미와 숭고미

쉴러는 칸트 미학과 구별되는 자신만의 미학적 견해를 『우아미와 존엄에 관하여(*Über Anmut und Würde*)』(이하『우아미와 존엄』)에서 본격적으로 전개하기 시작한다. 여기서 그는 도덕 훈계적인 계몽주의 미학과 결별하고, 자율성의 미학을 인간학적 관점에서 다지는 작업을 그 이전보다 훨씬 더 강력하게 수행한다.[26] 이는 예술은 그 자체로 목적을 지니며, 그러한 예술의 미를 통해 인간의 조화로움 혹은 조화로운 삶이 실현될 수 있는 가능성을 제시하는 것을 의미한다. 그리하여 그는 『칼리아스 편지』에서 이미 견지했던 생각, 이를테면 예술은 예술 내재적으로 목적을 지니며, 미학적인 것에서 인간다움의 실현이라는 거시적 목표가 가시화될 수 있다는 생각, 그리고 모든 정치적 도구화는 그러한 미학적인 것을 훼손하는 것이라는 생각 등을 더 강화시킨다.[27]

그와 같은 쉴러 미학의 기본이 되는 개념이 우아미(Anmut)이다. 그것은 미이면서 동시에 미 이상의 의미를 담고 있는 것이기도 하다. 그것은 단순히 감성적인 미를 의미하지 않는다. 그것은 이성적인 것과 감성적인 것의 조화로서의 미, 더 나아가 자연과 자유의 조화와 통일로서의 미를 의미하기 때문이다. 이런 점에서 그것은 일종의 '정선된(exquisit)' 미라 할 수 있다.[28]

Stuttgart, 1998, 589쪽 참조.

26) H. R. Brittnacher, 앞의 글, 587쪽 참조.

27) 정치적 자유의 가능성이란 미학적 교육의 결과에 달려 있는 것이라고 본 『서한집』에서의 생각과 달리, 『우아미와 존엄』에서의 쉴러는 정치적 자유를, 포괄적 자유, 즉 '도덕 지향적이고 인간학적으로 확장되어 있으며 미학적으로 매개된 자유개념'에 대립시키고 있다. H. R. Brittnacher, 앞의 글, 588쪽 참조.

쉴러는 이성과 감성, 정신적인 것과 자연적인 것, 도덕성과 본능적 성향(Neigung)의 조화가 중요하다고 본다. 왜냐하면 그러한 조화를 이루고 살아가는 모습이 인간의 본래적인 모습이라고 보기 때문이다. 그러나 근대 이후 인간의 삶에서 그러한 모습이 사라져 버렸기 때문에 회복되어야 한다는 얘기다. 그가 칸트 도덕 철학을 비판하는 것도 이런 맥락에서 이해되어야 한다. 칸트의 도덕철학에서는 자연적 성향과 도덕적 의무 간의 조화보다는 도덕적 의무가 지나치게 강조됨으로써, 그 양자 간의 대립이 조장되고 있다는 것이다.[29] 쉴러는 양자 간의 대립 대신에 조화를 제시하고 있는데, 그 대립의 해소를 상징하는 개념이 '아름다운 영혼(die schöne Seele)'[30] 개념이다. 그리고 그 대립의 해소가 현상에서 드러난 것이 우아미이다.[31]

우아미는 그저 감성적이기만 한 미가 결코 아니다. 그것은 자유의 영향 아래 놓인 미를 의미한다. 이를 '인격(Person)이 규정하는 현상의 미'라는 말로 바꾸어 말할 수도 있다.[32] 그것은 항상 자유를 통해서, 그리고 인격으로부터 우러나옴으로써, 우리에게 감동(Bewegung)을 주는 미다. 그렇기 때문에 전적으로 자연적인 것에 속하는 감동들의 경우, 그것들을 우아미라고 부를 수 없다.[33] 우아

---

28) H. R. Brittnacher, 앞의 글, 589쪽.

29) F. Schiller, *Über Anmut und Würde*, in: *Sämtliche Werke*, V, München, 1975, 262쪽.

30) F. Schiller, 앞의 글, 265~266쪽 참조.

31) 이런 까닭에 쉴러가 말하는 우아미는 '단순한 조화 균형으로서의 미'를 의미하지 않는다. 그에 따르면 그리스 사람들은 이러한 우아미와 단순한 미가 구별된다는 사실을 잘 알고 있었던 사람들이다. F. Schiller, 앞의 글 231쪽.

32) F. Schiller, 앞의 글, 243쪽.

33) F. Schiller, 앞의 글, 244쪽.

미는 도덕적인 것이 감성적인 것에서 드러난 자연의 어떤 은혜(eine Gunst)인 것이다.[34]

정신이 감성의 요구에 막히지 않으면서, 감성에 가장 상응하는 방식으로, 감성적 자연에서 자신을 표현할 경우에 생겨나는 미가 우아미이다. 정신이 강제에 의해 자신을 감성적으로 드러내거나 감성이 자유롭게 드러난 것에 정신의 표현이 결여되어 있을 경우 그것은 우아미가 아니다. 왜냐하면 그럴 경우에는 정신적인 것과 자연적인 것의 조화가 결여되어 있기 때문이다.[35] 그리고 이런 까닭에 우아미는 자연 사물 일반에서는 나타날 수 없으며, 인격을 지닌 인간에게만 허용되는 미이다.

그런데 쉴러는 우아미를 통해 칸트의 견해와는 구별되는 미에 대한 자신의 견해를 전개시키고 있음에도 불구하고, 우아미를 뛰어넘는 보다 고차의 미를 제시한다. 그는 조화와 통일의 상징으로서의 미와 관련하여 우아미만으로는 다 드러낼 수 없는 상황을 지적하면서, 진정한 조화와 통일로서의 미를 위해서는 우아미 이외의 또 다른 요소가 필요함을 주지시킨다. 존엄의 개념으로 특징짓고 있는 내용이 그것이다.[36] 그것은 한마디로 말해 육체적으로나 물리적으로 한계에 직면하더라도, 그에 굴하지 않고 정신의 자유가 현상에서 표현된 것을 의미한다.[37] 쉴러는 이러한 존엄과 우아미의 통일로서의 미와 예술을 추구한다.

---

34) 쉴러는 이러한 우아미를 그 기술적 형식에 대한 자연의 승인(Einwilligung)으로서의 건축미(die architektonische Schönehit)에 견주고 있다. F. Schiller, 앞의 글, 256~257쪽.

35) F. Schiller, 앞의 글, 257쪽.

36) 우아미와 존엄이라는 말은 쉴러 자신의 독창적인 컬레어가 아니다. 그것은 이미 고대의 수사학자들이 venustas와 gravitas라는 말로 썼던 컬레어다. H. R. Brittnacher, 앞의 글, 589쪽.

37) F. Schiller, 앞의 글, 267쪽.

그렇다면 왜 쉴러는 정선된 미로서의 우아미에 그치지 않고, 그러한 고차의 미를 추구하려고 하는가? 인간의 두 측면의 조화와 통일로서의 미라면, 우아미로서도 충분하다고 말할 수 있는 것 아닌가? 이러한 물음이 쉴러에게 직접 제기된다면, 그는 우아미가 자연적인 것과 정신적인 것의 조화와 통일의 의미를 담고 있기는 하지만, 그것은 쉽게 한계에 부딪힐 수밖에 없다는 사실을 지적할 것이다. 본래적인 인간은 감성적인 것과 이성적인 것, 본능적인 것과 도덕적인 것 간의 조화를 자체 내에 지니고 있지만, 현실적 인간, 특히 삶의 분화와 분열이 가속화된 근대 이후의 인간은 자신의 본능을 자극하는 요소에 굴복당하기 쉬운 물리적 조건 속에서 살아간다. 그렇기 때문에 우아미로 특징지어지는 조화와 통일만으로는 본래적인 인간이 지니고 있는 조화와 통일의 진정한 실현을 말하기에는 부족하다고 할 수 있다. 인간의 본래적 모습의 실현을 포기하지 않는 한, 인간이 현실적으로 그 어떤 육체적 한계에 놓이더라도, 그것에 굴하지 않고 자신의 정신적인 것을 실현시키고자 하는 모습이 제시될 필요가 있는 것이다. 인간의 그러한 모습을 표현해 주는 개념이 존엄이다.

그런데 쉴러가 존엄의 개념을 통해 주목하고자 하는 사태는 그가 숭고미의 개념을 통해서 그렇게 하고자 하는 사태와 다르지 않다. 이러한 사실은 '존엄'은 '숭고한 심성의 표현'[38]이라고 말하고 있는 데서 혹은 '아름다운 영혼'이 '숭고한 영혼'으로 바뀌어야 한다고 언급[39]하는 데에서 확인된다. 그러나 그렇게 말할 수 있는 가

---

38) F. Schiller, 앞의 글, 267쪽.
39) F. Schiller, 앞의 글, 271쪽.

장 중요한 근거는 존엄과 숭고미에 담긴 의미가 그 핵심에서 다르지 않다는 데 있다. 즉 존엄의 개념이든 숭고미의 개념이든 그 핵심은 물리적 한계에 맞서는 인간 정신의 자유에 놓여 있다는 것이다.

앞서 언급했듯이 존엄을 통해 쉴러가 말하고자 하는 바는 인간이 물리적·육체적 한계로 인해 자연적이고 본능적인 충동에 굴복될 수 있는 상황에 처하더라도, 그에 굴하지 않고 도덕적인 것을 실현하고자 하는 정신의 자유가 발휘되어야 한다는 것이다. 이 점은 "도덕적인 힘이 충동을 지배하는 것이 정신의 자유이며, 그것이 현상에서 표현된 것이 바로 존엄"이라는 쉴러의 언급에서 확인된다.[40]

숭고미의 경우 역시 그 핵심은 이와 다르지 않다. 쉴러에 따르면, 숭고미의 본질은 우리가 물리적으로 혹은 자연적 존재자로서는 왜소함과 한계를 느끼지만, 우리의 내부에 숨겨져 있는 자유를 향한 이성의 힘을 의식하는 데 놓여 있기 때문이다.[41] 쉴러는 숭고미에 관한 글에서뿐만 아니라, 『비극적 예술에 관하여(Über die tragische Kunst)』, 『비극적 대상들에 만족함의 근거에 관하여(Über den Grund des Vergnügens an tragischen Gegenstäden)』, 『격정적인 것에 관하여(Über das Pathetische)』 등의 일련의 글을 통해서도 이와 같은 생각을 전개하였다.

---

40) F. Schiller, 앞의 글, 271쪽.

41) 숭고에 대한 쉴러의 견해의 핵심을 요약하면 다음과 같다. 어떤 대상의 표상에서 감성적 본성은 한계를 느끼지만, 이성적 본성이 그 한계를 넘어설 수 있음을 느끼게 되는 경우, 우리는 그 대상을 숭고하다고 부른다. 그럴 경우 우리는 물리적으로 또는 육체적으로는 왜소함에 직면하지만, 도덕적으로는 그것을 넘어설 수 있다(F. Schiller, *Vom Erhabenen*, in: *Sämtliche Werke*, V, München, 1975, 166쪽). 숭고한 대상들은 평소에는 드러나지 않던 우리 내부의 힘을 느끼게 해준다. 그 힘이란 감관이 생각할 수 있는 것을 훨씬 뛰어넘어 서서 생각하게 해 주는 힘이며, 그 어떤 것에도 두려워하지 않게 해 주는 힘이다. 그 힘이 숭고함의 경험의 원천이다. 그리고 그것은 한마디로 말해 우리의 내부에 숨겨져 있던 자유를 향한 이성의 힘이라 할 수 있다. 즉 숭고함의 본질은 우리들의 '이성의 자유에 대한 의식(das Bewusstsein der Vernunftfreiheit)'에 있다(169쪽).

이러한 글들에 담긴 공통적인 생각은 다음과 같이 요약할 수 있다. "어마어마한 자연에 대한 표상은 자연적 현존재의 위태로움에 대한 통찰을 강요한다. 그러나 그 표상은 동시에 주체로 하여금 자기 내부에 머무는 이성 능력, 즉 그 어떤 자연적 위협에도 끄떡하지 않은 채로 있는 이성능력을 자각하게 한다. 자신의 유한성에 대한 경험과 함께, 주체는 동시에 인간성의 불멸성의 원리를 경험한다. 압도적인 힘을 지닌 자연에 맞서서… 주체는 자신의 불가침성을 드러내며, 숭고한 크기의 자기향유를 스스로에게 부여한다."[42]

위와 같은 까닭에 쉴러가 궁극적으로 염두에 두고 있는 '조화와 통일로서의 미'는 사실상 (우아)미와 숭고미의 통일로서의 미를 의미한다고 할 수 있다. 다시 말해 쉴러가 『우아미와 존엄』 마지막 부분에서, "우아미와 존엄이 한 사람에게서 통일될 경우 인간성이 완성된다"[43]고 말했을 때, 우아미와 존엄의 통일은 미와 숭고의 통일로 이해될 수 있다는 것이다. 그리고 바로 그러한 미를 통해 도야된 인간이 『서한집』에서 등장하는 놀이충동에 의해 지배된 미학적 인간이다.[44]

3) 놀이충동과 도야된 인간

『우아미와 존엄』에서 미학적인 것을 통해 인간다움의 완성에 이

---

42) H. R. Brittnacher, 앞의 글, 604쪽.

43) F. Schiller, *Über Anmut und Würde*, 277쪽.

44) 이러한 사실은 『서한집』에서 쉴러가 궁극적으로 염두에 두고 있는 미의 이상이 미와 숭고의 통일이라
   는 데서 확인된다(Schiller, *Über die ästhetische Erziehung*, 359~361쪽).

를 수 있다는 미학적 인간학을 가시화시키기 시작했던 쉴러는『서한집』에 이르러서는, 인간의 본래적 모습이 상실된 시대상을 직접적으로 진단하면서 예술의 미를 통해서 그 본래적인 모습, 이를테면 이성과 감성이 조화를 이룬 자기완결적인 모습이 회복될 수 있음을 분명하게 밝히고 있다.[45] 그는 여기서 개인은 물론이고 사회 전체가 분열된 상황이지만, 예술의 미를 통해 분열된 삶을 넘어서서 인간이 자신의 본성 속에 놓인 총체성을 회복함으로써 인간다움의 완성에 이를 수 있다는 자신의 미학적 인간학을 구체화하고 있다.[46]

쉴러는 그러한 인간다움의 완성의 상태를 놀이의 상태라고 부르고 있다.[47] 인간이 놀이의 상태에 이르고자 하는 '놀이충동(Spieltrieb)'에 지배받을 때, 인간성이 완전히 실현된 인간인 미학적 인간(der ästhetische Menschen)이 된다.[48] 그리고 예술의 미는 그러한 인간을

---

45) 『서한집』에는 시대에 대한 진단이 미학적 경험에 대한 분석과 결합되어 있고, 인간성의 도야에 예술이 기여할 수 있는 점이 문화인류학적이고 역사철학적 관점에서 해명되고 있다. 이러한 『서한집』의 가장 중요한 주제는 개인은 물론이고 사회 전체를 엄습하고 있는 분열의 위기에 직면하여, 예술에 담긴 화해의 가능성을 밝히는 것이라 할 수 있다(R.-P. Janz, "Über die ästhetische Erziehung des Menschen", in: Schiller-Handbuch, hrsg. von H. Koopmann, Stuttgart, 1998, 611쪽).

46) 쉴러에 따르면, 유일하게 예술만이 모순 속에 놓인 인간의 감성적 능력과 정신적 능력들을 조화롭게 할 수 있다(R.-P. Janz, 앞의 글, 617쪽). 그리고 여기서 예술이란 기술로서의 예술이 아니라 그보다 '더 고차의 예술(eine höhere Kunst)'을 의미하며(F. Schiller, 앞의 글, 같은 곳), 이는 '아름다운 예술(die schöne Kunst)'에 다름 아니다(F. Schiller, 앞의 글, 333쪽).

47) 쉴러는 "놀이의 상태에 있는 인간이 완전한 인간이다"라고 말하고 있다. F. Schiller, 앞의 글, 358쪽; R.-P. Janz, 앞의 글, 618쪽 참조.

48) 예술을 통해 조화로움에 이를 수 있다는 쉴러의 근본 생각은 놀이충동 개념에서 그 인간학적 기초가 마련된다. 그리고 쉴러의 놀이충동 개념은 피히테의 충동론으로부터 그 동기를 부여받는다(R.-P. Janz, 앞의 글, 617쪽 참조). 한편 첼레(Zelle)에 따르면 이러한 생각은 피히테뿐만 아니라 라인홀트(Reinhold)로부터 영향받은 바 크다(Carten Zelle, "Über die ästhetische Erziehung des Menschen in einer Reihe von Briefen", in: Schiller Handbuch, hrsg. von Matthias Luserke-Jaqui, Stuttgart, 2005, 428쪽 참조). 쉴러의 놀이충동 개념이 라인홀트로부터 영향받았다는 점과 관련된 좀 더 자세한 논의는 다음을 참조할 것. Sabine Roehr, "Freedom and Autonomy in Schiller", in: Journal of the History of Ideas, Vol.64, No.1(Jan., 2003), pp.119~134.

가능케 하는 놀이충동을 환기시켜 준다.[49]

인간은 감정이 이성적(도덕적) 원칙을 지배하는 경우에 처할 수 있고, 역으로 이성이 감정을 지배하는 경우에 놓일 수도 있다.[50] 여하튼 전자의 경우든 혹은 후자의 경우든 간에 그와 같은 경우에는 감정이 이성에게 아무런 영향을 끼치지 못하며, 이성도 감정에게 아무런 영향을 끼치지 못한다. 즉 그런 경우 이성과 감정은 그저 대립적이기만 한다. 그리고 이처럼 한쪽으로 치우친 모습은 인간의 진정한 모습이 아니다.

인간의 진정한 모습은 이성과 감정이 서로 영향을 주면서, 한데 어우러져 있는 상태의 인간의 모습이다. 그러한 인간의 본보기(Muster)가 고대 그리스인들이다. 고대 그리스인들이 본래적인 인간의 모습에 가장 근접했던 인간이라는 것이다. 그들에게 감관과 정신은 엄격하게 다른 특성이 아니었으며, 시와 농담, 사변과 섬세함(Spitzfindigkeit), 이성적인 것과 질료적인 것의 관계 또한 그러했다.[51] 그들에게 본능적인 것과 이성적인 것, 개별적인 것과 보편적인 것, 개체와 전체는 서로 다른 것이 아니라 하나였던 것이다.

이에 비해 근대 이후의 인간들의 삶은 본래적인 인간의 삶과 거리가 멀다. 고대 그리스의 개인들이 그들 개개인의 삶이 전체의 삶을 의미하는 삶을 살았던 조화로움과 통일성 속에 놓인 인간들이었다면, 근대인들은 자체 내에 모순을 담고 있는 인간들이라 할 수 있다. 고대 그리스인들과 달리 근대인들의 경우 향유는 노동으

---

49) R.-P. Janz, 앞의 글, 618쪽. 적어도 『서한집』에서 쉴러는 예술이 무엇을 표현하는가 혹은 예술이 무엇을 표현해야 하는가에 주목하지 않았다. 그에게 중요한 것은 예술과 미의 효과였다(617쪽).

50) F. Schiller, 앞의 글, 319~320쪽.

51) F. Schiller, 앞의 글, 323쪽.

로부터, 수단은 목적으로부터, 노고(Anstrenung)는 보수(Belohnung)로부터 분리되어 있다. 그리하여 그들은 자신의 본질인 조화로움을 펼치지 못하고, 전체의 파편으로 전락한 상태에 처해 있다.[52] 이러한 사태는 돌이킬 수 없는 것처럼 보인다.

그렇지만 쉴러에 의하면 조화로움과 통일성의 상태를 상실한 근대 이후의 인간들도 놀이의 상태에 놓이게 될 때 자신의 본래적인 모습에 다가갈 수 있다. 근대의 인간들도 인간의 본능적인 측면과 이성적인 측면이 대립되지 않고 하나로 통일된 상태에 놓이게 될 수 있으며, 그럴 경우 인간은 자신의 본래적인 모습을 회복하게 될 수 있다는 것이다. 이것을 가능하게 하는 것이 놀이충동이고, 그 놀이충동을 추동시키는 것이 예술의 미이다. 예술의 미의 경험을 통해서 인간은 진정으로 자기 자신과 하나가 되고, 그렇게 됨으로써 완전한 삶에 이를 수 있다는 것이 쉴러의 생각이다.

쉴러는 인간이 서로 다른 두 측면, 즉 본능적인 측면과 이성적인 측면으로 불가피하게 나뉠 수밖에 없다는 것을 도외시하지는 않는다. 그는 이를 특정한 상황의 논리에 충실하고자 하는 측면과 그것을 넘어서서 절대 인격을 추구하고자 하는 측면으로 이해하고 있다.

인간은 어쩔 수 없이 특정한 상황(Zustand)에 놓이게 마련이다. 이는 인간이 시간 속에 놓일 수밖에 없다는 것을 의미한다. 그렇지 않을 경우 인간은 현실적으로 존재하지 않는다.[53] 그러나 인간은 그러한 모습으로만 존재하는 것은 아니다. 인간은 변화하기 때문에 존재하지만, 또한 불변적인 것으로 머무름으로써 존재한다. 즉 인

---

52) F. Schiller, 앞의 글, 324쪽.
53) F. Schiller, 앞의 글, 342쪽.

간은 변화 속에서도 영원히 동일한 것으로 남는 통일체이다.[54] 인간의 계속적인 변화는 감각충동(der sinnliche Trieb)과 관련되어 있고, 인간이 불변적인 것으로 머무르려는 것은 형식충동(der Formtrieb)과 관련되어 있다. 감각충동은 인간의 물리적 혹은 감성적 본성으로부터 나오는 충동이다. 그 충동은 인간을 시간의 제약 속에 묶어 두고, 인간을 질료적인 것으로 만든다.[55] 형식충동은 인간의 이성적 본성으로부터 나오는 충동이다. 그것은 인간이 시간적 제약을 뛰어넘어 절대적인 모습을 취하게끔 해 준다.[56] 인간은 이 두 충동에 의해 지배된다.

그러나 쉴러에 의하면 인간에게 이 두 충동만 있는 것이 아니다. 이 점이 중요하다. 인간에게는 감각충동과 형식충동 이외에 그것들을 매개하는 제3의 충동, 즉 놀이충동도 있다. 놀이충동은 자유가 감성을 간섭하는 것과 관련해서는 감성을 보호하며, 감성이 자유에 지나치게 영향을 끼치는 것과 관련해서는 자유가 확고히 설 수 있게끔 해 준다. 첫 번째 측면은 감성능력의 수련과 단련을 의미하는 것이며, 두 번째 측면은 이성능력의 수련과 단련을 의미하는 것이다.[57]

감각충동은 규정되려고 한다. 그 충동은 객체를 그저 받아들이려고 한다. 그리고 형식충동은 스스로 규정하고자 한다. 그 충동은 객체를 산출하고자 한다. 감각충동에는 자립성과 자유의 배제가, 그리고 형식충동에는 종속의 배제가 함축되어 있다. 이에 반해 놀이

---

54) F. Schiller, 앞의 글, 343쪽.
55) F. Schiller, 앞의 글, 344쪽.
56) F. Schiller, 앞의 글, 345쪽.
57) F. Schiller, 앞의 글, 347~348쪽 참조.

충동은 그 스스로 산출한 만큼 수용하고자 하며, 감관이 받아들인 만큼 산출하고자 한다. 그러므로 이 두 충동들을 매개하는 놀이충동은 마음(das Gemüt)을 도덕적이면서 동시에 물리적이게끔 한다. 놀이충동은 모든 우연성을 지양하면서, 동시에 모든 강제를 지양한다. 그리하여 인간을 물리적인 측면에서뿐만 아니라 도덕적으로 자유이게끔 해 준다.[58]

우리는 물리적 고통이 우리를 감싸는 경우 우리를 그렇게 고통스럽게 한 자연의 강제(die Nötigung der Natur)를 느낀다. 반면에 우리에게 이성적인 것에 대한 존경이 강제될 경우 우리는 이성의 강제(die Nötigung der Vernunft)를 느끼기도 한다. 그러나 우리가 본능적 성향에 흥미를 가지면서, 이와 동시에 이성에 대한 존경심을 획득하려고 할 경우, 감성의 강제와 이성의 강제는 사라진다. 이는 우리가 본능적 성향은 물론이고 그와 동시에 이성에 대한 우리의 존경심과 놀이의 상태에 들어갈 경우 가능하다.[59]

그러므로 인간을 그러한 놀이의 상태에 놓이게 하는 놀이충동은 두 충동을 우연적인 것으로 만들면서, 동시에 그 우연성을 그 두 충동 속에서 사라지게 만든다고 할 수 있다.[60] 놀이충동에서 감각충동과 형식충동이 상호작용함으로써, 모든 근본 충동이 최상의 상태에 이르게 되는 것이다.[61]

이렇게 볼 때, 즉 놀이충동의 측면에서 볼 경우, 감각충동과 형

---

58) F. Schiller, 앞의 글, 353쪽.
59) F. Schiller, 앞의 글, 353쪽.
60) F. Schiller, 앞의 글, 354쪽.
61) R.-P. Janz, 앞의 글, 618쪽.

식충동이 서로 모순적인 것이 인간의 본성상 그런 것은 아니라 할 수 있다.[62] 인간은 배타적인 질료도 아니고, 배타적인 정신도 아니라는 것이다. 감성이든 이성이든 그 경계를 넘어서 월권을 행사할 경우 그렇게 배타적으로 드러날 뿐이다.[63]

인간이 본래 배타적 질료도 아니고, 배타적 정신도 아닌 것처럼, 미 또한 배타적인 생명도 아니며, 배타적인 형상도 아니다. 그것은 두 충동의 특성이 공통적으로 담겨 있는 객체이다. 다시 말해 그것은 놀이충동의 객체이다.[64] 그것은 우아미나 존엄 둘 중 어느 하나가 아니며, 둘 다를 함축하는 것이다.[65]

이러한 미를 통해서 인간의 대립적인 두 모습이 지양된다. 그것은 긴장감이 넘치는 인간의 경우에는 조화가 다시 생겨나게 하고, 긴장감이 모자라는 인간의 경우에는 에너지가 다시 생겨나게 한다. 그리하여 인간을 자기 내에서 완성되는 전체이게끔 해 준다.[66] 미만이 인간의 두 측면의 조화로운 일치를 다시 산출하게 하는 놀이충동을 불러일으킬 수 있다는 것이다.[67] 달리 말해 서로 대립적으로 강제하는 충동들을 화해시키는 매개의 심급으로써의 놀이충동은 미 속에서 질료와 정신을 통일시키고, 그리하여 인간의 진정한 본질이 실현될 수 있게끔 해 준다.[68] 인간다움의 이념이 미를 매개

---

62) R.-P. Janz, 앞의 글, 617쪽.

63) 이런 까닭에 쉴러는 합리주의의 지배뿐만 아니라, 감성주의의 지배에 대해서도 경고한다. R.-P. Janz, 앞의 글, 617쪽 참조.

64) F. Schiller, 앞의 글, 355~356쪽.

65) F. Schiller, 앞의 글, 358쪽. 우아미이면서 존엄인 것의 현상 형태가 Juno Ludovisi라고 쉴러는 말한다.

66) F. Schiller, 앞의 글, 362쪽.

67) R.-P. Janz, 앞의 글, 618쪽.

68) Carten Zelle, 앞의 글, 429쪽. 이러한 사실은 미의 만족은 상상력과 지성의 자유로운 놀이의 결과라는 『판단력비판』의 성과가 미를 인간에 대한 규정으로부터 연역하는 기초로까지 확장되었음을 의미한

로 해서 감각충동과 형식충동의 이중적 강제로부터 벗어난 놀이 상태에 놓이게 되는 것이다.[69] 이런 까닭에 쉴러에게 미는 '인간다움에 없어도 되는 부수적인 어떤 것이 아니라, 필연적인 조건'인 것이다.[70]

이처럼 미학적 도야충동(der ästhetische Bildungstrieb), 즉 놀이충동을 통해서 인간은 그것이 물리적인 것이든 혹은 도덕적인 것이든 그 어떤 속박과 강제로부터 벗어나게 된다.[71] 다시 말해 미학적 상태의 매개적 심성에서 감성적인 것과 이성적인 것은 동시에 활동적이게 된다.[72] 물론 이러한 상태는 근대 이후의 노동 분화에 대립되는 것이며, 따라서 현실의 반대되는 모습이라 할 수 있다.[73] 그럼에도 불구하고 단지 미학적인 것만이 자체적으로 완전한 것이다. 그것만이 자신의 원천과 자신의 점진적 지속의 모든 조건들 자체 내에서 통일시키기 때문이다.[74] 그리하여 그러한 미학적 상태의 인간들로 충만한 미학적 국가에서는 사람들은 자유로운 놀이의 객체로 서로 마주 하게 되며, 자유를 통해 자유를 부여하는 것이 이러한 미학적 국가의 원칙이라고 쉴러는 말하고 있다.[75]

요컨대 놀이충동으로 대변되는 쉴러의 미학적 인간의 미의 경험

다. 같은 곳.

69) Carten Zelle, 앞의 글, 430쪽.

70) R.-P. Janz, 앞의 글, 618쪽.

71) 물론 이러한 놀이충동에 의해 두 충동이 조화를 이루는 것은 현실에서는 도달할 수 없는 이념이다. Schiller, 앞의 글, 359쪽.

72) F. Schiller, 앞의 글, 373쪽.

73) Carten Zelle, 앞의 글, 432쪽.

74) F. Schiller, 앞의 글, 377쪽.

75) F. Schiller, 앞의 글, 406쪽.

에는, 인간의 이질적인 두 측면, 즉 본능적인 측면과 도덕적인 측면, 감성적인 측면과 이성적인 측면이 서로 대립하지 않고 조화와 통일에 이르고, 이를 통해 분열된 삶을 넘어서서 자기 완결적인 삶으로 나아가는 도야의 의미가 담겨 있다고 말할 수 있다. 쉴러에게 미의 경험은 단순한 미학적 경험이 아니라, 완성된 삶에 이르는 수련의 과정인 것이다.

4. 맺음말

정도의 차이나 강조점의 차이가 있는 것은 사실이지만, 칸트와 쉴러에게 미의 경험은 인간의 두 모습, 예를 들면 본능적인 모습과 도덕적인 모습이 서로 대립을 이루고 있거나 그 둘 중 어느 한쪽이 일방적으로 우위를 점하고 있는 모습과 무관하다. 그 경험은 균형 잡힌 혹은 조화로운 삶의 모습을 함축하고 있다.

칸트의 경우, 인간이라면 마땅히 추구해야 할 궁극적 지향점이 미학적 인간은 아니다. 칸트 내재적인 입장에 충실해서 말해 보자면 최종적으로 도달해야 할 궁극적인 인간상은 미학적 인간이 아니라 도덕적 인간이다. 칸트의 미학적 경험의 핵심에 놓인 무관심적인 만족 개념으로부터 편향되지 않은, 균형 잡힌 삶의 자세를 이끌어 내는 것이 가능하다고 해서 이러한 사실이 달라지지는 않는다. 이 점은 칸트가 취미 판단의 진정한 실현은 도덕적 인간을 통해서 가능하다고 언급하는 데서도 확인된다.[76]

---

76) KU, B. 166.

　그리고 무관심적 만족으로 특징지어지는 미학적 인간상으로부터 조화로운 삶의 가능성을 재구성해 내더라도, 거기에 담긴 조화로움이 적극적의 미의 조화로움이라고 보기는 어렵다. 무관심적 만족으로 특징지어지는 미학적 인간의 모습은 물질적 욕구나 도덕법칙으로부터 벗어나 있는 것을 의미할 뿐, 본능적인 요소와 도덕적인 요소가 한데 어우러져 있는 상태를 의미하지는 않는다. 이는 칸트에서 미학적 경험을 통해서 조화로운 삶으로써의 도야에 이른다는 주장은 적어도 적극적인 의미에서 성립되기가 쉽지 않음을 함축한다.

　반면에 쉴러의 경우 미의 경험은 인간의 상반된 두 가지 요소가 조화를 이룸으로써 본래적인 인간의 모습을 회복해 가는 계기를 의미한다. 미학적 인간이야말로 인간이 도달해야 할 궁극적 지향점이자 회복해야 할 인간의 본래적 모습이며, 미의 경험은 거기에 이르는 도야의 의미를 담고 있다. 쉴러의 경우 미학적 인간은 인간의 본래적인 모습이며, 문화 과정을 통해서 인간이 도달해야 할 최종 목표라 할 수 있다. 위에서 언급한 놀이충동 혹은 미학적 도야충동의 인간에 대한 그의 견해에서 이러한 사실은 확인된다.

　이러한 사실이 쉴러의 견해에 아무런 문제점이 없다는 것을 말해 주는 것은 아니다. 쉴러에 따르면 미학적 인간은 감성과 이성, 본능적인 것과 도덕적인 것, 자연적인 것과 자유가 한데 어우러져 조화를 이루고 있는 인간이다. 동시에 쉴러는 그러한 인간을 도덕적인 인간이라고 말하고 있다. 그렇기 때문에 그가 말하는 도덕적인 인간은 칸트적 의미의 도덕적 인간과는 일단 구별된다. 그가 말하는 도덕적 인간은 성향과 의무가 한데 어우러진 인간을 의미하며, 그러한 도덕적 인간이 곧 미학적 인간이다. 다시 말해 쉴러에서 미학적 인간이란 인간성의 완성에 이른 인간을 의미한다. 그럼에도 불구하고 쉴러는 이러한 자신의 생각을 일관성 있게 펼치고 있지 못하다.[77] 대체적으로 보자면 미학적 인간과 도덕적 인간 간의 관계에 대한 그의 견해는 앞서 언급한 내용에 상응한다. 그러나 때때로 그는 미학적 인간과 도덕적 인간에 대해서 칸트와 다르지 않은 견해를 피력한다. 예를 들자면 그는 문화의 최고의 과제는 인간을 질료가 형식에 종속된 미학적 인간으로 만드는 데 있으며, 그 이유는 그렇게 함으로써만 도덕적 상태로 나아갈 수 있기 때문이라고 말하고 있다.[78]

바로 이와 같은 이유 때문에, 쉴러의 경우에도 미란 도덕성이 감각적 혹은 감성적으로 드러난 징표(token)에 다름 아니라는 비판이 가능하다. 다시 말해 쉴러의 경우에도 미는 예지적인 것이 감각적인 것에 참여함(methexis)을 말하기 위한 수단(vehicle)이라는 것이다.[79] 쉴러의 미학은 정신과 육체가 조화를 이룬 인간 개념으로 향하고 있다고 했을 때, 섬세하게 접근해야 하는 이유도 여기에 있다. 요컨대 쉴러에서 미학적 인간이란 한편으로는 인간성의 완성태로서의 조화로운 인간을 의미하는 반면, 다른 한편으로는 물리적 현존재로부터 도덕적 현존재로 나아가는 통과점을 의미한다는 것이다. 따라서 전자의 경우 쉴러의 미학적 인간은 칸트 윤리학의 토대에서 벗어난 것이지만, 후자의 경우 칸트의 견해의 주변을 배회하

---

77) 『서한집』에 등장하는 '자연' 개념도 쉴러 견해의 일관성을 의심케 하는 요소들 중 하나다. R.-P. Janz, 앞의 글, 618~619쪽 참조.

78) F. Schiller, 앞의 글, 381~382쪽.

79) D. Pugh는 이러한 관점에서 칸트와 쉴러의 논의는 플라톤 이원론의 연장선상에 놓여 있다고 말하고 있다. D. Pugh, *Dialectic of Love*, McGill-Queen's University Press, 1997, 101~131쪽 참조.

는 것에 불과하다.[80]

　그러나 이보다 더 근본적인 문제는 미학적 인간이 곧 인간성의 완성에 이른 인간이라고 했을 때도, 그러한 조화와 통일을 가능케 하는 궁극적인 원천이 어디에서 오는가 하는 점을 쉴러는 적절하게 제시하지 못한다는 데 있다. 만일 그 원천이 감성적인 것, 본능적인 것, 자연적인 것에서 온다고 한다면 이성적인 것, 도덕적인 것은 전자와 분리돼서 전자와 대립의 상태에 놓이지 않을 수 없다.[81] 그 역의 경우에도 상황은 마찬가지라 할 수 있다. 요컨대 쉴러는 조화와 통일의 궁극적 원천을 적절하게 제시하지 못하고 있다. 달리 말해 미학적 경험을 통한 도야의 궁극적 원천이 어디에 있는가를 쉴러는 제대로 해명하고 있지 못하는 것이다.[82]

　이처럼 칸트와 쉴러의 미의 경험은 그 고유한 도야의 의미를 담고 있음에도 불구하고 한계와 문제점을 안고 있는 것이 사실이다. 그러나 이로 인해 미의 경험과 도야에 대한 그들의 생각이 오늘날 아무짝에도 쓸모없는 것은 아니다. 그들이 미의 경험을 단순한 감각적 쾌와 구별 짓고, 그 속에서 조화로운 삶에 이를 수 있는 가능성을 모색하고 있다는 바로 그 점이 오히려 그들의 논의에서 우리

---

80) R.-P. Janz, 앞의 글, 622쪽 참조.

81) Dieter Henrich, "Beauty and Freedom", in: *Essays in Kant's Aesthetics*, (ed.) Ted Cohen and Paul Guyer, Chicago, 1982, 253쪽.

82) 이러한 문제는 이미 『우아미와 존엄』에서 나타나고 있다. 거기서 쉴러는 진정으로 본래적인 인간은 아름다운 영혼과 숭고한 영혼이 통일된 인간이라고 말하고 있다. 그럼에도 불구하고 그는 그 두 영혼이 진정으로 통일될 수 있는 가능성이 어디에 놓여 있는지를 제시하는 데 실패하고 있다. 만일 쉴러가 자신의 구도 내에서 그 통일 가능성을 제시하고자 한다면, 그는 그가 애초에 정의 내렸던 것들을 포기해야만 한다(D. Henrich, 앞의 글, 254쪽). 헨리히는 이러한 이유는 칸트적인 이원론의 틀을 갖고, 그 틀을 넘어서고자 했기 때문이라고 말하고 있다(255쪽 참조). 뒤징(W. Düsing) 또한 쉴러는 칸트의 주관적 관념론으로부터 벗어나지 못하고 있다고 본다. W. Düsing, "Ästhetische Form als Darstellung der Subjektivität. Zur Rezeption Kantischer Begriffe in Schillers Ästhetik", in: *Schillers Briefe über die ästhetische Erziehung*, hrsg. von Jürgen Bolten, Frankfurt am Main, 1984, 185~228쪽.

의 시선을 떼지 못하게 한다. 이는 삶의 분화와 분열이 돌이킬 수 없는 것처럼 보인다 하더라도, 그러한 상태를 넘어서서 조화롭고 통일된 삶에 이르고자 하는 바람이 소멸되는 것은 결코 아니기 때문이다.

공적 쾌락과 사적 금욕

: 벤담과 칸트에서 '금욕'의 문제*

김종국

* 이 논문은 2005년 정부(교육인적자원부)의 재원으로 한국 학술 진흥 재단의 지원을 받아 수행된 연구임
(KRF－2005－079－AM0016).

1. 들어가는 말: '금욕'과 '쾌락의 활용'
―아스케제의 두 계기

아스케제(Askese)는 그 어원상 '기술을 동원하여 무엇을 만들어 냄'이라는 의미를 가지며 이것이 인간 자신의 육체에 적용되어 처음에는 '육체의 단련(체육)'의 의미로, 그 다음에는 인간의 정신에 적용되어 '도덕적 훈련'의 의미로 사용되었다.[1] 이러한 정신적 훈련에는 '쾌를 삼감'뿐만 아니라 '쾌를 활용함' 또한 포함된다.[2] 이

---

[1] 아스케제의 概念史에 대해서는 G. Lanczkowski, "Askese", in: *Historisches Wörterbuch der Philosophie*, Basel Stuttgart, Bd. I, 1971, 538~541 참조.

[2] 이에 대해서는 슈미트(Wilhelm Schmid)의 다음과 같은 발언 참조. "특히 아스케틱(Asketik: 아스케제의 프로그램)에는 우리의 쾌의 사용 또한 속한다. 나중에 쾌락주의적 철학자들을 비판한 기독교도들의 표적이 된 것은 키니코스학파의 쾌락 활용이다. 터툴리아누스는 성애(Aphrodisia)에서 처를 교환하는 것을 비난하였고 아우구스티누스는 부부간의 성적 교섭을 衆人環視리에 실행하는 것을 비난하였다. 키니코스학파의 크라테스(Krates)와 히파키아(Hipparchia) 부부는 실제로 그렇게 했다. 파트너 교환의 키니코스적 모델은 아마도 안티스테네스(Antisthenes)일 텐데 그는 쾌의 아스케제(Askese der Lust), 쾌의 계산법을 고안했다. 왜냐하면 쾌 또한 그것을 유쾌한 방식으로 연출해 내려면 용의주도하게 준비되어야만 하기 때문이다. 안티스테네스에 따르면 쾌는 그것의 충족을 우리가 더 오래 지연시키면 지연시킬수록 그만큼 더 강력해진다. 만일 우리가 쾌에 즉시 굴복한다면 쾌는 즉시 약하게 폭발하고 말 것이다. 욕구의 억제가 가져오는 것은 가장 작은 분량이라 할지라도 매우 강력한 효과를 야기한다는 것이며 이는 동일한 방식으로 먹음의 쾌, 마심의 쾌, 그리고 성애의 쾌에 대해서도 타당하다. 물론 이것의 전제는 쾌의 노예 아니라 쾌의 주권적(souverän) 사용에 있어 훈련술적으로 체득함이다. 그래서 쾌의 아스케제는 흠결 없이 자족(Autarkie)의 기획에 부합한다." W. Schmid, "Was ist und zu welchem Zweck betreibt man Askese? Kleine Geschichte eines misverstandenen Begriffs", in: *Die neue Rundschau*, 2000(111 Jg.), Frankfurt am Main, 10.

는 아스케제의 전형을 보여주는 희랍의 키니즘에서 확인되는데 여기서 욕구의 금지(금욕)와 향유(쾌의 계산)는 어디까지나 도덕적 훈련의 계기였다. 다시 말해 아스케제가 쾌의 향유나 금지를 지향하는 것이 아니라 쾌의 향유나 금지가 아스케제를 지향한다. 이 아스케제는 고통과 쾌를 다루는 기술에 있어서의 탁월성을 목적으로 한다.[3]

'도덕적 훈련'이 덕을 목적으로 하는 반면, 스토아의 필로(Philo)에서 시작된 것으로 알려진 '종교적 훈련'은 구원을 목적으로 한다. 초기 교부 오리게네스(Origenes)가 아스케제를 '육체의 체념'과 '육체의 정념의 사멸'로 정의하는 데서 보이는 종교적 아스케제는 중세에 이르러 수도승의 '세계 부정적 금욕주의'로 발전한다.[4]

이러한 중세의 수도승 금욕주의는 근대 초 종교 개혁가들의 주된 비판의 대상이었다. 그들이 수도승 금욕주의를 비판한 것은 그것이 '금욕적 실천을 통해 구원에 이를 수 있다고, 즉 금욕적 수행이라고 하는 업적을 통해 신에게 옳다고 인정받게 된다'고 주장[功績정의(Werkegerechtigkeit)]한 때문이었다. 말하자면 '심정이 아니라 행위'에 의해 옳음을 성취하려는 무망한 시도였다는 것이다. 베

---

3) 이에 대해서는 슈미트의 다음과 같은 언급 참조 "키니즘의 아스케틱이 목적하는 것은 아레테, 즉 모든 방면에서의 탁월성이며 아스케틱 자체가 이러한 목적에 도달하는 첩경이다. 우리가 연습을 통하여 하나의 특정한 숙련성과 능숙함을 지닐 수 있는 기술과 예술의 경우에서와 마찬가지로, 삶의 예술(Kunst des Lebens)의 경우에 있어서도 사정은 마찬가지이다. 이러한 삶의 예술은 아스케틱을 포기할 수 없는 것이다." "Was ist und zu welchem Zweck betreibt man Askese? Kleine Geschichte eines misverstandenen Begriffs", 10.

4) 이렇게 어원상 '쾌락과 고통의 조절을 통한 (도덕적) 훈련'이라는 의미의 아스케제(Askese)는 중세의 수도승 금욕주의를 거치면서 '쾌락의 활용 부분을 전적으로 배제하는 금욕적 세계관, 금욕적 윤리 기획'으로 변모된다. 이 글에서는 후자의 경우에만 '금욕주의'라고 표기하고 나머지 경우는 모두 그냥 '아스케제'라고 표기하기로 한다. 말하자면 금욕주의는 아스케제의 두 계기 중의 하나인 금욕을 '전체 기획을 대표하는 원칙'으로 삼은 것이랄 수 있겠는데 칸트와 벤담의 비판 대상이 된 것은 '쾌락과 고통을 통한 훈련으로써의 아스케제'라기 보다는 '원칙으로써의 금욕, 즉 금욕주의'였다.

버가 초기 자본주의의 자본축적을 가능케 한 것으로 본 '프로테스탄트 금욕주의'는 세계 내적 금욕주의(innerweltliche Askese)로, '구원의 수단으로서의 금욕'이 아니라 '구원의 징표로서의 금욕'을 고수한다는 점에서, 중세의 수도승 금욕주의와 다르다.[5] 고대의 아스케제나 근대초의 '프로테스탄트적 금욕주의'는 공히 '자기 목적으로서의 금욕'에 저항한다.

아래에서 나는 이상 간략히 고찰된 아스케제가 '벤담의 공리주의와 칸트의 의무주의로 대표되는 근대의 실천철학적 기획'을 거치면서 어떤 운명을 겪게 되는가를 주로 살펴보고 또 이를 평가해 보려고 한다. 우선 벤담과 칸트 양자에서 '도덕의 원칙'의 후보에서 금욕주의가 탈락되는 과정을 추적한다. 벤담이 최대 다수의 최대 행복으로 대변되는 쾌락주의에 의거하여 어떻게 사회 윤리, 개인 윤리적, 종교적 금욕주의를 비판하고 '공적 쾌락'을 옹호하는지 살펴볼 것이다(2). 다음으로 논문은 원칙으로써의 금욕주의를 보편적 당위의 관점에서 비판하는 칸트적 과정을 재구성한 후, 칸트로 대표되는 근대의 기획에서 전통적 아스케제가 어떤 위상을 지니는지를, '사적 금욕'으로 압축될 수 있을 그의『도덕형이상학, 덕론』의 방법론을 중심으로 고찰해 볼 것이다(3). 끝으로 논문은 이러한 '공적 쾌락과 사적 금욕'의 기획이 갖는 현재적 의의를 아리스토텔레스의 덕 윤리 기획에 비추어 드러내 보일 것이다(맺는말).

---

5) 베버에 의하면 칼빈주의자들에게 (금욕적 행위와 같은) "좋은 행실은 행복에 도달하기 위한 수단으로는 절대적으로 부적합하지만, 신의 선택의 표시로는 불가결하다." M. Weber, *Die Protestantische Ethik und der Geist des Kapitalismus*, Düsseldorf, 1992, 24. 말하자면 금욕적 행위가 신적 행복에 참여하는 수단이 되지는 못하지만 이런 행복에 참여하도록 선택되었다는 것의 표시가 되는 것은 불가피하다는 것이다.

2. 공적 쾌락(벤담)

벤담의 윤리학은 '윤리학에서 우선적인 문제는 도덕적 실행이
아니라 도덕원칙이라고 보는 근대의 윤리학'[6]이다. 그래서 그는 최
대 다수의 최대 행복이라는 공리의 원칙을 옳고 그름의 판정원칙
으로 제시한다.[7] 그에 의하면 이 원칙은 개인적 차원에서나 사회적
차원에서나 타당한 원칙이며 이 원칙의 타당성을 부정하는 것은
불가능하다. 벤담은 이 원칙에 대한 소극적 반박이 아니라 적극적
부정의 예로 '원칙으로서의 금욕주의'를 거론하고 비판하는데 그의
금욕주의 비판은 다음과 같이 재구성될 수 있다.

첫째, 금욕주의는 사회윤리의 원칙이 될 수 없다. 보편적 금욕이
아니라 보편적 쾌락이 사회 윤리의 근본 원칙이다. 정책으로서의

---

6) 벤담은 법학의 이론적 정초를 마련하기 위한 자신의 기획을 '의지의 논리학(logic of the will)'의 정립
시도라고 말한다. 그래서 의지의 논리학에 해당하는 'art of legislation'의 적용이 'science of law'라
는 것이다. 이처럼 벤담의 일차적 관심사는 옳고 그름의 기준이다. J. Bentham, *Introduction to the
Principles of Morals and Legislation*(1789), ed. J. H. Burns, H. L. A. Hart, London and New
York, 1970, 8 참조.

7) "모든 이해 당사자의 최대 행복이 옳은 것, 적절한 것(the right and proper)이다. 그리고 모든 이해 당
사자의 최대 행복은 인간 행위의 유일하게 옳고 적절하며 보편적으로 소망 가능한 목적이다." *Introduction
to the Principles of Morals and Legislation*, 11.

금욕주의로 거론될 수 있는 스파르타의 금욕적 정책은, 벤담에 의하면, 국가의 생존을 위함이었지 금욕 자체를 목적으로 하지 않았다. 스파르타의 '정책으로서의 금욕주의'는 '안전성의 조처'였으므로 "비록 전도된 형태의 적용이긴 하지만, 바로 공리의 원칙의 적용이다"[8]라는 것이다. 설령 개인적으로는 금욕주의자라 할지라도 이것이 사회 정책으로 시행되는 것을 원하는 사람은 아무도 없다.[9] 요컨대 사회 윤리적 맥락에서 타인의 고통을 선으로 보지 않는 한, 사회 윤리의 원칙으로서의 금욕주의는 불가능하다는 것이다.

둘째, 개인윤리의 차원에서 용인되는 금욕주의도, 벤담에 의하면, 실은 고도의 정신적 기쁨을 목적으로 한다는 점에서 소극적 쾌락주의에 다름 아니다. 개인적 차원의 금욕주의자들이 버린 것은 "순수하지 못한 것이라고 부른 것, 즉 육체적인 쾌락이나 육체적인 것에 기인하는 쾌락"이었을 뿐 "이러한 불순한 쾌락과 구별되는 순수한 것은 함양·확충하였다"[10]는 것이다. 벤담이 보기에 그 이름이 어떠하던 간에 '이 순수한 것' 또한 쾌락에 다름 아니다.

셋째로 벤담은 종교적 금욕주의를 거론하고 비판한다. 벤담은 종교적 금욕주의가 고차적 기쁨을 목적으로 하지 않는다는 점에서는 위의 개인적 금욕주의와 다르다고 보지만, 그럼에도 불구하고 종교적 금욕주의가 '내세의 벌에 대한 공포'[11]로부터 벗어남이라는 목적을 가지는 한, 금욕주의적이지 않다고 본다.

---

8) *Introduction to the Principles of Morals and Legislation*, 19.

9) "어떤 이가 자신을 비참하게 만드는 것의 장점이 무어라고 생각하든 이런 사람 그 누구도 타인을 비참하게 만드는 것도 장점을 지니고 더 나아가 의무라고 생각하지는 않았다." *Introduction to the Principles of Morals and Legislation*, 19.

10) *Introduction to the Principles of Morals and Legislation*, 18 ff.

11) *Introduction to the Principles of Morals and Legislation*, 18.

그런데 내세에서의 고통 회피라는 목적을 갖지 않는 종교적 금욕주의, 즉 '고통 그 자체를 찬양하는 것을 의무로 삼는' 종교적 금욕주의도 있을 수 있다. 이에 대한 벤담의 답은 이 입장이 위의 가장된 금욕주의 보다 "더 일관적이지만 덜 현명하다"[12]는 것이다. 이렇게 되면 벤담에서 '내세를 염두에 두지 않는 과격한 수도승 금욕주의에 입각한 행위'는 '비도덕적 행위라기보다 현명치 못한 행위'가 된다.

---

12) *Introduction to the Principles of Morals and Legislation*, 18.

3. 사적 금욕(칸트)

원칙으로서의 금욕주의에 대한 칸트의 비판을, 위에서 벤담의 입장이 요약된 순서를 거슬러 올라가면서, 재구성하면 다음과 같이 된다.

첫째, 종교적 금욕주의에 대한 칸트의 비판은 벤담의 그것보다 더 신랄하다. 수도승 금욕주의의 추종자는 고통을 자신에게 벌로 과한다. 벌을 달게 받음으로써 그는 벌에 동반되는 고통을 찬양한다. 이들은 자신에게 '자발적으로' 벌을 내린다. 그런데 문제는 수도승 금욕주의가 '윤리적 맥락에서 잘못이 없는 데도 자신에게 벌을 내린다'는 데 있다. 칸트가 보기에 이는 당위의 프리즘을 통과하지 않은 것이다. 그래서 그에 따르면 당위와 윤리적 사유가 결여된 벌은 단지 '무윤리적'인 것이 아니라 비윤리적이다. 왜냐하면 이러한 자기 형벌에는 '덕의 명령에 대한 은밀한 혐오'[13]가 동반되어 있기 때문이다.

---

13) I. Kant, *Metaphysik der Sitten, Metaphysische Anfangsgründe der Tugendlehre*(1797), Akademie Ausgabe, Ⅵ, 485(§ 53).

둘째, 칸트에 따르면 개인 윤리적 차원에서도 금욕주의는 행위의 원칙이 되지 못한다. (벤담과 마찬가지로) 칸트에서도 고통의 추구가 아니라 행복의 추구가 개인 의무이다. 그러나 칸트가 '금욕을 위한 금욕'을 비판하는 근거는 벤담에서처럼 그것이 반쾌락주의적이기 때문인 것이 아니라 "숱한 염려와 충족되지 않은 욕구 상태에서 자신의 처지에 대한 만족의 결여는 의무들을 위반하려는 커다란 유혹이 될 수 있을 것이기 때문"이다. 말하자면 불행이 의무 수행에 장애가 되기 때문에 행복을 추구해야 한다는 것이다. 그래서 칸트는 행복추구의 개인적 의무를 '간접적'[14] 의무라고 말하고 있는 것이다.

셋째, 칸트에서 善行의 사회 윤리의 원칙은 '동시에 의무인 목적으로서의 타인의 행복을 촉진하라'는 것이다.[15] 그러나 타인의 행복은 그것이 '선으로서의 보편적 쾌락'의 일부이기 때문에 명령되는 것이 아니라,[16] 타인의 완전성을 촉진하는 것을 도우라는 명령의 보편타당성, 즉 타인의 행복이 지니는 당위적 보편성 때문에 명령된다.[17]

이상 칸트에서는 도덕의 원칙으로써의 금욕주의는 불가능하다. 다시 말해 금욕주의적 원칙은 선악의 판정 기준이 될 수 없으며 금욕적 행위로 인해(금욕적이기 때문에) 도덕적일 수는 없다.[18] 그렇

---

14) 이상. I. Kant, *Grundlegung zur Metaphysik der Sitten*(1785), Akademie Ausgabe Ⅳ, 399.

15) I. Kant, *Metaphysik der Sitten, Metaphysische Anfangsgründe der Tugendlehre*(1797), Akademie Ausgabe, Ⅵ, 387 참조.

16) 칸트는 그의 실천이성 비판의 변증론에서 덕이 행복의 종속변수라는 에피쿠로스의 주장을 극력 반박하는데 이는 벤담에게도 고스란히 적용될 수 있다. 이에 대해서는 I. Kant, *Kritik der praktischen Vernunft*(1788), Akademie Ausgabe Ⅴ, 113 참조.

17) 이에 대해서는 김종국, "도덕형이상학(칸트)에 대한 사회 윤리적 독해", 『철학연구』, 81집. 대한 철학회, 2001, 93~98 참조.

다면 칸트 실천철학에서 아스케제는 이로써 종언을 고했는가? 다른 선택지가 남아 있다. '금욕적이기 때문에 도덕적인 경우'가 아니라 '도덕적이기 때문에 금욕적인 경우'이다. 그래서 칸트는 금욕의 문제를 '무엇이 선인가'의 물음의 맥락이 아니라 '어떻게 통찰된 선을 사적인 차원에서 실행할 것인가'의 물음의 맥락에 위치 짓는다. 이것이 의미하는 것은 도덕의 실행론으로서의 아스케제, '덕의 도야(die Cultur der Tugend)로서의 도덕적 아스케제(die moralische Ascetik)'[19]만이 가능하다는 것이다. 아스케제가 칸트 도덕(형이상학 덕)론의 원리론에서가 아니라 사적인 차원인 (선을 실행하는) 방법론에서 등장하는 이유가 여기에 있다.[20]

내가 보기에 칸트의 아스케제論은, 비록 방법론의 차원으로 축소되긴 했지만, '덕을 지향하는 쾌고의 훈련으로서의 아스케제'라는 고대 말 기획의 근대적 버전, 따라서 '서양 근대 윤리학의 의무론적 기획이 제시하는 修養論'이라 할 만하다. 칸트가 보기에 덕에 있어 숙련의 규칙은 두 가지 기분 상태를 지향하는데 그 하나는 덕의 의무를 준수함에 있어서의 '깨어 있는 심의'이며 다른 하나가 '기쁜 심의'이다. 전자의 심의는 다음과 같은 스토아주의자들의 금

---

18) 그러므로 칸트의 심정 윤리학의 기획은 베버가 말한 프로테스탄트적 반공적주의(금욕은 구원의 통로가 아니라 구원의 징표이다)의 세속화로 볼 수도 있다.

19) 칸트는 아스케제를 "ethische Gymnastik"이라고도 표현한다. *Metaphysik der Sitten. Metaphysische Anfangsgründe der Tugendlehre*, 485.

20) 『도덕형이상학 덕론』의 방법론에서 칸트는 다음과 같이 말한다. "덕이 생득적이지 않다는 사태로부터 덕이 배워질 수 있고 배워져야만 한다는 결론이 나온다. 그래서 덕론은 체계적 이론이다. 그러나 덕 개념에 적합하게 되려면, 우리가 어떻게 행위 해야 하는가를 가르치는 단순한 이론만 가지고서는 아직 규칙의 실행을 위한 힘이 획득되지 않는다. 이 때문에 스토아주의자들은 덕은 의무의 단순한 표상, 즉 경고를 통해서 (훈계적으로) 덕이 가르쳐질 수는 없으며 덕은 인간 내부의 적과의 투쟁이라고 하는 시험을 거쳐서 [아스케제적으로(asketisch)] 익혀져야만 한다고 주장했던 것이다." *Metaphysik der Sitten. Metaphysische Anfangsgründe der Tugendlehre*, 477. 괄호 안은 칸트의 것.

언, 즉 "우연적인 삶의 화를 견디는 것을 습관화하라. 그리고 과도한 희열을 삼가는 것을 습관화하라"21)에 충실할 때 가능하다. 그러나 칸트가 보기에 연습된 깨어 있음만으로는 의무 실행이 용이하게 되지 않는다. 왜냐하면 의무에 입각하여 행위 함은 쾌를 목적으로 행위 함을 애초에 배제하는데, 이러한 '행위의 근거로써의 쾌'를 대체할 만한 기쁨이 덕의 수련의 과정에서 얻어지지 않는다면 의무의 실행이 회피될 수도 있기 때문이다. 간단히 말해 의무에 말미암은 행위는 쾌에 말미암은 행위가 아니지만 의무가 용이하게 행해지기 위해서는 부단한 연습을 통한 기쁜 심의가 동반되어야 한다는 것이다. "여기에 '하나의 즐거운 삶의 향유를 지니면서도 순수하게 도덕적인' 그 무엇이 더해져야 한다. 그것은 덕스러운 에피쿠로스의 이념에 있는 매양 기쁜 마음이다."22) 덕스러운 에피쿠로스란 말하자면 스토아주의 더하기 에피쿠로스주의이다. 스토아의 최종 목적은 깨어 있는 심의인데 여기에 기쁜 심의가 더해지는 것, 즉 깨어 있음에 쾌가 더해지는 것이 아스케제의 목적이다. 물론 칸트가 말하는 여기서의 기쁨은 (원리론 차원에 존립하는)의무의 근거로서의 기쁨이 아니라(만일 그렇다면 쾌락주의적 공리주의가 될 것이다) 덕의 꾸준한 연습에 의해 달성된 기쁨, 그래서 만일 부단한 수련의 결과 이러한 기쁨이 획득된다면, '동시에 의무인 목적으로서의 덕을 행하기가 훨씬 용이해지는 그런 기쁨'이다. 이런 상태의 사람은 칸트에 의하면 "기쁜 마음이라는 원인을 가지면서 이 기쁜 마음을 가짐을 의무의 대상으로 삼지 않는 사람"이다. 이 사

---

21) *Metaphysik der Sitten, Metaphysische Anfangsgründe der Tugendlehre*, 484~485.
22) *Metaphysik der Sitten, Metaphysische Anfangsgründe der Tugendlehre*, 485.

람은 "그 어떤 의도적 위반도 의식하지 못하고 이러한 기쁜 심의기분에 빠져 있기 때문에 안전한 사람", 말하자면 자기 마음대로 행해도 거리낄 것이 없는 상태(從心所慾不踰矩)에 있는 사람이다.[23]

23) 이상. *Metaphysik der Sitten. Metaphysische Anfangsgründe der Tugendlehre*, 485.

4. 맺는말

아스케제의 복권?
아리스토텔레스 對 칸트, 그리고 니체

① 요약하자면 이렇다. 벤담과 칸트에서 선악의 판정원칙으로서의 금욕주의는 불가능하다. 그러나 칸트에서 선의 실행론으로서의 아스케제는 가능하다. 벤담과 칸트의 이러한 입장의 배후에는 '선악에 대한 판정은 보편 이성적·공적 차원에서, 파악된 선의 관철능력은 개인적 실천의 차원에서'라는 근대적 근본 경향성이 자리하고 있다. 요컨대 '금욕'과 관련한 근대의 전형적 응답은 공적 차원에서의 부정과 사적 차원에서의 긍정, 즉 공적 쾌락과 사적 금욕(아스케제)이랄 수 있다.

원리론의 차원에서 보자면, 사실 쾌와 고통은 가치론적으로 비대칭적이다. 고통은 그것이 가치 관련적이려면 '무엇을 위한 고통(의 감내)'일 수밖에 없기 때문이다. '금욕을 위한 금욕으로서의 금욕주의'에 대한 벤담과 칸트의 비판은 그러므로 이러한 '인간학적 사태'에 조응한다. 오늘날 금욕주의적 프로그램들, 이를테면 생태 윤리의 원칙으로써의 금욕주의적 기획(생태적 금욕주의─이를테면 한스 요나스가 주장하는 것처럼)에 대해서도 우리는 칸트와 벤담의 성과를 비판적 척도로 사용할 수 있을 것이다. 이를테면 금욕을 위한 금욕으로서의 생태 금욕주의는 불가능하며 이 금욕은 '더 심각한 빈곤의 예방'[24]을 목적으로 하고, 결국 생명계나 인류(미래세대)의 존재라는 적극적 목적을 가질 수밖에 없다는 식으로.

② 거슬러 올라가면 아스케제 개념의 철학적 기원 중의 하나로 아리스토텔레스의 덕 개념이 꼽힐 수 있을 것이다. 칸트의 도덕적 아스케제는 아리스토텔레스의 '부단한 실천을 통한 성격적 덕의 형성'과 크게 다르지 않다고 말할 수 있다. '의무가 용이하게 행해지기 위해서는 부단한 연습을 통한 기쁜 심의가 동반되어야 한다'고 말하는 칸트와 유사하게 아리스토텔레스도 다음과 같이 말한다. "플라톤이 말하듯이 어느 정도는 아주 어렸을 때부터 마땅히 쾌를 느껴야 할 대상에 대해 쾌를 느끼고, 불쾌를 느껴야 할 대상에 대해 불쾌를 느끼도록 인도되어야만 한다. 이것이 올바른 교육이기 때문이다."[25]

그러나 아리스토텔레스와 칸트 양자의 차이는 지식(선악에 대한 지식)과 실천(덕 형성을 위해 요구되는 습관적 실행) 중 어느 것에 무게 중심을 두는가에 있다.[26] 아리스토텔레스에 따르면 "지식(행

---

24) H. Jonas, *Das Prinzip Verantwortung*, Frankfurt am Main, 1979, 265.

25) Aristoteles, *Nikomachische Ethik*, übers. E. Rolfes, Hamburg, 1995, 29(1104b).

26) 아리스토텔레스 식으로 표현하면 '행위의 원리인 의지적 선택'과 이 의지적 선택의 원리인 '목적의 표상'132(1139a) 중에서 어느 것에 무게 중심을 두는가의 문제이다(괄호 안은 논자).

위의 선, 악에 대한 앎)은 거의 의미가 없거나 아무 의미가 없으며 다른 두 가지(덕스러운 행위를 지향하는 고의, 행위 함에 있어 확고함)는 거의 의미가 없는 것이 아니라 모든 의미를 가진다. 이 두 가지는 정의와 절제의 지속적 연습에 의해 획득된다."27) 그래서 아리스토텔레스가 보기에 "실천적 지혜는 우리에게 정의로운 것을 가르쳐 주기는 하지만, (…)우리가 정의로운 것 등에 대한 앎 때문에 그만큼 더 활동적이 되는 것은 아니다."28) 오히려 아리스토텔레스에서 목적에 대한 앎은 성격적 탁월성(덕)에 의존적이다. 그래서 아리스토텔레스는 "목적의 質(행위 목적의 선, 악)이 우리 자신의 質에 의존적이다"29)라고 주장하고 또 "행위의 원리는 그 행위의 목적에 있지만 사람이 쾌나 불쾌에 의해 사로잡히는 즉시 옳은 원칙이 은폐되고, 목적 때문에 그리고 목적을 위해 모든 것을 선택하고 행해야 한다는 것이 망각된다"30)고 주장하는 것이다.

습관, 연습에 대한 이러한 아리스토텔레스적 강조에 대해 칸트는 '법칙에 대한 표상'의 우선성으로 맞선다. "능숙함(Fertigkeit)(품성)은 행위 함의 용이성이며 자의의 주관적 완전성이다. 그렇지만 이러한 모든 용이성이 자유로운 능숙함(자유로운 품성)인 것은 아니다. 왜냐하면 이 용이성이 습관이라면, 즉 자주 반복된 행위를 통해

---

27) *Nikomachische Ethik*, 32(1105b)(괄호 안은 논자).

28) *Nikomachische Ethik*, 146(1143b). "실천적 지혜를 가진 사람은 그에게 선하고 유용한 것이 무엇인지를 인간적 삶을 좋고 행복하게 만드는 것과 관련하여 숙고하는 사람이다." *Nikomachische Ethik*, 135(1140a)

29) *Nikomachische Ethik*, 58(1114b)(괄호 안은 논자). "또 최선의 의견을 가진 사람이 최선의 의지적 선택을 하는 사람인 것도 아니다. 많은 사람들이 악덕으로 말미암아 해서는 안 될 일을 하면서도 그들의 의견은 옳은 경우가 있다." *Nikomachische Ethik*, 50(1112a). 여기서 덕 혹은 악덕은 '목적의 의욕'이 아니라 '목적의 수단을 선택함'에 있어서의 탁월성 혹은 탁월하지 못함이다. *Nikomachische Ethik*, 55(1113b).

30) *Nikomachische Ethik*, 136(1140b).

필연으로 되어 버린 행위의 동일한 형식성이라면 이 용이함은 자유로부터 나온, 따라서 도덕적인 능숙함이 결코 아니기 때문이다. 따라서 우리는 덕을 자유로운 합법칙적인 행위들에 있어서의 능숙함을 통해 정의할 수 없다. 만일 여기에 행위에 있어 법칙의 표상을 통해 자신을 규정함이 추가된다면 덕의 정의로 될 수 있을 것이다."[31] 칸트에서 우선적인 것은 법칙에 대한 표상이다. 그래서 습관적 실천, 아스케제는 법칙에 대한 표상을 다루는 도덕형이상학 덕론의 원리론의 부록, 즉 방법론으로 자리 잡게 된 것이다.

③ 왜 아리스토텔레스는 옳고 그름의 판단인 실천적 지혜가 없이도 덕스러울 수 있다[32](의학 지식을 알아야 건강한 것은 아닌 것처럼)고 말할 수 있었는가? 그것은 궁극적으로 성격적 탁월성, 덕이 본성상 선을 지향한다는 확신 때문인 것 같다. 이 확신의 배후에 있는 형이상학은 '공동체와 개인의 유기체적 결합'이다. 아리스토텔레스적 덕을 소유한 개인에게 공동체 관련적 옳고 그름(예를 들어 정의)은 어렵지 않게 파악된다. 그러나 개인과 공동체의 간의 결합의 붕괴는 결국 개인의 덕성보다는 보편적 선에 우선적으로 주목하게 만든다. 벤담과 칸트는 각각 보편적 쾌락과 의무의 보편성에 집중함으로써 보편적 기준의 문제를 윤리학의 우선 문제로 본다. 벤담에게 이 선의 실현 가능성은 그의 '축소된 행복' 개념 탓에 선의 실행론을 개진해야 할 정도로 필요하지 않았다. 칸트도 이러한 벤담식의 '하향 평준화된 행복' 개념이 근대 이후의 행복개념

---

31) *Metaphisik der Sitten. Metaphisische Anfangsgründe der Tugendlehre*, 407(강조는 논자).

32) 아리스토텔레스는 실천적 지혜 없이도 덕스러울 수 있다는 것의 비유로 "우리가 의술이나 체육의 기술을 가지고 있다고 해서 (건강이나 좋은 상태 같은 품성 상태들을) 더 잘 실천할 수 있게 되는 것은 아니다"라고 말한다. *Nikomachische Ethik*, 146(1143b).

을 대표한다는 점을 인정했지만 (혹은 이 하향평준화 때문에) 그는 '보편적 행복'보다는 당위의 '보편성'에 자신의 기획을 기초한다.

④ 니체는 다시 쾌고를 통한 훈련으로서의 아스케제에 주목한다. "나 또한 아스케제를 다시 자연화하고 싶다. 否定의 의도의 자리에 强化의 의도를, 의지의 훈련(eine Gymnastik des Willens)의 의도를, 自制와 모든 종류의 투여된 금식기(Fastenzeit)를…."[33] 그의 시도의 배경에는 선악의 판정원칙 중심의 근대적 윤리적 기획들에 대한 부정적 평가, 개인적 삶에 공적 원칙을 앞세우는 근대적 기획에 대한 부정적 평가가 자리 잡고 있다. 그러나 니체에게 '지성적 덕과 성격적 덕의 아리스토텔레스적 균형' 같은 것이 있는지는 분명치 않다. 아리스토텔레스는 덕이 실천적 지혜의 부분집합이라는 소크라테스-플라톤의 주장을 거부했지만 그럼에도 불구하고 "단순히 올바른 이성을 따르는 품성상태가 덕인 것이 아니라 올바른 이성과 결합된 품성이 탁월성이다"[34]라고 주장함으로써 나름대로 양자의 균형을 도모하는 것 같기 때문이다.

---

33) F. Nietzsche, *Der Wille zur Macht*, in: *Friedrich Nietzsche in drei Bände*, hrg. K. Schlechta, Bd. 2. 345. 슈미트에 따르면 "근원적 의미에서의 아스케틱은 근본적으로는 니체에서 비로소 復權을 경험한다." 이에 대해서는 Wilhelm Schmid, Was ist und zu welchem Zweck betreibt man Askese? Kleine Geschichte eines misverstandenen Begriffs, in: *Die neue Rundschau*,(111 Jg.) Frankfurt am Main, 2000, 11, 12.

34) *Nikomachische Ethik*, 149(1144b).

참고문헌

김종국, 「도덕형이상학(칸트)에 대한 사회 윤리적 독해」, 『철학연구』, 81집.
대한 철학회, 2001.

Aristoteles, *Nikomachische Ethik*, übers. E. Rolfes, Hamburg, 1995.

Bentham J. *Introduction to the Principles of Morals and Legislation*(1789), ed. J. H.
Burns, H. L. A. Hart, London and New York, 1970.

Jonas H. *Das Prinzip Verantwortung*, Frankfurt am Main, 1979.

Kant I. *Grundlegung zur Metaphysik der Sitten*(1785), Akademie Ausgabe Ⅳ.

ders, *Metaphysik der Sitten. Metaphysische Anfangsgründe der Tugendlehre*(1797),
Akademie Ausgabe, VI.

Lanczkowski G, "Askese", in: *Historisches Wörterbuch der Philosophie*, Bd. I, Basel
und Stuttgart, 1971.

Nietzsche F. *Der Wille zur Macht*, in: Friedrich Nietzsche in drei Bände, hrg. K.
Schlechta, Bd. 2.

Schmid W. "Was ist und zu welchem Zweck betreibt man Askese? Kleine
Geschichte eines misverstandenen Begriffs", in: *Die neue Rundschau*, (111
Jg.), Frankfurt am Main, 2000.

Weber M. *Die Protestantische Ethik und der Geist des Kapitalismus*, Düsseldorf,
1992.

'사변적 정신'과 욕망의 문제*

임홍빈

* 이 논문은 2005년 정부(교육인적자원부)의 재원으로 한국학술진흥재단의 지원을 받아 수행된 연구임 (KRF-2005-079-AM0016) 또한 이 논문은 2차 년도 연구기획의 결과물임을 밝힘.

1. 서론

1) 문제의 제기

‘정신현상학’의 ‘자기의식’에 관한 헤겔의 서술이 지금까지 여러 해석자들의 주목을 받아 왔다는 것은 주지의 사실이다.[1] 그 이유는 이 부분이 코제브(Kojève)의 독창적인 해석과 함께 회자되기 시작한 ‘주인의식’과 ‘노예의식’의 변증법은 물론, 마르쿠제(Marcuse)가 주목했던 생명/삶(Leben), ‘인정을 위한 투쟁’과 같이 인간의 역사적 경험과 관련해서 다양한 연상 작용을 불러일으킬 뿐만 아니라, 인간과 역사의 ‘체계적인 이해’와 관련해서도 시사하는 바가 적지 않기 때문이다.[2] 또한 ‘정신현상학’이란 저술 자체의 내재적 이해와

---

1) 앞으로 ‘자기의식’은 ‘정신현상학’의 "B. Selbstbewusstsein"이란 제목을 지닌 저술의 한 부분을 가리킨다. 저술의 한 부분이 아닌 일반적인 의미의 자기의식은 인용부호 없이 사용했음. 이는 의식이나 정신 등에도 해당됨.

2) 특히 우리는 지입(Siep)과 호네트(A. Honneth)의 인정이론이나 하버마스(J. Habermas)의 의사소통적 합리성이론과는 구별되는 상호 주체성의 철학이 헤겔적 사유로부터 전개될 수 있는 가능성을 염두에 둘 수 있다. 그것은 의사소통적 합리성 이론과 달리, 이성이나 인간적 정신이 근원적인 의미에서 욕망의 변증법에 의해 매개되어 있다는 인식에서 출발한다. L. Siep, *Anerkennung als Prinzip der praktischen Philosophie: Untersuchung zu Hegels Jenaer Philosophie des Geistes*, Freiburg, München,

관련해서 '자기의식'은 변증법적 사변철학의 핵심적 동기와 구조를 파악하려는 시도들과 관련해서 중요한 단서들을 제공해 준다고 믿어져 왔다. 특히 헤겔에 의해 자기의식은 정신의 개념으로 규정되고 있기 때문에(GW 9, 108~109),[3] '정신현상학'의 방법적 요구가 충족될 수 있는지를 바로 이 부분에서 검증하고자 하는 유혹으로부터 대부분의 헤겔연구자들이 벗어날 수 없었기 때문일 것이다. 특히 다음 인용문은 정신과 자기의식의 구조적 동일성에 근거한 것으로 주목을 받을 만하다. "자아, 그것은 바로 우리이며, 우리는 바로 자아이다(Ich, das Wir, und Wir, das Ich ist)"(GW 9, 108/39). 물론 헤겔은 욕망의 서술과정에서도 일반적인 의미의 부정이론에 의거하고 있는데, 과연 그가 도출해 내는 일련의 '범주'들과 '의식의 형상'들이 엄격한 변증법적 경험에 근거해서 정당화될 수 있는지가 주요 쟁점중의 하나로 부각되어 왔던 것이다.[4] 욕망은 자기의식의 자기동일성을 달성하기 위한 하나의 계기로 전제되어 있을 뿐만 아니라, '자기의식'에 선행하는 의식 자체의 경험으로부터 '연

1979.; A. Honneth, *Kampf um Anerkennung: zur moralischen Grammatik sozialer Konflickte*, Frankfurt am Main, 1992.; J. Habermas, "Arbeit und Interaktion. Bemerkungen zu Hgels 〉Jenenser Philosophie des Geistes〈", in: *Georg Wilhelm Friedrich Hegel, Frühe politische Systeme*, Hrsg, G. Göhler, Frankfurt/M, Berlin, Wien 1974, S. 786~815.; H. Marcuse, *Hegels Ontologie und die Theorie der Geschichtlichkeit*, Frankfurt am Main, 1975, 특히 S. 197이하 참조. A. Kojève, *introduction à la lecture de hegel*, Paris, 1947. 등 참조. 여기서 '체계적인 이해'라는 표현은 헤겔의 고유한 서술의 맥락이나 변증법적 사변철학의 부담스러운 형이상학적 전제로부터 비교적 자유로운 이론적 구성의 가능성을 염두에 둔 것이다.

3) '정신현상학'은 G. W. F. Hegel, *Phänomenologie des Geistes*, Hamburg, 1980ff *Gesammelte Werke*, Band 9.를 GW 9로 표기할 것임. 헤겔의 일부 문헌은 필요할 경우 Suhrkamp판 전집: (*Werke in zwanzig Bänden* Frankfurt am Main, 1970ff)을 Werke 1, Werke 2, 등과 같은 방식으로 인용. 다만 Werke 8, 9, 10 등은 Enzyklopädie로 약해서 인용.

4) 다음 인용문은 전형적으로 타자의 부정을 통한 자기의식의 자기정체성을 설명하고 있다. "자기의식은 여기서 운동으로 서술되는데, 그 운동을 통해서 이 대립(즉 자기의식과 타자적 존재의 대립)은 지양되고 자기의식의 자신과의 동일성이 달성된다"(GW 9, 104, 29~31).

역'되어야 한다는 것이 변증법적 서술의 자기주장이기 때문이다. 그런데 자기의식이나 정신개념의 목적론적 구도가 전제된 욕망의 서술은 다음과 같은 물음을 초래할 수밖에 없다.

먼저 자기의식의 구체적 규정들인 인정(Anerkennung)이나, 노동, 그리고 이보다 선행하는 욕망 등이 상호 간에 어떠한 맥락 위에 놓여 있으며, 이들이 헤겔 자신의 자의적인 선택에 의해서 도입된 규정들이 아닌지가 문제시될 수 있는 것이다.[5] 그러나 헤겔은 마치 자기의식 이후의 모든 서술들이 이미 그 개념적 의미와 구조가 확인된 정신의 개념이 단지 현실 속에서 다양한 내용들로 채워지는 과정들에 지나지 않는다는 인상을 주고 있다. 물론 이 같은 언급이 정신을 단순히 스피노자적인 실체로서가 아닌 주체로서 파악해야 한다는 일반적인 기획의 연장선상에서 이해되지 않는 것은 아니다 (GW 9, 22/39). 문제는 욕망하는 자기의식이 어떤 이유에서 자기인식, 즉 정신이 스스로를 정신으로 인식하는 일련의 과정과 연계되고, 하나의 필연적인 계기로서 '자기의식'의 주제로 등장해야만 하는지에 대해 헤겔 자신이 명확하게 논증하고 있지 않다는 데서 발생한다.

물론 앞서 인용된 헤겔의 언급들을 소박하게 신뢰할 경우, 욕망하는 자기의식의 성격은, 이어서 등장하는 '인정'의 투쟁은 물론 헤겔철학 전반과 관련해서 가장 핵심적인 개념 중의 하나인 정신개념과 관련해서 파악되어야 한다는 추정이 가능하다. 즉 의식이

---

5) 실제로 테일러(Taylor)는 코제브(Kojève)의 연장선상에서 욕망의 개념이 자기의식의 총체적 자기통합성 (total integrity)을 전제할 수밖에 없다는 견해에 머물고 있다. 그러나 이 자기통합성은 자기의식이 '정신의 개념'으로 이해되는 한에서 실체성을 지닌다고 보아야 할 것이다. C. Taylor, *Hegel*, Frankfurt am Main, 1978, S. 206.

자기의식에서 근본적인 전환점을 맞이함으로써 스스로를 정신적 존재로 인식, 경험하게 된다는 주장은 일차적으로 욕망하는 자기의식에서 그 단초가 제시되고 있는 것이다. 물론 욕망과 인정의 문제를 축으로 전개되는 '자기의식'은 인륜적 정신, 즉 규범적이며 보편적인 실체로서의 인간 공동체의 질서들이 등장하는 맥락과 연계되어 있다. 이 점에서 욕망하는 자기의식의 서술은 단순한 상호주체성의 차원을 넘어서는 사회문화적 구성 원리에 대한 헤겔적인 시각을 이해할 수 있는 단초로 채택될 만하다. 이러한 일련의 쟁점들을 요약하면 자연적이며 유기체적인 원리를 체화하고 있는 자아가(an embodied self) 어떻게 사회적이며 규범적 정체성을 지닌 주체로 변화될 수 있는가의 문제로 집약된다.

이 같은 물음은— 최소한 헤겔의 입장에서 보면—종래의 전통적인 방식에 의거해서 해명될 수 없는 것이기 때문에 새로운 이론적 형식을 요구한다는 것이다. 가령 규범적이며 사회적 의식이 기존의 전통적 규범이나 삶의 형식을 실정적인(positive) 사태들로 전제하고 이를 사회화의 과정을 통해서 형성된 것으로 설명한다면, 이는 일종의 독단주의적 태도에 지나지 않는 다는 것이다. 이 같은 실정적 독단주의의 대안으로 규범적 사태를 인간의 본래적 이성에 의해서 정당화하는 칸트적인 시도가 언급될 수 있다. 하지만 헤겔은 사실과 당위, 이성과 경험, 자연과 정신의 구별을 전제한 칸트적인 이원론을 수용하지 않는 한에서 이 역시 대안으로 채택될 수 없었다고 볼 수 있다. 결국, 자연주의적 환원론이나 실정적 독단주의, 선험주의 등과 구별되면서, 자연과 정신의 통일적 해석을 가능케 하는 이론의 형식이 헤겔에 의해 추구되고 있는 것이다. 따라서 욕망하는

자기의식과 정신의 관계는 일단 '이성의 사실성(Faktum der Vernunft)'
이나 규범적 당위의 실정성 등과 같은 전제를 설정하지 않고 의식
자체의 '변증법적 경험'의 과정으로부터 규범과 정신의 질서들을
'도출'하기 위한 포괄적 기획의 틀과 관련해서 이해될 수 있다는
것이다. 오직 이 경우에 우리는 욕망하는 자기의식이 정신과 어떠
한 연관 속에 놓여 있는지 물을 수 있을 것이다.[6]

2) 방법적 관점에서 본 문제의 성격

'자기의식'의 첫 부분에서 언급된 욕망(Begierde)의 개념은 일견
비규범적인 사태로부터 규범적인 사태의 '연역'을 시도한 것처럼
보인다. 그리고 이는 칸트주의적인 시도나 여타의 도덕심리학을 포
함하는 규범주의적 접근과는 다른 유형의, 규범적 정체성에 관한
인식과 관련하는 것처럼 보인다.[7] 즉 규범적 판단이나 행위를 가능
케 하는 조건들 자체가 경험초월적인 영역에 귀속되고, 바로 이 같
은 형식적 보편성이 전자를 정당화해 주는 근거를 제공하는 방식

---

6) 글의 모두에 자기의식과 정신의 차이에 대해 먼저 분명히 할 필요가 있을 것이다. 욕망하는 자기의식은
'모순을 통해서 내몰리는 정신'(Durch diesen Widerspruch wird der Geist getrieben. ★"(E §
385, Zusatz.)과 같이 내적 모순과 그 해소라는 변증법의 기본적 성격을 반영하고 있지만, 정신의 자기
지식과 자기의식의 자기지식은 지식을 구성하는 계기들의 성격과 관련해서 근본적인 차이를 보여준다.
자기의식의 자기지식과 달리 정신에 속하는 자기지식은 '실제로 존재하는 차이들의 통일성(eine Einheit
der real Differenter)'이다. 다시 말해서 정신의 자기지식은 기본적으로 실재하는 세계이해에 의해서 매
개된 지식이다. 이에 대해서 예쉬케(Jaeschke)의 다음 문헌을 인용 및 참조. W. Jaeschke, *Hegel
Handbuch: Leben－Werk－Schule*, Stuttgart/Weimar, 2003, S. 351.

7) 만약 현대 프랑스 철학에서 욕망이론이 주목을 받았다면, 그것은 상당 부분 코제브의 독창적이지만 논란
의 여지가 많은 헤겔 해석에 기인한 바가 크다고 볼 수 있다. 이에 대해서는 다음 글을 참조. Aliette
Armel, "Kojève, ★"une théorie du désir", in: *Le magazine littéraire* N° 455 Juillet－Aout
2006, 56～57.

의 '연역'을 헤겔이 처음부터 거부하고 있다는 것이다.

　반면에 '현상하는 정신'의 목적론적 구도를 전제하지 않은 채, 욕망과 노동, 인정 등의 경험들이 등장하는 맥락을 이해하는 것은 쉽지 않은 과제처럼 보인다. '정신현상학'의 기획은 그러나 구체적 경험을 통해서 자기의식의 현실성을 확인하고, 사변과 경험의 통합성을 제시하려는 의도와 직결되어 있다. 전통적으로 관념론의 궁극적 토대로 설정된 자기의식이 단순히 의식의 내용에 통일성을 부여해 주는 선험적 통각(die transzendentale Apperzeption)의 형식적 원리로만 이해될 수 없다는 것은 '정신현상학'의 자명한 전제로 여겨질 만하다. 다시 말해서 자기의식의 위상과 성격은 그 형식적 통일성의 원리가 아니라, 구체적 경험 내용들을 통해서 규명되어야 한다는 헤겔의 고유한 인식은 욕망하는 자기의식의 경우에도 마찬가지로 적용된다. 따라서 '정신현상학'의 서술은 '의식의 경험의 학문'이란 부제가 말해 주듯이 경험적 사태 자체의 내재적 구조와 그 역동적이며 역사적인 변화의 과정에 주목한다. 자기의식은 단순한 주관적 확실성의 보루가 아니라 경험적 현실을 통해서 스스로의 진리성을 입증해 줄 수 있는 현실구성의 내적 원리일 수 있어야 한다는 것이 '정신현상학'의 의도인 것이다.[8] 그 결과 욕망하는 자기의식의 서술 동기는 단순히 인간학적·역사적 사태의 이론적 규명을 넘어서, 칸트에서 비롯해 피히테와 초기 쉘링을 거쳐 헤겔에 이

---

8) '정신현상학'은 단지 그 서술의 형식적 특이성을 고려할 때, 분명 '법철학강의'나 '역사철학강의', '미학강의' 등과 같은 후기 사상과 구별된다. 전자의 텍스트로서의 특이성은 무엇보다 그 서술의 방법과 내용의 관계에 대한 인식에서 드러난다. 전자의 경우 헤겔은 서술되는 내용, ―그의 표현을 직접 빌리면― 즉 사태 자체(die Sache selbst)의 내적 필연성에 근거한 변증법적 사변철학의 체계적 서술을 시도하고 있기 때문이다.

르는 관념론의 완성이라는 철학사적 기획과 관련해서 파악될 필요가 있다.[9]

한편 욕망하는 자기의식의 현상학적 서술은 주체가 대상과 맺는 실천적 관계가 상호주체성의 토대 위에서만 성립한다는 경험지평의 근본적 변화를 전제한다. 즉 자기의식의 경험은 근본적인 의미에서 상호주체성의 차원에서 전개될 수밖에 없다는 것이다. 형식적 관점에서 보면, 욕망은 자기의식 개념을 구성하는 충족적이지는 않지만 필수적인 계기들 중의 하나로 설정되어 있다(GW 9, 108/15ff). 자기의식의 한계에 대한 일차적 단초는 자기의식의 불완전한 정체성에서 비롯한다. 즉 자기의식의 자기충족적인 정체성은 단순한 타자의 부정을 넘어서, 스스로 자립적이면서도 자기의식의 반성을 가능케 하는 대상, 즉 다른 자기의식에 의해서 구체화된다는 인식에 의해 한계에 직면한다. 따라서 다른 자기의식의 인정을 통해서만 진정한 자기동일성에 도달할 수 있는 의식은 더 이상 '욕망하는 자기의식'으로 규정될 수 없다는 것이다. 즉 인간은 본질적으로 인륜적인 '정신' 공동체의 한 주체로서만 존재하고 행위 할 수 있다는 자각이 욕망의 내적 부정성의 개념에 이미 함축되어 있다는 것이다. 여기서 문제의 관건은, 욕망하는 자기의식의 행위가 단순한 대상의 '부정'을 통한 자기만족에 머물지 않고, 타자의 '욕망에 대한 욕망', 나아가서 인정이라는 상호주체성의 차원으로 전개되는 과정이, 정신개념의 목적론적 구도를 전제함으로써만 가능한 것인지,

---

9) '자기의식'의 철학사적 맥락에 관한 포괄적 논의는 다음 문헌을 참고. H.−G. Gadamer, "Die Dialektik des Selbstbewuβtseins", in: *Hans−Georg Gadamer Gesammelte Werke 3*, Tübingen, 1987, S. 47ff.

아니면 욕망하는 자기의식 자체의 내재적 모순에 의해서 '도출'될 수 있는지이다.[10]

또한 '정신현상학'에서 욕망의 여러 유형들은 단지 그 대상에 의해서만 구별될 뿐만 아니라, 인간적 정체성의 형성과정과 관련해서 규정된다. 인간의 정신이 자연적이며 유한한 삶의 구체적 맥락으로부터 생성·발전하는 의식의 자기형성과정으로 인식되어야 한다는 '정신현상학'의 방법적 태도를 감안할 때, 욕망은 우연히 등장하는 하나의 주제이자 임의로 선택된 인간학적 고찰의 대상이 아니라, 정신의 개념을 구성하는 본질적 계기로서의 의미를 지닌다. 욕망은 여기서 인간의 심리나 행태에 관한 일반이론의 대상이나, 하나의 독립적인─즉 여타의 인지적이며 의지적인 차원들과 분석적 수준에서 구별되는─기질 혹은 성향으로 다루어지고 있는 것이 아니라, 인간의 사회문화적인 규범과 제도로 실체화된 인륜적 정신의 '현상학적 서술'이라는 목적론적 맥락 속에서 논의되고 있다. 인륜적 정신은 개인들의 도덕성을 넘어서 국가의 기원, 법적 제도의 발생 등을 포괄하는 규범체계의 정립을 통해 실현되는데, 여기서 인정투쟁과 같은 갈등이 필연적인 단계로 언급되고 있다.[11]

이로써 우리는 '욕망'이나 '의지', '충동' 등과 같은 개념들이 어떠한 방식의 개념적 고찰의 대상일 수 있는지에 대해서 주목하게 된다. 우리들의 일상적 언어행위에서 욕망과 욕구, 충동 등은 엄격

---

10) '욕망에 대한 욕망' 개념의 문제성에 대해서는 이 글의 Ⅱ-3에서 보다 자세히 언급했음.

11) 인정에 대한 욕구나 욕망 등과 같은 인간학적 성격을 지닌 서술들이, 사실은 개인적이며 사적인 차원의 쟁점이 아닌 국가체제의 등장과 같은─근세 이후 여러 방식으로 모색된─사회계약설과 유사한 이론적 목표를 추구한다는 점을 명확하다. '국가들의 성립(ein Beginnen der Staaten)'에 대해 언급하고 있는 E § 433 등을 참조.

하게 구별되지 않지만, 헤겔은 고유의 '현상학적'이며 '심리철학적'인 고찰을 통해서 이 개념들의 위상을 부여함으로써 체계적 규정을 시도한다. 따라서 충동은 욕망과 달리 "주관적인 것과 객관적인 것 사이의 대립이 아직 극복되지 않은"(E § 426, Zusatz/ E § 473 Zusatz 역시 참조) 상태로 규정된다. 충동은 항상 개체 존재에 국한된 배타적이면서, 순간적인 만족에 그치는 것으로 서술되고 있는 것이다. 나아가서 충동은 '의지하는 지성의 한 형식'으로서 주관적인 것과 객관적인 것 사이에 성립하는 대립이 지양된 상태를 가리키며, 그 결과 충동의 해소를 통한 자기실현은 여러 가지 유형의 만족감을 발생시킨다는 것이다. 그리고 이 만족감은 전자와 달리 인간적 존재 전체의 정체성과 관련된 보편적인 사태라는 것이다.

　이상의 논의는 욕망이나 욕구, 충동 등의 개념이 한결같이 인지적인 ― 달리 말하면 '정신적인(geistig)' ― 과정들로 분석되고 있음을 보여준다. 즉 타자 속에서, 그리고 타자의 부정을 통해서 자신을 확신하려는 성향은 정신의 전개과정에서 욕망과 감정 등과 같은 차원에서도 확인된다는 것이다. 자연주의적 관점에서 보더라도 욕망이든 욕구든, 인간적 존재 자체의 생물학적 조건으로부터 추상된 인간의 이해는 불가능한 것처럼 보인다. 그러나 최소한 헤겔적 시도는 욕망이 단순히 생물학적 조건으로 환원·설명될 수 없다는 인식을 넘어서, 자연적 세계 및 타자와의 연관 속에서 자신의 존재를 확신하는 존재로서의 인간에 관한 통합적인 인식과 연결되고 있기 때문에 인간학적 관심 이상의 이론적 규명을 요구한다. 욕망하는 자기의식은 단순히 반성적 의식의 형식적인 자기관계를 넘어서 사회문화적 제도와 규범의 발생과 관련해서도 의미 있는 이론적 가능성을 제시해 줄 수 있기 때문이다. 그러나 무엇보다 '정신 현상학'은 데카르트나 그 이후에 등장한 심신이원론과 달리 정신/자연, 이성/욕망, 필연/우연의 연관에 대한 파악을 시도하고 있다는 점에서 특기할 만하다. 헤겔의 경우 '욕망'이나 '노동', 인간적 실존 등을 구성하는 '우연적이며(?) 역사적인' 계기들이 이성적이며 개념적 사유에 의해서 서술 가능한 질서들과 **외적으로** 연계되어 자아와 세계의 이해를 가능케 하는 것으로 설정되어 있지 않다. 다시 말해 욕망을 비롯한 '선반성적(pre—reflective)'인 심리 현상 역시 그 자체의 내재적 발생과정에서 이미 일정한 '논리적 구조화의 과정'을 보여준다는 '범인지주의(pan—cognitivism)'가 '자기의식'의 주요한 서술 전략임이 드러날 것이다.[12]

---

12) '선반성적(pre—reflective)'이란 표현에 대해서는 아래 주 19를 참조.

2. 본론

1) 자연적 의식, 생명, 욕망하는 자기의식

우리는 먼저 왜 욕망이 인간학이 아닌 현상학의 차원에서 검토되어야 하는지에 대해 물어야 할 것이다.[13] 욕망이 '정신현상학'에서 차지하는 위상은 좀 더 구체적으로 왜 욕망이 의식이나 혹은 의식 이전의 인간학적·자연철학적 수준이 아닌 '자기의식'에서 주제화되어야만 하는지에 대한 문제와 관련하기 때문이다.[14] 주지하다시피 '엔찌클로패디(Enzyklopädie)'와 달리 '정신현상학'에서는 욕

---

13) 자연철학에 관한 서술과 함께 미학강의에서도 욕망의 개념은 동물적 욕망의 차원에서 사용되고 있다. Werke 9, Werke, 13, S. 193 등 참조. 다음 논문에서는 욕망의 개념이 인간학적 맥락에서 분석되고 있다. 소병일, 『헤겔철학의 관점에서 본 욕망의 지위와 역할―'영혼'과 '자기의식'을 중심으로』, 철학연구, 고려대학교 철학연구소 간행, 서울, 2006. 9, 65~94면 참조.

14) 코제브는 이 문제에 대해 그다지 주목하지 않은 것처럼 보인다. 그러나 욕망을 프로이트나 라캉의 시도대로 무의식의 수준에서 혹은 언어와 같은 상징체계나 대상화 자체가 불가능한 '타자(Lacan)'의 심층영역에서부터 이해하는 경우에도 욕망하는 자기의식은 인간 정신의 다른 차원들과 연계되어 있다. 한편 라캉의 욕망개념은 코제브의 헤겔해석이 다시 프로이트의 이론에 의해 굴절된 경우로 볼 수 있다. 이에 대해서는 다음 문헌을 참조. J. Lacan, *écrits*, Paris, 1966.; C. Shepherdson, "The Epoch of Body: Need and Demand in Kojève and Lacan", in: G. Weiss & H. F. Haber(eds.) *Perspectives on Embodiment*, New York and London, 1999. pp.183~212.

망이 자연적 의식의 독립적인 형상이자 범주로서 설정되고 있지 않다. 그럼에도 불구하고 이 두 저술에서 욕망과 자기의식의 체계적 연관은 부정할 수 없는 헤겔의 견해로 간주될 만하다. 욕망은 인간화의 과정에서 단순한 대상의식의 차원과 구별된다. 욕망은 대상적 의식의 직접성, 즉 매개되지 않은 단순한 지향성으로 특징지어지는 일련의 태도들과 달리 삶의 구체적 공간을 전제하기 때문이다. 의식의 경험은 사회문화적 맥락으로부터 추상된 사적 주체의 체험공간에서 수행되는 것으로서 원초적 세계인식의 차원에 국한된다. 반면에 욕망은 대상의 존재나 성질들에 대한 감각적 판단-우리는 이를 '감성적 확신'에서 논의되고 있는 일종의 단순한 명제적 태도(propositional attitude)로 이해할 수 있다-과 달리 자기반성적인 인식을 표면화시킨다.[15] 그렇다면 어떻게 의식의 대상과 달리 '자기의식'의 대상이 실천적 자기관계의 한 유형인 욕망하는 자기의식의 대상으로 규정될 수 있는가? 헤겔은 '의식'의 경험에 대한 서술을 통해서, 단순한 지향성에 의해 성립하는 인지적 태도-이는 감성과 지각, 지성과 같은 유형들의 순서로 검토된다-가 실천적 대상관계로 이행할 수밖에 없음이 드러난다고 주장한다. 의식과 대상의 관계는 타자의 관계를 통한 자기부정이라는 '실천적 자기이해'의 지평을 이미 항상 전제한다는 것이다.

의식경험의 한계는 바로 '생명'에 대한 지향성이 직면하는 특이성과 관련한다. '생명'은 단순히 주관/객관의 대립을 넘어서는 존재일반이자, 자기부정을 통해서 자기정체성을 확보하는 무한성의 원

---

15) 당연한 말이지만, 욕망을 통한 자기반성이나 자기의식의 욕망은 동물적 욕망-이는 자연철학의 서술대상일 수밖에 없다-과 구별된다.

초적 질서를 반영한다. 뿐만 아니라 자기보존의 원리에 의존하는 동물적 생명체를 포괄하는 유기체적 체계를 가리킨다. 이 점에서 우리는 왜 생명(Leben)의 개념이 '자기의식'과 함께 욕망에 의해 구체화되고 있는지 이해할 수 있다. 생명은 '내적 차이(innerer Unterschied)'(GW 9, 99) 자체가 자기동일성(Sichselbstgleichheit)의 근거인 존재이며, 동시에 무한성(Unendlichkeit)의 구체적 실존이기 때문이다. 자기구별을 통한 자기동일성의 원리를 구현하고 있다는 점에서 생명은 자기의식과 동일한 구조를 보여주며, 바로 이 점에서 생명은 '의식'의 후반부에서 '욕망하는 자기의식'의 등장을 예고하는 중요한 범주로 설정된다. 이 같은 헤겔의 구도는 그다지 큰 무리가 없는 것처럼 보인다. 왜냐하면 욕망하는 자기의식은 생명의 전일적 질서를 바탕으로 성립하는 개념이자 핵심적인 계기일 수밖에 없기 때문이다.[16] 따라서 즉 생명의 자기보존이란 유기체적 목적의 실현에서 동물적 욕망(animalische Begierde)의 계기 역시 본질적인 의미를 지닌다.

그런데 여기서 유기체적 생명체의 타자관계가 근본적인 의미에서 자기내적 질서의 구축을 위한 부정성에 의해서 특징지어진다면, 우리는 부정성의 개념을 이중적 관점에서 이해할 수 있다. 부정성의 한 의미는 대상과의 외적 관계를 지칭하는 것으로 해석된다. 그러나 이러한 일반적인 의미의 부정성과는 구별되는 욕망의 부정성

---

16) 욕망과 자기의식의 '연역'가능성 대한 비판적인 논구는 다음 문헌을 참조. 노이하우저(Neuhauser)는 앞서 언급한 테일러와 유사한 선험적 연역의 전략을 동원함으로써, 객관적으로 주어진 자명한 사태, 즉 자기의식 자체의 가능성의 조건으로서의 '욕망'이 도출될 수 있는지를 논하고 있다. 그러나 이 같은 해석 역시 '정신'개념의 일원론적이며 목적론적인 포괄적인 규정하에서만 성립한다고 볼 수 있다. F. Neuhauser, "Deducing Desire and Recognition" in the *Phenomenology of Spirit*, in: *Journal of the History of Philosophy*, Vol.XXIV, April 1986, Number 2. pp.243~262.

을 통해서 우리는 동물적 욕망에서 자기의식적 욕망으로의 이행을 설명할 수 있을 것이다. 자기의식에 의해 매개되고 실현되는 욕망은 오히려 전자와 달리, 자연적 질서 ─ 이는 자기보존과 항상성, 종족번식 등과 같은 동물적 욕망을 구성하는 계기들로 간주된다 ─ 로부터의 **일탈**을 통해서 가시화될 수 있다. 이 일탈이 바로 '자유롭고', 자연의 필연적 법칙성에 반드시 의존하지 않는 자기의식적 욕망의 차별성이 드러나는 지점이다.[17] 따라서 나는 자기의식의 부정성이 오직 이 같은 이중적인 의미를 지니는 한에서만 '욕망하는 자기의식'을 넘어서는 자유로운 자기의식의 현상학이 서술 가능하다고 생각한다. 그러므로 의식이나, 자기의식은 다만 타자 존재(das Anderssein)의 구체적 의미를 통해서만 구별되는 것이 아니다. 실제로 자기의식은 의식과 달리 실천적인 행위의 주체로서 간주되는데, 이는 자기의식이 타자를 단순한 인식의 참된 지향점 ─ 이는 헤겔에 의해 참된 것(das Wahre) 혹은 진리(die Wahrheit) 등으로 지칭되는 경향이 있다 ─ 이나 대상으로서만 간주하는 것이 아니라 대상의 직접적인 부정과 지양을 통해서, 즉 실천적 행위를 통해서 자기정체성을 확인한다는 사실을 말해 준다. 간략하게 말하면 자기의식의 타자는 이론적 반성의 대상으로 설정되어 있는 단순한 즉자 존재(das Ansichsein)를 넘어서는 것이다. 욕망을 통해서 자아는 공허하고 형식적이며 이론적인 자기동일성의 단계를 넘어서, 현실성을 확보, 실현하는 존재로 스스로를 자각한다. 즉 욕망하는 자기의식은 ─

---

17) 자연의 규칙성으로서의 벗어난 의식적 존재의 해방이 '자연적인 정신'의 가능성으로 연결될 수 있는지에 대한 또 다른 논의는 다음 문헌을 참조. B. Merker, "Jenseits des Hirns", in: B. Merker, G. Mohr, M. Quante, (Hrsg.), *Subjektivität und Anerkennung*, Paderborn, 2004, S. 153ff.

만약 칸트적으로 표현하는 것이 허용된다면 — 의식 자체의 가능성의 조건이자, 실현태인 셈이다.

2) 자기감정으로서의 욕망

욕망은 자연과 정신이 특이한 방식으로 통일된 일종의 자기감정 (Selbstgefühl)이다. **자기**감정(**Selbstgefühl**)은 이 점에서 욕망의 정신성을 함축한다.[18] 욕망의 발현은 삶을 가능케 하는 보편적 조건으로서 일종의 규칙성, 즉 '자연적 규범(natürliche Norm)'을 보여준다는 것이다.[19] 욕망하는 자기의식은 그 개념적 본성에 상응하는 자기지식, 즉 자기 확신의 형식적 질서를 구조화하고 있는데, 우리는 이를 타자의 부정을 통한 자기긍정의 원초적 반성구조로 규정할 수 있을 것이다. 욕망은 나아가서 자족적 상태의 보편적 자기의식과 달리 결핍과 부족함에 의해서 특징지어지는 인간의 고유한 유

---

18) 따라서 핑카드(Pinkard)가 자기감정을 '선반성적(pre-reflective)'인 인식활동으로 이해하는 것은 당연하다. 핑카드는 "욕망이 모든 실천적 추론의 핵심전제"(아래 인용한 논문 p.51)라고 말하면서 정신 개념의 역사성이 삶의 방식에 대한 새로운 해석의 필연성에 직면할 때 드러난다고 말한다. 그러나 그는 '정신현상학'의 서술이 단지 설화적 구도에 의해서 구성된 이론인지, 아니면 보다 엄격한 변증법적 경험의 연속적 계기들에 의해 체계성을 지닐 수 있는지에 대해서는 구체적 언급을 하지 않는다. T. Pinkard, "Reason, Recognition, and Historicity" in: B. Merker, G. Mohr, M. Quante(Hrsg.), *Subjektivität und Anerkennung*, Paderborn, 2004, S. 54~55. note 12. 등을 참고.

19) '자연적 규범'이란 표현은 메르커(Merker)에 의해서 구체화되고 있으며 헤겔은 이를 오직 유기체의 단계에서부터 적용한다고 볼 수 있다. 소위 자연주의적 오류를 연상시키는 이 표현의 사용은 오직 헤겔이 어떤 방식으로 '사실'과 '당위', '(유기체적) 자연'과 '정신'의 관계를 이해하고, 정당화하고 있는지에 의해서 승인 혹은 거부될 수 있을 것이다. 한 가지 분명한 것은 그가 '자연'의 사변철학적 파악을 통해서 자연 자체의 내부로부터 정신적인 형식들을 — 우리는 이를 항상성의 원리나 여타의 자연법칙 등을 포괄하는 자연과학의 핵심범주들로 구성할 수 있을 것이다 — 전제할 뿐만 아니라, 바로 자연의 정신성이 자연을 합리적으로 이해할 수 있는 단초라고 주장한다는 점이다. 즉 '자연적 규범' 혹은 '유기체의 규범성'이란 표현은 종래의 데카르트적 이원론이나 자연주의적 환원론과 구별되는 자연/정신의 일원론적 존재론에 의해서만 정당화될 수 있는 것이다. B. Merker, 앞의 논문, S. 141ff. 같은 논문의 주 17도 참조.

한성을 반영한다.[20] 이는 자기의식이 자립적인 생명을 지닌 타자 존재의 지양을 통해서만 자기보존이 허락된 비자립적이며 내적 모순을 잉태한 존재임을 보여준다. 자기의식의 욕망은 바로 이 생명적 존재인 타자 자체의 존재를 자기 확신의 필요조건으로 전제함으로써 타자 존재와의 순환적 연관을 구축할 수밖에 없기 때문이다(GW 9, 107/25f). 결국 자기의식이 자신의 대상과 맺는 부정적인 관계는 타자 존재의 완전한 지양을 달성할 수 없을 뿐만 아니라, 타자 존재를 오히려 (재)산출하는 결과만을 낳는다. 이 단계에서 욕망과 욕망의 대상 사이에는 일종의 반복적인 순환의 과정이 지배하고 있는 것이다(GW 9, 107/33f). 이 같은 인식은 우리가 현실 세계에서 목격하는 것처럼, 욕망이 자족적인 상태를 유지하지 못한 채, 왜 지속적으로 재생산되는가에 관한 하나의 탁월한 분석으로 간주될 만하다.

사실상 이와 같은 자기관계적 부정성의 형식적 질서는 정신의 모든 형상들에서 발견되고 서술될 수 있다.[21] 그래서 자기감정은 타자의 부정을 통해서 궁극적으로는 자기보존은 물론 자기이해에 도달하려는 시도의 일환으로 규정된다.[22] 이는 결국 욕망하는 자기의식의 행위가 자기 자신의 정체성을 확인하려는 인지적 자기관계의 연장선상에 있음을 가리킨다. 나아가서 욕망하는 자기의식은 자기감정이 근본적으로 사회적으로 매개될 수밖에 없는 정황에 대한

---

20) 이 점을 특히 부각시키고 있는 해석은 다음 문헌을 참조. W. Marx, *Das Selbstbewusstsein in Hegels Phänomenologie des Geistes*, Frankfurt am Main, 1986. S. 31ff. 참조.

21) W. Jaeschke, 앞의 글, S. 352 참조.

22) 이에 대한 자세한 논의는 다음 문헌을 참조. W. Marx, *Das Selbstbewusstsein in Hegels Phäno-menologie des Geistes*, Frankfurt am Main, 1986, S. 26~35. 특히 S. 30ff.

오해로부터 벗어나지 못함으로써 또 다른 한계에 직면한다. 이 같은 한계는 욕망하는 자기의식들 상호 간의 투쟁으로 구체화된다. 욕망이 사회적 지배구조의 탄생과 직결되어 있다는 헤겔의 인식은, 욕망하는 자기의식의 감정이 '자기감정'이자, 동시에 타자와의 구별에 의해서 매개되는 '내적 모순의 감정'으로 서술되는 지점에서 분명해진다(E § 426, Zusatz).

3) 욕망에 대한 욕망과 인정투쟁

자기의식의 자기동일성은 근본적으로 타자의 부정을 통해서 달성되는데, 여기서 자기의식의 대상 자체도 자기관계적 부정성을 구현하고 있는 생명을 지닌 어떤 존재(ein Lebendiges)라는 점에서 자기의식의 대상과의 관계는 주체와 대상의 단순한 관계를 넘어서, 상호주체성의 단계로 전개된다. 우리는 그 한 단초를 다음 인용을 통해서 추적할 수 있을 것이다. "전적으로 대자적으로(für sich) 존재하며, 자신의 대상을 직접적으로 부정적인 성격을 지닌 것으로 지칭하는 자기의식 혹은 무엇보다 욕망은 그렇기 때문에 오히려 바로 그 대상의 자립성을 경험하게 된다"(GW 9. 105/7~10). 즉 인지적 지향성의 대상이 단순한 대상이 아니라, 그 자체로서의 자립성을 지닌 대상으로 경험되는 순간, 그것은 실천적 행위를 통해 부정되어야 할 존재로 이해되며, 나아가서 이는 의식의 자기수정을 요구하는 계기로 작용한다. 이때 '대상'은 단순한 인식의 한 축을 형성하는 객체나 객관이 아닌, 자립성을 지닌 존재로서의 생명체로 경험된다. 따라서 욕망의 실현은 불가피하게 자기의식의 사회적 존재성을 확인시켜 준다. 즉 상호주체성의 질서와 형식들이 자기의식의 경험을 가능케 하는 조건임이 드러나는 것이다. 실제로 헤겔은 욕망하는 자기의식의 서술에 이르러 '자기의식의 이중복제(Verdoppelung des Selbstbewusstseins)'(GW 9, 108/21)에 대해 언급함으로써 사회적 관계의 등장이 욕망하는 자기의식의 전개과정에서 성립한다는 사실을 명확히 한다. 특히 다음 인용문은 바로 자기의식과 정신의 맥락과 관련해서 주목할 만하다.

> "그것은 한 자기의식에 대한 또 하나의 자기의식이다. 이를 통해서 실제로, 자기의식은 자신의 타자 존재 안에서 스스로와 통일성을 구축하게 된다. 자아(Ich), 이는 자신의 개념의 대상으로 존재하는데, 실제로는 대상이 아니다. 그러나 욕망의 대상은 오직 자립적일 뿐인데, 왜냐하면 그것은 보편적이며 말살시킬 수도 없는 실체이자, 유동하면서 스스로 동질적으로 존재하는 것이기 때문이다. 자기의식이 대상인 한에서 그것은 자아이자 대상이다. ─ 이로써 이미 우리에게 정신의 개념은 현존한다"(GW 9, 108/29ff).

타자 속에서 스스로 존재하는(Im-Anderen-bei-sich-selbst-Sein) 정신의 개념은 욕망의 근본적인 속성을 설명해 준다. 왜냐하면 자기의식이 단순한 타자의 부정에 만족하지 못하고 '욕망을 욕망'하는 한에서, 즉 타자가 자신의 욕망을 주체적으로 인정해 주기를 욕망하는 한에서, 이미 개별성의 차원을 초월한 정신의 개념은 가시화되는 것이다.[23] 그러나 우리는 이에 앞서 직접적인 욕망과 인정투쟁을 통한 자유로운 존재의 등장 사이에 욕망의 다른 정신적인 유

---

23) 테일러 역시 욕망의 질적 변화가 마치 정신의 목적을 실현하기 위한 구도하에서 진행되는 것처럼 파악하고 있다. C. Taylor, "Hegel's philosophy of mind", in: *G. W. F. Hegel, Critical Assessments*, ed. by R. Stern, Volume IV, London and New York 1993, p.80. 참조.

형들을 고려할 수 있다. 그 이유는 직접적인 욕망에서 매개된 욕망의 실현으로, 그리고 자연적인 본성에 뿌리를 둔 자기감정으로서의 개별자의 욕망에서 보다 '보편적인' 사회문화적 제도나 상징체계에 의해서 매개된 욕망으로의 이행이 고려될 수 있기 때문이다. 이러한 배경하에서 우리는 욕망과 사회적으로 매개되는 '욕구'의 연계성을 주장할 수 있다.

욕망하는 자기의식 역시 '자연'의 구속성에서 완전히 해방되지 못한 상태에 놓여 있을 뿐만 아니라, 사회문화적 구조들에 의해서 규정되는 제한적 자기인식의 양상을 보여준다. 즉 욕망의 대상은 단순한 즉물적 자연이 아니라, 노동이라는 사회적 행위의 재생산방식을 통해서 매개된 타자 존재에 종속되어 있는 것이다. 자기의식의 욕망은 이 점에서 사회적 생산양식에 의해서 구조화된 질서에 의존하게 되는 것이다.[24]

상호주체성의 차원에서 전개되는 타자의 인정에 대한 욕망, 즉 코제브나 라캉, 테일러 등이 한결같이 '욕망에의 욕망'으로 규정하고 있는 욕망 역시 반성적 매개화(reflexive Vermittlung)의 한 단계로 이해된다.[25] 그런데 '욕망에 대한 욕망'은 자신을 더 이상 욕망

---

24) 욕망에서 욕구로의 이행은 자기의식의 실현을 가능케 하는 사회적 관계망이 '시민사회'와 같은 실체적 조직의 방식으로 구조화되었음을 가리킨다. 따라서 시민사회는 욕망과 노동의 관계가 매개되는 지점이자, 소유와 재산 등과 같은 법적 범주들이 구체적 실체성을 보장받는 영역이기도 하다. 앞서 언급한 욕구들(Bedürfnissse)의 '사회적 구조화과정'은 사회적 상징체계에 의해 매개된다는 점이 특징적이다. 욕구는 '법철학강의'(Werke 7, § 190, S. 348f)에서 시민사회를 규정하는 데 동원되고 있는데, 이는 단순히 욕망하는 자기의식의 연장선상에 놓여 있다기보다, 복합적인 사회 심리적 역학관계를 통해서 이해된다. 이 맥락은 아마도 욕망(desire)과 욕구(demand), 그리고 생물적 수준의 필요(need)의 개념들의 구별에 의해서 설명될 수 있을 것이다. 그러나 '욕구들의 체계'로서의 시민사회의 이론적 파악은, 단순히 인간학적 관점을 초월하는 방법적 조건을 충족시켜야 할 것이다.

25) 테일러 역시 바로 앞서 언급한 문헌에서 코제브(1947)나 라캉(1966) 등에 대한 언급 없이 이들의 해석을 수용하고 있다. 반면에 가다머는 사랑(Liebe)으로 이해되는 '타자의 욕망에 대한 욕망(désir du désir d'un autre)'이 소외된 정신(der entfremdete Geist)에서 비로소 등장할 수 있다는 논거를 들어 코제브류의 해석을 비판하고 있다. 이에 대해서는 Gadamer, 앞의 논문, S. 54 주 4. 참조.

의 주체인 개별자로서만이 아니라 사회적 구성원의 한 행위자로 이해하도록 만든다는 점에서 보편적 자기의식이 한 계기로 간주될 수 있다. 즉 개체의 욕망은 사랑(Liebe)으로 묘사될 수 있는 이 단계에서 이미 더 이상 배타적 자기감정(Selbstgefühl)의 규정에 의해서만 포착될 수 없다는 것이다(E § 379). 그런데 즉 '정신의 *살아 있는 통일성(lebendige* Einheit des Geistes)의 자기감정'[26]의 질서는 타자와의 새로운 연관으로 인해서 사회적 의사소통의 차원으로 확대되지만 그 유형들이 모두 동일한 것은 아니다.

비록 자기의식의 지평은 원초적인 의미의 생명유지를 위한 자기보존의 물질교환(Stoffwechsel) 차원에서 출발하지만, 이는 곧 '욕망하는 자기의식의 변증법'에 의해서 자기의식 상호 간의 인정을 위한 투쟁을 수반하는 역동적인 사회적 장으로 변화되는 것이다. 따라서 자기의식에서 욕망이 노동이란 범주의 도출과정에서 언급되는 것은 당연해 보인다. 즉 노동이 '억제된 욕망(gehemmte Begierde)'이라는 표현은 '인정을 위한 투쟁'은 물론, 노동 역시 욕망과의 관계가 어떻게 정립되는가에 따라서 이해될 수 있음을 가리킨다. 다시 말해 욕망은 지배구조의 탄생에 선행하는 발생사적 전제로 간주된다. 욕망의 만족은 노동을 통해서 매개되고, 이는 다시 자연과 타자의 개입을 전제한다. 뿐만 아니라, 주인의식이 '전도된 의식'인 이유 중의 하나가 주인의 욕망에 대한 의존성, 즉 노예의 노동에 대한 의존성에 의해서 설명되는 반면에 노예의식의 '자유'는 궁극

---

26) M. Quante, "Die Natur: Setzung und Voraussetzung des Geistes. Eine Analyse des § 381 der Enzyklopädie", in: B. Merker, G. Mohr, M. Quante(Hrsg.), *Subjektivität und Anerkennung*, Paderborn, 2004. S. 81~101, 특히 S. 88. 참조.

적으로 욕망의 제어를 통해 실현된다. 이 점에서 욕망은 노동과 함께, 주인의식/노예의식의 변증법을 추동하는 핵심적 계기로 설정되고 있다. 이로써 욕망하는 자기의식의 변증법은 지배구조를 전제하는 사회화된 자기의식들의 관계가 구체화되는 일련의 전개과정으로 이해된다. 특히 욕망하는 자기의식이 자기정체성의 형성에서 단순히 타자의 부정을 넘어선다는 것은 이 타자 존재와의 관계가 더 이상 주체/객체, 의식/대상의 방식으로 설정될 수 없음을 가리킨다. 즉 욕망하는 자기의식에게 타자가 '부정적인 것'으로서의 대상적 성격을 넘어선다는 것은 곧 자기의식 자체가 스스로의 직접성, 즉 몸성(Leiblichkeit)을 통해서만 이해될 수 없다는 것이다. 타자의 자립성을 인정하는 것은 곧 자신을 정신적 존재로 이해한다는 것이다(E § 430 참조). 그러나 이때 자립적 존재는— 비록 욕망하는 자기의식으로서의 직접성의 차원을 극복하더라도— 자기만의 이해의 방식에 근거해서 타자를 이해하고, 그런 한에서 규범과 인간, 세계에 대한 해석은 여전히 '자연적' 방식으로 특정 개인 혹은 집단을 상대로 강제될 수 있다. 헤겔은 이를 상징적으로 주인의식과 노예의식으로, 즉 강제의 주체와 객체로 구별한다. 그런데 주인과 노예의 관계는 상대적일 뿐만 아니라, 이들 (혹은 집단들) 간의 인정투쟁은 '*내적으로 반성된 특수성*과 서로 구별되며 자기의식적인 주체들의 *상호적 동질성* 사이의 모순이 *상대적으로 지양*'되는 것으로 이해된다(E § 433 Zusatz). 상호인정의 투쟁에 관한 '현상학적 서술'은 역사적으로 실존했던 사회들의 질서를 재구성한 것이 아니라, 타자의 직접적 부정을 넘어서 보편적 자기의식을 지향하는 정신의 현상과 관련해서 구성된 일종의 '이념형적' 서술로 이해된다.[27] 여기서 정신은 인간과 자연, 의식과 대상의 관계 자체가 완전히 극복되거나, 이로부터 추상된 차원에서 존재하는 추상적이며 관념적인 실체가 아니라, 필연적으로 주인/노예의 투쟁을 통해서 성립하는, 절대적 부정성의 정신이자, 자기반성적인 비판과 재해석의 가능성 앞에 열려있는 역사성의 지평을 전제한다(E. § 431 참조). 여기서 '상호성으로 실재하는 보편성(die reelle Allgemeinheit als Gegenseitigkeit)'(E § 436)을 일차적으로 구현하는 것은 노예의식으로 설정된다. 왜냐하면 주인은 오직 노예의 자유가 인정되고 실현됨으로써만 자유롭기 때문이다(E § 436 Zusatz). 인정의 투쟁을 통해서 등장하는 완전히 자유롭고 자립적인 자아들(Selbste)은 '정신의 엄청난 분화(die gewaltige Diremtion des Geistes)'(ibid)라는 것이다. 여기서 헤겔은 인간의 이러한 자립성과 자유의 개체성에도 불구하고 인륜적이며 보편적인 질서가 성립할 수 있다는 사실 자체가 진정한 의미에서 사변적인 것(das Spekulative)이 아닌가라고 자문한다. 이는 주인의식과 노예의식의 변증법으로 구체화된 지배, 종속의 사회적 관계가 지속성을 지니지 못할 뿐만 아니라, 인간적 정신의 '개념적 본성(Begriffsnatur)'과 일치할 수 없다는 통찰을 함축한다.

4) 욕망하는 자기의식과 자유

욕망하는 자기의식에서 주인/노예의 인정투쟁에 이르는 여정은

---

27) 이념형(Idealtypus)으로 '자기의식'의 경험내용을 이해하려는 시도는, 가다머, 앞의 글 S. 57. 참조.

자유를 통한 자기인식의 과정으로도 이해된다. 특히 노동을 통한 자기의식의 실현은 단순히 욕망의 충족이 아닌 보다 보편적인 자기실현을 지향하는 자유의 한 구성적인 계기로 규정되고 있다. 타자의 부정을 통한 욕망의 실현은 자기정체성의 사회적 지평으로의 확대를 넘어서 정신사적 지평 위에서 구체화되는데, 이는 삶의 형식에 관한 몇 가지 '철학적 해석'들을 중심으로 서술된다. 그런데 회의주의나 스토아주의, 불행한 의식과 같은 일련의 반성적이며 종교적인 자기정체성에서도 욕망은 단순히 서술상의 차원을 넘어서 중요한 역할을 담당한다. 즉 욕망은 특정한 역사적 맥락에 등장한 의식의 구체적 형상(Gestalt)의 성격을 규정하는 단순한 서술의 지표를 넘어서 회의주의나 스토아주의와 같은 '철학적 삶의 해석' 자체를 구성하는 계기로 설정되어 있다. 스토아주의나 회의주의의 내면적 추상적 자유나, '불행한 의식'과 같은 절대자와의 관계 속에서만 가능한 종교적 삶에서도 욕망의 '해석'은 자기인식의 구성적 계기로 작용한다(GW 9, 126/33~34). 여기서 흥미로운 것은 인간의 자연의존성이 '불행한 의식'의 경우에서처럼 '욕망하는 자기의식'보다 고양된 단계에서도 완전히 '극복, 지양'될 수 없는 것으로 이해되고 있다는 점이다. 그렇다면 욕망의 '편재성'은 인간적 정신의 근원적 속성인가? 여기서 다시 앞서 논한 '노예의식'에 대해 주목할 필요가 있다. 노예의 의식이 자유로운 정신의 전개과정에 참여하는 방식은 스토아적 금욕주의의 사례를 통해서 제시되는데, 이는 욕망에 대한 자기이해의 방식이 인정에의 투쟁은 물론 정신사적 차원에서 재확인되고 있음을 보여준다(GW 9, 116ff 참조). 심지어 스토아주의나 회의주의로 나타나는 욕망의 부정 역시 정신의 자기실현의 한 단계로 전제되는 한에서 사변적 정신은 욕망의 변증법으로부터 그 발생적 기원이 규명될 수 있다는 것이다. 이 같은 고려의 배후에는 자기의식의 자유가 이론적 반성의 단계를 넘어 실천적 행위 주체의 세계에 대한 태도의 성격에 따라서 이해되어야 한다는 전제가 깔려 있다. 정신의 자기인식과정은 데카르트적 주체와 같은 이성적 자기인식의 주체가 대상세계와 외적으로 맺는 인지적 관계 이상의 실천적 세계경험을 요구한다는 것이다. 무엇보다 회의주의나, 스토아주의 등은 욕망의 부정이란 점에서 일관된 서술의 원칙을 보여준다. 정신주의적 자기실현, 즉 사유에 근거한 현실의 절대적 부정 역시 그 어떤 이론적 회의와 판단중지 자체를 목적으로 삼는 것이 아니라, 실천적인 삶의 방식으로 추구되었다는 사상사적 정황은 스토아주의와 회의주의 등이 욕망하는 자기의식의 또 다른 극적인 전환이자, 반작용임을 말해 준다. 그러나 이러한 철학적 자기인식 역시 '사변적 정신'의 관점에서 보면 인간적 세계이해의 한 특정한 방식에 불과하다. 자유의 궁극적 실현태는 철학적 관념체계를 넘어서는 실체적 토대를 전제하기 때문이다. 이는 정신이 자연에서 자유로의 운동근본적인 의미에서 종식될 수 없다는 것을 가리킨다. 여기서 '사변적 정신'의 개념적 본성이 드러난다. 이 개념의 의미는 형이상학적 초월성의 실체로서가 아니라, 무엇보다 인간이 공유하는 규범체계나, 삶의 해석, 생활세계의 의사소통을 가능케 하는 언어행위 등이 그 어떤 역사를 초월하는 보편성을 주장할 수 없다는 한계의 경험을 통해서 드러난다. 즉 '사변적 정신'은 역사와 경험의 지평을 가로지르는 의사소통과 해석의 과정이 항상 유한적이며, 개방적일 수밖에 없음을 가리킨다.

3. 결론

위에서 우리는 욕망하는 자기의식이 어떤 관점에서 정신의 개념
적 구체화과정의 한 단계로 이해되고 있는지를 검토했다. 정신과
자기의식의 형식적 상응성이 욕망을 통해서도 구체화된다는 헤겔
의 입장은 일종의 범인지주의(pan-cognitivism)로 규정될 수 있을 것
이다. 또한 욕망은 자기의식의 한 형상인 한에서 정신과 마찬가지
로 의지적 차원을 공유한다. 인간은 역동적인 자기형성(Bildung)의
주체이며, 이는 욕망이 근본적으로 인간의 충동구조의 한 계기임을
말해 준다.[28] 물론 분명히 충동(Trieb)은 욕망과 구별되지만, ─ 피
히테의 경우처럼 ─ 인간의 의식이 지향성을 넘어 근본적으로 행위
를 통해서 자신의 정체성을 경험하는 존재임을 말해 준다.[29] 나아

---

28) E § § 426 참조. 핑크(Fink)는 이를 '정신의 근원적 충동(Urtrieb des Geistes)'이란 개념으로 서술
한다. E. Fink, *Hegel*, Frankfurt am Main, 1977, S. 170 참조.

29) 피히테는 헤겔과 달리 인간의 실천적 차원을 욕망이 아닌 충동 일반과의 연계 속에서 논구한다.
Fichte, *Grundlage der gesammten Wissenschaftslehre: 1794 ─ 1802*, in *Fichtes Werke
Band 1*, Berlin 1971, 인간의 주관/객관의 대립을 전제한 인지적 지향성과 구별되는 실천적 지향성
(Streben)에 대해서는 S. 287 이하를, 행위와 충동에 대해서는 특히 S. 327 이하를 참조, 또한 자기
감정(Selbstgefühl)의 개념에 대해서는 S. 305 이하 참조.

가서 욕망하는 자기의식은 정신과 마찬가지로 자기준거의 형식적 자기관계를 구조화하고 있음에도 불구하고, 완전한 형태의 투명한 자기인식의 가능성과는 거리가 먼, 잠정적이며 불안정한 자기이해의 양상을 반영할 뿐이다.

당연한 말이지만 모든 욕망의 실현이 인간이 사회적 존재로서의 자기정체성을 경험할 수 있는 계기로 작용하는 것은 아니다. 이 점에서 '정신현상학'의 서술은 다분히 인간적 정체성의 한 이념적 모형을 철학적으로 재구성한 것으로 간주될 수 있다. 그럼에도 불구하고 자아와 자연, 자아와 타자, 세계와의 연관이 구체적 욕망의 실현과정에서 개입되고, 이를 통해 반성적 계기들이 발현된다는 헤겔의 신념은 '정신개념'이 최소한 일반적인 의미에서의 유아론이나 실체론적 개념과 구별되어야 한다는 사실을 명확히 해 준다. 무엇보다 인간은 상호주체성의 질서에 근거해서 스스로를 확인하는 존재이지만, 후자의 재생산과정에 참여한다는 점에서 이중적인 의미의 사회적 존재이다. 헤겔의 인간관은 정신적 총체성의 인식에 근거해서 욕망과 사유, 육체와 정신, 감성과 이성 등의 분절적 규정들이 데카르트적인 사유의 모형처럼, 즉 외적이며 비본질적인 방식으로 연계되어 있는 것으로 이해될 수 없음을 보여준다. 달리 말하면 인간은 욕망하는 순간에도 자신의 존재를 구성하는 총체적 계기들과의 구체적 연관 속에서 이해될 수 있어야 한다는 것이다. 따라서 욕망과 노동, 지배구조, 삶의 형식을 구조화하는 상징체계 등의 연관이 최소한 원칙적으로 인간적 정체성을 형성하는 데 어떻게 상호작용하는지 설명될 수 있어야 한다는 것이다. 이로써 욕망하는 자기의식의 서술은 헤겔의 인간관이 그 어떠한 유형의 이원론이나 추상적인 관념론, 자연주의적 유물론과도 구별되는 통합적 관점을 지향한다는 점을 알 수 있다. 욕망을 비롯한 인간적인 감정과 정서 등에 대한 인식에서도 우리는 이는 헤겔의 '범인지주의적'이며 일원론적 형이상학의 관점이 관철되고 있음을 확인할 수 있는 것이다.

참고문헌

소병일, 『헤겔철학의 관점에서 본 욕망의 지위와 역할-'영혼'과 '자기의식'을 중심으로』, 철학연구, 고려대학교 철학연구소 간행, 서울, 2006. 9, 65~94면.

G. W. F. Hegel, *Gesammelte Werke*, in Verbindung mit der Deutschen Forschungs-gemeinschaft, hg. V. der Rheinisch-Westfaelischen Akademie der Wissenschaften, Hamburg 1968ff.

G. W. F. Hegel, *Werke in zwanzig Bänden*, Frankfurt am Main, 1981ff.

Aliette Armel, Kojève, une théorie du désir, in: *Le magazine littéraire* N° 455 Juillet-Aout 2006, 56-57.

Johann Gottlieb Fichte, *Grundlage der gesammten Wissenschaftslehre: 1794~1802, in Fichtes Werke Band 1*, Berlin 1971.

Eugen Fink, *Hegel*, Frankfurt am Main, 1977.

Hans-Georg Gadamer, "Die Dialektik des Selbstbewußtseins", in: *Hans-Georg Gadamer Gesammelte Werke* 3, Tübingen, 1987, S. 47~64.

Jürgen Habermas, "Arbeit und Interaktion. Bemerkungen zu Hgels >Jenenser Philosophie des Geistes<", in: *Georg Wilhelm Friedrich Hegel, Frühe politische Systeme,* Hrsg, G. Göhler, Frankfurt/M, Berlin, Wien 1974, S. 786~815.

Dietmar Köhler und Otto Pöggeler(hrsg.), *Phänomenologie des Geistes*, Berlin 1998.

Axel Honneth, *Kampf um Anerkennung*, Frankfurt am Main, 1992.

Walter Jaeschke, *Hegel Handbuch: Leben-Werk-Schule*, Stuttgart/Weimar, 2003.

Alexandre Kojève, *introduction à la lecture de hegel*, Paris, 1947.

Jacques Lacan, *écrits,* Paris, 1966.

Werner Marx, *Das Selbstbewusstsein in Hegels Phänomenologie des Geistes*, Frankfurt am Main, 1986.

Barbara Merker, "Jenseits des Hirns", in: B. Merker, G. Mohr, M. Quante, (Hrsg.), *Subjektivität und Anerkennung*, Paderborn, 2004, S. 153~166.

Frederick Neuhauser, "Deducing Desire and Recognition" in the *Phenomenology of Spirit, in: Journal of the History of Philosophy*, Vol.XXIV, April 1986, Number 2. pp.243~262.

Herbart Marcuse, *Hegels Ontologie und die Theorie der Geschichtlichkeit*, Frankfurt am Main, 1975.

Terry Pinkard, "Reason, Recognition, and Historicity" in: B. Merker, G. Mohr, M. Quante(Hrsg.), *Subjektivität und Anerkennung*, Paderborn, 2004, S. 47~66.

Michael Quante, "Die Natur: Setzung und Voraussetzung des Geistes. Eine Analyse des § 381 der Enzyklopädie", in: B. Merker, G. Mohr, M. Quante(Hrsg.), *Subjektivität und Anerkennung*, Paderborn, 2004. S. 81~101.

Charles Shepherdson, "The Epoch of Body: Need and Demand in Kojève and Lacan", in: G. Weiss & H. F. Haber(eds.) *Perspectives on Embodiment*, New York and London, 1999. pp.183~212.

Ludwig Siep, *Anerkennung als Prinzip der praktischen Philosophie: Untersuchung zu Hegels Jenaer Philosophie des Geistes*, Freiburg, München, 1979.

Ludwig Siep, *Der Weg der Phaenomenologie des Geistes*, Frankfurt am Main, Suhrkamp, 2000.

Charles Taylor, "Hegel's philosophy of mind", in: *G.W.F. Hegel, Critical Assessments*, ed. by R. Stern, Volume IV, London and New York 1993, pp.71~88.

Charles Taylor, *Hegel,* Frankfurt am Main, 1978.

자기를 낮추는 기술로서의 글쓰기
: 후기구조주의를 중심으로*

장문정

* 이 논문은 2005년 한국학술진흥재단의 지원을 받아 수행된 것이다(KRF－2005－079－AM0016).

1. 들어가는 말: 우리 시대, 수양은 어떻게 가능한가?

풍요롭게 흘러넘치는 물질적 쾌락 저편에 은폐된 빈곤함과 소외, 물질문명의 주인이 처한 비극적 상황에 대한 각성은 특히 우리 시대에 들어 더 절실하게 요청된다. 물질문명이 떠받치고 있는 소위 문화적 세계가 개인의 힘의 권역을 넘어 구조화되면서 점점 더 비인간화된 견고한 실재성으로 무장되어 있음에도 불구하고, 이처럼 객관적으로 확실한 환경에 의존해 있는 현대인의 삶은 기실 얼마나 부서지기 쉬운 것인가? 우리 시대의 특징적인 현상, 문화라는 이 시장에 대한 의존도에 비례해서 나타나는 실존적 절망이라는 이변[1]은 데카르트식 주체성에 의문을 불러일으킨다. 우리를 둘러싼 물질환경의 두께가 커지고 견고해진 만큼 그것을 가능하게 하는 주체성은 의심의 여지없이 확실한 것으로서 존재해야 함에도 불구하고 아이러니하게도 주체는 결핍적이거나 분열적인 것으로 정의되고 급기야 사망선고까지 받는 형국에 이른 것이다.

---

1) Fredric Jameson, *The Political Unconscious: Narrative as a Socially Symbolic Act*, Ithaca and London, 1981, p.251.

문화적 진화의 과정에서 인간이 의식(Consciousness)을 획득한 이
래로,[2] 알튀세가 지적한 대로, 인간은 이 주체라는 프리즘을 통하
지 않고서는 어떤 객관적 실재도, 어떤 구체적 실천이나 믿음도 작
동시킬 수 없다.[3] 주체, 그 정체가 무엇이건 간에, 그것은 세계의존
속에 매우 중요한 것이다. 데카르트적 코기토를 변형시켜, 확실한
주체가 가능할 때야, 확고부동한 문명도 가능하다는 실천적 공리
역시 자명한 상식으로 통용될 때, 이런 맥락에서 수양의 필요성이
도래한다. 실존적으로 각성되는 주체의 결핍을 메우기 위한 다양한
실천 전략들은 역사적으로 개인적인 행복 추구의 차원에서만이 아
니라 사회적인 안정 구축의 차원에서도 담론화되어 왔다. 논자는
주체와 세계의 변증법적 관계 속에서 주체의 결핍을 메움으로써
개인의 삶의 안정성뿐만 아니라 동시에 사회적 기반을 견고히 하
는 이런 의식적·무의식적 실천전략들을 넓게 '수양'으로 부르고
자 한다. 수양은 그것이 윤리적 실천(혹은 담론)이라는 점에서, 개
인과 사회, 개별과 보편의 변증법적 관계 속에 놓여 있다.

그러나 무엇보다 수양이 함축하는 사회적 효과와 실천은 주체라
는 구심점 속에서 형성된다. 그런 점에서 근대 미적 담론이 정립한
주체의 형이상학은 궁극적으로는 인간의 자기존재의 물음에 대한
언어적 실천이며 학적인 수양이다.[4] 근대의 미적 실천은 근대적인

---

2) 줄리언 제인스, 『의식의 기원』, 김득룡, 박주용 역, 한길사, 1990, 참조.

3) Louis Althusser, *Lenin and philosophy and other essays*, Monthly Review Press, 1971, 이진
수 역, 백의 1991, 164~165쪽 참조.

4) 수양은 특히 근대의 중앙집권화된 권력 형태와 연관되어 단순히 개인적 삶의 심급을 넘어서 사회적·국
가적 이데올로기적 기제를 통해서 육성된다. 이와 관련하여 논자는 현대적 의미의 수양으로서 종종 사변
적이고 강단적 담론으로 치부되었던 서구 근대의 미학적 담론들을 다루고자 한다. 이러한 시도는 미적
담론들을 수양이라는 윤리적 범주 속에서 다시 읽음으로써 그동안 개인적 심급 속에서 다루어졌던 미적
담론에서 모호하게 가려졌던 그 실천적 함축들을 드러낸다는 점에서 장점이 있다.

특이한 방식으로, 비록 그것이 성공적이었다고 보건 그렇지 않건 간에, 근대인이 자기의 결핍을 진단하고 메우려는 윤리적 실천이기 때문이다. 그러나 우리는 근대 미학을 관통하는 이 실천(수양)의 맥락을 흐려 놓는 역사적 특이성을 밝혀 주어야 할 필요가 있다. 근대의 미적 수양은 근대 자본주의 기제와 직간접적으로 연관되어 있다는 점에서 특이성이 있으며, 이 특이성은 미적 수양을 부지불식간에 자본의 이익에 봉사하는 수양으로 변환시키면서 수양을 가능하게 하는 주체의 극을 무화시키면서 근대 국가의 이데올로기로 채용될 위험을 가지고 있기 때문이다.

자본주의의 비판자들이 일찍부터 근대 자본주의적 물질문명이라는 객관적인 행복의 조건이 주체를 통과하면서 꿈처럼 무력한 것이 될 수 있음을 경고해 왔듯이, (자본주의적) 문화적 세계는 자신을 유지·재생산하기 위해서라도, 이 넘쳐 나는 물질문명 속에서 아이러니하게 찾아오는 주체 욕망의 결핍을 메우기 위한 문화적 상품들을 고안해 내지 않을 수 없다. 이런 견지에서 예술과 미학이 이전 시대와 달리 근대에 들어서 자본주의적 국가의 후원하에 주도적인 자율적 학과로서 성립되었다는 사실은 고급 상품으로서의 '예술' 개념에 적잖은 시사점을 준다. 근대적 수양은 궁극적으로 시장의 소비라는 형식을 통해서 장인에서 구매자에게로 전달된다는 점에서 이전의 수양의 순환과 다르다. 또 이런 전달 형식이 향유자, 이른바 수요자의 수양 방식에 영향을 미칠 뿐만 아니라 그것이 바로 근대 미학이 담론화하고 있는, 예술의 구조를 형성하고 있다. 아이러니하게도 근대적 수양 개념과 연관되는 이러한 성격은 역사적으로 한편으로는 예술의 상품화, 즉 수양을 탈수양화시키는 위험을 초래했다.

만물을 상품화하는 자본주의적 전회는 인간의 육체를 상품화하는 데서 그치지 않고 그러한 육체의 상품화가 파생시키는 불행과 실존적 결핍을 회복하려는 삶의 '정열(pathos)'5)마저 이윤 추구의 시장에 순환시키는 탐욕적 생명력을 보여주었다. 여기서 상품화란 수양의 필요성이 생겨나는 맥락에서 수양 그 자체를 분리시켜 자율적인 것으로 단장하여 시장의 필요에 맞게 다른 물체들과 접합하거나 해체하기 쉽게 만드는 것을 의미한다. 이런 타락은 비단 '예술'로 불리는 협소한 울타리에만 한정되는 것이 아니라 명시적으로 수양으로 불릴 수 있는 광범위한 실천들이 상품화되면서 일어나는 과정이기도 하다. 이를테면 요가나 관광과 같은 문화 상품들은, 그것들을 수양으로서 역할하게 하는 전체 문맥에서 유리시켜 오로지 일회적 소비를 위해 단편적으로 존재하는 것들로 만드는 것에 불과하다. 이런 수양상품들의 소비는 주체의 결핍을 메우는 데 있는 것이 아니라, 결국 결핍을 기회로 이용하여 결핍에 대한 각성을 분산적으로 소모시킴으로써 주체의 실천적 욕망을 유예시키고 외면하도록 만드는 것에 불과하다.6) 이른바 수양 상품들은 자기의 결핍을 깨닫고 심신의 총체적 훈육을 통해 자기를 완성하려는 진지한 의미의 수양과는 거리가 멀다. 이런 형국에서, 즉 수양의

---

5) 이 개념은 키에르케고어적 맥락을 염두에 두면서, 영원한 행복에 대한 사랑을 의미한다. 무한한 선택으로 이루어진 인간의 삶을 가능하게 하는 것이 바로 정열로 가득 찬 도약이다(Kierkegaard, *Fear and Trembling*, trs. H. Hong & E. Hong, Princeton, Princeton Univ., 1983, p.42 참조).

6) 아도르노의 문화산업 비판의 논지 또한 이와 유사하다. 이와 관련하여 마리아 미즈의 논문 "백인남성의 딜레마: 자기가 파괴한 것에 대한 추구"는 흥미 있는 분석을 보여준다(Maria Mies, Vandana Shiva, *Ecofeminism*, Fernwood Publications, Halifax, Nova Scotia, London & New Jersey, 1993, pp.132~163 참조).

요구가 점증하는 실존적 불안의 시대에, 그러한 수양의 요구마저도 탈수양화시키는 후기-자본주의적인 현 시대에 과연 어떻게 진정한 의미의 '수양'이 가능한가? 그 가능성을 타진해 보는 것이 이 글의 목적이다.

그렇기 때문에 우리의 시도는 근대 미학의 수양적 성격을 정면적으로 다루는 것과는 거리가 있다. 그러나 탈수양화의 맥락에서 벗어나는 가능성을 모색하기 위해 우리는 자본주의적인 상품화의 오염에서 벗어나 있는 순수의 '땅(수양)'을 발굴하려고 노력하기보다는 -발굴과 즉시 상품화의 오염에서 벗어나기 힘들다는 점에서- 그 근대적 오염 속에서 스스로를 정화시킬 수 있는 기제를 발견하는 방법을 택할 것이다. 그런 점에서 우리 시도의 적잖은 부분은 근대 미학의 긍정적 성취와 그 긍정적 유산을 찾는 일에 초점이 맞추어져 있다. '테크네(techne)' 개념은 이런 점에서 근대 미학의 긍정적 수양의 성격을 아우르는 실천적 개념으로서 소환된다. 그리고 현대적 수양의 측면을 이끌어 내기 위해 테크네 개념과 소쉬르적 기호학과의 연계를 모색하여 근대 미학의 긍정적 유산을 환언적으로 드러낼 것이다. 수양의 구심점을 이루는 '주체'의 극은 기호학과의 접목을 통해서 근대 미적 주체의 긍정적 성취였던, '아이러니'의 주체 개념을 계승한, '말하는 주체(parlant sujet, speaking subject)'로 재개념화될 것이다. 이러한 새로운 주체야말로 이른바 후기-근대적 수양 개념을 가능하게 하는 구심점이 될 것이며 근대 미적 주체의 자기 중심주의적인 파국적 양상을 지양하면서 자기의 기원을 타자에게서 확인하고 자기의 수양이 타자에 대한 배려와 노력에 기인함을 깨닫게 될 것이다. 이런 후기-근대적 수양 개념은 최종적으로 데리다의 '글쓰기(écriture)' 개념 속에서 집약된다. 그것은 단지 협의의, 상용적 의미에서의 우리의 글 쓰는 행위만이 아니라 근대적 수양의 한계를 지양하면서 자본주의적 상품화에 저항하는, 전반적인 우리의 문화적 행위, 즉 긍정적인 삶의 기술적 실천들을 일컫는 진정한 수양으로서, 개인적 차원에서만이 아니라 전체 사회적인 맥락에서도 현대의 문화적 파국 상태에 대한 대안적인 삶의 태도를 제시해 줄 수 있다.

2. 근대 미학 비판과 테크네(techne) 개념

예술(art)이라는 말의 어원은 희랍어의 테크네(techne)다. 정신과 육체를 분리시키고 육체를 열등한 것으로 낙인찍는 가부장주의적 전통[7] 속에서, 생존적 실천과 관련하여 육체를 통과시키는 규칙들이나 규범들을 의미했던 테크네 개념[8]이 근대에 들어서서 의식의 자유로운 내재적 운동 법칙으로서의 아르스(ars) 개념으로 변모되었다. 그리고 이런 역사적 맥락은 이 개념적 범주들에 관련되어 있는 문화적 생산자들의 계급적 신분 상승의 욕구와 맞물려 근대 계몽주의 시대 부르주아 계급의 이해관계와 맥락을 같이한다. 즉 테크네의 범주 속에서 문화적 생산이 맡아 온 여러 사회적 기능들로부터 그것을 자유롭게 만드는 것, 심지어 자신의 육체로부터의 자유

---

[7] 페미니즘에서 여성의 억압을 정당화하는 담론으로 채용된 대표적인 것이 여성의 임신과 출산, 육아와 관련된 생물학적 결정론이다. 이러한 번식의 문제가 여성의 육체와 직결되어 여성의 열등한 지위의 원인으로 지목되는 한에서, 인간의 육체성은 가부장제에서 열등한 가치를 가지고 있거나 부정적인 것으로 범주화되어 왔다. 남성과 달리 여성은 육체의 한계에서 벗어나기 힘든 비이성적인 존재로서 정립되는 한에서, 가부장제하에서 육체의 가치절하와 여성 억압은 같은 맥락 속에서 작용해 왔다.

[8] 타타르키비츠(Tatarkiwitz), 『예술 개념의 역사: 테크네에서 아방가르드까지』, 김채현 역, 열화당, 1990, 25~45쪽 참조.

라는 이 허구적 이상의 사회적 정립은 그러한 문화적 생산을 자율적인 것으로 해 주었던 물질적 과정, 이를테면 근대 자본주의적인 상품화의 메커니즘을 견고하게 유지·재생산시키는 이데올로기로 작동했다.

그런 점에서 18세기 서구 근대 예술의 성립은 최초로 상품화된 수양의 등장이라 할 만하다. 자율성을 표방하는 근대 예술이 이러한 상품화의 이데올로기에서 자유로울 수 없다면, 우리는 예술이 만들어지고 의미작용되는 사회적·역사적 맥락을 거리 두기 하고 추상화시키는 과정을 합리화하는, 이른바 근대 미학의 '무관심적인' 자기 준거의 규범을 예술 상품화의 전형적 맥락에서 해석할 수 있을 것이다.[9] 근대 시민 사회의 교양에 대한 보편적 요구는 당대 예술적 향유를 통해서 추구되고 충족되었고 그것이 이례적으로 예술과 미학의 제도적 정립을 가져왔다. 근대 예술의 향유적 주체를 전제로 하는 미적인 자기 규율들은 최소한 명시적이지는 않다 하더라도 자본주의적 시장을 육성하는 당대 부르주아지들의 이데올로기들을 구현해 내고 있다.

우리의 삶에서 다양한 필요연관 속에서 의미 부여되는 사물들과 달리 시장의 상품이 된다는 것은 그 자체로 존재하는 것을 의미한다. 백화점 혹은 상품들이 전시되는 갤러리는 그 문화적 생산의 원재료들이 놓였던 혹은 테크네의 사회적 기능들을 발생시키는 맥락

---

9) 이러한 언급은 바로 예술과 미적인 것들의 내재적인 미적 가치의 존재를 부인하는 것을 의미하지는 않는다. 또한 미적인 것의 무관심성이나 자율성의 개념을 사회학적으로 환원하여 무력하게 만들고 미적인 것을 해산시키고자 함이 본 언급의 의도는 아니다. 다만 사회학적 접근을 배제시키면서 자신의 특권적 권역을 주장하는 내재미학의 편협한 갑갑증에서 벗어나 예술과 미학의 제개념들을 생기 있게 만들고자 하는 한 언급에 불과하다.

에서 철저하게 유리된 진공의 공간에 그 생산의 자율성을 확대·과장시키는 근대적 성소이다. 자율적인 시장의 순환 속에서 자율적 상품이 뿜어내는 이 근대적 아우라(aura)의 근원은 미적 주체에 있다.

이 주체는 자기 육체로부터 자유로운 어떤 것이다. 자본주의에서 필수적인 노동력의 상품화 과정은 정신과 육체의 이분법적 구도 속에서 자기-육체(재산)를 시장에 자유롭게 처분할 수 있는 육체 바깥의 진짜 주인(정신)의 위상을 확고히 해야 했다. 정치적·경제적 의미에서 근대 계몽주의 기획은 이러한 유령 같은 정신의 자유를 유포시키면서 시장에 포섭되는 노동자들로 하여금 자신들의 육체에 기꺼이 자본주의적 절단의 고통을 받아들이도록 고무시키는 것이다. 이런 의미에서 근대적 주체는 자본주의적인 이해관계를 관철시키기 위해 허위적으로 만들어진 고안물이고 이러한 허구적 고안물을 통해서 근대의 물질문명과 예술은 재생산될 수 있었다. 근대 주체는 자기가 거하는 육체에 대한 학대와 고통을 전제하면서도 은폐하는데, 육체노동으로 착취당하는 노동자들과 재생산을 전담하도록 강요받는 여성들은 근대 주체의 정신성이 부각되면서 주체의 지위에서 탈락되고 지워지고 만다. 마찬가지로 근대 미학은 예술을 가능하게 하는 테크네의 측면, 육체적 노동을 지워 버리고 그것을 자유로운 정신적 활동의 결과물로 정립시키고 사변화시켰다.

그러나 예술의 역사에서 현저한 족적을 남기는 근대적인 이런 자율성에 대한 열망은 기껏해야 자본주의 이데올로기로 채용될 수 있을 뿐, 사실상 불가능한 꿈에 가깝다. 규범 없는 세계, 규범 없는 문화적 생산이란 존재하지 않는다. 근대 미학 역시 예술은 언제나 질료와 형상, 내용과 형식, 육체와 정신의 종합임을 잊지 않았다.

아이러니하게도 질료들, 육체들로부터의 '자유'를 위해서 질료들, 육체들은 반드시 필요하다.[10) 그렇다면 어떻게 우리는 우리의 실존을 비천한 욕망의 고깃덩어리로 만드는 자본주의적인 규범(질서)에서 자유로울 수 있을까? 그러나 자본주의적인 비인간화에 맞서 반동적으로 정립되어 있었을 근대 예술의 자율성의 요구는 허구 속에서 작동하는 주체성을 심화시키는 일이었다. 자율적인 예술, 역설적으로 자본의 요구에 저항하는 예술이란 육체들에 각인될 규범들이 외재적인 것이 아니라 내재적이라는 사실만을 주장하는 것에 불과했다. 내재성(주체성)의 창조는 근대 미학의 핵심이다.

그러나 절망한 근대인들이 이 부자유한 세계에서 찾아낸 자유란 규범을 없애는 것이 아니라 나를 강제하는 외적인 규범을 내적인 요구로 바꾸어 놓으면서 자본주의적 지배를 내면화시키고 정당화시키는 일에 불과했다. 외부에서 나를 강제하는 규범은 존재하지 않는다는 점에서 나는 자유롭다. 그러나 내가 이미 규범 그 자체라면 역설적으로 나는 결코 그 규범에서 자유로울 수 없지 않은가? 그 규범에 대한 저항의 가능성에서 자기가 자유로워진다는 점에서 이 내재성이란 역설적으로 노예적인 것이다. 예술의 상품화 속에서 자본의 요구 혹은 자본의 요구를 떠받치는 국가의 요구는 곧 나의 요구이기도 하다. 유아적인 교차배어적 환상 속에서 이 관계는 나의 요구가 있기에 국가의 요구가 존재하는 것으로 도치되면서 데카르트적 환상은 유지될 수 있을 것이다. 그러나 자본의 요구가 더

---

10) 자본주의 단계는 마치 인간의 노동이 자본을 만들어 내는 것이 아니라 자본이 자본을 생산하는 단계이다. 그러나 마르크스의 분석에 따르면 자본가가 노동자들에게 돌아가지 않을 '자율적인' 잉여 가치를 얻기 위해서는 노동자들의 착취노동과 여성들의 부불 가사노동이 필요하며 이 자율성이라는 허구를 지키기 위해서 이러한 기여를 보이지 않는 것으로 이데올로기화했다.

집요하고 강건해지면서, 이 허구적인 주어(주체)의 자리는 언제까지 지켜질 수 있겠는가?

그런 점에서 근대 주체는 이미 파산이 예고되었던 자본주의적 유산에 불과했다. 이러한 파산의 국면 역시 근대 미학 속에 기록되어 있는데, 아이러니한 내면성의 죽음에 대한 자각은 낭만주의자들의 예술과 미학에서 주제화되었다. 현실에서 일어날 성싶지 않은 경이로운 모험담으로 가득 찬 로만(roman), 이 자율적인 언어적 현실의 창조자는 '위대한' 작가(주체)이다. 그러나 비천한 위치로 떨어진 현실 주체가 도피한 이 '가상'의 왕국에서 향유되는 인간의 최고성의 지위는 역설적으로 허구 앞에서나 증명되는 허무한 왕좌에 불과하다는 깨달음이 낭만주의적인 아이러니[11]이다. 허구는 현실과 같은 견고한 실재성을 가지고 있지 않기 때문에 그 꿈이 사라질 때, 주체는 '무'의 나락으로 떨어진다는 이 아이러니 개념은 이미 데카르트의 제1성찰에서 억압된 통찰이기도 했다.[12] 그것은 자본주의적 비천한 삶을 은폐하면서 근대 계몽주의적 진보의 이데올로기와 낙관론으로 피신한 자기 최면에서 미적 근대인이 깨어나는 모습이었다.

자율적 예술이 함축하고 있는 이러한 비자율성의 인식, 그리고 미적 주체의 파산은 테크네로서의 예술의 의미를 되돌아보게 한다. 근대 미학의 지향은 그렇지 않았다 하더라도, 그러한 지향이 역설

---

11) Sø ren Kierkegaard, *The concept of Irony: With Continual Reference to Socrates*, trs. Howard V. Hong and Edna H. Hong, Princeton Univ. Press, 1989, p.242, 262, 308 참조. Hegel, 『법철학 II』, 141f, 임석진 역, 지식산업사, 1989.

12) Decartes, *Méditations touchant la première philosophy*, en Oevres philosophiques tome II, Édition de F Alquié, dunod, Paris, 1996, p.406 참조.

적으로 규범이 각인되는 육체의 중요성에 대한 인식을 가져왔다는 점은 실로 아이러니하다. 그리스어 aisthesis가 인간의 지각과 감각 영역의 질서와 관련되는 한에서, 미학은 육체에 관한 담론, 즉 그 육체의 논리를 발견할 필요성으로서 탄생한 것이기 때문이다.[13] 그러나 각인이 이루어지는 육체에 대한 연구를 통해서 육체의 질서를 발견하려는 꿈은 결국 실패했다. 즉 아이러니한 죽음을 통과한 미적 모더니티의 종착역은 예술의 유일한 진리란 진리(자유)가 없다는 사실을 선언하는 데 있었다. 역설적으로 예술의 진리는 그러한 이념의 각인이 들어앉는 바로 그 자리에서 불거져 나오는 소리 없는— 그래서 비의미인—육체 혹은 질료의 저항에 있다. 어떤 규율이나 이념에도 구속받지 않는 혹은 주체의 의지로부터 미끄러지는 비의미가 예술의 진리가 되는 한에서, 미적 주체란 어떤 내재적 규율도 가지고 있지 않은 '무'에 지나지 않으며 미적 자율성이란 이처럼 저항하는 육체(질료)성에 있다.

문화적 생산을 가능하게 하는 현실적 작가의 자유로운 의지마저 배신해 버리며 예기치 않게 찾아오는 이 손님, 그렇기 때문에 불순한 이 자유를 이미 플라톤은 시뮬라크르(simulacrum, simulacre)로 불렀다.[14] 시뮬라크르의 근원은 차라리 (작가의) 정신이 아닌 육체, 그리고 (예술의) 질료(body)에 있었기 때문에[15] 육체성은 늘 가부장적 권력의 경계 대상이었다. 이쯤 되면 육체는 더 이상 데카르트적

---

13) 테리 이글턴, 『미학 사상』, 방대원 역, 한신문화사, 1995, x iv쪽, 1쪽, 참조.

14) 플라톤, 『국가론』, 3권과 10권., 장문정, "시원신화의 해체", 『대동철학』, 1998, 11, 331쪽 참조.

15) 이하의 기술에서는 예술의 질료(body)와 작가의 육체(body)를 동일하게 육체로 통칭할 것이다. 이유는 예술작업에서 주체와 대상의 구별이 존재하지 않으며 이러한 이분법을 지양하는 것이 테크네 개념과 부합되기 때문이다. 이러한 총칭적 육체 개념은 다음에서 다루겠지만, 메를로—퐁티의 신체—주체나 살의 개념에도 부합된다.

인 수동적인, 죽은 육체에 머물러 있을 수 없다. 근대 미학과 더불어 살아 있는, 저항하는 육체 개념이 공식화된 것이다.[16] 결국 근대의 육체 길들이기가 성공적으로 성취된 이래로, 근대 시민사회의 이데올로기 책무에서 자유롭기를 열망하는 노회한 근대 예술은 열등한 육체를 극복하고자 했던 자신의 태생을 부정하면서 거꾸로 그것을 숭배하기에 이른다. 이른바 포스트-모던적 예술은 그야말로 공공연히 이런 현란한 육체의 춤을 부추기면서 기꺼이 그 춤에 현혹되기를 선택했다.

이러한 육체로의 전회는 다른 한편으로 근대적 자본주의의 이익에 노골적으로 봉사하는 또 다른 자율적인 육체 각인 체계, 즉 테크놀로지를 통해서 나타났다. 그러나 이른바 기술복제시대에 들어서 가시화된, 육체 길들이기에 저항하는 예술과 육체 길들이기를 선도하고 갱신하는 테크놀로지의 타협은 이례적인 일이 아니었다. 근대 이후의 예술과 테크놀로지는 서로 갈등하는 동시에 공모하는 관계이며 서로를 조금씩 닮아 있는, 테크네의 이란성 쌍생아에 불과했다. 자율적 예술이 그 육체에 각인되는 억압적 규범의 '틈', 즉 시뮬라크르를 의미하는 한에서, 그리고 현대에 들어서 이 시뮬라크르는 억압의 대상이 되기는커녕, 자본의 이익을 위해 의도적으로 추구되는 한에서, 예술이 테크놀로지에 기생하는 방식 혹은 테크놀로지가 예술을 이용해 확장하는 방식은 본질적으로 다르지 않기

---

16) 장문정, "심신이원론에서 선험적 신체일원론으로: 멘느 드 비랑에서 메를로-퐁티까지", 『대동철학』, 2006. 6. 173~174쪽 참조. 근대의 육체개념은 규율이 각인되는 억압의 장으로서의 죽은(데카르트적, 가부장주의적) 육체 개념과 억압에 저항하는 모호하고 애매한 침묵의 장으로서 살아 있는 육체 개념으로 분열되었다. 이처럼 근대가 주도했던 이중적 의미의 육체로의 전회는 자본주의의 물질적 순환을 반영하는 이데올로기적 토대로서 근대 예술과 미학을 통해 담론화되어 나타났던 경향이었을 뿐만 아니라 반대로 그러한 자본주의의 규율을 해체할 가능성을 품고 있었던, '자율적' 근대 예술을 가능하게 해 주는 근거이기도 했다.

때문이다.

이를테면 사진은, 근대적 편 가르기로 보자면, 일상적 필요에서 고안되고 실행되는 전형적인 테크놀로지의 산물이다. 사진의 복제 기술은 그동안 특권층들의 향유 대상이었던 이미지들을 민주화하는 데 역할 했지만, 동시에 인간을 비천화하는 데도 역할 했다. 사진기, 이 도구를 만든 것은 인간이다. 그러나 이러한 도구이용자로서 우리는 그것에 투입된 테크놀로지를 완전하게 장악할 수 없다는 점에서, 그 기계가 벌이는 시간과의 싸움에서 소외되어 있다. 사진기 앞에 있는 우리는 그저 보이는 고깃덩어리에 불과한데, 찰칵! 사진 찍기를 두려워하는 미개인의 말처럼, 이 순간 인간의 영혼을 사진기에 빼앗기고 말았기 때문이다. 시선의 교환이 차단된 채, 사진기의 괴물 같은 단안에 굴복하여 자신을 수동적으로 내맡기는 이 순간, 테크놀로지의 영광스런 주인은 테크놀로지의 수동적이고 비천한 대상으로 전락한다.[17] 여기서 사진기 앞에 놓인 육체와 캔버스 앞에 놓인 육체 사이에 본질적 구별은 없다.

애초에 사진은 시간 속에서 사라져 버리는 것, 육체의 죽음을 극복하기 위해 탄생한 것이다. 부재하는 것을 현전하는 것으로, 순간을 영원으로 바꾸어 놓기 위해서 탄생한 사진은 인간의 유한성을 극복하기 위해 탄생한 테크놀로지와 동일한 존재 논리를 가지고 있다. 그리고 무한성에 대한 열망이 빚어낸 놀라운 기술문명 앞의 인간의 역사는 이 사진기 앞의 인간처럼 모욕당하고 비천하게 되는 역사임을 드러낸다. 예술의 기원 역시 인간의 유한성을 극복하

---

17) 수전 손택, 『사진에 관하여』, 이재원 역, 시울, 2005, 참조. Lewis Mumford, *Art and Technics*, New York, columbia Univ. 1952, pp.90~92 참조.

고 영혼의 불멸성을 소망하면서, 죽은 자를 살아 있게 하는 것, 부재를 현전하게 하는 데 있다.[18] 우리 시대에 사진은 테크놀로지의 도구이지만, 동시에 그러한 도구성을 끊임없이 배신하는 예술이기도 했다. 테크놀로지와 예술의 절대적 문턱은 없다. 그림이 의미를 생산하는 문자가 되는 기계화의 과정이건, 문자가 기계적 의미에서 해방되어 자유로운 그림이 되는 칼리그래프(calligraphy)이건 이 둘은 서로 닮아 있다.

그러나 테크놀로지와 예술의 구별이 모호해지고 그것들 안에서 인간들이 공통적으로 비천하게 되는 이 '절망'의 지점은 역설적이지만, ─키에르케고어적으로 말하자면─ 절망에서 벗어날 수 있는 비약의 지점이다. 테크놀로지가 근대적 예술을 잠식하고 해체해 버리는 이른바 '예술의 위기'라는 비관적 문화적 징후와 테크놀로지 앞에서 점증하는 인간 비천화의 문제는 오히려 이 같은 무의미한 분열 이전으로, 그리고 주체의 팽창과 몰락 이전의 원초적 삶으로 우리를 인도하면서 삶의 기술로서의 테크네 개념을 진정으로 요청하도록 만들기 때문이다.

테크네는 인간의 고유한 생명의 운동, 삶의 규준에만 칭해지는 인간적 개념이다. 생명현상이란 죽음에 저항하는 모든 것을 의미하는 한에서,[19] 인간을 비롯한 모든 생명체는 필멸적 존재로서 필사

---

18) 예술을 시작한 자는 애도자들이었다. 망자의 죽음을 슬퍼하면서 그들은 다른 육체들을 통해서 부재하는 그들을 현전하는 것으로 만들었다. 이를테면 여기에 옮겨진 돌덩이, 헝겊 위에 그려진 물감들의 흔적은 본래 자신과 무관한 어떤 보이지 않는 존재로 거듭나는 '예술'이 되었다. 그러나 이 과정은 해명할 수 없다는 점에서 주술이나 기적, 그렇지 않다면 사기이다. 분묘양식이나 기념물 축성에서 보이는 예술은 그것이 주술이나 기적으로 여겨지고 있었고 그래야만 그것이 존재할 수 있었음을 말해 준다(장문정, "예술, 아이러니한 슬픔과 웃음의 문턱─예술의 구원가능성에 대한 키에르케고어적 이해", 『대동철학』, 대동철학회, 2005, 6, 180쪽, 참조).

19) Xavier Bichat, *Recherches physiologiques de la vie et la mort*, Flammarion, Paris, 1994,

적으로 자기의 한계에 저항하는 생의 운동을 보여준다. 그럼에도 불구하고 이러한 생명의 활동 모두가 다 테크네는 아니다. 초기 희랍의 테크네 개념이 명백히 주체라는 정련된 개념틀을 통해서 확립된 것이 아니라 하더라도, 테크네는 주체라는 구심점을 통해서 구성된 일련의 규범체계라는 점에서 다른 생명체의 운동과 차별화된 인간적 삶의 방식과 관련되기 때문이다.

따라서 이러한 주체의 구심적 역할 속에서 인간의 문화 세계 도처에 테크네가 있으며 수양이 있다. 말씨, 글씨, 요리법, 인사법, 춤, 예술 그리고 테크놀로지까지, 그것들이 지배 이데올로기에 봉사하건 그렇지 않건, 인간의 온갖 종류의 실천 규범들은 죽음에 저항하는 주체들의 삶의 우회로들이다. 문화로 불리는 이 모든 것들, 인간을 둘러싸고 있는 이 무대마저도 사실은 인간의 자기실현 과정을 통해서 유지되고 재생산된다는 점에서 테크네이며 수양이 될 수 있다. 테크네 혹은 수양은 살아 있는 육체들이 속해 있는 유한성의 맥락에서 자유로워지고자 불멸을 꿈꾸면서 자신들을 훈육하는 데 있으며, 이는 근대적 의미의 '미적인' 범주에도 부합된다. 근대 미학이 보여주었듯이, 훈육과 자유는 수양의 앞뒤 면과 같은 것이다. 자유롭기 위해 훈육하며 그러한 훈육에서 자유롭기 위해 또 다른 훈육에 들어간다. 이는 불멸하는 정신과 유한한 육체 사이에서 벌어지는 투쟁과 긴장관계로 표현되기도 하는데, 위대한 예술 혹은 위대한 문화라는 타이틀은 생과 죽음의 경계를 유린시키는 이러한 긴장과 싸움이 육체의 두께에서 지워지지 않고 생생하게 드러날 때 칭해진다.

그러나 도대체 자기 멋대로 날뛰는 유한한 육체를 어떻게 길들이고 훈육해야만 불멸에 도달할 수 있단 말인가? 인간이 아무리 견고한 바벨탑을 쌓는다 하더라도, 예술은 예술 바깥의 현실에서는 꿈과 같이 허무한 것으로 드러나고(낭만주의자들의 통찰이 그러하듯이) 인간은 문화라는 자율적 세계 바깥에서는 무력한 것으로 절감된다면, 수양이란 애초부터 이런 불가능한, 가망 없는 싸움이 될 것이기 때문이다. 미적 근대인들의 슬픈 아이러니처럼, 우리가 수양의 목적, 즉 인간이 자신의 결핍을 완전히 극복하는 일이 도달 불가능함을 깨닫게 된다면, 숙명적인 인간의 비천함을 인정한 채로, 우리는 수양을 계속할 수 있을까?

반대로 수양을 가능하게 만들기 위해서, 우리가 만일─가부장제가 그것의 큰 수혜자였듯이─, 정신과 육체의 이분법을 실체적으로 정립하여, 이 욕망의 육체들을 피학적 규범들로 죽임으로써 자유롭고 불멸하는 정신만을 남겨 놓는 것으로 수양의 목적을 설정한다면, 아이러니하게도 주체가 이 정신에 도달하자마자, 더 이상 수양(예술)은 존재하지 않게 될 것이다. 헤겔이 말했듯이, 예술은 예술의 죽음을 향해 나아가듯이, 수양은 수양의 죽음을 향해 나아가며, 이는 근대적 이분법이 만들어 놓은 죽음의 욕망이었다.

따라서 우리가 수양을 삶의 욕망과 연관 짓는 한에서, 수양은 주체에 대한 이러한 고질적인 이분법에서 벗어나야 한다. 육체는 수양하는 주체에 결코 적대적인 위치에 있지 않다. 근대의 미적 사유도 암시했듯이, 수양은 오히려 주체의 육체성으로 인해 가능했다. 그러므로 수양이 가능하기 위해서는 수양은 목적의 수단이 되기보다는 수양 과정 자체가 목적이 되어야 할 것이다. 인간은 자신의 결핍을 극복하기 위해서, 불멸에 도달하기 위해서 수양을 하는 것이 아니라 결핍이 있기 때문에, 육체로 존재하는 유한한 인간이기 때문에 수양하는 것이다.

그러나 목적의 도달불가능성을 받아들이게 되면서 우리가 빠지기 쉬운 덫, 상업화된 수양, 이른바 상업화된 포스트-모더니즘의 타협을 경계해야 한다. 문화로 불리는 '인간'의 모든 삶의 기술들이 수양이 될 수 있다면, 자본주의적 삶의 양식, 즉 상품화된 수양 역시 일종의 수양이 아니던가? 그러나 문제는 이러한 타협을 주도하는 것은 결핍을 인식하는 주체가 아니라 자기를 증식하려는 자본주의라는 데 있다. 우리가 이 타협에 굴복한다면, 자본주의는 자기에게 저항하고 자기를 해체할 수도 있는 힘을 가지고 있는 '수양'의 주체를 결국 소멸시키고 말 것이다. 상업화된 수양이란 자본주의적인 육체의 절단을 소비함으로써 그러한 절단의 규범을 스스로에게 각인시키고 내재화하면서 주체의 죽음을 은폐하는 자유의 환상을 구매할 것이다. 타락한 수양이 보여주는 그 현란한 육체들의 춤은 죽음에 대항하는 삶의 테크네가 아니라 자신의 죽음(절망)까지도 인식하지 못할 정도로 무지에 빠진 채, 자신의 죽음을 욕망하는 것이다.

3. 언어학적 전회와 말하는 주체

빛을 잃지 않는 데카르트의 현대적 통찰은 '사물'은 있는 그대로의 사물이 아니라는 것이다. 그것은 주체의 사유(일종의 실천)를 거친 이른바 '사물(우리가 알 수 없다는 점에서 사물이라고 부를 수도 없지만)'의 이념들일 뿐이며 그러한 이념들 바깥은 침묵이다. 그리고 후기-구조주의자들이 폐기하려고 했던 것은 이념들이 거주하는 말들의 세계와 그 말들 바깥의 '사물'의 세계가 일치한다는 데카르트의 소박한 믿음이었다. 그래서 이념들이 출현하는 순간, 그러한 이념들을 분만했던 모체인 말들을 지우고, 사실상 그러한 말들이 지시했던 바깥 사물의 자리(침묵, 이를테면 이념들의 한계와 허위성)를 지워 버리고, 그럼으로써 이념들만으로 이루어진 진리의 왕국을 건설하려고 했던 무지한 그의 독선이었다. 그리하여 이런 해체와 함께 후기-구조주의자들이 중요하게 생각하는 것은 시뮬라크르를 주선하기에 지워질 수 없는 말의 중량감이며 그러한 거짓(시뮬라크르) 너머로 열린 침묵의 나락이다.

예술의 기원이 그러했듯이, 말은 부재하는 것을 대신하여(stand for) 현존하게 만드는 것이다.[20] 사물은 부재하고 사물의 환상만이 현존한다. 말의 질서를 통해 구축되는 이 견고한 현실은 낭만주의자들의 로만보다 덜할 것도 없는 허구인 것이다. 그러나 이러한 거짓의 책임을 말에게 돌리고 말을 불신하는 것은 진리의 불확실성이라는 위기 상황에 대한 정직한 태도가 아니다. 사실상 말이 우리의 충실한 종이 아니라 우리를 배신할 수도 있는 자율적인 존재라는 사실에 우리가 무지했다는 사실은 말의 책임이 아니기 때문이다. 오히려 이념의 세계로 환원되지 않는 말의 존재는 이념이 우리의 환상에 불과하다는 것을 자각시키면서 진짜 '사물'이 거하고 있을 침묵, 또 다른 진리의 가능성으로 우리를 유혹하고 있다는 점에서, (지워지지 않는) 말의 세계야말로 역설적으로 근대 미적 주체가 봉착한 위기에서 벗어날 수 있는 구원 가능성을 열어 줄 것이다.

소위 철학에서의 '언어학적 전회(linguistic turn)'[21]는 단지 현대 사회에서 두드러진 언어 사용의 양적 팽창을 의미하는 것이 아니다. 이는 데리다의 진단처럼 언어라는 기호의 인플레이션은 "역사적, 형이상학적 시대가 궁극적으로 그 불확실한 지평의 총체성을 언어로 규정할 수밖에 없다는 사실을 일러 주는" 위기의 징표이다.[22] 데카르트적으로 말해서, 우리의 세계란 근본적으로 언어로 구축된 세계인 한에서, 삶은 근본적으로 말을 통해서 이해될 수밖에 없기 때

---

20) 다음과 같은 퍼스의 말을 변형시킨 것이다. "어떤 육체(body)를 어떤 것을 위해 능력의 어떤 측면에서 대신하는 어떤 것" Peirce, *Philosophical writings of Peirce*(selected and edited with an introduction by Justus Buchler), Dover. ENC. New York, 1955, pp.98~99.

21) 리차드 로티의 말(Richard Rorty(ed.), *The Linguistic Turn: Recent Essays in Philosophical Method*, University of Chicago Press, 1967).

22) Jacque Derrida, *De la grammatology*, Minuit, 1967, p.15.

문에 말은 의식만큼이나 중요한 것이다. 그럼에도 불구하고 말하지 않는 의식은 없기 때문에 의식이 말과 동일시되는 한에서, 그동안 말을 의식과 별도로 거론할 필요는 없었을 것이며 의식의 강조가 이루어지면서 말은 도구로서 밀려나고 지워졌다. 그런데 말이 의식을 초과한다면 어떻게 되는가? 말은 의식과 달리 의미(개념)로 환원될 수 없는 비의미, 애매함이라는 두께를 가지고 있다.

여기서 말이란 음성 언어나 문자 언어를 지칭하는 데만 그치는 것이 아니라 그것이 무엇이건 육체적(가시적·가촉적·가성적인)인 어떤 것이 자기가 아닌 자기 바깥의 다른 것을 지시하는 기호(sign) 일반을 통칭하는 것이다. 자연 세계를 포함하여 우리를 둘러싼 모든 사물들은 이와 같은 기호들로 작용하면서 문화라는 말의 세계를 구축한다. 본래 처해 있었던 맥락에서 소외·유리되어 인간이 만들어 낸 다른 질서에 새롭게 맥락화되는,[23] 기호의 소외현상은 기호가 육체로 존재하기에 가능한 것이다. 그런 의미에서 기호의 육체성이란 데카르트적 환원 속에서 투명한 의미의 출현과 함께 지워질 수 없는 말의 존재의 토대를 이르는 것이다. 이러한 육체성을 소쉬르의 용어를 채용하여 기표(signifiant)로,[24] 이 육체가 자율적 분절 체계 속에서 새로운 맥락으로 실현되면서 각 기호에 배당되는 이념이나 의미를 기의(signifié)로 부를 수 있겠다. 가부장

---

23) 이는 테크네, 즉 예술이나 테크놀로지, 심지어 상품의 메커니즘과 본질적으로 다르지 않다는 점에서 아도르노의 지적대로 예술을 포함하여 인간의 문화는 이러한 기술합리성에서 자유로울 수 없으며 인간의 역사는 이러한 합리성을 고양시키는 쪽으로 진행되어 왔다. 다만 이런 합리성이 역으로 인간을 옭죄는 억압으로 작용하는 아이러니에 대항하는 힘 역시 예술의 힘(수양의 힘)에 있다는 점에서 그는 예술에서 구원 가능성을 보고 있다.

24) 정확히 비교하자면, 소쉬르의 기표는 청각인상, 이미지라는 점에서 음성이 가지고 있는 물질적 측면을 포함하고 있지는 않다. 그러나 소쉬르의 심리학주의의 영향을 고려하고 소쉬르의 계승자들의 연구궤적들을 고려해 볼 때, 그의 용어를 이처럼 규정하는 것은 큰 무리가 아니라고 본다.

주의적인 육체에 대한 경시는 기표가 문화세계로 정박(ancrage)하면서 산출되는 기의를 기호 이전에 존재하는 실재로 정립하고 기호의 역할을 이러한 실재를 운반하는 텅 빈 그릇으로 축소시키면서 말의 존재를 지우는 데 공모했다. 이러한 시대적 집단적 은폐 속에서 정당화되고 있는 것은 변덕스런 말의 세계에 불과한 현존하는 이 문화 세계가 유일의 변경 불가능한 실재의 세계로 둔갑하는 이데올로기였다.

그러나 문화 세계의 분열이 가시화되면서 분명해진 현대 언어학과 기호학의 특징적 양상은 예술과 미학의 그것과 달리 그 허구적 존재를 가능하게 하는 주체(작가)와 사물들을 언어라는 자율적 영역에서 축출시키는 일이었다.[25] 특히 소쉬르(Saussure)는 기호에 대해서 기표와 기의의 분리 불가능한 이분적 구조만을 언급할 뿐, 근대적 사유구조에서 현저한 주체나 사물의 기능들에 대한 언급은 찾아볼 수 없다. 사실 그것들이 없다면 말의 세계가 거짓된 것으로 비난받아야 할 이유도 없다. 이러한 경향은 현상학에서 현상 배후의 실재에 대해 묻지 않기를 약속하는 현상학적 괄호 치기와 유사한 구조로서 이른바 기호학적 환원으로 불릴 수 있다.[26]

---

25) 현대 미술에서 가시화된 사물의 축출에 대한 움직임은 현대 기호학의 그것과는 좀 다르다. 사진기의 보급 이후 현대 회화는 실재를 모방하는 데 주력하지 않고 자율적인 기호들의 효과들을 추구해 왔다. 이러한 예술의 경향은 예술을 주관적이고 난해하며 의사소통되기 어려운 것으로 만들어 왔다. 따라서 그러한 예술의 가치는 예술작품 안에 있는 것이 아니라 물리적으로 그것을 만든 초월적 저자의 권위에 달려 있었고 예술제도가 그러한 구조를 공고히 해 왔다. 그러므로 현대 미술에서 특징적인 사물의 축출은 저자의 의도라는 초월적 사물을 그림 안에서 찾으려는 움직임으로 대체되었다는 점에서 진정한 축출이 아니다.

26) 현상학이 그 배후의 선험적 주체를 정립하고 현상이 가시성에 편증되어 있다는 것만이 기호학과 다를 뿐, 기호학과 현상학은 근본적으로 동일한 구조 속에 있다. 기호학에서 선험적 주체는 배제되어 있으며 말의 세계는 가시성의 세계와 얽혀 있는 구조라는 점에서 현상학과 다르다(장문정, 『메를로-뽕띠의 살의 기호학』, 한국학술정보(주), 2005, 330~331쪽 참조).

　심지어 퍼어스(peirce)가 말하는 기호의 삼원적 정의에서 설정되어 있는 대상(object)마저도 라깡(Lacan)의 오브제 a(objet a)처럼 기호의 세계에서 그 자체는 존재하지 않으면서 존재하는 것처럼 보이게 만듦으로써 기호들의 연쇄(운동), 즉 세미오시스(semiosis)를 이끌어 내는 규제적 역할에 그친다. 물론 우리는 일정한 기호의 연쇄를 통해서 '공제(控除)'27)된 어떤 기의를[퍼어스에 따르면 해석체(interpretant)] 부족하나마 대상으로 여기면서 향유(jouissance)할 수는 있다.28) 여기서 대상(사물)이 존재하지 않는다는 사실이 의미하는 바는 기호를 대상과 일치시킬 어떤 근거도 기호 안에는 없다는 것이다. '기표와 기의의 관계는 자의적이다.' 그러나 기호의 정의는 분명히 기호 바깥의 대상에 대한 지시관계 혹은 지향성(현상학적으로 말해서)을 포함한다. 그러나 이는 말과 사물이 별개의 질서로 되어 있고, 서로 일치하는 것이 아니라 얽혀 있음을 의미할 뿐이다. 기호학적 앎이란 이 지향과 필연적 그르침에 대한 앎에 근거한다.

　마찬가지로 주체 역시 그러하다. 말이 하나의 실천이라는 점에서 말은 그 말을 생산하는 저자를 전제한다. 그러나 이 주체는 근대철학을 통해서 투명한 의식(정신)으로 정립되고, 기호는 이 주체의 충실한 도구로서 잘못 규정되었다. 그래서 기의를 주체의 의도나 이념으로 대체해 버리는 습관 속에서 기호는 잊히게 되었고 기호

---

27) 이는 메를로−뽕띠가 『지각의 현상학』(Merleau−Ponty, *Phénoménologie de la perception*, Gallimard, 1945, pp.208〜209)에서 사용한 말, prélèvement이다. 소쉬르와 마찬가지로 기의란 늘 기표의 연쇄 속에서 지연되는 것이기 때문에 기의는 기호연쇄에서 종합적으로 산출될 수 없는 것이다. 따라서 우리의 언어관습에서 유통되는 기의란 단지 '미리 떼어 낸 것'이라고 말하고 있다.

28) 라깡의 개념. 향유(jouissance) 개념은 그러한 기의가 대상(사물)이 아니라는 것을 알면서도 그러한 기의의 결핍을 즐기면서 만족하는 것을 의미한다. 이러한 태도는 기의가 대상으로 착각하거나 그러한 착각을 깨닫고 환멸하고 슬퍼하는 태도와는 다른 것이다.

의 거짓말 가능성 역시 억압되었다. 그런 점에서 후기-구조주의자
들의 '저자의 죽음' 담론이 의미하는 바는 이러한 낡은 언어습관의
폐기를 의미하는 것이다. 무엇보다 기호의 세계가 주체로부터 자유
롭기 위해서는 기호세계를 작동시키는 법칙이 주체의 사유법칙으
로 환원되어서는 안 되고 바로 기호 안에 내재되어 있는 것으로 만
들어야 한다. 기호학은 이러한 자율적인 기호들의 삶을 연구하기
위해 출범한 것이다. 그리고 이러한 자율성은 처음으로 소쉬르에
의해서 완전하게 성취된 셈인데, 그에 따르면 의미작용은 그저 기
표들의 차이에 근거하기 때문에 의미작용을 일으키는 기호 내재적
인 복잡한 문법 같은 것은 없기 때문이다. 그렇게 그는 기호 자율
성을 가능하게 하면서도 그것을 위협하는 원인을 제거했다.[29] 그렇
게 되면 텍스트의 의미작용에서 구현되는 위대한 영혼(권위적 저
자)의 궤적은 사실은 무관심한 기표들의 운동이 독자에게 가져다준
효과에 불과하다. 현실이라는 텍스트에서 존재한다고 믿어지는 수
많은 인간들 역시 실재 인간들이 아니라 그저 그렇게 형태 지어진,
그리고 그와 다르게 형태 지었을 수도 있는 우연적인 의미작용에
불과한 것이다. 여기에 현실 속 인간과 허구 속 캐릭터의 경계는
존재하지 않는다. 현실의 반영으로서의 고전 미학은 종말을 고하고
기표들의 자유로운 유희가 만들어 내는 미적 효과들이 현실의 무
게를 가볍게 대체해 버릴 것이다. 그리고 이는 낭만주의적 아이러
니보다 더 잔인하게, 인간의 죽음에 대한 어떤 의식도 없이 인간이

---

29) 언어의 자율성이란 전제가 유의미하기 위해서는 추출된 의미작용의 법칙, 이를테면 주어, 술어, 목적어
로 이어지는 복잡하고 다양한 문법이 기호라는 육체에 기입되어 있음을 증명해야만 한다. 그러나 이는
기호를 인격화하거나 지성화하지 않고서는 불가능하기 때문에, 이런 시도는 어쩔 수 없이 언어의 자율
성을 반납하고 인간의 사유법칙의 투사라는 심리학적 틀을 끌어들일 위험을 가지고 있다.

먼지처럼 해체되는 순간처럼 느껴질 수도 있다.

　그러나 이러한 소쉬르적 자율성의 추구를 통해서 우리가 잊어서는 안 될 것이 있다. 이처럼 유희하는 기호들마저도 실상 인간의 진지한 실천이라는 사실은 실천/이론, 행동/말의 고질적 이분법 속에서 망각되기 쉽다. 인간의 실천, 즉 이 지성적 생명체의 운동은 죽음에 저항하면서 자기를 유지·확장하려는 쪽으로 이루어진다. 기호란 이러한 실천 운동, 삶의 의지 속에서만 존립되는데, 앞에서 언급했듯이, 기호는 자기 존재에서 벗어나서 자기 바깥의 사물을 지시(사물 쪽으로 운동)하는 자기 소외성이 본질이다. 기호들은 어떤 실체가 아니라 일정한 관계 속에 있는 사회적 힘들에 불과하다. 살아 있는 육체가 자기 바깥의 다른 것을 향해서 나아가고 접촉하고 섞이면서 삶이라는 그물을 짜내듯이, 기표가 가지고 있는 육체 역시 다른 육체들(언어－육체들이건 인간－육체이건 기호가 된 육체들)과 얽혀 들어가면서 문화세계(라는 의미작용)를 만들어 낸다. 그러나 우연적으로 보일 정도로 이처럼 수많은 육체의 운동들을 일정한 수렴점으로 지향시키는 지향적 극이 없다면 이런 문화세계는 가능하지 않다. 그리고 이 지향의 극은 역사적으로 '인간'의 개념을 이루었다. 이 수렴점이 존재하지 않는다면, 이 기호체계는 부유하는 먼지들의 브라운 운동과 다를 바 없으며 내가 쓰는 이 글 역시 아무 의미도 없는 쓰레기가 될 것이기 때문이다. 이러한 수렴의 구심점(인간) 없이는 이 기호의 실천 체계, 즉 이 문화세계는 존재할 수 없으며 앞에서 언급했듯이, 언어적 실천이라는 수양 역시 존재할 수 없다.

　그런 점에서 이 기호들의 연쇄에서 인간(주체)이라는 의미작용을 '공제'하는 우리의 언어 습관은 우연적인 동시에 필연적이다.[30] 소

쉬르가 자신의 언어학의 적자로서 취임시키려고 했던 랑그(Langue)
는 주체 없는 객관적인 기호들의 연쇄를 의미하기 때문에 현실에
서 일정한 힘들의 관계 속에 있는 기호들을 설명하기 곤란했다. 따
라서 소쉬르의 계승자들은 기호의 자율성을 담보하면서도 이러한
실천의 의미를 담아낼 수 있는 '역사적' 파롤(parol)의 연구로 돌아
섰고, 생각하는 주체가 죽은 자리에서 말하는 주체(parlant sujet)를
주제화하기 시작했다.[31] 방브니스트(Benveniste)에 따르면 언어를
발화한다는 것은 언어를 소유하는 것이 아니라 언어를 맡는 것인
데(assumer la langue), 즉 발화와 동시에 말하는 주체는 자신의 공
간과 시간을 구성하면서 현실로 정박(ancrage)하는 것이다. 현실은
실재성에 근거하는 것이 아니라 실천을 통해서 존재하게 된다.

물론 기호는 기호 연쇄 전체에서 수렴되는 주체나 사물이라는
관계항을 필연적으로 포함하고 있지는 않다는 점에서 기호학적 환
원과 주체의 죽음 담론은 여전히 유의미하다. 이러한 정박 속에서
구성되는 사물과 주체란 결국 기호들의 연쇄 자체에 지나지 않는
다. 이를테면 그것은 담론이 표상하고 있는 전체 상황, 즉 화자와
청자 모두가 동의할 수 있는 공통적 상황을 전제한다는 점에서 일

---

30) "우리는 언어의 우연 속에서 의식을 생각해야만 하며 언어의 필연성 없이는 그렇게 의식을 생각하는
    것도 불가능하다." Merleau-Ponty, *La prose de monde*, Gallimard, 1969, p.26(이하 PM으로
    약칭).

31) 그는 소쉬르가 기호 바깥의 사물이나 현실을 지시하고 있다는 사실을 배제시키려고 했다 하더라도 결
    국 기호의 자의성을 통해서 이 사물이나 현실에로의 지시를 우회적으로 도입한 꼴이 되었다고 분석한
    바 있다(Émile Benveniste, *Essais de linguistique générale*, trs. Nicolas Ruwet, Minuit, 1963,
    p.214 참조). 그러나 1970년대 구축된 발화작용의 언어학은 현실에 대한 고려를 통해서 상호주관성
    과 세계와의 교류를 적극적으로 문제화한다는 점에서 소쉬르의 그것과 구별적이다. 말하는 주체의 언
    어학적 도입은 잘 알려져 있듯이 부르주아 개인주의 역사적 성장과 직결되어 있는 언어적 현실에 대한
    비판적 분석을 가능하게 한다. 그러한 개인주의, 주체의 개념이 역사적으로 생성된 것이라 하더라도,
    그것이 지배적인 현실의 구조로 취임한 이상, 그러한 구조에 대한 인식을 도외시한다는 것은 역으로
    그러한 비판적 현실을 은폐하는 결과를 가져올 수도 있기 때문이다.

정한 문맥을 지시하는 것이지 진짜로 말 바깥의 실재들을 의미하는 것은 아니다.32) 메를로-뽕띠에 의하면, "말하는 나는 말하기를 가정하고 그것을 개방적이고 공략 가능하게 만드는 관계들의 체계 속으로 들어간다."33) 그러나 언어가 지시하는 것은 결국 언어에 불과하다는 소쉬르적 견해는 결코 말 바깥의 사물의 자리나 주체의 자리가 애초에 존재하지 않았던 것처럼 지우는 것과는 다르다. 언어가 자율적으로 존재하기 위해서 언어의 침묵은 절대적으로 필요하다. 언어 바깥의 사물은 침묵하는 언어의 형식으로 언어 앞에 들어와 있다. 그것은 말을 유혹하면서 말의 실천을 이끈다. 결핍이 없다면, 욕망이 없다면 말은 발화될 이유가 없기 때문이다. 그러나 거꾸로 보자면 그런 점에서 말은 아무리 노력해도 결코 침묵을 극복할 수 없다. 즉 말과 사물은 일치할 수 없고 그런 점에서 말과 사물의 일치에 근거해 있는 진리는 불가능하다. 이러한 묵시록적 관점은 앞서 언급한 수양이 그러했듯이, 죽음을 피할 수 없음에도 불구하고 죽음에 저항하는 인간적 삶을 보여준다는 점에서 소쉬르의 '객관적 랑그'보다 우리가 직면해 있는 언어 현실에 근접하다.

결국 말하는 주체란 그 말의 소유권자로서의 '저자'를 지시하는 것이 아니라 바깥의 저자가 말하지 않은, 두터운 말의 두께(침묵) 속에서 배태할 새로운 의미작용의 가능성을 의미한다. 이 주체는

---

32) 특히 방브니스트는 '이것', '저것', '여기', '지금'과 같은 대명사들(지시사들)은 실존하는 지시물을 가리키고 있다기보다는 그러한 대명사가 속해 있는 담론이 표상하고 있는 전체 상황, 즉 일정한 문맥을 지시하고 있다고 분석했다. 그리고 '나', '너'와 같은 전이사(shifter)의 경우, 발화상황이 변할 때마다 그러한 전이사의 지시들이 변하고 있다는 점에서 그것은 어떤 특정한 사람이 아니라 발화 상황 그 자체를 주관하는 말하는 주체를 의미한다는 것이다(Émile Benveniste, *Essais de linguistique générale*, pp.255~256 참조).

33) PM.26.

이른바 데카르트적 코기토의 라깡적 변형, '나는 내가 존재하지 않는 곳에서 생각한다'가 될 것이다.[34] 그리고 기호들의 연쇄가 완결되지 않는 한에서, 어떤 의미작용도 완성되지 않기 때문에 이 주체 역시 결여적이며 분산적이다.[35] 물론 언어학적 전회 이후 그러한 결여는 결코 부정적이지 않다. 바로 이러한 결여가 기호들의 쾌활한 유희를 가능하게 하기 때문이다.

주체의 결여가 없다면, 이를테면 매 순간 죽음을 겪고 다시 태어나는 주체, 분열적인 주체가 아니라면, 욕망하고 실천하고 말하고 수양해야 할 이유도 없다. 결여를 인정함으로써, 그리고 결여가 언어(수양)를 가능하게 하게 한다는 사실을 받아들이게 된다면, 수양은 더 이상 자기 육체에 고통의 각인을 새기는 메저키즘적인 것에 머물지 않고 자기 육체를 미적인(자유로운) 규율들에 즐거이 개방하고 향유하는 일이 될 수 있다. 물론 이러한 향유의 실천은 견고한 자기 동일성을 부수는 작업 속에서만 이루어진다는 점에서 결코 쉽지 않은 수양이다. 이 향유는 무지한 어린아이에게 찾아오는 것이 아니라 어린아이처럼 생각하고 느끼는 기술을 연마한 천진한 늙은이에게 돌아오는 일상의 선물이다.

---

34) 페터 비트머, 『욕망의 전복, 자크 라깡 또는 제2의 정신분석학 혁명』, 홍준기, 이승미 역, 한울아카데미, 1998, 87쪽 참조.

35) "말하는 주체, 그것은 하나의 실천(praxis)의 주체이다. 말하는 주체는 그 앞에서 사유나 이념들의 대상으로 말해지고 포함된 파롤들을 붙잡지 않는다. 그것은 단지 나의 신체에 의해 장소를 가지는 기획(Vorhabe)의 유형으로 있는 하나의 기획에 의해서만 파롤들을 소유할 뿐이다 말하자면 그것은 이러저러하게 의미하고 있는 -의 결핍이다. 그것은 결핍한 것의 상(Bild)을 구성하지 않는다."(Merleau-Ponty, Le visible et l'invisible, Gallimard, 1964, p.255), "'나는 말한다'는 '나는 생각한다'와 반대로 기능한다. 후자는 실제로 나의 그리고 그것의 실존의 의심할 수 없는 확실성에 이끌었다. 전자는 반대로 그러한 실존을 후퇴시키고 분산시키고 지우며 그것을 비어 있는 자리로 나타나게 만들 뿐이다… 파롤의 파롤은 문학에 의해서 그리고 아마도 또 다른 길에 의해서 말하는 주체가 사라지는 이 바깥으로 우리를 이끈다"(Foucault, La pensée dehors, fata morgana, 1986, pp.13~14).

4. 자기를 낮추는 기술로서의 글쓰기

글쓰기(writing, écriture) 개념은 앞에서 언급되었던바, 은폐된 언어 본질을 드러내는 데리다의 용어다. 문자(letter)가 아닌 그것은 그 표현에서부터 이미 능동적인 실천 행위임을 드러낸다. 기호학적 환원 이전에 언어는 한낱 도구에 지나지 않으며 도구란 목적이 실현되는 순간 그 자신은 사라짐으로써 도구 주체에 환원되는 수동적 대상에 불과했다. 그리고 문자란 이러한 언어보다도 더 도구적인 도구, 더 비천한 도구라는 점에서 글쓰기는 이러한 문자와는 절대 무관해야 마땅할 것이다. 그러나 글쓰기는 데리다 독법의 힘, 이른바 해체(déconstruction)에 의해서 이 문자의 비천함을 받아들이면서 우리 문화를 가능하게 하는 긍정적인 힘으로 반전된다.[36]

문자는 플라톤적 의미에서 이데아로부터 두 단계나 떨어진 열등한 테크네, 즉 시뮬라크르이다. 의미를 현존시키는 소리를 뒤늦게 붙잡고 고정시키는 역할을 하는 열등한 도구로써의 문자, 이 문자

---

36) 해체의 목적은 제한적이지 않고 위계적이지 않은 의미가능성들의 무한한 자기 서술인 글쓰기로 되돌아가는 것이다. Derrida, *De la grammatologie*, p.90 참조.

에 부쳐진 비난은 글쓰기에도 유효하다. 소쉬르가 언명했듯이, 기의는 기표 없이는 현존할 수 없다. 특히 서구 문화의 역사에서 음성언어는 신이나 주체의 현존을 계시하는 매개로서 기술되면서 음성 언어는 특권화된 기표로서의 지위를 누려왔다. 물론 기호학적 환원 이후에 이러한 특권은 정당화될 수 없는데, 자기 스스로 계시한다고 믿어지는 근원적 기의는 사실상 기표들의 차연(différaence) 속에서 공제된 것들에 지나지 않음에도 불구하고 그것이 서구 문화적 체계를 유지시키는 형이상학 혹은 상상(imagination)[37]에 의해서 실재하는 것이 되었음이 폭로되기 때문이다.

반면 글쓰기는 이러한 특권적인 기표를 지시하는 부차적인 기표에 불과함으로써, 신이나 그것의 은유적·환유적 전이로서의 주체(인간)의 부재로 특징지어 왔지만, 환원 이후 이러한 진리의 부재, 즉 이런 서구 형이상학의 여백은 오히려 은폐된 기호의 본질을 가시화시키는 진리의 중심으로 자리바꿈한다. 주체라는 근원적 기의를 현존시키면서 기표는 잊히고 마는, 그래서 마치 그러한 주체가 스스로 현시하는 듯이 느껴지는, 그리하여 주체가 기표들의 연쇄를 통해서 만들어지는 과정도 은폐되는 음성언어와 달리, 글쓰기라는 이 실천은 다른 기표(음성언어)에 대한 지시, 그리고 그런 지시의 '흔적(trace)'이 보존되어 있다는 분명한 장점이 있다. 흔적은 종래의 형이상학적인 물음, 본질물음을 부정하면서 대체할 수 있는 물

---

37) 서구 문화의 사유 체계들은 세계를 하나의 기본 원리, (신이나 그것의 변형체인 주체, 의식, 인간) 하나의 중심으로 설명하고자 하는 사유체계이다. 이러한 것이 마치 체계를 가능하게 하는 것처럼 여겨졌지만, 사실 데리다에 의하면 체계를 가능하게 하는 것은 이 중심이 아니라 차이(혹은 차연)이다. 이 중심이 체계를 떠받치고 있는 듯이 우리가 믿게 만드는 허구적인 서구 문화체계는 그렇기 때문에 데리다식으로 말하면 형이상학적이며 라깡식으로 말하면 상상적(imaginaire)이며 바르트식대로 말하면 이데올로기적이다.

음의 형식이다. "흔적은 그것이 무엇인가란 질문을 초월해 있으면서 그런 질문을 가능케 해 주기"[38] 때문에 흔적이 보존되어 있는 글쓰기는 데리다의 실천이 향하는 근원적인 장이며 그러한 실천 자체이다.

내가 글을 쓰는 것이 아니라 글이 글을 쓰고 글이 나를 쓰는 것이다. 글쓰기를 실천하는 노회한 작가들의 고백은 예술적 창조성의 근원이 언어에 있음을 지시해 주고 있을 뿐만 아니라 언어라는 도구를 완전히 장악할 수 없는 인간의 비천한 위치를 증거하는 것이기도 하다. 물론 글쓰기는 단지 작가들의 문자놀이만을 의미하지 않는다. '글쓰기' 개념이 대표하는 언어학적 전회는, 앞에서 다루었듯이, 세계라는 이 문화적 실천을 예술로 만들어 놓으며 그럼으로써 그러한 세계에 속해 있는 우리 모두를 작가로 만들어 놓는 것이지만, 동시에 이 작가를 아무것도 아닌 것으로 만들어 놓는 것이다. 그리고 그것이 바로 우리가 지향하는 수양의 과정인 것이다. 무엇보다 글쓰기는 근대의 미적 사유방식, 이를테면 자기를 드러내는 방식이 필연적으로 직면하게 되는 아이러니를 겪는 성숙한 방식의 수양으로서 자기를 낮추는 기술(테크네)이다. 불멸을 꿈꾸지 않는 삶, 육체의 유한함을 타자들의 행복한 놀이로 맞아들이는 삶, 자기를 고집하지 않는 삶은 절망할 필요가 없기에 자유롭고 즐겁다. 그런 점에서 수양의 목적은 불멸이나 결핍의 극복에 있는 것이 아니라 이러한 자유와 즐거움을 얻는 데 있다.

---

38) Derrida, *De la grammatologie*, p.110 참조. "흔적은 자기의 자기 자신의 현전의 지움이며 흔적은 치유될 수 없는 자기소멸의 불안이나 위협에 의해 만들어지고 있다. 지울 수 없는 흔적은 흔적이 아닌데, 그것은 충만한 현존이며 움직이지도 썩지도 않는 실체이고 신이 이들이고 현존의 기호이지 죽게 마련인 종자나 싹이 아니다"(Derrida, *L'écriture et la différance*, Seuil, 1967, p.339).

그러나 데리다의 글쓰기 개념, 즉 자기를 낮춘다는 윤리적 덕목이 함축하고 있는 정치적 함의는 앞서 언급했듯이, 이른바 후기-구조주의자들에게서 공통적인 '주체의 죽음' 담론과 연관되어 있다. 이 담론은 문화 세계의 정당한 소유권자로 자처하는 인간이 가지고 있었던 특권의 해체를 의미하는 동시에 이 특권을 작동시키는 인간 개념(구조, 이데올로기)의 해체를 의미한다. 말하자면 인간이라는 이 형이상학적 중심을 통해서 구축된 서구 문화 자체의 해체를 의미하는 급진적 비판 담론인 것이다.

그러나 이러한 급진적 해체를 두고 근대적 사유의 연장선상에서 제기되는 우려와 오해를 언급하지 않을 수 없다. 글쓰기란 문화 전반이 해체되어 어떤 가치들도, 규범들도, 예술도 없는, 그래서 단편적 육체(기호)들의 먼지 운동을 구현하는 것이며 글쓰기로서의 수양 역시 이처럼 삶과 죽음의 의식조차 없는 비아적 단계로 돌아가기를 욕망하는 데 불과하다는 의혹 말이다. 이는 서구 동일성(현전)의 형이상학의 해체 이후에 글쓰기에 대한 특권이 만들어지면서 역으로 구축되는 이른바 차이의 형이상학으로 나타난다. 그러나 이 형이상학은 데리다의 글쓰기 개념과 연관되기는커녕 사실상 글쓰기를 수양의 형식으로 이해하는 여하한 가능성도 부정하는 죽음의 논리일 뿐이다. 그러면 어떠하고 저러면 어떠하리. 어떤 노력도 존재하지 않는 이 좌절의 땅에 그러한 좌절에 슬퍼하는 인간(주체)조차 존재하지 않는다. 슬픔이 존재하지 않았던 만큼, 향유(jouissance)도 존재하지 않는다.

그러나 차이의 형이상학은 동일자의 형이상학만큼이나 허구적이다. 동일자가 기호 연쇄의 의미작용의 공제된 효과라면 차이는 그러한 연쇄를 가능하게 하는 사회적(서로를 지시하는) 육체를 의미하는 것에 불과하다. 그런데도 차이의 형이상학은 데카르트가 그러했듯이, 이 육체를 죽은 물체로 만드는 것, 즉 그러한 육체들의 지향성을 지워 버리면서 각각을 그저 고립된 단편으로 만들어 버리는 것에 지나지 않는다. 여기서 지향적 육체들의 연결들을 통해서 규범이 만들어질 수 없는 한에서, 고립된 개인의 욕망을 구조 짓는 규범은 내재적인 것이거나 아예 존재하지 않는 것처럼 여겨진다. 초월적인 요구에 의해 조정당하는 개인의 욕망들을 무조건적으로 긍정하는 것이 결국 이 형이상학이 표상하는 해방의 모습이라면, 이는 자본주의가 조장하고 유통시키는 이상향과 결코 다르지 않을 것이다. 차이는 상품처럼 실체화될 수 없다. 데리다가, 랑그의 원리로서 거론된 소쉬르의 차이(différence) 개념에 시간적 지연(différer)의 의미를 부가시키며 불어에서 음성으로는 변별되지 않고 문자로서만 변별되는 '차연(différance)'을 파롤(parol)의 운동으로서 명명했던 것은 현존의 형이상학의 그르침을 언어학적 전회가 반복하지 않도록 하기 위한 장치였다. 따라서 데리다의 해체는 차이를 절대화하고 상업화하는 문화 상대주의와는 다른 것이다.

모든 문화가 제 고유의 가치를 가지고 있기 때문에 존중되어야 한다는 모토는 자본주의적 수양문화가 만들어 낸 후기 – 모더니즘의 상업적 판본으로 유통되기 쉽다. 이를테면, 역사적 사회적 맥락을 상실한 문화적 기호는 그 자체의 존재 가치를 가지고 있기 때문에 충분히 구매될 가치가 있다는 것으로 실천되어서는 안 된다. 모든 중심, 모든 권위, 모든 규범의 부정 이후에 찾은 후기 – 모더니즘의 안착이 맥락을 상실한 표류하는 단편들과 이 단편들의 브라운 운동에 귀결된다면, 이는 절대 자유와 해방의 이름으로 자본주의 시장에서 유포되는 육체 이해방식, 즉 육체들을 절단하고 접합하기 쉬운 단편들로 길들이는 자본주의 이데올로기로 채용되어, 이른바 '신자유주의'의 시녀가 되는 것은 불 보듯 뻔한 일이다. 또한 이 같은 차이의 형이상학을 표방하는 후기-모더니스트들의 글쓰기에서 보이는 인간적이고 사회적인 문제에 대한 전적인 무관심과 초연함, 그리고 냉정한 관찰자적 태도는 오히려 로티(Roty)의 말대로, -그들의 진의는 그렇지 않더라도- 개혁의 열망에 찬물을 끼얹으며 동시대의 문제의식들을 미래의 역사가의 시선으로 바라보며 즐기는 보수주의자로 느껴지게 만들 수도 있다.[39] 인간적인 관심과 공동체에의 일체감이 부재하는, 이른바 인간적 관심과 사랑이 사라진 글이 타자를 배려하는 수양으로서의 글쓰기의 실천이 될 수는 없다. 그것은 그저 자위행위이거나 차이를 수집하고 소비하는 행위에 불과할 것이다.

따라서 데리다(와 후기-모더니즘)의 상업화와 거리두기 하면서 우리가 글쓰기 개념에서 고려해야 할 것은 글쓰기가 맥락화되는 음성언어와의 관계이다. 글쓰기는 문자언어가 음성언어보다 먼저 생겨났음을 고하는 것, 이 전복적 선재성과 관련되는 것이다. 그는 근원적 기의의 부재를 폭로하면서 우리 문화의 형이상학적 체계를 비판하고 있지만, 그렇다고 해서 현전의 형이상학을 증거하는 듯이 보이는 음성언어 자체를 부정하고 있는 것은 아니다. 만일 그렇다

---

39) Richard Rorty, "Habermas and Lyotard on Postmodernity" *Praxis International 4*, 1984, pp.40-41(Ernst Behler, 『아이러니와 모더니티 담론(*Irony and the Discourse of Modernity*)』, 이강훈, 신주철 역, 동문선, 1990, 37쪽에서 재인용).

면 이는 문화와 역사 자체의 부정일 것이기 때문이다. 이 전복적 선재성이 일차적으로 의미하는 것은 극단적인 방식으로 특권화된 의미, 결정된 진리는 없음을 선포하는 것이지만, 동시에 글쓰기라는 의미의 카오스가 존재하지 않는다면 그러한 풍요로운 대지에서 경작되는 우리의 도구적 합리성의 세계와 그것을 가능하게 하는 주체 또한 존재할 수 없었음을 의미하는 것이다. 따라서 그의 해체는 우리 세계의 발생에 대한 망각을 일깨우면서 생성과정에 대한 기억을 끄집어낸다는 점에서 전통 형이상학과 다른 의미에서 근원으로 되돌아가는 과정이다.[40) 마찬가지로 글쓰기의 실천은 모든 종류의 규범을 묵묵히 인내하거나 아니면 그러한 규범에서 벗어나는 절대 자유를 향하고 있는 것이 아니라, 우리에게 부과되는 규율이 어떻게 생성되었는지를 질문하게 만드는 것이다. 이런 견지에서 수양은 해묵은 이론/실천의 이분법에서 벗어난다. 물론 해체는 정당하지 못한 규범에 대한 저항 운동에 힘을 실어 줄 수도 있다. 그러나 이러한 물음이 규율의 허구성을 공격한다고 해서 그것이 규율 혹은 체계 자체를 부정하는 것이라고 단언할 수 없다. 예술은 태생적으로 자신의 체계의 허구성에 대한 인식에 근거함에도 불구하고, 현실적·미학적으로 부정되지 않았을 뿐만 아니라 적극적으로 삶을 비추는 진리의 거울로서 기쁘게 향유되어 오지 않았던가?

글쓰기를 둘러싸는 이러한 전복적 선재성은 메를로−뽕띠의 신체−주체에 대한 이해에도 들어맞는다. 육체란 서구 사유의 전통이

---

40) Derrida, *De la Grammatologie*, Minuit, 1967, p.39쪽 참조. 물론 이 표현은 데리다의 해체 개념에 부합하는 필자 고유의 것이다. 그는 해체의 힘이 바깥에서 오는 것이 아님을 강조했고, 글쓰기와 관련되는 흔적과 관련하여 이와 같이 해체의 의미를 파악할 수 있다.

그렇게 비난했듯이, 인간의 유한성과 비천함의 상징이었다. 그런데 그의 현상학이 폭로하는 것은 의미를 가능하게 하는 것이 의식이 아니라 글쓰기 혹은 이 시뮬라크르의 불투명한 육체성이라는 사실이었다. 의식이 육체보다 먼저였던 것이 아니라 육체가 의식보다 먼저 존재했다는 것, 즉 그동안 절대적 주체의 왕좌 밑에서 짓밟혔던 그녀가 바로 의식(아들)을 탄생시키고 길렀던 대지로서의 어머니였음을 말하는 것이 바로 그의 신체－주체, 말하는 주체이기 때문이다.41) 메를로－뽕띠의『지각의 현상학』, 즉 그의 현실적 글쓰기 역시 데리다와 마찬가지로 의미의 기원을 탐색하여 허구적인 주체(의식)가 무화되고, 말하는 주체가 태어나는 자궁으로 되돌아가 기술하는 것이었다. 인간의 불멸을 지향하는 영광스런 문화들, 이러한 체계들의 중심인 '주체'의 탄생 장소이면서 그것들을 위태롭게 만드는 타자들이 살아 있는 곳, 자기를 낮추고 타자들을 존중해야만 하는 바로 그곳, 글쓰기의 실천으로 말이다.

더불어 수양을 실천하는 주체, 즉 비천한 주체를 '말하는' 위대한 주체라는 아이러니에 대해서 생각해 보자. 이를테면 데리다와 메를로－뽕띠의 글쓰기는 그러한 글쓰기를 행하는 주체, 데리다와 메를로－뽕띠라는 주체가 없었으면 가능하지 않다는 점에서－물론 그러한 이름들은 그들의 글쓰기에서 윤곽 되는 의미들에 의해 끊임없이 충전되고 지워지지 않으면 안 되는 비결정적인 것에 불과하더라도－, 자기를 부정하는 글쓰기의 주체는 부정될 수 없기 때문이다. 말하는(실천하는) 주체는 의식이 누렸던 특권들을 양도받

---

41) 장문정,『메를로－뽕띠의 살의 기호학』, 참조. 물론 이 책에서 신체－주체와 페미니즘을 연결시키는 명시적인 언급은 아직 없으나 앞에서 언급했듯이 육체는 페미니즘에서 중요한 개념들이다.

는 것이 아니라 오히려 자신의 미천함을 받아들이면서 그러한 특권들을 타자들에게 배분한다는 점에서 비어 있는 자리와 같다. 그럼에도 불구하고 특권 없는 왕좌, 비어 있는 왕좌라도 부여잡고 있으면서 주체라는 '허구적' 중심 자체를 폐기하지 못하는 이른바 후기－구조주의의 '글쓰기'는 단지 모더니즘의 한계를 벗어나지 못하면서 허울뿐인 인간중심주의를 반복하는 것에 불과하다고 비난받아야 하는가?

그러나 인간만이 자신의 죽음을 말할 수 있는 존재이다. 인간 없는 '글쓰기'란 그저 표류하는 먼지들의 무의미한 뭉침들을 의욕하는 죽음의 형이상학에 지나지 않는 한에서, 더욱이 자신의 죽음도 인지하지 못하는, 진짜 '인간의 죽음'에 맞서기 위해서라도 '수양으로서의 글쓰기'는 자본의 요구에 주체를 잠식당하는 우리 시대에 더욱 더 강조되어야 할 필요가 있다. 우리의 인생이 한낱 먼지의 분산적 운동과 다를 바 없다 하더라도 그렇게 되지 않으려고 하는 삶의 정열이 없다면, 우리 인생은 진짜 먼지와 다를 바 없기 때문이다. 키에르케고어의 말대로 인생이 우리를 속일지라도 슬프거나 노여워할 필요가 없음을 알고 있는 '영원한' 삶의 정열만이 우리를 먼지 이상의 존재로 구원해 줄 수 있을 것이다.

5. 결론

죽음 없이는, 죽음에 저항하는 삶이란 존재할 수 없다. 그런 의미에서 죽음을 '말한다'는 것은 '말하는 자'가 그것의 '삶'에 사로잡혀 있음을 의미한다. 예술을 비롯해서 도처에 난립하는 '자유로운' 규범들이 우리의 육체들을 공격하고 재단하는 문화적 과잉 생산의 시대에, 주체의 결핍을 드러내고, 받아들이면서 인간의 죽음과 예술의 죽음을 운위하는 자는 그러한 죽음의 운명에 도전하는 자이다. 그런 점에서 우리 시대, 이른바 후기-근대인의 삶을 말하기 위해서, 먼저 근대적 죽음의 사신, 헤르메스를 만나야 했다.

근대 예술의 자율성에 대한 요구는 상품화의 맥락에서 태어난 예술로 하여금 그러한 맥락에서 거리 두기 하고 자유롭게 되기를 매번 주문하는 것이었으며 이는 근대 예술 자체의 태생을 부인하는 역설적인 것이었다. 그러나 자기의 죽음을 권유하고 받아들이는 이 요구는 진정으로 수양이 거하는 자리이다. 죽음마저도 받아들이는 그처럼 '자유로운' 삶의 지대가 바로 글쓰기(écriture)인데, 우리가 처해 있는, 그리고 우리를 구원해 줄 수 있는 문화 세계 자체를 의미하는 이 유명한 조어를 통해서 데리다(Derrida)는 우리를 비천하게 하는 체계로부터 벗어나는 분산적인 운동, 즉 인간의 죽음을 겪어 내는 삶의 정열을 제안했다.

글쓰기는 언어적 혹은 기호적 실천이다. 그러한 기호가 실현해 놓는 자율적 의미(문화)세계는 기호 바깥의 사물의 세계를 향해 있다. 근대 예술과 미학에서 성취되었던 자율성의 교리는 기호가 사물의 세계로 환원되는 이전의 인식 태도와 거리 두기 하면서 말과 사물이 분리되어 있는 세계상을 보여주는 것이었다. 근대적 의미의 수양은 이 분리된 두 세계를 연결시키면서 기호가 사물로 '향해 있음'을 상기시키고 그 상호 얽힘을 복구하는 긍정적 역할을 했다. 그러나 한편으로 근대 예술은 말과 사물과의 얽힘 관계를 망각하고 허구적인 말의 자율성에 취하고 자족하면서, 그 수양적 기능을 상실했고, 그렇게 예술의 자본화와 수양의 상업화라는 타협에 굴복했다. 특히 후기-자본주의의 생존논리를 구현하는 후기-모더니즘의 상업화된 판본은 근대 예술이 긍정적으로 성취한 차이의 권리를 차이의 형이상학으로 변질시켰다는 점에서 문제가 있다. 차이의 형이상학에는 주체가 존재하지 않으며, 따라서 이러한 주체의 정열적 실천으로서의 수양도 존재하지 않기 때문이다.

반면에 말하는 주체는 자신이 말의 세계 속에서 만들어진 허구적인 것임을 받아들이면서 그것을 극복하려는 실존의 운동을 연다. 말하는 주체는 실천을 통해서 매 순간 직면하게 되는 타자와의 대면 속에서 자기를 낮추는 법을 체득한다. 그러할 때만이 주체가 거하고 있는 말의 세계와 타자가 거하고 있는 사물의 세계가 서로 얽힐 수 있다. 나와 타자 사이의 이러한 행복한 만남이 바로 수양이 향하고 있는 곳이기 때문이다.

참고문헌

Louis Althusser, *Lenin and philosophy and other essays*, Monthly Review Press, 1971, 이진수 역, 백의 1991.

Xavier Bichat, *Recherches physiologiques de la vie et la mort*, Flammarion, Paris, 1994.

Émile Benveniste, *Essais de linguistique générale*, trs. Nicolas Ruwet, Minuit, 1963.

Jacque Derrida, *De la grammatology*, Minuit, 1967.

___________, *L'écriture et la différance*, Seuil, 1967.

Foucault, *La pensée dehors*, fata morgana, 1986.

Fredric Jameson, *The Political Unconscious: Narrative as a Socially Symbolic Act*, Ithaca and London, 1981.

Søren Kierkegaard, *The concept of Irony: With Continual Reference to Socrates*. trs. Howard V. Hong and Edna H. Hong, Princeton Univ. Press, 1989.

___________, *Fear and Trembling*, trs. H. Hong & E. Hong, Princeton, Princeton Univ., 1983.

Merleau−Ponty, *Phénoménologie de la perception*, Gallimard, 1945.

___________, *La prose de monde*, Gallimard, 1969.

___________, *Le visible et l'invisible*, Gallimard, 1964.

Maria Mies, Vandana Shiva, *Ecofeminism*, Fernwood Publications, Halifax, Nova Scotia, London & New Jersey, 1993.

Lewis Mumford, *Art and Technics*, New York, columbia Univ. 1952.

Peirce, *Philosophical writings of Peirce*(selected and edited with an introduction by Justus Buchler), Dover . ENC. New York, 1955.

Richard Rorty(ed.), *The Linguistic Turn: Recent Essays in Philosophical Method*, University of Chicago Press, 1967.

에른스트 벨러(Ernst Behler), 『아이러니와 모더니티 담론(*Irony and the Discourse of Modernity*), 이강훈, 신주철 역, 동문선, 1990.

수전 손택, 『사진에 관하여』, 이재원 역, 시울, 2005.

테리 이글턴, 『미학 사상』, 방대원 역, 한신문화사, 1995.

자네트 월프, 『미학과 예술 사회학』, 이성훈 역, 이론과 실천, 1988.

장문정, "시원신화의 해체", 『대동철학』, 1998. 11.

"예술, 아이러니한 슬픔과 웃음의 문턱 – 예술의 구원가능성에 대한 키에르케고어적 이해", 『대동철학』, 대동철학회, 2005. 6.

"심신이원론에서 선험적 신체일원론으로: 멘느 드 비랑에서 메를로 – 퐁티까지", 『대동철학』, 2006. 6.

______, 『메를로 – 뽕띠의 살의 기호학』, 한국학술정보(주), 2005.

줄리언 제인스, 『의식의 기원』, 김득룡, 박주용 역, 한길사, 1990.

타타르키비츠(Tatarkiwitz), 『예술 개념의 역사: 테크네에서 아방가르드까지』, 김채현 역, 열화당, 1990.

헤겔, 『법철학 II』, 141f, 임석진 역, 지식산업사, 1989.

미시권력들의 작용과 생명 정치
: 푸꼬의 권력분석틀과 아감벤의 근대 생명정치학 비판*

양운덕

* 학술 진흥 재단의 연구지원으로 작성된 글이다 (과제 고유 번호 KRF－2005－079－AM0016)

1. 들어가며

　이 글은 서구 근대 주체의 신체와 생명에 관한 문제를 푸꼬와 아감벤의 틀에 비추어 살펴보고자 한다. 이를 위해서 푸꼬의 미시권력에 대한 분석, 생명관리 권력(bio-pouvoir)과 그것을 잇는 아감벤의 생명 정치(bio-politica)를 살피고자 한다.

　근대 주체와 그 신체에 작용하는 푸꼬의 미시권력들에 대한 분석이 성 장치와 생명관리 권력에 관한 분석으로 나아간다면, 그것을 새롭게 사고하려는 생명정치의 틀은 일상적 공간에서 길들여지는 존재가 아니라 '예외 상황'에서 주권적 권력에 의해서 추방되고 수용소에 갇혀서 모든 권리를 상실한 '자연 생명(nuda nita)'과 '희생당하는 인간(homo sacer)'이다.

　푸꼬의 권력분석이론은 전체주의 기획에 대한 비판적 접근의 하나로서 강제수용소가 '저기' 숨겨진 곳에 존재하는 것이 아니라 일상적인 공간의 '여기'에서 작용하고 있음을 보여주려는 것이었다. 그는 사법과 정치적 틀에 얽매인 전통적인 권력관을 벗어나서 억압과 금지에 바탕을 두지 않은 긍정적이고 생산적으로 작용하는 지식-권력 복합체와 테크놀로지들의 미시적 작용을 제시한다. 그가 부각시킨 전면감시 장치(panoptisme)는 근대 사회가 '모든 것을 보는 눈'을 갖추고 신체를 길들이는 사회임을 두드러지게 보여주는 사례일 것이다.

그런데 이처럼 근대사회 전체를 규율이 지배하는 사회로 분석하는 틀에서 외면받은 수용소, 곧 전체주의적 기획을 구체화한 예외적 공간(의 정치적·법률적 구조)에 대해서는 어떻게 접근할 것인가? 아감벤은 수용소의 논리를 사회로 내면화하는 방식이 아니라 수용소라는 예외적 상태가 정상적인 법, 정치적 질서의 기반이자 숨겨진 '노모스'임을 드러내려고 한다. 그는 자연 생명을 정치적 삶으로 고양시키려는 아리스토텔레스 이래의 사고가 어떻게 자연 생명을 정치공동체에 배제하는 방식으로 포함하는지, 그것에 어떤 희생이 따르는지, 전체주의 국가와 자유민주주의 국가 모두가 어떻게 자연 생명을 권리의 원천이자 희생 지점으로 삼는지를 밝히고자 한다.

이 글에서는 먼저 푸꼬의 권력분석이 생명관리 권력과 어떤 상응 관계를 갖는지를 밝히고 그것을 보완하려는 아감벤의 생명정치가 제기하는 문제와 관련된 논점들을 다루려고 한다. 푸꼬와 관련된 제1장은 미시권력들이 신체를 길들이는 절차와 테크닉들을 정리하면서 그것이 성과 생명을 대상으로 삼는 권력으로 옮아가는 지점을 밝히고, 아감벤과 관련된 제2장에서는 생명정치가 제기하는 새로운 문제틀을 파악하면서 예외 상황의 논리를 참조하여 주권 권력과 '희생당하는 생명'이라는 두 형상을 살피고, 생명을 정치화(la politicizzaione della vita)하는 시도가 어떻게 수용소의 법적·정치적 구조에 대한 문제와 연결되는지를 살피고, 이어서 국민의 생명을 형태화하려는 나치의 생명정치, 현대 사회의 새로운 '희생당하는 인간(homo sacer)'인 실험용 인간들의 문제, 죽음 판정을 둘러싼 논의를 살피면서 생명정치와 관련된 주제들을 검토하고자 한다. 이런 작업은 근대에 생명이 생명 정치화된 국가의 중심에 자리 잡고, 모든 시민들이 잠재적으로 '희생당하는 인간'이 되는 점을 밝히려는 것이다.

2. 미시권력의 분석틀과 생명관리 권력

1) 근대 신체를 만드는 규율들의 미시 물리학

푸꼬는 근대 주체를 특정한 역사적 시기의 '권력 장치들'에 의해서 구성된 효과라고 본다. 그가 주목하는 바는 신체에 대한 '미시 권력'이 규율을 통하여 신체를 억압하지 않고 신체를 특정한 목적에 맞도록 길들이는 점이다. 규율은 개체들을 통제하고, 훈련시키고, 조직하는 테크닉을 사용한다.

예를 들어 감옥 장치는 정상적인 개인을 만드는 교정 장치로서, 신체를 길들이는 기술을 사용하여, 길들여지고 쓸모 있는 개인을 낳는다. 나아가 이러한 장치는 작업장, 공장, 병원, 병영, 학교 등에서도 실행된다.

이러한 규율사회는 개인들을 억누르거나 금지하는 방식보다는 훈련시키고 힘을 조절하는 긍정적이고 생산적인 방식을 활용한다. 다양한 테크닉들― 세부적 규제, 연습, 훈련, 시간 사용, 평가, 시험,

기록 등 – 을 사용하여 신체를 길들이고 그 효율을 최대화한다.

근대 규율은 인간의 신체를 조작 가능한 대상으로 삼아서 효과적인 생산기계나 순종하는 정치기계로 만들고자 한다.

이렇게 볼 때, 근대인은 역사적 상황에서 특수한 '주체 – 대상'으로 만들어진다. 맑스가 자본주의적 상품 생산, 프로이트가 자본주의적인 욕망을 생산하는 절차에 주목하듯이, 푸꼬의 분석틀은 세심한 '신체 – 길들이기' 절차로 인간 – 산물을 제조하는 과정을 보여준다.

규율은 어떤 절차로 신체를 생산하는가? 푸꼬에 따르면 고전주의 시기(17~18세기)에 신체에 대한 주된 관심은 신체를 만들고, 교정하고, 복종하게 하고, 특정한 능력을 부여하는 것에 모아졌다. 이를 위해서 개인을 통제·활용하려는 일련의 기술들과 절차, 지식, 자료 등이 마련된다. 그는 18세기에 두드러진 길들임(docilité)의 도식과 신체를 유용하게 만들기 위한 새로운 기술(technique)이 서로 어울려서 신체를 분석할 뿐만 아니라 조작할 수 있는 대상으로 만든다. 곧 신체를 조작하는 정치해부학(une anatomie politique)이 길들여진 신체(corps dociles)를 만든다[Foucault, 1975(이하 SP로 줄임), 138~140/205~207].

그러면 규율은 어떤 전략으로 길들여진 신체를 만드는가? 푸꼬는 규율이 공간과 시간을 활용하는 방식, 개체를 단계적으로 형성하는 방식, 신체의 고립된 힘들을 조합하는 방식 등에서 고안된 '절차들'에 주목한다[양, 1999(이하 FH로 줄임), 134~143].

(1) 규율은 공간을 어떻게 조직하는가? 규율은 신체를 가장 효과적으로 분할된 공간 안에 배치한다. 따라서 개인들의 신체는 (군대,

병원, 학교, 작업장 등에서) 합리적으로 계산된 공간 좌표 안에 놓인다(SP, 143 이하/212 이하).

규율은 공간을 기능적으로 배치한다. 폐쇄되거나 세밀하게 재구성된 공간 안에 개인의 자리가 지정되고 활동공간이 배당된다. 이렇게 세분된 공간에 의해서 개인들을 쉽게 통제, 조작할 수 있다(예를 들어 이러한 공간배치에 따르는 18세기 말의 공장에서 감독자는 일정한 공간 배치로 직공의 출결, 근면성, 작업 상태를 확인하고, 직공들을 숙련도와 신속성에 따라 분류함으로써 제조과정을 감독한다).

이런 전략은 모든 것을 계열화하고 일람표를 작성한다. 이것으로 신체의 힘들－기력, 신속성, 숙련도, 끈기－을 관찰하고, 평가하고, 기록하고, 보고할 수 있다.

규율이 시간을 활용하는 방식을 보자. 규율은 시간을 정교하게 만들어 작은 단위로 계산한다. 군대, 학교, 작업장, 병원 등에서 시간은 세밀하게 분할된다(SP, 151～2/225～6). 그리고 규율은 정교한 시간표에 따라서 행위의 진행 단계를 통제한다. 그러므로 행위는 정교하게 구성된 프로그램에 따르게 된다. 행위는 각 요소들로 분해되고, 정해진 신체와 각 부분의 위치에서 동작마다 방향과 범위, 소요시간이 설정된다(SP, 153～4/227～8). 이 전략은 시간을 최대한 이용하여 생산적으로 배치하여 '유용하고 충만한' 시간을 생산한다.

(2) 신체는 규율을 통하여 단계적으로 형성되고 진화한다(FH, 139～141). 특정한 능력을 갖추어야 하는 신체는 일정 기간 교육·훈련받음으로써 특정한 능력을 갖춘다. 규율은 신체가 특정한 단계와

수준을 거쳐서 시간의 계열에 따라 향상된 능력을 갖추게 한다. 개인들은 각 단계에서 시간과 활동을 축적하여 단계적으로 상승하고 유용한 능력을 갖춘다.

이처럼 발생을 조직화(l'organisation des genèses)하는 규율은 시간을 구분하고 조정하여 단계별로 분해한다. 예를 들어 군사훈련은 단순한 동작들을 기본단위로 삼고, 분할된 시간에 목표를 부여하고, 각 부분을 시험으로 마무리한다. 이러한 연속적인 계열화를 통해 각자에게 적합한 훈련을 수준과 경력, 지위에 따라 규정한다(SP, 159~161/237~9).

(3) 규율이 신체의 힘들을 결합하는 방식을 보자(FH, 141~2). 규율은 각 신체의 힘들을 다른 힘들과 조합함으로써 효과를 극대화하고자 한다. 규율은 여러 힘들을 조합하여 효율적인 장치를 만드는데, 한 신체가 차지하는 위치, 간격, 위치이동의 질서정연함을 조직하여 최대 효과를 낼 수 있도록 한다(SP, 166~7/246~7).

푸꼬는 이런 복종 기술(technique d'assujettissement)이 '새로운 대상'을 낳는데, 이런 신체-대상은 훈련받은 신체(corps de l'exercice)로서 권위에 따라서 조작된다고 본다(SP, 157/234). 이렇게 볼 때 근대인의 신체는 권력의 전략과 테크놀로지가 가로지르고 서로 만나는 중계점이자 집합점이다.

이처럼 규율 장치는 근대 주체를 재단하고, 조립하고, 조직화하는 복합적인 그물망이다. 이런 근대의 지식-권력 복합체는 (통제하고 조절할 수 있는) 유용한 주체들을 제조한다. 이렇게 제조된 근대적 주체-산물들은 미시적인 규율 장치 안에서 권력의 눈에 노출된 채 관리되고, 권력의 프로그램에 따라서 작동한다(FH, 143).

2) 신체를 훈련시키는 장치

푸꼬는 규율적 권력이 미시적인 방식으로 신체를 훈련시키는 점
에 주목하는데, 그 작용 방식으로는 '위계질서를 갖춘 감시'와 '규
격화하는 제재'가 있는데 이것을 결합한 형태가 '검사'이다.

위계질서를 갖춘 감시(la surveillance hiérarchique)는 개인들을 규
율적 공간에 배치하여 '가시적'으로 만드는 방식이다. 이것은 군대,
대규모 작업장, 공장, 감옥, 학교, 노동자 기숙사 등에서 '가시적인
공간'을 구성하여, 통제하고, 효율을 높이고, 질서를 만든다.

> "규율적 권력은 어디에서나 언제나 깨어 있기 때문에, 즉 원칙적으로 어떤 지점
> 에도 그림자를 남기지 않고 통제하는 자들까지도 끊임없이 통제함으로써, 권력을
> 절대적으로 드러나지 않게 함과 동시에 그것이 영원히 그리고 소리 없이 훌륭하
> 게 기능하기 때문에 절대적으로 '드러나게' 한다.... 그 권력은 자기의 고유한 메
> 커니즘에 의해 자기 바탕을 마련하고 눈에 띄기보다는 방해받지 않도록 잘 계산
> 된 시선의 작용으로 기능한다"(SP, 179).

병원, 수용소, 학교, 작업장은 완벽하게 보이는 공간이자 상호감
시망으로 조직된 영역이 된다. 가시성의 공간을 바탕으로 삼아서
개체들의 행위가 이루어진다는 점에서 그 구조는 개체들의 행위를
가능하게 하는 조건이 된다.

이런 감시로 조직된 공간이 기능하기 위해서 필요한 기준이 '규
격화하는 제재(la sanction normalisatrice)'이다. 이것은 규범에 따라
서 행위를 허용된 것/금지된 것으로 구분하여 바람직한 행위의 목
록과 조문을 작성한다. 이것을 위반하면 처벌이 따르므로, 이런 제

재는 개체들의 행위 하나하나를 세부적으로 평가하는 공간에 두는 셈이다. 이것은 일상 행위의 가장 미세한 측면까지 규정하고 그것을 규범으로 삼아서 위반하는 경우에 제재/처벌한다. 개체들은 '규범에 따라서' 행위를 '선택'해야 한다.

학교의 시험은 '검사(l'examen)'의 일종으로서, 배운 내용을 잘 익히고 있는지를 평가한다. 학생들은 점수, 석차에 따라서 한 줄로 배열된다. 공장에서는 품질 검사로 불량률을 줄이려고 한다. 병원, 학교 체계 등에 작용하는 검사/시험 기술(la technique de l'examen)은 뒤섞이고 익명적 대중을 각각의 개체로 나누어서(différencier) 개별적 '사례'로 만든다.

검사한 내용은 기록으로 남겨지므로 개별 사례들은 '기록된 대상'이 된다. 따라서 기록하는 권력(un pouvoir d'écriture)이 보존하는 다양하고 세심한 기록들은 지식의 영역에서 개인들을 인식 가능할 뿐만 아니라 통제 가능한 대상으로 만든다.

규율 권력은 기록을 통해 문서를 축적하고, 계열화하고, 분류하고, 범주를 구성하며, 비교 영역을 마련한다. 이 기술은 군대, 병원, 학교, 감옥 등에서 이용된다. 예를 들어서 학생기록부는 학생들의 품행, 신앙심, 지식습득 정도나 발전상태 등을 아는 데 도움이 된다. 인사기록카드, 병원 진단, 치료기록, 소비자들의 소비 성향을 기록한 고객 카드들을 작성하는 권력은 개인과 개인의 지식을 생산함으로써 작용한다.

3) 전면감시 장치(le panoptisme), 투명한 시선이 보장하는 사회적 효율성

원형감옥(pan-opticon)을 사회적 효율성의 증대라는 틀에서 조망해 보자. 공리주의자 벤담이 1791년에 제안한 이 장치는 죄수들을 이상적으로 감시하려는 것이다.

이 원형건물 중앙에는 높은 탑이 있고, 그 주변에는 원형으로 배체된 독방들이 있는데, 탑에서 독방들을 지속적이고 전면적으로 볼 수 있다. 각각의 독방에 있는 개체(죄수)는 완벽하게 보이지만 감시하는 간수를 볼 수는 없다. 이 장치에서 독방의 죄수들은 '개체화되고', '항상 바깥의 시선에 노출되어' 있다. 이것은 감시 대상을 빛과 감시자의 시선하에 두고 '가시성의 무대'에 노출시킨다.[1]

이 장치에서 권력은 '자동적으로' 기능한다. 감금된 자는 투명한 가시성에 사로잡힌 채로 (감시탑에 감시자가 없는 경우에도) 항상 자기를 보고 있는 시선을 상정한다. 이러한 감시 기계(machine)는 권력을 행사하는 사람으로부터 독립된 권력관계를 만들어 낸다. 이 장치를 작동시키는 자는 감금된 자이다. 개체들은 권력관계를 내면화하여 스스로를 관찰하고 감시한다(SP, 202~3/297).

이런 장치는 감옥의 체계에 한정되지 않고 '일반적인' 감시 장치로서 다양하게 이용될 수 있다. 이 장치는 어떠한 내용을 담더라도 같은 효과를 얻을 수 있으므로 순수한 '형식'으로 기능할 수 있다.

---

1) 카프카의 주인공들은 보이지 않는 관료기구가 그들을 완전하게 감시하고 장악한다고 믿는다. 보다 역설적인 것은 그들이 관료기구가 그처럼 완전할 수 없음을 알고 있다고 하더라도 그들은 행동할 때 '마치 그렇게 믿는 것처럼' 행동한다는 점이다.

광인, 환자, 죄수, 노동자, 학생 등 모든 '개체'가 대상의 자리에 올
수 있다(SP, 202/295~6; FH, 150~1).

푸꼬는 전면감시 장치가 자동적으로 작용하고, 누구라도 이 장치
를 작동시킬 수 있다고 지적한다. 따라서 '누가' 권력을 행사하는
가는 중요하지 않고 권력이나 그 효과가 개별적 주체의 선택이나
결정에서 나오지 않는다(VS, 124~5). 그리고 이 장치를 작동시키
는 의도나 동기도 그 기능에 영향과 무관하다. 이 장치는 그 의도
가 경솔한 호기심이건, 인간을 탐구하려는 지적 호기심이건, 몰래
살피는 데서 오는 기쁨이건 '동일한' 효과를 낳는다(SP, 203~4/298:
FH, 151).

그러면 이 장치는 어떤 사회적 이익을 줄 수 있는가? 사회적 공
리를 최대화하는 전략과 연결시킨다면, 이런 테크놀로지를 보다 경
제적이고 효율적으로 사용하여 사회 전체의 역량을 강화시킬 수
있다. 단순한 기술적 장치의 도움으로 "생산을 증대시키고, 경제를
발전시키며, 교육 기회를 넓히고, 공중도덕의 수준을 높이는 것으
로 증가와 다양함"(SP, 209/306)을 얻을 수 있기 때문이다. 이런 '생
산적인' 장치는 학교에서는 지식과 능력을 생산하고, 병원에서는
건강을 생산하고, 군대에서는 파괴력을 생산한다.

그런데 이런 권력의 작용으로 사회적 효용성을 증대시킨다는 목
표가 '역설적으로' 주체에 대한 지배를 낳을 수 있다. 권력이 사회
토대의 가장 세밀한 단위에 이르기까지 지속적으로 행사될 수 있
는 경우에 생산을 증대시키는 것이 동시에 '권력을 강화하는' 결과
를 낳는다(같은 책, 209~10/306). 이성의 빛을 구체화하는 이 장치
는 이성이 해방의 선구자이면서도 예속과 지배 수단이 될 수 있음

을 보여준다.

하지만 일단 이 장치의 유용함이 증명된다면 다른 대의를 앞세워서 '보다 적은 효율'을 추구할 수 있을까? 이것을 도구적 이성이라고 폄하하고 비판적 태도를 권장할 여지는 그리 크지 않다. 전면 감시 장치가 사악한 것도, 그것을 이용하는 측이 나쁜 의도를 지니거나 나쁜 목표를 지향하는 것도 아니다. '보다 인간적인' 방향에서 이런 '비인간적' 장치를 제거하려고 하거나(휴머니즘의 관점에서 비인간적 측면을 고발하거나 '프라이버시'를 보장해 달라고 요구하는 태도) 이러한 장치를 '보다 효과적인' 학습법, '보다 생산적인' 노동과정, '보다 효율적인' 치료를 위해서 사용하는 것을 거부하기는 쉽지 않을 것이다.

어쨌든 이런 장치가 효율성을 추구하는 합리적인 사회에서 널리 사용될 때, 개인-요소들은 권력의 작용에 포위된 채로 전면감시기계(la machine panoptique) 안에서 스스로 이 장치를 작동시킬 것이다(SP, 218~9/317).

비유적으로 규율을 작동시키는 개별적 메커니즘은 근대 생산기계에, 훈련받는 개인들은 그 원료에, 그들의 길들여진 신체는 생산물로 볼 수 있다.

4) 생명을 관리하는 권력의 문제 틀

가) 성 장치들과 성 담론의 생산

근대 규율의 작용과 맞물리는 '성(sexualité)', '생명'을 관리하는 권력 장치의 작용을 살펴보자. 우리는 근대적 개체가 형성되는 절차와 관련하여 두 가지 질문을 할 수 있다. '성 장치는 어떻게 근대적 욕망을 만드는가?', '생명을 관리하는 권력(bio-pouvoir)은 어떻게 근대적 생명-주체를 만드는가?'(FH, 159)

먼저 푸꼬는 (권력이 '긍정적인' 방식으로 작용한다고 보는 까닭에) 성이 억압된다는 가설을 거부한다. 성에 관한 담론은 억압되거나 금지되기보다는 오히려 일정한 틀에 따라 생산·조절된다. 이는 성 장치(le dispositif de sexualité)가 제도들, 실천들, 담론들에서 개체의 핵심에 성을 자리 잡고 담론을 증식시키기 때문이다(예를 들어 중세에는 성에 대한 고해성사가 성적 장치로 기능했다. 개체는 자기 성의 세부 내용을 고백해야 하고 권력은 개인의 (성적) 진리를 검사하고 감시한다. '지식 추구 의지(la volonté de savoir)'는 개인의 은밀한 심층에까지 침투하여 양심의 규제 장치를 조직하는 권력-지식을 구성한다).

근대에서는 중세의 고백 장치를 대신해서 인구통계학, 생물학, 의학, 정신병리학, 심리학, 윤리학, 교육학, 정치비판 등에서 다양한 담론들이 생산된다. 성 담론은 자녀와 부모, 학생과 교사, 환자와 정신병 의사, 비행자와 전문가 사이의 관계에서 심문, 진찰, 자전적

이야기, 편지 등의 다양한 형식으로 생산된다[Foucault, 1976(VS로 줄임), 46; 84~5]. "질병에 대한 투쟁이 죄에 대한 투쟁을, 건강함에 대한 배려가 구원론, 의사가 고해자를 대체하고, 위생적 규제 장치는 양심의 규제 장치를 계승한다"(Côte-Jallade, 1985, 87; FH, 160~1).

이처럼 성 장치는 성에 관한 담론 영역들을 조직화하면서 성을 일정하게 생산한다(VS, 160). 성 담론들과 성 장치들은 성을 관찰하고, 건강한 성을 제시하고, 일탈을 감시하고 규제한다. 예를 들어서 18세기 이래 교육제도는 어린이들의 성에 관한 담론들을 관리했다. 아이들이 성적 욕망에 대해 말하게 하고, 교육자, 의사, 행정관, 부모가 이야기하게 하거나 이야기하고, 어린이들에게 규범적인 인식을 강요한다. 이처럼 어린이와 청소년의 성을 둘러싸고 다양한 장치들이 작용한다(VS, 41~2).

그는 이런 분석으로 '권력의 전략'과 손잡은 '지식의 의지(la volonté de savoir)'가 신체(신체의 기능, 생리과정, 감각, 쾌락)에 어떻게 연결되고, 생명을 표적으로 삼는 권력의 테크놀로지가 육체를 어떻게 통제·조절하는가를 밝히고자 한다. 이런 목표를 위해 [망탈리테(mentalité)의 역사가 아니라] '신체들의 역사(histoire des corps)'와 사람들이 가장 물질적이고 활기찬 것에 투자한 방식을 문제 삼는다(VS, 200).

푸꼬는 서구 문명이 엄청난 성 담론을 증가시켰지만, 성 담론들은 권력 바깥에 있는 것도, 그것에 저항하는 것도 아니며, 오히려 권력행사의 수단이란 점을 밝힌다(VS, 45~6). 경제학, 교육학, 의학, 사법의 영역에서 성을 말하게 하고, 듣고 기록하는 장치들, 관찰하고 질문하고 정식화하려는 절차들은 개인들의 욕망을 이끌면서 성 담론을 관리하는 메커니즘을 산출한다.

그러면 성 장치가 작동하는 영역은 어디이고, 무엇을 표적으로 삼는가? 푸꼬는 19세기에 성을 공격하는 주요 지점들과 전략들을 찾는다. 그것은 히스테리성 여성, 자위하는 어린이, 산아제한 하는 부부, 변태적 성 등이다(FH, 162~3).

이 가운데 두 가지만 보자. 성 장치는 어린이의 성을 '교육' 주제로 삼는다. 모든 어린이는 성적 활동에 몰두하거나 그렇게 하기 쉬운 존재로 여겨지고, 부모, 교사, 의사, 심리학자가 어린이의 성을 떠맡는다. 이들은 어린이를 성에서 떼어 놓기 위해서 (주로 자위에 대한 싸움으로 나타나는데) 지도하고 감시한다(VS, 138~9). 교사와 의사들은 어린이들의 쾌락을 다양한 방식으로 추적하면서 위험이 있을 모든 곳에 감시 장치를 마련한다(VS, 57~8).

또한 성장치는 생식활동을 사회적으로 관리(socialisation)한다. 이것은 경제적 측면에서 부부의 생식력을 문제 삼아서 그것을 조절하거나, 정치적 측면에서 사회에 대한 부부의 책임을 문제 삼거나, 의학적 측면에서 생식활동을 관리한다(VS, 138).

푸꼬는 이러한 장치가 (일정한 지식—권력 복합체로서) 근대 주체의 내밀한 경험을 조직하여 진리의 정치학을 추구한다고 본다. 이런 성 장치와 관련하여 볼 때, 성 담론들이 성 장치의 배치에 따라서 조직·생산·유통된다면, 성 장치의 배치가 성적 담론들이 '작용하는 조건'이 된다고 할 수 있다. 이런 점에서 성 장치는 근대적 성 경험, 담론이란 질료들에게 일정한 형식을 부여하는 '준—선험적인 것'이다(FH, 163~4).

나) 생명을 관리하는 권력(bio‑pouvoir)

푸꼬는 성의 진리를 생산하는 장치와 함께 인간의 '생명'을 관리하는 장치에 관심을 갖는다. 고전주의 시기 이래 주권자의 죽일 수 있는 권리는 '생명'을 관리하는 권력으로 옮아간다. 이 권력은 생명을 관리하면서 최대한 활용하면서 생명을 안정시키고 지지하고 보강하고 증식시키려고 하고 정확한 통제와 전반적인 조절을 추구한다.

푸꼬는 17세기 이래 생명에 대한 권력이 두 형태로 전개된다고 본다(FH, 164). 그 하나는 규율 권력으로서 신체를 효과적인 통제하는 신체 해부‑정치학(anatomo‑ politique)이다. 이것은 신체‑기계를 대상으로 삼아서 훈련시키고, 능력을 최대한 활용한다. 다른 하나는 18세기 중엽에 형성된 것으로서 인구(population)에 대한 생명관리정치(bio‑politique)이다. 이것은 종개념의 신체(le corps‑espèce)를 대상으로 삼아서, 개입하고 조절해서 증식, 출생률과 사망률, 건강, 수명, 장수 등과 그것을 변화시키는 조건들을 배려한다.

18세기의 건강 정치(politique de santé)에 관한 예를 보자. 푸꼬는 이 시기의 '건강 정치'는 양적·질적으로 큰 변화를 겪는다고 본다.[2] 그는 질병에 대응하는 건강 정치 방식 가운데 두드러진 점들을 지적한다. ① 대상이 확대되어서 모든 질병에 대해서 억제하는 것뿐만 아니라 예방에 관심을 갖는다. ② 건강 개념과 관련하여 전

---

2) 양적으로는 의학들이 다양해지고, 새로운 병원들과 무료진료소들이 세워지고, 모든 사회 계급의 치료비용이 증가한다. 질적으로는 의학이 표준화되고, 의학적 지식과 관행들이 발전하고, 의학 지식과 그 효율성에 관한 신뢰가 커지고, 의학이 사회 전체로 확대되고 그 가치를 인정받는다.

통적인 규범적(normatif) 의미가 기술적(descriptique) 의의와 겹친다. 건강은 (질병의 빈도, 각 개인의 병의 위중함과 기간, 질병유발요인들에 대한 저항력 같은) 일련의 자료들(donées)에 대한 관찰 가능한 결과이다. ③ 집단이나 공동체의 가변적 특성들인 사망률, 각 연령대의 평균수명, 인구의 건강을 특징짓는 전염병과 풍토병 등에 대해서 규정한다. ④ (엄격한 의학은 아니지만) 다양한 개입 유형들이 발전하고 생활 조건과 생활방식, 영양, 주거, 환경, 양육방식에 관심을 갖는다. ⑤ 의학적 실천이 부분적으로 (사회를 합리화하는) 경제적·정치적 관리에 통합된다. 의학은 (단순한 생사에 관한 기술에 그치지 않고) 공동체의 유지와 발전에 본질적인 요소가 된다 (DE. Ⅲ－1, 726～7).

이처럼 생명을 관리하여 최대한 이용하고 조절하려는 권력이 작용할 때 '근대 개체의 생명은 어떻게 관리되는가?'

푸꼬에 따르면 고전주의 시대에 다양한 규율들이 급속하게 발전하고, 이와 함께 생명관리 권력(biopouvoir)이 정치와 경제 영역에서 출생률, 장수, 공중보건, 주거, 이주 문제들에 대응하고, 신체에 대한 예측과 주민을 통제하기 위한 다양한 기술들을 추구한다(FH, 166).

따라서 근대 권력의 두 가지 전개 방향을 구분할 수 있다. 1) 규율의 측면은 군대나 학교와 같은 제도들에서, 전술, 견습, 교육, 사회의 질서를 문제 삼는다. 2) 인구조절(régulation de population)의 측면은 인구통계학의 출현, 자원과 주민 사이의 관계에 대한 고려, 부와 그것의 유통, 다양한 생명과 그것의 지속기간을 파악한다(VS, 184～5).

이렇게 볼 때 서구에서 생명을 관리하는 권력의 테크놀로지가 두 축-신체에 대한 규율과 인구 조절-으로 전개된다.[3] 한편으로는 세밀한 감시, 끊임없는 통제, 꼼꼼한 공간적 구획, 의학적-심리적 검사, 신체에 대한 미시-권력들로 나타나고, 다른 한편으로는 대규모 조치, 통계학적 평가, 사회체(le corps sociale) 전체나 집단에 대한 개입으로 나타난다(VS, 192).

이처럼 서구 주체들의 '생명을 관리하는 권력'은 근대 세계의 '가능조건'으로 볼 수 있다. 규율 권력과 생명관리 권력이란 두 축은 근대의 정치, 경제적 배치를 가능케 하는 조건이다. 규율 권력에 의해서 생산된 근대적 신체와 생명관리 권력의 생명에 대한 배려는 근대 개인의 의식, 정치적 배치, 경제적 활용을 가능케 하는 준선험적인 배경이다. 이런 가능조건에 바탕을 둔 근대적 배치는 일정하게 분절되어서 성 정치학, 생명과 건강에 관한 다양한 관리체계로 구체화된다(FH, 167).

푸꼬는 생명을 관리하는 역사(bio-histoire)가 생명관리 권력과 대응한다고 본다. 생물학적인 생명이 정치에 반영되면서 서구인은 '생물 종'으로서, 신체의 생존조건, 삶의 개연성, 개인과 집단의 건강, 가변적인 체력, 그 체력을 최적의 방식으로 배분하는 것을 중시한다.

그는 역사에서 처음으로 생물학적인 것이 정치에 반영된다고 본다. 생명은 지식이 통제하고 권력이 개입하는 영역에 포함된다. 권력은 생명체를 다루고 생명과 그 메커니즘을 명확한 계산 영역에 편입시키고 권력-지식으로 조절, 관리함으로써 생명을 변화시키는 동인으로 삼고자 한다.

---

3) 이것은 한편으로는 해부학적이며 또 한편으로는 생물학적이고, 개별화하면서 특성에 따라서 분류하고, 신체의 기능을 지향하면서 생명과정에 주목하는 테크놀로지들이라는 두 얼굴을 갖는다(VS, 182~3).

"그러나 한 사회의 생물학적 근대성의 문턱(seuil de modernité biologique)이라고 부를 수 있는 것은 인간이 자신의 고유한 정치적 전략에 생명을 거는 시기에 자리 잡는다. 수천 년 동안 인간은 아리스토텔레스의 눈에 비친 그대로의 존재, 살아 있고 덧붙여서 정치적 실존을 누릴 수 있는 동물이었다. 근대인은 살아 있는 그의 생명이 문제가 되는 정치 안의 동물이다"(VS, 188).

푸꼬는 생명관리 권력이 발전함에 따라 규범의 작용(le jeu de la norme)이 법보다 중시되는 경향이 있다고 본다. 생명을 담당하는 권력은 지속적으로 조절하고 교정하는(régulatrices et correctifs) 메커니즘을 요구한다. 살아 있는 인간은 가치와 유용성의 영역에 배치된다. 권력은 가치를 산정하고, 측정하고, 평가하고, 위계화하면서 규범 주변에서 배분한다(VS, 189~190). 법이 점점 더 규범으로 기능하고 사법제도는 조절하는 일련의 기관들(의료기관, 행정기관 등)에 점점 더 통합된다.

푸꼬는 19세기 이래 사람들의 삶의 목표는 정치적인 것이 아니라 생명이라고 본다(FH, 172). 권력에 대한 투쟁에서 목표는 생명이다. 곧 근본 욕구들, 인간의 구체적 본질, 인간이 지닌 잠재성의 실현, 풍부한 가능성을 지닌 생명이다. 푸꼬는 정치적 투쟁이 전면에 나타난 경우에도 그 쟁점은 '법'이 아니라 '생명'이라고 본다. 생명, 신체, 건강, 행복, 욕구 만족에 대한 '권리(droit)', 모든 억압과 소외를 넘어선 인간의 참모습과 모든 가능성을 되찾을 '권리'가 모든 새로운 권력절차들에 대한 정치적 반응(la réplique politique)이다(VS, 190~1).

3. 생명 정치와 근대의 희생당하는 인간

1) 생명 정치의 문제제기

아감벤은 푸꼬의 생명관리 권력의 문제를 긍정적으로 수용하면서 그것을 생명정치로 발전시킬 가능성을 모색한다. 푸꼬는 자연 생명이 국가 권력의 대상이 된 점, 정치가 생명정치로 전환되는 점을 지적한다. 따라서 사회의 생물학적 '근대성의 문턱'에서 살아 있는 신체가 정치적 전략의 지향점이 되었고, 국민의 건강, 생물학적 생명 등이 중요한 주권의 문제가 된다(DE. Ⅲ, 179).[4]

하지만 푸꼬는 근대 생명 정치의 본보기인 집단 수용소나 전체주의 국가 구조를 주제화하지 않는다. 이 때문에 아감벤은 자연 생명(zoē)이 폴리스의 영역에 포함되는 과정, 자연 생명(nuda vita) 자체를 정치화하는 시도에 주목한다. 그는 이런 '생명 정치의 지평에

---

4) 이를 보완하는 지점에서 아렌트는 노동하는 인간—생물학적 생명 자체—이 근대 정치학의 중심에 자리 잡는 점에 주목하고, 자연 생명이 정치적 행위에 우월성을 지니는 점에서 근대 사회의 정치 영역이 변질되었고 데카당스에 빠졌다고 본다.

서만' 근대 정치의 대립 항들― 좌/우, 공적인 것/사적인 것, 절대주의/민주주의 등― 을 넘어서서 그것의 기반을 파악할 수 있다고 본다.

푸꼬는 권력이 주체의 신체와 생명에 침투하는 방식을 분석한다. 한편으로는 정치적 기술로 국가가 개인들의 자연적 생명에 대해서 배려하는 점, 다른 한편으로는 규율적 테크놀로지에 의한 주체화과정을 분석한다. 그는 근대 국가가 주체적인 개체화 기술을 객관적인 전체화 절차에 통합한다고 보고, 개체화와 국가 권력의 전체화에 의해서 정치적 이중 구속이 마련된다고 본다(DE. Ⅳ, 229∼32).

그런데 아감벤은 이런 권력의 두 측면이 수렴하는 지점이 불분명하다고 본다. 그래서 개체화하는 기술들과 전체주의화하는 절차들이 모이는 구별 불가능한(indistinzione) 지점을 밝히고자 한다. 법률적―제도적인 권력 모델과 생명 정치 모델이 교차하는 지점은 어디인가? 그는 주권적 권력의 기원적 핵심이 정치 영역에서 자연 생명(nuda vita)을 포획하기, 곧 생명 정치적 신체를 산출하는 것(la produzione di un corpo biopolitico)이라고 본다[Agamben, 1995(HS로 줄임), 9].

아감벤은 고전적 정치 사고에서 생명 정치가 어떻게 주제화되는지를 아리스토텔레스의 논의에서 찾는다. 아리스토텔레스는 폴리스를 정의하면서 생명(zēn)과 좋은 삶(eu zēn)을 대비시킨다. 이것은 전자가 후자에 포함되는 것, 곧 자연 생명이 정치적 삶에 포함되는 것을 함축한다. 폴리스에서 생명은 '좋은 삶'으로 변형되어야 한다. 여기에서 정치화되어야 할 것은 항상, 이미 '자연 생명'이다.

자연 생명과 (로고스에 따르는) 선하고 정의로운 삶 사이의 근본적인 정치적 구별은 인간을 하나의 기획으로, 자기를 극복하는 존재로 본다. 이 기획은 자연 생명을 배제하는 동시에 포함하는(incluso attraverso un'esclusione) 것에 의존한다. 자연 생명은 좋은 삶의 필연적인 부분이지만 좋은 삶은 '자연 생명이 아닌 것'이면서 동시에 자연 생명이 되어야 한다(Norris, 4).[5]

서구 정치에서 자연 생명은 그것을 배제함으로써 국가가 정초되는 점에서 특이한 지위를 갖는다. 그가 볼 때 서구 정치학의 근본적인 범주 쌍은 친구(amico)/적(nemico)이 아니라, 자연 생명(nuda vita)/정치적 현존(esistenza politica, zoē/bíos), 배제(esclusione)/포함(inclusione)이다(HS, 11).

아감벤은 이런 주제와 관련하여 푸꼬의 틀을 보완하고자 한다. 푸꼬는 근대 정치를 자연 생명(zoē)이 폴리스에 포함되는 점뿐만 아니라 생명 자체가 국가 권력의 보호와 고려 대상이 되는 점으로 특징짓는다. 그런데 이와 함께 자연 생명이 점차 정치 영역과 일치하는 점에 주목할 필요가 있다. 여기에서 배제와 포함, 바깥과 안, bíos와 zoē, 좌파와 우파가 구별되지 않는(indistinzione)의 영역에 들어선다. 아감벤은 이런 점을 '예외 상황(lo stato di eccezione)'에 연결시킨다.

이는 자연 생명이 정치 질서로부터 배제됨으로써 '예외 상황'이 구성되기 때문이다. 자연 생명은 정치의 기반이므로 국가 권력을 조직하는 경우이건, 그것으로부터 해방되는 경우이건 그 바탕이나 목표가 된다. 이런 생명 정치의 과정은 마치 국가권력이 규율 과정

---

5) 정치적 삶은 자연 생명으로부터 생겨나지만 '그것과 동일하지 않음'에 의해서 자신을 규정하므로, 그것의 무관계와 관계함(relazione con un irrelatio)으로써 규정된다. HS, 28~30, 34~5, 69~70, 222 등 참조.

과 함께 살아 있는 존재를 고유한 대상으로 삼는 것처럼 진행된다 (HS, 12~3).

아감벤은 근대 민주주의가 처음부터 자연 생명을 옹호하고, 해방시키고, 지속적으로 자연적 생명을 삶의 양식(forma di vita)으로 변형시켰다고, 곧 zoē에서 bíos를 발견했다고 본다. 그는 이런 근대 민주주의가 부딪히는 난점을 인간의 자유와 행복이 그들의 자연 생명의 영역에서 전개되도록 한 점에 있다고 본다. 따라서 권리와 형식적 자유들을 승인하는 과정은 희생당하는 인간(homo sacer)의 신체에 자리 잡을 수밖에 없다. 이런 맥락에서 볼 때 근대 민주주의는 그 대극인 전체주의 국가와 공통 지반을 갖는다. 푸꼬가 투쟁 지점이 생명에 있다고 지적했다면, 아감벤은 보다 구체적으로 자연 생명이 '정치화되는(정치적 삶에 포함－배제되는)' 과정을 문제 삼는다.

그는 서구 정치가 zoē와 bíos의 관계를 적절하게 구성하지 못했다고 본다. 이는 자연 생명이 배제(esclusione)라는 형식으로만 정치에 포함(inclusione)될 수 있기 때문이다(HS, 14~5).

2) 예외의 두 형상: 주권 권력과 희생당하는 인간

가) 주권 권력과 예외

이처럼 자연 생명이 정치적 삶에 '배제를 통해서만' 포함될 수 있다면 이런 생명 정치의 문턱을 어떻게 파악할 수 있는가? 자연 생명은 정치적 삶 안에 있는가? 그것은 포함된 것이지만 안에 있지 않고, 바깥으로 배제된 것이면서도 그 안에 있지 않은가? 아감벤은 이런 역설적인 관계를 예와 상황의 논리와 연결시킨다. 그는 '주권 권력'과 '희생당하는 인간(homo sacer)'을 이 문턱에 있는 두 형상으로 본다.

(그는 생명정치의 틀에서 자연 생명을 정치질서에 포함/배제하는 '예외'의 구조에 주목하고, 슈미트의 주권 이론에 제시된 '예외'의 논리를 원용해서 생명정치의 근본 구조와 강제수용소의 본질에 접근하고자 한다.)

슈미트는 주권자의 권력을 예외의 구조로 파악한다. 그에 따르면, "주권자는 예외 상황에서 결정할 수 있는 자이다"(Schmitt, 1922, 15). 곧 주권자는 예외상황(lo srato di eccezione)을 선포하고 법의 효력을 정지시킬 수 있는 권력을 지닌 자이다. 이때 주권자는 타당한 법질서 '바깥에 있으면서도' 법질서에 속한다(같은 책, 17).

슈미트는 예외(Ausnahme)가 '결정'이라는 법률적 형식요소를 순수하게 드러낸다고 주장한다. "혼돈 상태에 적용할 수 있는 규범은 없다. 정상적인 상황을 창출해야만 하는데, 정상적인 상황이 현실적으로 존재하는지 확정적으로 결정하는 자가 주권자이다. 모든 법은 상황법(Situationsrecht; droit en situation)이다. 주권자는 그 상황을 총체적으로 수립하고 보장한다. 주권자만이 이런 궁극적 결정권을 독점한다. (...) 예외적인 사태는 국가 권위의 본질을 명확하게 드러낸다. 결정은 법적 규범과 구별되고 권위는 법을 창출하기 위해서 반드시 법을 필요로 하지는 않는다"(Schmitt, 같은 책, 23). 그는 예외가 모든 것을 증명하고, 규칙은 예외를 통해서만 존속한다는 점을 부각시킨다(같은 책, 25).

아감벤은 예외(eccezione)가 (일반 규범에서 배제된 사례이므로) 일종의 배제이지만, 배제된 것이 규범과 무관한 것은 아니라고 본다. 예외의 고유한 특징은 규범의 정지라는 형식으로 규범과 관계 맺는다는 점이다. 이렇게 볼 때, 예외 상태는 (혼돈이 아니라) 질서의 정지에서 비롯된 상황이고, 예외란 단순히 배제되는 것이 아니라 '바깥에서 포획됨(ex−capere)'이다(HS, 21~22).

주권의 구조를 드러내는 예외는 외부에 있는 것을 [법질서의 효력을 정지시키고 예외를 내버림(abandonare)으로써] 포함한다. 따라서 예외 관계(relazione di eccezione)는 무엇을 배제함으로써 그것을 포함한다[이런 예외로부터 창출된 상황은 사실상황도, 법적인 상황도 아니며 구별되지 않는 역설적인 문턱(una paradossale soglia di undifferenza)이다].[6]

이런 주권자의 '예외'는 법적·정치적 질서가 유효한 공간 자체를 창출하고 정의한다. 따라서 이 예외는 근본적인 위치를 확정함(Ortung: localizzazione)으로서, 정상 상황과 혼돈을 구별할 뿐만 아니라 두 상황 사이에 있는 '예외 상태'인 문턱을 산출한다.[7]

---

6) 바디우는 집합론적 사고를 바탕으로 '사건(l'événement)'의 존재론적 지위를 제시한다. 그는 집합에서 귀속과 포함, 현시와 재현을 구별한다. 정상(normalité)은 어떤 상황의 항들이 현시될 뿐만 아니라 상황상태를 셈하여 상황 안에서 재현될 때, 상황에 귀속되면서 포함될 때, 한 상황의 요소이면서 부분집합을 이루는 경우이다. 특이성(singularité)은 상황에서 현시되지만 상황상태를 셈할 때 재현되지 않는 항들, 상황에 귀속되지만 셈에 의해서 상황에 포함되지 않는 경우이다. 돌출(excroissance)은 어떤 항이 상황에 현시되지 않지만 상황상태를 셈할 때 상황 안에서 재현될 때, 상황에 귀속되지 않지만 포함될 때, 상황의 원소는 아니지만 그 부분인 경우이다(Badiou, 1988, 7, 8장). 아감벤의 '주권적 예외'는 특이성과 비슷하지만 예외에 적용되지 않음으로써 예외에 적용되고, 그것 바깥에 있는 것을 포함하는 점에서 돌출과 특이성 사이에 있다. 예외는 그것이 귀속된 집합에 포함될 수 없으며 그것이 항상 이미 포함된 집합에 귀속될 수 없다. 안과 바깥, 예외와 규범이 구별되지 않는다(HS, 28~30).

7) 아감벤은 이런 점에서 슈미트가 주권자로서의 노모스를 구성한다고 하는 공간 확정(ordinamento dello spazio)은 법질서(Ordnung)와 영토 질서를 확정하는 것(Ortung)에 그치지 않고, 외부의 취득(Einnahme des Aussen)인 예외(Ausnahme)를 뜻한다고 본다. 이처럼 '대지의 노모스(슈미트)'를 이

그는 오늘날 예외 상태가 근본적인 정치구조이자 규칙이 되고 있다고 본다. 강제수용소는 이런 가시적이고 확정적인 공간 확정의 결과이다. 따라서 노모스의 본래 구조에 상응하는 공간은 (감옥이 아니라) 수용소이다(감옥에 관한 법은 정상적인 법질서의 바깥에 있지 않고 형법의 특정 영역 가운데 하나이지만, 강제수용소의 근거가 되는 법은 군법, 계엄령이다). 강제수용소는 절대적인 예외 공간으로서 감금 공감과 위상학적으로 다르다. 그리고 이런 예외 공간에서 공간 질서(Ortung)와 법질서(Ordnung)는 어긋난다(HS, 24).

나) 희생당하는 인간

아감벤은 주권적 권력에 상응하는 예외적 존재인 '희생당하는 인간(homo sacer)'을 통해서 정치구조와 자연 생명의 기원을 밝히고자 한다.

'희생당하는 인간'은 신성시되면서 비난받는 자로서 이중으로 배제된다. "희생당하는 인간은 죄를 범했다고 판정받은 자이다. 그를 희생물로 바치는 것은 허용되지 않지만(neque fas est eum immorali) 그를 죽이더라도 살인죄로 처벌받지 않는다(sed qui occidit, parricidi non damnatur)"[페스투스(Festus)](HS, 79), "희생물로 바칠 수는 없지만 죽일 수 있는 생명이 바로 신성한 희생당하는 생명이다(La vita insacrificabile e, tuttavia, uccidibile, è la vita sacra)"(HS, 91).

루는 공간 확정과 법질서 사이에 구별할 수 없는 '예외'가 내재한다(HS, 23~24)[노모스(Nomos) 개념은 Schmitt, 1950의 36 이하를, 공간 확정(Ortung)과 법질서(Ordung)에 대해서는 pp.13~20을, 공간취득(Landnahme)에 관해서는 1장 5절, 2장을 참조할 것].

희생당하는 인간은 그를 희생물로 바치는 것이 허용되지 않지만 (신성한 법 영역에서 배제됨) 그를 죽여도 처벌받지 않는 기이한 존재이다(인간의 법 바깥에 있음). 이처럼 희생당하는 인간의 생명은 인간의 법과 신의 법 바깥에 있고, 죽여도 좋지만 희생물로 바치는 것을 금지하는 교차점에 있다(HS, 80~1).

아감벤은 이런 특성이 주권적 권력에도 귀속될 수 있다고 본다. 그는 자연 생명과 권력, 희생당하는 인간과 주권자는 '포함된 배제'의 두 형상이자 '주권적 예외(l'eccezione sovrana)의 두 극'(HS, 123)이라고 본다.

그는 주권의 구조와 신성화/희생(sacratio)의 구조와 맺는 관계를 해명하기 위한 가설을 제시한다. 희생당하는 인간은, 한편으로는 주권자의 추방령에 포섭된 생명의 기원적 형상이고, 한편으로는 정치적 차원이 최초로 구성되는 기반(기원적 배제)을 보존한다(HS, 92). 주권이 살인죄를 저지르지 않고도, 희생의식을 치르지 않고도 살해할 수 있는 영역에 있다면, 주권에 포획된 생명으로서 살해할 수 있지만 희생물로 바칠 수 없는(uccidibile e insacrificabile) 희생자(sacra)가 상응하는 영역에 있다. 따라서 주권적 추방령에 포획된 것이 희생당하는 인간이다. 아감벤은 주권적 권력의 기원적 행위에서 자연 생명(nuda vita), 희생당하는 생명(vita sacra)이 산출된다고 본다.

아감벤은 이 두 형상이 '예외 상황, 비상사태'를 통해서 정치의 근본 구조를 드러내고, 이런 예외 상황이 전면화되면서 규칙/규범이 된다고 지적한다. 이처럼 예외 상황이 근대의 노모스가 되고 정상적인 정치질서로 자리 잡는 것이 바로 강제수용소이다.

3) 예외 상황을 정상화하는 수용소, 근대의 노모스

가) 어떻게 생명을 정치화할 것인가?

아감벤은 푸꼬의 생명관리 권력과 아렌트의 전체주의국가 분석이 던진 질문들을 비판적으로 계승하면서 수용소의 문제에 새롭게 접근하고자 한다.

그는 푸꼬가 성과 관련된 권력 장치를 연구하면서 근대 초기에 생명이 정치의 쟁점이 되고, 생명 정치(bio-politique), 인간의 자연적 생명(vita naturale)이 권력 메커니즘과 계산에 포함되는 과정을 주제로 삼았다고 지적한다. 그런데 푸꼬는 '주체화 과정'을 탐구하면서도 근대 생명정치의 전형인 전체주의 정치를 탐구하지 않았다(HS, 131).

이와 달리 아렌트는 전체주의 국가 구조를 분석하고자 한다. 그녀는 전체주의 지배와 수용소라는 특수한 조건 사이의 상관성을 인식했고, 「강제수용소 연구 계획」에서 전체주의 국가의 지상 목표가 '총체적인 지배'이고, 강제수용소는 이런 '지배의 실험실'이라고 지적한다. 하지만 생명 정치의 관점을 놓치고 있기에, 전체주의가 생명정치, 정치를 근본적으로 자연 생명의 공간(수용소)으로 변형시키는 것에서 출발해서 전면적인 지배를 정당화할 수 있다는 점에 주목하지 않았다(HS, 132).

그는 양자의 관점을 자연 생명(nuda vita), 희생당하는 생명(vita sacra) 개념을 통해서 보완하고 새롭게 주제화하고자 한다.

그는 뢰비트가 전체주의 국가의 근본 특징을 '생명의 정치화'로 정의하면서, 민주주의와 전체주의 사이의 기묘한 인접성을 지적했음에 주목한다. 아감벤은 상이한 두 체제가 상이하게 자연 생명을 긍정한다고 본다. 부르조아 민주주의에서는 공적인 것보다 사적인 것, 집단적 의무보다 개인의 자유를 우선시하고, 전체주의 국가에서는 자연 생명에 대한 긍정이 결정적인 정치적 기준이고 주권적 결정의 고유한 장소가 된다. 여기에서 공통의 기반, 곧 생물학적 생명과 생명의 욕구가 '정치적으로' 결정적인 사실로 되었다는 점을 포착한다면, 의회민주주의 국가들과 전체주의 국가들이 교환 가능한 두 양태임을 포착할 수 있다. 실제로 20세기에 의회민주주의 국가들이 재빨리 전체주의 국가로 바뀌는가 하면, 또한 전체주의 국가들이 큰 단절 없이 다시 의회민주주의 국가로 되돌아온다(HS, 133~4).

'생명정치'의 틀에서 정치의 중심 문제는 자연 생명을 보살피고, 통제하고, 향유를 누리도록 할 효율적인 형태를 기획하는 것이다. 이처럼 자연 생명을 중심에 둘 때, 전통적인 정치적 구별─좌파/우파, 자유주의와 전체주의, 사적인 것/공적인 것─은 그 의미를 잃어버린다. 자연 생명을 관리/배제하는 정치에서 양극들이 큰 차이가 있는 것도, 적대적이지도 않다. 양자는 규정되지 않은 영역(una zona di indeterminazioe)에서 서로의 근본적인 동일성을 확인할 수 있다(HS, 134~5).

아감벤은 생명정치에 주목할 때, 자연 생명에 대한 주권적 결정이 예외 상태 너머로 전차 확장된다고 본다. 광범한 사회 영역들에서 주권자는 독점적인 결정권을 점차 양보하고 법률가, 의사, 과학자, 전문가, 사제와 공생하는 관계를 맺는다. 이런 생명 정치적 맥락에서만 (인권 선언 같은 근대정치의 기원적인 사건들뿐만 아니라) 생물학적·과학적 원리들이 정치질서에 침투하는 사건들— 국가사회주의의 우생학, 살 가치가 없는 생명의 제거, 사망판정기준에 관한 규범적 규정을 둘러싼 논쟁들—의 의미가 명료해진다고 본다.

아감벤은 이런 관점에서 수용소가 (예외상태에 기초한) '순수하고 절대적이고 넘어설 수 없는 생명 정치 공간'으로서 근대의 정치 공간의 '숨겨진 패러다임'이라고 본다(HS, 135).[8]

나) 수용소는 무엇인가/어디에 있는가?

아감벤은 수용소에 관한 기존 논의가 수용소의 절대적으로 비인간적인 상황과 사건들에 주목한 것과 달리 수용소의 법률적·정치적 구조에 관해서 질문한다. '수용소에서 자행된 끔찍한 사건들을 가능하게 했던 법적·정치적 구조는 무엇인가?' 이런 질문은 수용소를 역사적 과거에 묶어 두는 것이 아니라, 근대 이후의 정치공간의 매트릭스, 노모스로 보려는 것이다. 수용소는 오늘날에도 다양한 방식으로 존재할 수 있다.

수용소는 예외상태와 계엄령에서 유래한다. 비상사태 시에는 '공공의 안전과 질서가 심각하게 위협받을 때' 공공 안전을 재확립하기 위하여 기본권을 잠정적으로 유보할 수 있다. 그런데 이런 비상

---

8) 나치 수용소의 수감자들은 근대 사회의 타자가 아니라 근대 사회의 어두운 상징이다(Vogt, 79).

사태는 예외적인 경우에 머물지 않고 정상적인 법적 효력과 뒤섞일 수 있다(HS, 185).[9]

이처럼 예외상태가 규칙이 될 수 있는 공간이 수용소이다. (실제의 위협상황을 근거로 법질서를 임시적으로 유보하는) 예외 상태는 한편으로는 지속적인 공간인 수용소로 예외적으로 구현되지만, 한편으로는 정상적인 질서 바깥에서 '정상적으로' 존속할 수 있어서 법질서는 '정상적으로' 유보된다(HS, 188).

아감벤은 수용소라는 예외적 공간의 역설적인 성격을 강조한다(HS, 189~190). 수용소로 추방됨은 배제를 통해서 포함되는(incluso attraverso un'esclusione) 것이다. 여기에서 규칙과 예외가 구별되지 않는 새로운 법적·정치적 패러다임이 생긴다. 수용소의 구조에서 예외 상태는 정상적으로/규범적으로(normalmente) 실현된다. 따라서 수용소에서 벌어지는 일들에 대해서 합법적인지를 질문하는 것은 무의미하다. 그곳에서는 법률문제(quaestio iuris)와 사실 문제(quaestio facti)가 구분되지 않기 때문이다(HS, 190). 아렌트는 수용소에서는 "모든 것이 가능하다"고 지적하는데, 이는 그곳이 안정적으로 예외를 실현하는 점 때문이다.

아감벤은 수용소 안에서 안과 바깥, 예외와 규칙, 합법과 불법이 구별되지 않기 때문에 개인의 권리나 법적 보호가 아무런 의미도 지니지 않는다고 지적한다.[10] "수용소 수감자들이 정치적 지위를

---

9) '예외 상황'과 관련된 법적 문제와 그것의 정당화, 예외 상황이 정상적인 상황과 뒤섞이고 일반화되는 점에 대해서는 Agamben(2003), 특히 입법 권력과 집행력 간의 간극, 잠재성과 행위 간의 근본적인 분리와 관련된, '법 없는 법의 힘'에 관해서는 2장을 참조할 것.

10) 여기에서 인권 문제는 제기될 수도 없고, 그것이 저항 지점일 수도 없다. 수용소와 인권 문제와 관련하여 아렌트와 아감벤의 사고가 어떤 점을 공유하고 차이를 보이는지에 대해서 HS, 3장 2절을 참조할 것.

모조리 박탈당하고 전적으로 벌거벗은 생명(nuda vita)으로 축소되어 있는 한에서, 수용소는 한 번도 실현된 적이 없던 절대적인 생명 정치의 공간이 되고, 그 안에서 권력은 자신 앞에 있는 순수한 생명(pura vita)과 아무런 매개 없이 마주 선다"(HS, 191).

아감벤은 생명정치에서 '희생당하는 인간'과 '시민'은 구별되지 않기 때문에 수용소가 '정치공간의 패러다임'이 된다고 본다. 그는 잔인한 범죄에 대한 논의보다는 인간의 권리를 어떻게 그토록 완벽하게 박탈하고, 그 안에서 자행되는 모든 행위와 관련하여 어떠한 법절차와 권력 장치도 위법이 아니도록 만드는지를 탐구하고자 한다(HS, 191).

수용소에서 자연 생명은 자연적 사실이 아니라 법과 사실이 구별되지 않는 문턱에 있다. 곧 이런 수감자의 신체가 (특정한 생물학적 신체를 확정하는) 사실 문제에도, (특정한 규범을 설정하는) 법률문제에도 관련되지 않는다. 따라서 주권적인 정치적 결정이 사실과 법이 절대적으로 구별 불가능한 상태에서 행사된다.

"수용소는 사실과 법, 규범과 적용, 예외와 규칙 사이에서 결정하는 것이 절대적으로 불가능한 공간임에도 불구하고 그것들 사이에서 끊임없이 결정하는 공간이다. (…) 수용소 안에서 모든 동작과 사건은 가장 사소한 것에서 가장 예외적인 것까지 모두 자연 생명에 대한 결정이고 독일인의 생명 정치적 신체는 이것을 통해서 실현된다. 유대인의 신체를 분리시키는 일이 바로 독일인에 고유한 신체를 산출하는 것인데, 이는 규범을 적용하는 것이면서 그것을 산출하는 것이기도 하다"(HS, 194~5).

아감벤은 수용소의 본질이 예외 상황에 구체적인 형태를 부여하는 것(materializza zione dello stato eccezione)이고, 그에 따라서 자연 생명과 규범을 구별할 수 없는 문턱(una soglia di indistanzione)이 생긴다고 본다. 따라서 나치의 강제수용소뿐만 아니라 그런 구조를 지닌 '모든 경우에' (그곳에서 자행되는 범죄, 그 이름이나 특수한 지위가 무엇이건) 수용소는 '현존한다'[예를 들면, 1991년 이탈리아 경찰이 알바니아 불법 이민자들을 본국으로 송환하기 위해서 임시로 수용한 바리 축구경기장, 비시 정권이 유태인을 독일로 돌려보내기 전에 집결시킨 벨디브, 프랑스 국제공항에 난민 지위를 인정받으려는 외국인들을 억류시키는 대기 구역(zone d'attente)들이 수용소에 해당된다(HS, 195)]. "이제 위치확정 없는 법질서(예외상태, 법 효력의 정지)에 대응하는 것은 법질서 없는 위치확정(영구적인 예외 공간인 수용소)이다"(HS, 197).

정치체제는 특정한 공간 안에서 생명 형태와 법적 규범을 명령하는 데 그치지 않고 어디에서건 설립될 수 있는 탈영토적 위치확정(localizzazione dislocante)을 내포한다. 그래서 모든 생명 형태와 규범은 잠재적으로 그 질서에 포섭될 수 있다. 탈영토적 위치확정인 수용소는 정치의 숨겨진 매트릭스이자 생명 정치적 '노모스'이다.

4) 국민의 생명을 형태화하는 생명 정치

아감벤은 생명정치학의 관점에서 국가사회주의의 인종에 관한 개념화를 재해석하고자 한다. 그는 자연적 요소와 정치적 결정이 어떤 지점에서 새로운 이데올로기를 정당화하고 생명 정치학의 고유한 지형을 마련하는지를 살핀다.

아감벤은 건강과 우생학에 관한 국가사회주의 정책을 정당화하는 자료(『국가와 건강』, 1942)를 제시하면서 생물학적 생명의 정치화와 그에 따르는 정치적 지평의 변화를 살핀다. 이 가운데 라이터(Reiter)의 글은 국가의 소유에 물질적인 부뿐만 아니라 생명자산(ricchezza vivente)을 포함시킨다. 그는 국가사회주의가 이런 국가자산인 국민의 생물학적 신체(corpo biologoco della nazione)를 배려해야 한다고 주장한다(HS, 160~1). 그는 생물학과 경제학을 종합할 수 있는 정치가 필요하다고 주장하고, 이런 맥락에서 의학의 의미와 의무가 국가에 점차 통합될 것이라고 본다. "경제학자와 상인들이 물질적 가치의 경제학에 책임이 있는 것처럼 의사는 인간 가치의 경제학(economia dei valori umani)에 책임을 진다.… 의사가 합리화된 인간 경제(ecomomia umana razionalizzata)에 기여함은 불가피하므로 그는 국민의 건강 수준이 경제적 이득의 조건임을 파악한다… 일반적으로 생물학적 실체의 변동은 물질적 대차대조표의 변동과 나란히 진행된다"(HS, 161).

이러한 새로운 생명정치학의 원리들은 우생학에서 나온 것이다. 그런데 아감벤은 흔한 편견과 달리 나치즘이 자신의 목표를 위해서 과학 개념들을 이용·왜곡한다고 보기 어렵고, 국가 사회주의 이데올로기와 당대의 사회적·생물학적 과학(특히 유전학) 간의 관계가 복잡하다고 본다(HS, 161~2). 유전학과 인종주의를 곧바로 연결시켜서는 제3제국의 생명정치학을 파악하기 어렵기 때문이다. 그는 다른 틀의 도움이 필요하다고 본다. 푸꼬는 18세기부터 정치적 이성과 관련하여 (N. De Lemare, J. P. Frank, J. H. G. von Justi 등의 저작에 나타나듯이) 치안과학의 중요성이 증대되고, 인구에 대한 전면적인 배려가 명시적인 목표가 되었다고 지적한다.[11] 그는 19세기 말부터 F. 갈통(Galton)의 저작이 치안과학의 이론적 배경을 이루며, 그것이 이후에 생명정치학으로 전개된다고 지적한다(DE, IV: 153~61). 이렇게 볼 때 국가사회주의 생명정치학은 18세기 이후에 치안과학에서 전승된 '생명에 대한 배려'라는 지평에 놓여 있다. 폰 유스티(von Justi)는 정치(Poiltik)와 치안(Polizei)을 구별한다. 전자가 소극적인 과제로서, 국가의 외적인 적과 내부 적에 맞서 싸우는 것이라면, 후자는 적극적인 것으로서 시민의 생명을 배려하고 육성하는 것이다.

아감벤은 국가사회주의 생명정치학을 파악하기 위해서 이 두 술어의 차이가 사라지는 지점, 곧 치안이 정치가 되고, 생명에 대한 배려가 적에 대한 싸움과 일치하는 점을 보고자 한다. 이런 점은 『국가와 건강』 서문에도 잘 나타난다.

> "국가사회주의 혁명은 생물학적 퇴화를 초래하는 요소를 배제하고 국민의 유전적 건강을 유지하고자 하는 힘들에 호소하고자 한다."

따라서 전체 국민의 건강을 강화하고 생물학적 건강에 해로운 영향을 제거해야 한다. 그런데 이런 생명정치에서 정치와 치안, 우

---

11) 푸꼬는 De Lamare의 『치안이론』을 참조하는데, 그는 국가에서 치안이 담당해야 하는 분야를 종교, 도덕, 건강, 먹을거리, 도로와 교량과 공공건물, 공공안전, 예술과 학술, 상거래, 공장, 하인과 죄수, 빈민으로 설정한다. 이처럼 치안은 중앙집권화된 정치와 행정이 개입할 수 있는 영역들을 대상으로 삼는다. 치안은 개인들의 '행복'에 영향을 미치는 것에 주목하고, 사회관계를 규제하는 모든 것에 주목한다. 이때 치안이 종교에 관심을 갖는 것은 교리적 진리가 아니라 삶의 도덕적 질에 관한 관점을 염두에 두기 때문이고, 건강과 먹을거리에 관심을 갖는 것은 생명을 보존하기 위한 것이고, 상거래, 공장, 노동자, 빈민, 공공질서를 중시하는 것은 삶의 편리함을 관심을 갖기 때문이고, 극장, 문학, 스펙터클을 관리하는 것은 삶의 즐거움(les plaisirs de la vie)을 목표로 삼기 때문이다. 이처럼 치안의 대상은 생명(la vie)이다. 그래서 불가결한 것, 유용한 것, 과잉의 것(le superflu)을 관리함으로써 영혼의 안락함, 신체의 편안함, 부를 돌본다(DE, IV, 156~7).

생학적 동기와 이데올로기적 동기, 건강에 대한 배려와 적에 대한 투쟁을 구별할 수 없다(이런 관점에서 유태인들을 절멸시키려는 시도를 파악할 수 있다)(HS, 162~4).

(멩겔레와 함께 활동했던 유전학자)폰 페어슈어(von Verschuer)는 「과학과 국가 과제로서의 인종위생학」에서 국가사회주의 이데올로기에 유효할 생명정치 개념을 제시한다. "새로운 국가는 국민(Volk)의 보존에 필수적인 조건을 갖추는 과제 이외의 다른 과제를 지니지 않는다"는 총통의 말을 앞세워서 국가사회주의의 모든 정치 행위는 국민의 생명에 봉사함이고, 국민의 생명을 보존하기 위해서 국민의 신체(Volkskörper)의 인종적 특성과 유전적 건강을 지키려고 한다(HS, 164).

아감벤은 생명정치가 '인종'을 보존되어야 할 자연적인 소여로 보는 데 그치는 것도, 순전히 도구적인 관계에만 머무르는 것도 아니라고 본다. 그보다는 생명정치의 새로움이 생물학적 소여(il dato biologico)가 그 자체로 정치적이고, 정치적인 것 그 자체가 생물학적 소여라는 사실에 있다. 이런 까닭에 페어슈어는 정치를 '국민의 생명에 형태를 부여하는 것(die Gestaltung des Lebens des Volks)'이라고 본다(같은 책, 8). 이제 국가는 고유한 소명을 국민의 신체를 형성하고 배려하는 데에서 찾는다(HS, 164).

그는 생물학적 유전이라는 운명을 자신들이 지배해야 한다고 주장한다. 이처럼 자연적 유전을 정치적 과제로 변형시키는 점에서 나치 생명정치의 역설과 생명 자체를 끊임없는 정치적 동원에 예속시켜야 할 필요가 두드러진다. 따라서 아감벤은 전체주의가 생명과 정치의 역동적인 동일성을 그 근거로 삼는다고 본다. 생명과 정치가 하나로 수렴할 때, 모든 생명은 희생물(sacra)이 되고 모든 정치는 예외(eccezione)가 된다(이처럼 전체주의 현상을 생명정치의 지평에서 자리매김하지 않는다면 나치즘은 수수께끼로 남을 것이고, 스탈린주의와의 친근성도 설명되지 않을 것이다)(HS, 164~5).

이런 관점에서 유전학과 관련된 법을 국가 사회주의가 처음으로 입법화한다. 히틀러가 집권한 지 몇 주 뒤인 1933년 7월에 유전적 질병의 지속 금지에 관한 법이 선포되었다. 유전병에 감염된 자들은 그들의 후손이 신체나 정신상의 심각한 유전적 무질서에 감염된다고 하는 의학적 증거가 있으면 외과적 수술에 의해서 단종될 수 있다. 1933년 10월 18일 우생학적인 입법은 결혼에까지 확대된다.[12]

나치에게 이와 관련된 법률들은 '직접적으로' 정치적인 성격을 갖는다. 아감벤은 유태인들에 관한 법률들이 국가사회주의의 입법과 생명 정치적 실천이라는 맥락을 고려할 때에만 이해될 수 있다고 본다. 이 법률들은 '제국의 시민권', '독일 혈통과 명예의 보호'에 관한 뉘른베르크 법률과 상관적이다. 그것들은 한편으로 유태인들을 이등 시민으로 격하시키고 온전한 시민과 유태인들의 결혼을 금지하고, 한편으로 아리안계 혈통의 시민들은 독일적 명예에 값하도록 자신을 증명하도록 요구한다. 이런 사태에서 생명과 정치를 하나로 만드는 무조건적인 생명정치의 과제가 결정적이다. 곧 정치는 '국민의 신체를 형태화하려는' 기획이다(HS, 166~7).

---

12) 「독일 국민의 유전적 건강을 보호하는 법」은 다음과 같이 규정한다. "다음과 같은 경우의 결혼은 금지한다. 1. 혼인 당사자 가운데 한 명이 배우자나 자손들의 건강에 심각한 위험을 줄 수 있는 전염병에 걸린 경우. 2. 혼인 당사자 가운데 한 명이 금치산자이거나 일시적인 후견 대상인 경우. 3. 혼인 당사자 가운데 한 명이 금치산 선고를 받지는 않았지만 정신질환을 앓고 있어서 결혼이 국가 공동체에 바람직하지 않은 경우. 4. 혼인 당사자 가운데 한 명이 1937년 7월 14일의 법에 제시된 유전적인 질병 가운데 하나를 앓고 있는 경우.

나치 제국은 생명정치 프로그램이 죽음 정치(tanatopolitica)의 얼굴을 드러냈을 때 그것을 모든 시민들에게 확대하기로 했다. 전쟁 마지막 해에 히틀러는 모든 시민의 건강을 관리하는 계획을 내놓는다.

"국가적 X레이 검사를 거친 뒤에 총통에게 병든 사람들의 명단, 특히 심장과 폐에 질병이 있는 사람들이 보고될 것이다… 이들의 가족들은 더 이상 공공 생활을 할 수 없고, 아이를 낳는 것도 허용되지 않을 것이다. 이후에 이 가족들에게 어떤 일이 일어날지는 총통의 후속 명령에 달려 있다"(Arendt, 1979, 416).

5) 실험용 인간, 근대의 '희생당하는 인간'

아감벤은 희생당하는 인간의 관점에서 '실험용 인간'의 함의를 살핀다. 정치공동체에서 어떠한 권리도 부여받지 못한 채 자연 생명만을 지닌 자들은 근대의 생명정치가 낳은 새로운 희생자이다ー그들을 살해하는 것은 범죄가 아니다.

그는 다카우 수용소 등에서 실험용 인간에 대해서 다양한 인체 실험을 한 사례들을 소개한다. 한 예로 1941년 5월 로셔(Rocher)는 히틀러에게 고공 구조 작전을 위한 실험을 수행할 몇 명의 범죄인 [실험용 인간(Versuchspersonen)]을 제공할 것을 요청한다(HS, 170~1). 서신교환에 이어서 곧 실험용 인간을 찾기 쉬운 다카우의 군사기지에서 건강한 37세의 유태인 실험용 인간을 상대로 12,000미터 상공에 해당하는 압력 상태에서 실험이 행해진다. 이런 실험 외에도 얼음이 언 상태의 물에서 생존할 수 있는지, 소금물을 마실 수 있는지에 대해서, '동물열을 통한' 소생술 실험 등을 실시했다. 그리고 독일 병사들의 건강을 위협하는 전염병 치료 백신을 개발하기 위한 다양한 접종 실험도 행해졌다[13](HS, 172~3).

그런데 아감벤은 미국 등에서도 죄수, 사형선고를 받은 이들에 대한 실험이 행해진 점에 주목한다. 1920년대 800명의 죄수를 상대로 한 말라리아 감염 실험은 그 해독제를 발견하기 위한 것이었다. 골드버그(Goldberg)는 사형선고를 받은 죄수 12명을 대상으로 (실험에서 살아남으면 죄를 경감하기로 약속하고) 실험을 행했다. 미국 바깥에서는 R. P. 스트롱(Strong)이 마닐라에서 최초의 각기병 간상균(beriberi bacullus)배양 실험을 시도했다. 사형선고를 받은 자들을 대상으로 하와이 키아누에서 나병 감염 실험을 한 사례에서 사면을 약속받은 대상자들이 모두 실험으로 죽었다(HS, 174).

이런 사례들에서 실험용 인간에게 과학적 실험을 허용할 수 있는가? 허용한다면 어떤 기준을 제시할 것인가? 일반적으로 동의하는 기준은 실험 대상이 된 자(자원봉사자)의 명시적이고 자발적인 동의이다. 미국의 관행은 선고받은 자에게 일정한 각서－모든 위험을 감수하고 관련자에게 어떤 책임도 묻지 않겠다는 내용－에 서명하도록 한다.

사형선고를 받은 자와 수감자의 자유로운 의지와 동의를 언급하는 것은 위선적이지 않은가? 아감벤은 이 경우에 자유의지를 강조하는 것은 바로 '자발적 동의' 개념이 다카우에 수용된 이들에게는

---

13) 점상출혈이 있는 티푸스 박테리아(batteri della febbre petecchiale)와 풍토성 간염(Hepatitis endemica) 바이러스 접종 실험을 했다. 우생학 정책에 도움이 되는 화학물질이나 방사선을 이용한 비 외과적인 단종법에 관한 실험도 있었다. 드물게 장기 이식이나 세포 염증에 관한 실험들도 행해졌다.

(당사자가 생활조건의 향상을 약속받더라도) 무의미하다는 사실을 인정하지 않으려는 것에 지나지 않는다고 본다. 이런 관점에서 보면, 미국과 강제수용소에서 행해진 실험이 모두 비인간적임은 근본적으로 다르지 않다(HS, 175).

1947년 뉘른베르크에서 재판받은 로제(Rose)는 점상출혈열의 백신을 위한 자신의 실험(실험용 인간들이 392명 가운데 97명이나 죽었다)을 옹호했다. 그는 마닐라에서 사형선고를 받은 자들에 대한 스트롱의 유사한 실험사례를 인용했다. 스트롱의 연구가 각기병 환자들을 치료하려고 했던 것처럼 그 자신도 점상출혈열로 죽어 간 독일 병사들을 위해서 연구했노라고 주장했다.

물론 윤리적으로 타당한 입장은 그들이 변론에 인용한 선례가 타당하더라도 그 점이 고발된 자들의 책임을 감소시키지 않는다는 주장일 것이다. 그렇다면 근대 의학의 탐구와 관련된 통상적인 관행을 어떻게 해석, 정당화할 것인가? 설령 이런 실험들이 전체주의 체제하의 연구자들에게 아무런 윤리적 문제도 일으키지 않았다고 하더라도, 민주주의 국가들에서 실시한 유사한 실험들까지 그렇게 정당화할 수 있을까? (HS, 176)

아감벤은 자신의 권리를 박탈당한 자들의 자연 생명을 '희생당하는 인간'의 틀로 본다. 그는 두 경우 모두에서 실험용 인간의 특수한 조건에 주목한다. 실험용 인간들은 사형선고를 받았거나 수용소에 억류된 상태에서 정치공동체로부터 배제되고, 인간의 모든 권리와 기대를 상실한 채로, 여전히 생물학적으로 살아서, 삶과 죽음, 안과 바깥 사이의 문턱에 있다. 그들은 자연적 생명(nuda vita)에 지나지 않는다. 사형선고를 받은 자와 수용소에 갇힌 자는 의식하지 못한 채 살인을 범하지 않고도 죽임을 당할 수 있는 생명의 지위에 놓인다. 그 문턱(수용소의 울타리와 사형선고와 집행 사이의 간극)에서 인간신체는 정상적인 지위로부터 분리되고 극단적인 불행에 내던져진 채로 시간 바깥(extratemporale), 영역 바깥(extra territoriale)의 어떤 지점에 놓인다. 아감벤은 이런 생명 정치의 지평에서 의사와 과학자들이 (과거에 주권자 홀로 들어갔던) 무인지경(una terra di nessuno)에 들어간다고 지적한다(같은 책, 177).

6) 죽음에 대한 정치적 결정

수용소와 같은 '예외적인' 공간에서뿐만 아니라 일상적인 삶/죽음의 영역에서도 생명정치가 개입될 수 있다. '죽음 판정'과 관련된 문제를 살펴보자. 아감벤은 죽음에 관한 의학적 결정 과정에서 정치적 요소가 개입될 수 있는지를 검토한다.

1959년 프랑스 신경생리학자인 P. 몰라르(Mollart)와 M. 굴롱(Goulon)은 전통적인 코마와 다른 뇌사상태에 가까운 코마 너머의 코마(coma dépassé)에 관해서 보고했다. 이것은 상관적 생명기능(의식, 운동성, 감각성, 반사)의 전면적 상실에 이어서 식물적 생명 기능(호흡, 혈액순환, 체온조절)까지도 전적으로 상실된 코마 상태이다(Mollart et Goulon, 4; HS, 178). 이런 극한 상태는 새로운 생명 소생 기술―인공호흡, 아드레날린 정맥주사로 심장 박동을 유지함, 체온조절술 등―의 결실이어서 소생 장치가 제거되면 자동적으로 종결된다. 하지만 그 장치가 지속된다면 (대개는 며칠을 넘기지 않는다) 환자의 생존은 심근이 구심성신경과 무관하게 수축할 수 있어서 장기들의 혈관 운동을 보장할 충분한 리듬과 에너지를 지닐 때까지는 계속된다. 그런데 이런 상태가 참으로 살아 있는 것인가? "생명기능이 정지된 저 너머에 있는 생명인, coma dépassé 상태의 환자는 누구/무엇인가?"(같은 글, 14; HS, 179)

무엇보다도 coma dépassé는 '죽음'을 규정하는 문제에서 '심장박동의 중단'과 '호흡 기능의 정지'라는 전통적인 기준을 쓸모없게 만들었다. 따라서 코마와 죽음 사이의 무인지경(una terra di nessuno)에서 새로운 기준과 규정을 만들어야 한다(HS, 179~180).

또한 이 상태는 장기이식기술과 관련된 문제를 낳는다. 이 상태의 환자는 기관을 제거하기에 알맞은 조건에 있지만, 이식이 '살해가 되지 않으려면' 사망시간을 정확하게 규정할 필요가 있다. 1968년 하버드 대학의 한 위원회(The Ad Hoc Committee of the Harvard Medical School)는 의사, 법률가, 신학자가 참여한 가운데 '뇌사(brain death)'를 죽음에 관한 기준으로 삼을 것을 제안했다.[14] 이후에 이 개념이 일반화되고 법제화된다. 의학 테스트를 거쳐서 뇌 전체가 죽었다(뇌간까지 사망함)고 판정하면 소생기술 덕분에 호흡을 계속하더라도 환자는 사망한 것으로 여긴다(HS, 180~1).

그런데 아감벤은 여전히 사망 개념이 동요한다고 보지만(HS, 181~2), 의학과 법률, 의학적 판정과 법률적 결정 사이에도 갈등의 소지가

---

14) 뇌사는 뇌간을 포함한 뇌 전체의 기능이 비가역적으로 정지된 시점인데, 인공호흡기에 의해서 심박동과 폐기능이 유지되는 상태이다. 대한의사협의의 판정기준안에 따르면, 뇌사를 판정하는 조건은 ① 외부 자극에 반응이 없는 깊은 혼수상태, ② 자발적인 호흡의 비가역적 소실, ③ 양안 동공의 확대 고정, ④ 뇌간 반사의 완전 소실, ⑤ 자발 운동 소실[광반사(light reflex) 소실, 각막반사(corneal reflex) 소실, 안구두부반사(oculo-cephalic reflex) 소실, 전정안구반사(vestibularocular reflex) 소실, 모양체척수반사(cilio-spinal reflex) 소실, 구역반사(gag reflex) 소실, 기침반사(cough reflex) 소실], ⑥ 무호흡 상태, ⑦ 뇌파의 완전한 소실(평탄 뇌파가 30분 이상 지속됨)이다.

있다고 본다. 예를 들어서 1974년 캘리포니아 법정에서 제시된 진술서의 주장을 보자. "누구든 뇌가 죽으면 죽은 것이다. 이것은 보편적으로 적용될 수 있는 확정적인 태도인데, 뇌는 이식될 수 없는 유일한 기관이기 때문이다"(Lamb, 75). 이런 논리에 따른다면 가설적으로 최초의 두뇌 이식이 성공하면 뇌사도 사망 기준이 될 수 없을 것이다. 이런 논의에서 사망은 장기 이식 기술의 부수현상이 된다(HS, 181~2).

이와 관련된 미국소녀 퀸란(Quinlan)의 경우를 보자. coma dépassé 상태에서 몇 년 동안 인공호흡과 영양공급에 의해서 삶을 유지하던 가운데 부모의 요청으로 법원이 인공호흡장치를 제거해도 좋다고 허락했다. 그런데 바로 그때부터 그녀는 자연적으로 호흡하기 시작했고 인공적 영양공급 상태에서 '자연적 사망' 시기까지 '생존'했다. 이때 그녀의 신체는 삶과 죽음이 그 의미를 상실한 예외적인 공간, '비결정(indeterminazione)'의 영역에 들어선 것이다(HS, 182~3, 208)

아감벤은 이런 문제들과 관련하여 오늘날 생명과 죽음은 고유한 과학 개념에 그치지 않는 정치적인 개념이 되었고, '결정'을 통해서만 정치적 의미를 얻는다고 본다. 생명과 죽음의 경계는 생명정치적인 것이어서 유동적이다. 이를 재규정하는 지점에서 주권적 권력의 실행과 의학적이고 생물학적인 과학들이 맞물린다.

W. 게일린(Gaylin)은 1974년에 신체들의 유령을 언급한다. '새로운 시체(neomorts)'라고 불리는 식물인간들은 법률적으로 '시체'의 지위를 갖지만, '미래에 이식할 수 있도록' 생명의 특성을 유지한다. "그것들은 따뜻하고, 맥동하고, 소변을 본다"(Gaylin, 30; HS,

183). 그런데 뇌사 지지자는 소생기술에 의해서 살아 있는 이런 신체를 가짜 생명체(faux vivant)라고 보고, 유보 조항 없이 그것을 제거하는 데 개입할 수 있어야 한다고 본다(Dagognet, 190).

이처럼 삶과 죽음 사이에서 동요하는 존재들ー neomorts, 퀸란의 경우, faux vivantー은 예외적인 공간(spazio di ecceszione)에서 인간과 기술에 의해서 전적으로 통제되는 자연 생명(nuda vita)의 자리에 있다. 이들은 '희생당하는 인간'처럼 살인을 범하지 않고도 죽임을 당할 수 있는 생명의 자리에 있다. 이런 자연 생명에 대해서 어떤 정치적 결정을 할 것인가? 일부 뇌사 지지자들과 근대 생명정치는 국가가 사망 시점을 확정해야 한다고, 국가만이 '종말의 시점(le moment de la mort)'을 결정할 수 있고, 가짜 생명체에 개입할 수 있는 권한을 지녀야 한다고 주장한다. "유기체들은 공공 권력(puissance publique)에 속하는데 신체는 국가화 되어야 한다(on nationalise le corps)"(Dagognet, 189).

아감벤은 이런 입장에 대해서 '근대 민주주의에서 나치 생명정치가들도 감히 언급할 수 없었던 것'을 공공연하게 주장하는 점이 기이하다고, 제3 제국의 라이터와 페어슈어도 이런 방식으로 자연 생명을 정치화하는 길에 나서지 못했다고 지적한다(HS, 184). 여기에서 상반된 두 체제가 공유하는 생명정치의 문제 상황이 근대 생명의 모든 공간에 스며들었다고 볼 수 있을 것이다.

4. 맺는말

결론을 대신해서 서구 근대 주체의 신체와 생명에 관한 두 논점을 비교하면서 새로운 논의의 발판을 마련하기로 하자.

1) 푸꼬는 처벌, 배제하는 공간인 감옥에서 출발하여 미시권력들이 작용하는 일상 공간 전체로 논의를 확대하면서 이런 미시권력들의 작용이 일반화됨을 밝힌다. 규율 사회의 기초는 주체들을 규격화하고(normaliser), 유용하고 순종하는 신체를 생산하는 작용이다.

아감벤은 예외 공간인 수용소에서 출발하여 권리 주체인 시민들이 '잠재적인' 희생자임을 밝히고 생명정치에 포함되는(사실상 배제되는) 자연 생명이 근대정치 공간의 숨겨진 기초임을 드러낸다(근대의 '희생당하는 인간'은 난민, 수용소 수감자, 식물인간, coma dépassé 상태에 있는 이들, 수용소에서 의학 테스트에 내몰린 실험용 인간들, 의학 실험의 '자원봉사자들'로서 죽음이 예정된 죄수들이다).

2) 푸꼬의 규율권력은 미세한 절차와 테크닉을 구사하는 지식―

권력의 복합체로서 근대 주체의 생활공간을 그물망처럼 통제한다. 이런 규율 권력은 모든 공간을 감옥, 수용소로 전환시킨다. 전면감시 장치가 노려보는 눈을 피할 곳은 어디에 있는가?

아감벤의 수용소는 비상사태를 선포한 주권권력이 희생당하는 인간을 추방하는 동시에 정상질서가 배제된 공간에 포획하는 지점이다. 자연 생명에 대한 정치적 기획은 살 가치가 없는 생명들을 제거하는 법적·정치적 기준을 제시하고, 건강과 치안의 이름으로 국민의 생명을 형태화하고, 죽이더라도 처벌받지 않는 실험용 인간들을 과학지식을 위한 도구로 삼는다. 생명정치는 모든 곳을 잠재적인 수용소로 만들고자 한다.

3) 푸꼬는 계몽적 이성을 확대하려는 기획에 비판적이다(FH, 220). 이는 이성 능력을 확대함으로써 개인들의 자율성과 자유를 증대시키려는 기획에서 비롯된 '능력과 권력 사이의 역설' 때문이다. 18세기 이래 능력을 획득하고, 자유를 얻기 위해 투쟁한 역사에서 개인 능력은 신장되었지만 그만큼 개인들이 자율적인 존재가 되지는 않고 오히려 예속된 상태에 머물고 말았다(DE. Ⅳ-1, 575~76). '보다 이성적인' 사회를 위한 기획은 개인들을 권력의 그물망에 배치하고, 생명관리 권력의 조절 대상이 된다. 따라서 그는 개인의 능력을 증대시키면서도 권력관계를 강화하지 않을 형태를 모색해야 한다고 본다.

아감벤은 서구 정치가 처음부터 생명정치였고, 서구 생명 정치의 패러다임은 국가가 아니라 수용소라고 본다. 주권 권력은 자연 생명을 기원적인 정치적 요소로 산출하는데, 이 생명은 zoē와 bíos 사이의 분절의 문턱에 있다(HS, 202). 이런 점에서 정치적 자유의 기초를 인권에 두려는 시도는 의심스럽다. 개인들이 중앙권력과 맞서서 나름의 자율적인 공간을 획득하고, 자유와 권리를 요구하는 시도가 의도하지 않은 방향, 개인들의 생명을 국가질서에 편입시키는 쪽으로 진행되기 때문이다. 이런 개인들은 그들이 벗어나고자 했던 주권권력에 새로운 토대를 제공한다.

4) 규율 권력이 작용하는 길들여지는 신체는 사회화된 신체이고, 생명관리 권력이 투자하는 대상은 생물학적 신체, 자연적 생명이다. 권력이 자연 생명을 자신의 관리 하에 두려고 하는 점에서 생명은 권력의 대상이지만, 동시에 근본 욕구들과 권리들의 지향점으로서 권력에 대항하는 지점이기도 하다.

생명정치의 틀에서 생명은 항상 이미 정치화된 것이다. 생명정치는 자연 생명(zoē)에 대한 정치적 삶(bíos)의 우위를 전제하고 zoē를 부정하는 방식으로 bíos에 포함시킨다. 이런 정치화로 zoē와 bíos가 하나가 되는 지점은 주권권력에 의해서 희생당하는 인간이 거주하는 수용소이다.

그러면 자연 생명을 어떻게 정치화해야 하는가? 아감벤의 지적처럼 근대 서구의 정치 공간에서, 자유민주주의와 전체주의 모두에서 자연 생명이 '적절하게' 정치화되지 않았다면, 과연 자연 생명과 정치적 삶(bíos)이 배제와 억압 없이 공존할 가능성을 어떻게 마련할 것인가?[15)]

---

15) 아감벤은 서구의 정치공간을 다시 사고하려는 시도는 zoē와 bíos, 사적 생명과 정치적 현존, 단순히 살아 있는 생명체로서 오이코스에 머무르는 인간과 정치적 주체로서 국가 공간에서 활동하는 인간을 구별하는 고전적인 사고를 따를 수 없다. '수용소'가 현존하는 상태에서 고전 정치로 되돌아갈 수 없다. 서구의 생명 정치적 신체가 단순히 오이코스 속의 자연 생명(vita naturale)으로 축소될 수 없듯이 생명정치에 의해서 고갈된 생명형태로는 zoē와 bíos가 조화를 이룰 새로운 신체로 나아갈 수 없을 것이라고 본다(HS, 209~210).

우리는 zoē를 생명정치의 바탕에서 되찾고 정치적 삶에 예속시키지 않는 길을 모색하면서 희생당하는 인간의 문제에 구체적으로 대응할 수 있는 사고틀을 모색해야 할 것이다. 따라서 고전적인 사고로 되돌아가거나, 자연 생명을 원초적인 무구한 것으로 신비화하거나, 수용소의 논리를 전제하거나 변형시키는 방식으로 '보다 나은', '보다 인간적인' 정치화를 주장할 수는 없을 것이다.

우리는 푸꼬와 아감벤의 논의를 참조하여 근대 주체들의 신체와 생명을 배치하고 결정하는 '조건들'에 대한 비판적 태도를 견지하면서, 주체의 신체와 생명이 지닌 잠재력(potentia)을 새롭게 전개할 수 있는 사고와 실천의 가능성을 모색해야 할 것이다.

참고문헌

양운덕(1999), 「근대성의 사회 철학적 탐구: 푸코의 권력분석틀과 하버마스의 생활 세계 이론과 관련하여」(HF로 표기), (길희성 외, 『전통, 근대, 탈근대의 철학적 조명』, 철학과 현실사, pp.121~229.

______(2006), 「칸트와 푸코: 푸코의 칸트 읽기」(한국 칸트 학회, 『포스트 모던 칸트』, 문학과 지성사, pp.201~262.

대한의사협의 뇌사 판정기준안, Agamben, Giorgio(1995), Homo Sacer 1: Il Potere sovrano e la nuda vita(HS.로 줄임), Einaudi.

__________(2003), Stato di eccezione (Etat d'exception(tr, J. Gayraud, 2003), Seuil.

__________(1998), Quel che resta di Auschwitz: L'archivo e il testimone. Bollati Boringhieri.

__________(2006), Che cos'è un dispositivo? (Qu'est-ce qu'un dispositif? (tr) Rueff, M., Editions Payot & Rivages, 2007) Arendt, H.(1979), The Origins of Totalitarianism, New York.

__________(1963), On Revolution, New York. Badiou, A.(1988), L'étre et l'événement, Paris

Bodin, J.(1583), Les six livres de la République, Paris.

Côte-Jallade, M-F. et al(1985), Penseurs pour aujourd'hui. Lyon(오늘의 프랑스 사상가들, 이상률/양운덕 옮김, 문예, 1998).

Dagogne, F., La maîtrise du vivant, Paris, 1988.

Foucault, M.(1966), Les mots et les choses: Une archéologie des sciences humaines, Gallimard.

__________(1975), Surveiller et punir. Gallimard(SP로 표기)(『감시와 처벌: 감

옥의 탄생』, 오생근 옮김, 나남, 1994).

__________(1976), Histoire de la sexualité. I La volontè de savoir(VS.로 표기함), Gallimard.

__________(1994), Dits et Écrits(1954~1988)(DE로 표기함), Gallimard. Ⅲ. 1976~1977. Ⅲ-1, 1978~1979. Ⅳ. 1980~1982. Ⅳ.-1, 1983~1988.

__________(2004a), Sécurité, Territoire, Population: Cours au Collège de France. 1977~1978. Gallimard.

__________(2004b), Naissance de la Biopolitique: Cours au Collège de France. 1978~1979. Gallimard.

Lamb, D.(1985), Death, Brain and Ethics, Albany. Norris, A(ed)(2005), Politics, Metaphysics, and Death: Essays on Giorgio Agamben's <Homo Sacer>. Duke University Press.

Schmitt, C.(1922), Politische Theologie (Théologie politique (tr), Schlegel, Jean-Luc, Gallimard, 1988.

__________(1950), Der Nomos der Erde, Dunker & Humblot, Berlin, Vogt, E.(2005), "S/Citing the Camp", in: Norris, A. 2005, pp.74~106.

저자	논문	게재 사항
김경호	욕망 조절의 성리학적 도식	한국사상학회, 26, 2006년 6월, pp.65~96, 한국사상학회
	誠·敬: 성리학적 수양론과 군자의 이상	동양철학, 30, 2008년 12월, pp.215~246, 한국동양철학회
	영적인 몸: 체험을 통한 세속적 삶의 성화	철학연구, 36, 2008년 9월, pp.345~373, 고려대학교 철학연구소
김미영	良知와 知覺: 도덕성의 신체적 근거에 관한 심학적 정초	철학, 91, 2007년 5월, pp.1~21, 한국철학회
	여훈서에 나타난 여성의 몸: 유쿠자와 유키치의 『여대학평론』을 중심으로	한국여성철학, 9, 2008년 6월, pp.55~75, 한국여성철학회
	體得: 현대도덕교육에 대한 유교적 성찰	동양철학, 30, 2008년 12월, pp.299~321, 한국동양철학회
김재숙	형·기·신: 심신 대립을 넘어선 도가적 정신 해방	철학연구, 98, 2006년 5월, pp.71~94, 대학철학회
	성명쌍수: 도교의 수련과 진인의 경지	도교문화연구, 27, 2007년 11월, pp.95~122, 한국도교문화학회
	신체동학: 심신 조율 그리고 예술치료 – 인도의 춤 미학을 중심으로	철학연구, 36, 2008년 9월, pp.419~448, 고려대학교 철학연구소
김종국	인격개념을 통해 본 근대적 심신관: 로크와 칸트의 인격관을 중심으로	칸트연구, 18, 2006년 12월, pp.153~166, 한국칸트학회
	공적 쾌락과 사적 금욕: 벤담과 칸트에서 '금욕'의 문제	칸트연구, 20, 2007년 12월, pp.101~116, 한국칸트학회
	아우슈비츠 以後의 倫理學: H. 요나스에서 身體의 存在論과 責任의 生醫 倫理	철학연구, 36, 2008년 9월, pp.141~167, 고려대학교 철학연구소
김철운	신기(神氣): 심(心)·신(身) 대립구도 극복을 위한 실학적 해법	철학논총, 2(44), 2006년 4월, pp.101~126, 새한철학회
	'수신(修身)'의 근대적 변용: 국가에 의해 유폐된 개인	철학논총, 2(48), 2007년 4월, pp.137~164, 새한철학회
	놀이하는 몸(homo ludens): 자연과 인공의 경계에서 – 고려시대와 조선시대의 '산수유기(山水遊記)'를 중심으로	철학연구, 36, 2008년 9월, pp.375~418, 고려대학교 철학연구소
박재술	德과 形: 心身 관계의 價値論的 함의의 先秦 儒學的 始源	철학연구, 99, 2006년 8월, pp.159~180, 대한철학회
손병석	아리스토텔레스의 질료·형상설에 대한 심신가치론적 고찰	철학, 87, 2006년 5월, pp.33~63, 한국철학회
	무정념(apateia): 현인(賢人)에 이르는 스토아적 이상과 실천	철학연구, 80, 2008년 2월, pp.41~60, 철학연구회
	전자 민주주의와 참여 민주주의: 몸의 확장을 넘어 德의 고양으로	철학연구, 36, 2008년 9월, pp.103~139, 고려대학교 철학연구소

양운덕	그리스 성 담론에 나타난 에로스와 윤리적 자기 형성: 「향연」을 읽는 상이한 방식-Nussbaum과 Foucault의 경우	철학연구, 39, 2010년 3월, pp.169~213, 고려대학교 철학연구소
	신체들의 기쁜 만남: 들뢰즈의 스피노자 해석과 관련하여	시대와 철학, 21(2), 2010년 6월, pp.268~304, 한국철학사상연구회
	미시 권력들의 작용과 생명 정치: 푸꼬의 권력분석틀과 아감벤의 근대 생명정치학 비판	철학연구, 36, 2008년 9월, pp.169~213, 고려대학교 철학연구소
임홍빈	몸과 이성, 자아: 「차라투스트라는 이렇게 말했다」의 한 해석	니체연구, 10, 2006년 10월, pp.175~194, 한국니체학회
	'사변적 정신'과 욕망의 문제	철학, 93, 2007년 11월, pp.131~158, 한국철학회
	미적 실존의 조건들	철학연구, 36, 2008년 9월, pp.243~269, 철학연구소
이승환	눈빛·낯빛·몸짓: 유가의 신체 미학과 소속된 삶	『감성의 철학』, 민음사, 1996
	후기 근대적 신체-주체의 부박(浮薄)함에 대하여	인문연구, 47, pp.1~17, 2004년 12월, 영남대학교 인문과학연구소
	자본주의 신체 미학과 자아정체성: '미적 실존'에서 '감성적 실존'으로	철학연구, 36, 2008년 9월, pp.271~303, 고려대학교 철학연구소
장문정	심신이원론에서 선험적 신체일원론으로: 멘느 드 비랑에서 메를로-퐁티까지	대동철학, 35, 2006년 6월, pp.171~216, 대동철학회
	자기를 낮추는 기술로서의 글쓰기: 후기 구조주의를 중심으로	대동철학, 40, 2007년 9월, pp.272~300, 대동철학회
	휘발적(volatile) 몸과 여성의 해방	철학연구, 36, 2008년 9월, pp.305~343, 고려대학교 철학연구소
최준호	홉스와 루소의 인간관: 심신 관계에 대한 가치론적 고찰	철학연구, 98, 2006년 5월, pp.321~348, 대한철학회
	칸트와 쉴러에서 미의 경험과 도야	철학연구, 80, 2008년 2월, pp.85~110, 철학연구회
	문화산업에 의해 물화된 몸과 그 비판으로서의 아도르노의 몸	철학연구, 36, 2008년 9월, pp.215~241, 고려대학교 철학연구소
한명숙	初期佛敎의 自我觀에 대한 심신가치론적 고찰: 몸과 마음의 성격 및 지위에 대한 논의	불교학연구, 13, 2006년 4월, pp.181~209, 불교학연구회
	吉藏의 觀法이 갖는 修行論的 의미에 대한 고찰	불교학연구, 19, 2008년 4월, pp.259~290, 불교학연구회
	감각적 욕망구조에 대한 연기적 이해: 몸의 온전한 자유를 위해	철학연구, 36, 2008년 9월, pp.449~473, 고려대학교 철학연구소

한명숙

고려대학교 철학과를 졸업하고 동 대학원 철학과에서 「吉藏의 三論思想硏究: 無得의 轉悟方式을 중심으로」로 박사학위를 받았다. 고려대학교·한양대학교·순천향대학교 등에서 강의했고, 가산불교문화연구원에서 수석연구원으로 재직했으며, 현재 동국대학교 불교학술원 조교수로 재직 중이다. 논문으로 「삼론학의 무득정관사상 연구」, 「고려대장경의 편제 및 입장경의 취사에 나타난 사유체계 이해」 등이 있고, 역서로 『법구경』·『범망경술기』 등이 있으며, 공저로 『인물로 보는 한국의 불교사상』, 『서양이 동양으로 걸어오다』 등이 있다.

김재숙

고려대학교 대학원에서 동양철학 전공으로 석사와 박사학위를 취득하였다.
고려대학교 철학연구소 연구교수를 역임했으며, 현재 한국예술종합학교, 서울시립대학교 등에서 강의를 하고 있다.
주요 논문으로 「형기신: 심신대립을 넘어선 도가적 정신해방」, 「북송대 문인화론에 나타난 동양예술정신」 등이 있고, 그 외 『조선시대 삶과 생각』(공저) 등이 있다.

김경호

강원도 고성의 공현진에서 태어나고 자랐다. 고려대학교 철학과에 진학하여 동양철학과 서양철학을 배웠고 대학원에서 한국유학을 공부한 후 철학박사 학위를 취득하였다. 현재 전남대학교 호남학연구원 인문한국 교수로 있으면서, 유가철학의 '감성' '마음' '영성' 문제와 관련하여 '한국인의 감성'을 연구하고 있으며, 호남유학의 철학적 기반을 탐구하고 있다.
지은 책으로는 『동양적 사유는 어떻게 탄생했는가』(2012), 『인격성숙의 새로운 지평－율곡의 인간론』(2008)과 『유교도교불교의 감성이론』(2011, 공저)이 있으며, 「슬픔은 어디에서 오는가－신체화된 마음을 중심으로」, 「고봉 기대승의 낙향과 삶으로서의 철학－비애의 정조를 넘어서」 등의 논문이 있다.

김미영

현) 서울시립대학교 철학과 교수. 고려대학교 대학원에서 「주희의 불교비판과 공부론 연구」로 박사학위를 취득하였고, 이후 주자학 관련 다수의 논문 발표했다. 현재 『한국철학의 정체성 탐구』라는 책을 저술 중에 있다.

김철운

강원대학교 철학과를 졸업하고, 고려대학교 대학원 철학과에서 박사학위를 취득(철학박사)하였으며, 현재 강원대학교 강사로 있다. 주요 논문에는 「『대학』의 평천하사상에 관한 연구」(박사논문), 「순자에서 욕망의 규제와 보장」, 「공자－죽음에서 삶의 희망을 봄」, 「대동(大同): 욕망의 동력으로 이루는 유가공동체－康有爲의 『大同書』에 나타난 '욕망론'을 중심으로－」, 「중국 華夷分別論의 정형화 과정과 그 비판」 등이 있고, 저서에는 『순자와 인문세계』, 『공자와 유가』 등이 있으며, 역서에는 『중국 경학사의 기초』(공역) 등이 있다.

이승환

현) 고려대학교 철학과 교수. 고려대학교 철학과를 졸업하고, 국립대만대학 철학연구소에서 석사, 미국 하와이 주립대에서 박사학위를 받았다. 저서로『유가사상의 사회철학적 재조명』(1998)과『유교 담론의 지형학』(2004) 등이 있으며, 주요 논문으로는「주자 수양론에서 미발(未發)의 의미」,「성리학 기호 배치방식으로 보는 조선유학의 분기」 등이 있다. 현재는 조선 유학의 성리 논쟁을 분석철학적으로 해명하는 일에 관심을 가지고 연구를 진행하고 있다.

손병석(연구책임자)

그리스 아테네 대학에서 철학박사학위를 받았으며, 하버드 대학 철학과 방문교수, 그리스 국제학회 명예위원을 맡고 있으며, 현재 고려대학교 철학과 교수로 있다. 주요 논문으로는「부동의 원동자로서의 신은 목적인이자 작용인이 될 수 있는가?」,「소크라테스의 아크라시아(akrasia) 불가능성 논제에 대한 아리스토텔레스의 비판」, 주요 저서로는『소크라테스의 비밀』(역서) 등이 있다.

최준호

고려대학교 철학과를 졸업하고, 동 대학원에서「칸트의 반성적 판단과 목적론적 세계」라는 논문으로 박사학위를 취득했다. 고려대학교 철학연구소 연구교수, 대전대학교 교양교육원 교수를 역임했으며, 현재는 순천향대학교 교수로 재직하고 있다. 저서로『마이너리거를 위한 철학여행』(2012),『수행성과 매체성: 21세기 인문학의 쟁점』(공저, 2012) 등이 있으며, 주요 논문으로는「데리다 이후의 칸트 미학」,「Mimesis and Its Effect in Plato's Philosophy of Art」,「Naturschönheit und Kultur」,「미의 가치: 미학에서 지각학으로의 전환과 관련하여」 등이 있다.

김종국

고려대학교 철학과에서 학사·석사·박사학위를 취득하고 독일 튀빙겐 대학교에서 객원연구원으로 재직한 후, 동 대학교 박사후 과정을 이수하였다. 현재 경인교육대학교 윤리교육과 교수로 재직 중이다.

임홍빈 ───

고려대학교 철학과 교수, 국제그리스철학회 명예회장(Honorary President of the International Association of Greek Philosophy, Greece, 2011~현재), 국제헤겔학회 학술이사(Wissenschaftlicher Beiratsmitglieder der Internationalen Hegel−Gesellschaft, Germany: 2010~현재), 저서로는 『기술문명과 철학』, 『헤겔철학과 근대적 이성』, 『세계화의 철학적 담론』, 『인권의 이념과 아시아가치론』 등이 있고, 편저로는 Menschsein: On Being Human(Coeditor: Georg Mohr), 『동서철학의 공적 합리성』, 『새로운 공적 합리성의 모색』, 『동서철학에 나타난 공적합리성 논쟁』, Transculturality−Epistemology, Ethics, and Politics, (Coeditor: Hans−Jörg Sandkühler), 이외에 실천철학과 인간학, 철학사 등에 대한 수십 편의 논문을 국내외에 발표하였다.

장문정 ───

고려대학교 철학과에서 석사와 박사학위를 취득했고, 고려대학교 철학연구소 연구조교수 (2002~2008)를 역임했으며, 2001년부터 현재까지 고려대학교에 출강하고 있다.
저서로는 『메를로−뽕띠의 살의 기호학』이 있고 최근 논문으로는 「왜 페미니스트가 신을 말하는가?−페미니스트의 키에르케고어되기와 키에르케고어의 여성되기」, 「어떻게 진리가 가능한가−라깡과 키에르케고어의 '말할 수 없는 것'의 말하기」 등이 있다.

양운덕 ───

고려대학교 대학원 철학과에서 1990년 8월 박사학위를 취득(「헤겔 철학에 나타난 개체와 공동체의 변증법」)하였으며, 주요 저서로 『피노키오의 철학』 시리즈(전 4권), 『보르헤스의 지팡이』, 『문학과 철학의 향연』, 『현대 철학의 흐름』(공저), 『전통, 근대, 탈근대의 철학적 조명』(공저), 『포스트 모던 칸트』(공저), 『하버마스의 사상』(공저) 등이 있다.
연구실 '필로소피아'에서 일반인을 대상으로 철학과 문학 고전들을 중심으로 한 모임과 강의를 하고, <아트 앤 스터디>에서 철학과 문학을 주제로 한 동영상 강의를 하고 있다.

동서 철학
심신수양론

초판인쇄 | 2013년 2월 15일
초판발행 | 2013년 2월 15일

지 은 이 | 손병석 외
펴 낸 이 | 채종준
펴 낸 곳 | 한국학술정보㈜
주　　소 | 경기도 파주시 문발동 파주출판문화정보산업단지 513-5
전　　화 | 031) 908-3181(대표)
팩　　스 | 031) 908-3189
홈페이지 | http://ebook.kstudy.com
E-mail | 출판사업부　publish@kstudy.com
등　　록 | 제일산-115호(2000. 6. 19)

ISBN　　978-89-268-4106-8 93130 (Paper Book)
　　　　978-89-268-4107-5 95130 (e-Book)